읽었다는 ——————— **착각**

읽었다는   착각

**어른들을
위한
문해력
수업**

조병영 · 이형래 · 조재윤 · 유상희 · 이세형 · 나태영 · 이채윤 지음

EBS
BOOKS

읽는다는 것에 관하여

1.

읽는다는 것은 무엇일까? 왜 우리는 읽어야 하고, 또 잘 읽어야 할까?

2.

지구의 모든 생명체는 네 가지 생존 행동으로 살아간다. 위험을 회피하고, 먹이를 구하며, 생명을 유지하고, 개체를 번식하는 행동은 두뇌의 유무, 신경망의 정교함에 상관없이 모든 유전체에 내장된 생명 특성이다. 짚신벌레 같은 단세포 생물이나 침팬지, 돌고래 같은 뛰어난 지능의 척추동물, 자신보다 더 똑똑한 기계를 창조하는 인간, 이들 모두에게 해당한다.

애석하게도 '읽는다는 것'은 생명체가 살아가기 위해 자동으로 취하는 행동들과는 거리가 아주 멀다. 우리의 안녕을 위해 기꺼이 매진해야 할 안전 확보, 영양 섭취, 신진대사, 생식 활동과는 무관하다고 보는 편이 오히려 낫다. 그렇다면 도대체 우리는 왜 읽고, 심지어 잘 읽기까지 해야 할까? 읽기가 무엇이기에 우리는 읽지 못하는 이들을 도우려 하고, 때로 읽지 않는 사람들을 책망하기까지 하는 걸까?

3.

생존 행동과 달리, 의식성(consciousness)은 몇몇 생명체만이 경험한다. 그것은 두개골을 가진 동물 중에서도 지능이 높고 추상적 소통 체계를 가진 종, 특별히 인간이 경험하는 남다른 능력이다. 인간은 의식성을 통해서 자신의 모습을 그리고, 타인에게 공감하며, 상황을 이해하고, 삶의 과정을 성찰할 수 있다. 나와 남, 관계와 맥락에 관한 표상, 공감, 이해, 성찰이라는 의식적 경험을 통해서 인간은 생존 행동을 넘어서 사유하고 판단할 수 있게 된다.

반갑게도 읽는다는 것은 가장 의식적인 인간 경험에 가깝다. 우리는 짚신벌레나 침팬지와 달리 믿기 어려운 잠재성의 두뇌와 언어를 동시에 가진 생명체이며, 각종 인공지능과 로봇은 결코 감당할 수 없는 수준의 의식적 자아를 지닌 존재다. 읽는다는 것은 자동성에 갇힌 생존 행동이 아니라, 맥락적 이해와 공감적 성찰을 의도하는 실천 작업이다. 의식의 읽기는 텍스트의 불확정성을 최소화하고, 동시에 응집된 이해를 도모하는 특별한 노력과 주의를 요하는 일이다.

4.

'읽었다는 착각'은 생존 행동적 읽기가 의식성의 읽기를 압도할 때 일어난다. 읽기 위해서는 다양한 기호들을 정확하게 인지하고,

자신이 이미 알고 있는 것들을 새롭게 지각한 것들에 결합해야 한다. 이는 물리적이거나 화학적인 결합이 아니라, 책과 독자의 세계가 수많은 갈래와 고리로 혼용되는 다분히 의식적인 경험이다. 제대로 읽는 사람들은 텍스트를 면밀하게 관찰, 분석, 판단하여 이전과는 다른 의미(meaning)를 만들어 내며, 스스로의 생각을 조명하고 조정하지 못한 채 보이는 것에만 의미 없이 붙들려 있기를 경계한다. 필요할 때를 알고 한 번 멈춰 서서, 묻고 따지고 고치는 사람은 의식적 독자일 가능성이 높다. 읽었다는 착각은 우리가 이 모든 보람찬 경험을 오롯이 누릴 기회를 차단한다.

5.

이 책은 언제나 지금 바로 여기서 제대로 읽고 싶어 하는 사람들을 위한 책이다. 그래서 먼저 누구나 경험했을 법한, 어쩌면 너무 익숙해서 무뎌진, '읽지 않았지만 읽었다는 착각'의 경험을 상기시킨다. 특히, 어른들의 문해력(literacy)에 주목하면서 생활의 읽기, 일의 읽기, 소통의 읽기를 다룬다. 사소한 일상의 읽기 경험에 내포된 세밀한 의미 구성의 과정을 열심히 소개하고 안내한다. 읽었다는 착각이 가로막은 제대로 된 읽기의 개인적, 공동체적 의미와 가치도 때때로 넌지시 포갠다. 그래서 이 책은 섣부른 행동의 읽기보다는 친절한 의식성의 읽기에 관심 갖는 모든 이들에게 드리는 일종의 워크북이다.

CONTENTS

읽지 못하는 어른들의 시대

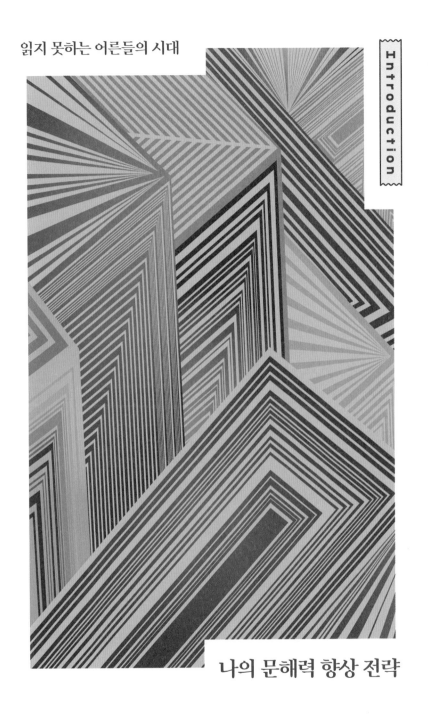

나의 문해력 향상 전략

우리는 흔히 문해력을 아이들의 문제라고 생각한다. 초등학교 입학 전후의 자녀를 둔 부모들은 아이가 '한글을 깨치고, 단어와 문장을 술술 읽어서' 학교생활에 빨리 적응하길 원한다. 중고등학생, 청소년 학부모들에게 문해력이란 자녀가 '교과서처럼 어려운 글을 잘 읽고 배워서' 공부 잘하는 학생이면 좋겠다는 바람과 겹친다. 문자 사회에서 나고 자란 기성세대는 젊은이들이 간단한 한자말을 모르고 긴 글은 아예 읽지 않는다고 한탄하기도 하는데, 이들에게 문해력은 '어휘력'이나 '독서력'에 가까워서 문해력이 없으면 청년들이 잘 살아가는 데 뭔가 문제가 있을 것이라고 근심한다. 하지만 과연 문해력이 아이들만의 문제일까?

문해력은 요즘 아이들의 문제가 아니다.[1] 2021년 한국인의 독서 실태 조사에 따르면, 종이책, 오디오북, 전자책을 막론하고 가장 읽지 않는 세대가 어른이었다.[2] 초중고 학생의 90% 이상, 청년의 80% 가까이가 교과서와 참고서를 제외하고 일 년에 책을 한 권 이상 완독했지만, 30~40대 이상 성인 둘 중 하나는 그렇게 하지 못했다. 실제로 성인을 대상으로 한 국내외 문해력 조사 결과를 보면, 우리나라 사람들은 연령대가 올라갈수록 문서를 이해하고 정보를 활용하는 역량이 눈에 띄게 저하되는 경향을 보인다(이러한 세대 간 문해력 격차는 그들의 교육기회 격차와 무관하지 않아 보인다).[3]

물론 어른들의 문해력 문제가 책을 읽지 않아서라고 단정지을 근거는 없다. 책만 읽는다고 문해력이 온전히 숙달되지 않고, 많이 읽는 것 못지않게 책을 깊게 읽는 노력과 전략도 중요하다. 그러나 지금까지의 과학적 연구와 이론에 기대어 볼 때, 독서량과 문해력 사이에 상당한 정도의 상관관계가 있다는 사실은 분명하다.[4] 독서를 많이 하면 글 읽기에 필요한 인지적 '능력'뿐 아니라 더 많이 읽고 싶은 '마음'까지도 증진시켜 또 다른 배움의 기회를 만들 수 있다.

한편, 책을 읽지 않는 사람에게는 문해력이 필요 없을까? 누군가는 이제 '유튜브 세상'이 되었으니 글 읽기 따위에 집착하는 것은 꼰대의 영역이라고 주장할지 모르겠다. 영상 미디어의 폭넓은 사용과 영향력에 비추어 볼 때, 나름 일리가 있는 주장이다. 하지만 인터넷과 영상만 있으면 정말 더 이상 읽고 쓰는 일은 필요 없는 세상일까?[5] 그것만으로 온전히 세상을 이해하고, 산적한 문제들을 해결하며, 사려 깊게 세상 일에 참여하는 데 충분할까?

사실 우리의 삶을 가만 살펴보면 글, 문서, 자료 등 특정 정보와 의미를 담고 있는 '텍스트(text)'를 읽고 쓰는 일을 빼놓고 설명하기 어렵다. 책과 같은 완결된 출판물이 아니더라도, 우리의 일상은 이메일이나 문자 메시지를 비롯해서 인터넷 뉴스, 생활 문서, 안내문, 광고문 등 읽어야 할 것들로 넘친다. 계약서나 약관, 공공 문서와 청구서는 물론이고, 흥미로운 웹소설과 웹툰, 매일 쏟아지는 언론 기사, 여론조사, 카드 뉴스, 뉴스레터, '짤'과 밈(meme)도 텍스트다. 다양한 사람, 다양한 집단, 다양한 주체들이 세상 곳곳에서 제작, 생산, 유통하는 영상 정보들도 이제 보는 것을 넘어서 읽어야 하는 시대가 아닐까?

텔레비전이 처음 등장했을 때 세상은 그걸 매일 쳐다볼 사람들 모두 바보가 될 거라고 우려했지만, 사람들이 정말 바보가 되었다는 증거는 없다. 스마트폰이 대세인 요즘에도 책을 읽는 환경, 글이 필요한 상황, 정보를 생산하고 공유하는 맥락이 바뀌었을 뿐, 여전히 문해력은 오늘을 살아가는 우리들의 문제가 아닐 수 없다. 여기서 '문제'란 말은 골칫거리이기 이전에 매우 '중요하다'라는 의미를 내포

한다. 누군가가 반드시 고민하고, 분석하고, 해결해야 할 문제는 다른 말로는 우리에게 그만큼 가치 있는 것임에 분명하다. "이제 더 이상 책을 읽지도 않고, 읽을 필요도 없어. 그래도 잘 살고 있잖아. 문해력은 아이들이 시험 보고 좋은 학교에 들어갈 때나 필요한 거야. 잘하면 좋겠지만, 우리가 꼭 그럴 필요는 없잖아."라는 쉬운 변명에 선뜻 호응하기 어렵다. 여전히 문해력은 어른들의 삶에서 쓸모가 많으며, 그 의미와 가치도 변화된 우리 삶에 맞게 계속해서 새롭게 이해할 필요가 있다.

문해력이 좋으면
'좋은 어른'이 될 수 있을까?

문해력의 쓸모

취업준비생, 직장인, 전문가, 사회인, 시민으로 살아가는 우리에게 문해력은 어떤 의미가 있을까? 어른에게 필요한 문해력의 쓰임새는 무엇일까?

일의 기본

직장 업무를 위해서는 어떤 식으로든 텍스트를 다루어야 한다. 어떤 직종에 있든 읽고 쓰는 과정은 일의 기본 요소이다. 2021년 8월 기준으로 우리나라 임금노동자가 2천만 명이 넘는데,[6] 이들 대부분은 각기 다른 비중과 방식으로 무언가를 읽고 쓰면서 일한다. 간단한 작업 지시서나 업무 수칙에서부터 기안서, 공문서, 제안서, 내역서, 청구서, 보고서 등 다양한 글과 자료를 읽고 쓰는 것은 직장인의 기본 업무이며, 전자 결재, 업무 메일, 회의록 작성은 거의 모든 사무직 종사자들의 일상이다.

언뜻 보기에 이렇게 문서를 다루는 일은 잘해도 티가 나지 않는다. 반대로 제대로 처리하지 못하면, 상호 간에 불필요한 오해와 충돌을 불러일으키고, 심지어 중요한 업무에 예기치 않은 어려움을 초래하기도 한다. 이런 점에서 구체적인 일의 종류, 상황, 목적, 맥락이 다를지언정, 업무에 필요한 글과 자료를 읽고 효과적으로 활용하는 능력은 직장인에게는 필수적이다.[7] 하물며 월급명세서도 문서가 아니던가? (휴대전화 문자도 텍스트다!)

문해력이 일의 전부는 아니지만, 성인의 문해력과 직무 역량 간의 관련성을 무시하기는 어렵다. OECD에서는 2012년 국제성인역량평가 데이터를 분석하여 문해력과 임금의 관계를 조사한 적이 있다.[8] 이 보고서에 의하면, 동일한 학력(교육 수준)이라도 문해 수준에 따라 직장인들의 임금 차이가 많게는 2~2.5배까지 났다. 이런 경향에서 한국도 예외가 아니었으며, 문해력과 임금의 상관관계 및 격차가 두드러졌다.

2008년 덴마크에서는 직장인의 문해력이 취업과 실업에 미치는 영향을 조사했다.[9] 이 연구에서는 문해력을 '직무 과업을 달성하고 새로운 가능성을 창출하기 위해 문서화된 정보를 읽고 쓰는 능력'으로 정의했다. 이 연구 결과에 따르면, 문해력 수준이 상대적으로 높은 직장인들의 경우 그렇지 않은 이들에 비해서 실업 위험성이 12% 정도 낮았고, 특히 미혼 남성의 실업 위험성은 37%가량 감소했다. 문해력이 던지 단어와 문장을 읽고 쓰는 단편적 기술을 넘어, 직장 생활에서 중요한 쓰임을 갖는 기본 역량임을 짐작할 수 있는 대목이다.

'문해력 4.0'

성인에게 문해력이 중요한 이유는 또 있다. 바로 21세기의 고차원적인 일의 대부분은 '고도로 복잡한 텍스트'를 다루는 능력을 요구한다는 점이다.[10] 눈앞에 보이는 하나의 짧은 글을 읽고 뭔가 성취할 수 있는 시대는 이미 지났다. 흔한 프로젝트 기획서 하나를 쓰더라도 대충 검색한 인터넷 글을 가져다가 '복붙(복사해서 붙여넣기)'하는 일은 감동도 없고 효용도 없다. 일의 맥락을 고려해 복수의 자료를 검토하고, 이를 통해 얻은 데이터와 근거에 입각하여 해야 할 일과 하지 말아야 할 일을 명확하게 분별할 수 있어야 한다. 합리적 판단과 결정이 필요한 사안들을 일목요연하게 정리하여 전자 문서로 작성하는 일은 사무 노동의 핵심이다.[11]

더욱이 기업과 조직, 기관이나 공동체를 이끄는 리더들에게는 창의적이고 복합적인 문해 역량이 반드시 필요하다. 한발 앞서가는 지도자는 남들이 생각하지 못했던 자료들을 현명하게 탐색, 통합할 수 있어야 한다.[12] 나아가, 어떤 일이 내포하는 위험과 기회를 면밀하게 분석하고, 이를 전략적으로 절충하여 새로운 대안을 제시하는 '고부가가치 텍스트'도 창안할 수 있어야 한다. 혁신안, 신사업 개척, 갈등 솔루션 등은 함께 일하는 사람들이 기꺼이 시간과 노력을 들여 읽고 섭렵할 만한 '새로운' 정보, 지식, 통찰의 결과물이다. 이런 점에서 창의, 혁신, 융복합과 같은 화려한 수사의 21세기 역량을 떠받치는 것은 세상의 정보, 지식, 관점, 논리, 데이터 등을 활용하는 능력과 태도 곧 문해력이다.

예를 들어, 일과 관련된 '업무 메일'을 맥락에 맞게 효율적으로 취급하는 능력은 중요한 직무 능력에 속한다. 간단해 보이는 이메일 소통에서도 고도의 맥락적 읽기, 쓰기, 생각하기, 판단하기로 구성된 복합적 문해력이 필요하다. 직장 구성원의 의사소통 역량 및 효율성이 기업의 노동 생산성에 영향을 미친다는 사실은 경영학 분야에서는 상식에 가깝다. 그런데 업무 메일은 직장 내 구성원들 사이의 상호 협력을 때로는 촉진하고 때로는 저해하기도 한다. 특히, 업무 메일 소통 능력은 직장의 권력 관계에서 더 많은 제약을 가지는 하급자보다는, 팀의 책임자나 임원과 같은 상급자에게 요구되는 사회적 리더십의 한 덕목이기도 하다.

미국 매사추세츠공과대학 연구에 따르면, 업무 수행력이 높은 리더들은 대체로 솔직하고 긍정적인 표현을 사용하고, 구성원의 이메일 소통에 적극적으로 반응하며, 무엇보다 복잡한 과제를 수행하고 문제를 해결하는 과정에 영향을 미치는 핵심 언어들을 사용한다.[13]

세계경제포럼(World Economic Forum) 의장인 클라우스 슈밥 교수는 4차 산업혁명의 시대를 인간의 물리적, 디지털적, 생물학적 경험 영역 간 "경계를 허무는" 기술 융합의 시대로 설명했다.[14] 우리가 읽어야 할 텍스트 역시 물리적 경계를 넘어 디지털적으로 혼재, 융합되면서 인간의 생물학적, 문화적, 경제적 삶의 가장 중요한 일부로서 기능하고 있다(우리는 새로운 텍스트를 통해 전통적 경계들을 넘어선다). 아울러, 이 시대에 읽고 쓰는 일들(즉, 문해력이 필요한 일들!) 역시 문자

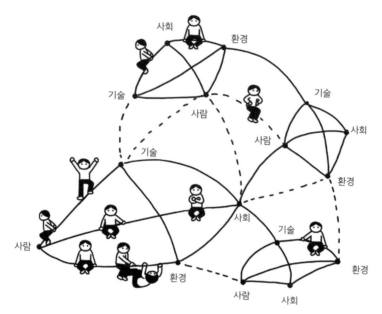

〈그림 1〉 텍스트로 매개되는 융복합적 관계 능력

와 인쇄라는 전통적 기술 반경 안에 묶이지 않고, 디지털 정보와 데이터, 미디어와 알고리즘을 다루는 융복합적이면서도 확장적인 의미 구성 경험으로 전환되고 있다.

호주 멜버른대학의 연구자들은 4차 산업혁명 시대에 필요한 새로운 문해력을 제안했다.[15] 이들에 따르면, 증기에너지 동력 기반의 1차 산업혁명 전후에는 '기록 관리' 중심의 능력이(문해력 1.0), 전기에너지 기반의 2차 산업혁명에서는 '작업 지식의 문서화' 능력이 필요했다(문해력 2.0). 이어 자동화에 기반한 3차 산업혁명 시대에는 의사 결정의 '표준화' 능력과 함께, 특히 '정보'를 가지고 기계와 컴퓨터

를 다루는 능력이 중요했다(문해력 3.0). 이제 '융합'의 키워드로 설명
되는 4차 산업혁명 시대에는 복합적이고 혁신적인 방식으로 텍스트
를 다루는 역량이 중요하게 대두되었는데, 이는 단지 기술 융합뿐
아니라 사람, 기술, 사회, 환경의 융복합적 관계성(사람과 사람, 사람과
기술, 기술과 사회, 사회와 환경 등)을 다루는 역량으로 확장되고 있다(문
해력 4.0). 즉, 21세기 일의 성취를 위해서는 다양한 텍스트를 통해서
이러한 관계들을 분석하고 통합하여 새로운 관계적 의미를 창안하
는 '리터러시(literacy)', 사회적 실천으로서의 새로운 문해력이 중요
해졌다.[16]

시민 유전자

  텍스트를 읽고 쓰고 활용하는 능력은 취업, 연봉, 승진을 위해서
만 필요한 것일까? 문해력의 가치를 생각할 때에 가장 중요하게 고
려해야 할 점은, 건강한 시민사회의 지속가능성에 기여하는 문해력
의 '공동체적' 본질이다. 어른들의 삶은 단지 일을 하는 노동자, 직장
인, 생활인이라는 명함만으로 설명되지 않는다. 무엇보다 어른들은
한 사회를 구성하고 지탱하는 '시민'이라는 정체성과 역할을 갖는다.
따라서 '성인 문해력'이라는 말도 다층적으로 형성된 우리 스스로가
개별적, 집합적인 의미를 만들고 소통하면서 경험하는 상호관계성
(또는 우애)을 빼놓고 온전하게 설명하기 어렵다.[17]
  인류는 지금껏 다양한 의사소통 기술의 혜택으로 사회적, 문화적

다원화를 진행시켜 왔다. 동시에, 우리는 그만큼 다양한 갈등과 이해가 첨예하게 충돌하는 시대에 살고 있다. 그래서 오늘을 살아가는 시민들은 결코 텍스트를 멀리할 수 없으며, 멀리해서도 안 된다. 다양한 미디어를 통해서 서로 다른 개인 및 공동체의 목소리가 뒤섞이는 디지털 다양성 사회에서는 우리 각자가 '텍스트를 읽고 쓰는 일의 과정과 결과'가 크고 작은 사회적 쟁점과 문제에 관한 대중적 의사 결정에 직간접적 영향을 미친다.[18]

21세기 초엽에 벌어진 오판에 가까운 다양한 국제정치사적 결정들(허위 정보에 영향 받은 영국의 유럽연합 탈퇴, 가짜 뉴스 제조기가 된 미국 대통령과 포퓰리스트 정치, 소셜 미디어를 이용하여 독재자 아버지의 이미지를 세탁하고 스스로 당선된 필리핀 대통령 등)은 시민의 문해력이 단지 개인사에 국한되지 않는 역량임을 단적으로 보여 준다.

문해력은 텍스트를 통해서 '세상을 읽고 쓰는 능력'이다.[19] 왜 그럴까? 첫째, 텍스트는 사람과 세상을 '반영'하기 때문이다. 그래서 사람이 다양한 만큼, 그들의 생각이 다른 만큼, 서로 관계가 엮이고 저마다 이해가 복잡한 만큼, 텍스트도 다양하고 복합적이다. 둘째, 텍스트는 사람과 세상을 '표상'하기도 한다. 텍스트는 그것이 다루는 다양한 참여자들, 그들의 관계와 힘의 작용을 특정 방식으로 '다시' 드러낸다. 이 과정에서 텍스트를 생산, 유통하는 주체(개인, 기업, 단체, 기관, 미디어 등)는 매우 적극적이고 의도적으로 갖가지 언어와 상징 장치를 동원하기도 한다.

텍스트가 세상을 표상하는 방식은 언제나 '편향'의 가능성을 갖는다. 이를테면 우리가 정보를 선택하고 조직, 표현, 해석, 활용하는 과정에서 작용하는 각자의 사상과 경험의 치우침을 완전히 배제할 수는 없다. 사실 많은 경우(너무 많은 경우!), 저자와 미디어가 일정한 의도와 목적에 따라 어떤 사안에 관하여 고의로 한쪽 방향으로 치우치기도 한다.[20]

합리적 근거와 논리 없이 편향된 글을 읽을 때에 중요한 것은, 글이 가진 편향성을 분석하고 판단하려는 독자의 전략과 태도이다. 예상했던 진로 또는 예기치 않은 방향으로 뻗어 나가는 갖가지 편향들 사이에서 균형을 잡으려는 시민 독자의 노력과 의지가 필요한 지점이다.

편향된 말과 글 앞에서 우리도 속수무책 편향된 독자로 남을 것인가? 전문가(또는 자칭 전문가!)의 조언을 구하고 미디어와 같은 중간자의 도움을 얻어도, 결국 텍스트의 의미와 가치를 결정하는 주체는 바로 개인이자 공동체 구성원인 시민 독자다. 정도와 깊이, 본질과 방향, 고의와 암묵의 차원에서 텍스트의 편향성을 판단하는 일에 우리가 게으를 수 없는 이유다. 우리의 문해력은 21세기 디지털 다양성 사회를 방어하는 '최종 병기'이자, 끊임없이 사회를 진화시키는 강력한 '시민 유전자'로 기능해야 한다.

어른의 자격

우리는 자주 어떤 문제의 원인과 해결책을 '우리'라는 테두리 바깥에서 찾으려 한다. 하지만 글을 읽고 쓰는 것, 텍스트를 가지고 생각하고 판단해야 하는 세상의 일들이 우리 어른들만 쏙 빼놓은 채 어린이나 청소년, 젊은이에게만 해당될 리 없다. 문해력은 지금도 앞으로도, 크고 작은 사회 공동체(지역, 집단, 국가, 세계, 지구 공동체)를 이끌어 가는 책임 있는 구성원으로서 살아가야 할 어른들 자신의 문제이며, 그래서 '우리 모두의' 문제이다.

아이들이 시험을 망치고, 공부에 실패하고, 어른들과 대화하지 않는다고 한탄할 만한 합당한 자격이 우리들에게 있을까? 어른들의 관점에서 좁게 정의된 문해력의 실패 아닌 실패는 오늘을 살아가는 우리가 책임 있게 직면해야 할 공동체적 삶의 '전조'이자 '결과'라는 점을 명심할 필요가 있다.

문해력은 간단하게는 '글을 읽고 쓰는 힘'이지만, 나아가서는 그것으로 생각하고 소통하면서 다양한 세상일에 참여하는 '실천적 의미 구성 능력'이다.[21] 문해력을 갖춘 어른들은 정보 습득을 넘어 다양한 텍스트와 미디어를 폭넓게 읽고 활용한다. 그들은 삶의 기회를 찾고 일에서 성취하는 데 필요한 배움과 앎의 과정에서 적극적이며, 사회적 성장 과정에서 만나는 대화와 협력의 참여자들에게 사려 깊고 친절하다. 읽고 쓰는 일을 통해서 사람과 사회, 환경과 기술, 인간과 지구의 관계를 이해하고 재구성하는 사람들이다.

이렇게 성심껏 읽고 쓰는 일에 참여하는 어른이 많았다면, 우리 아이들이 살아가는 세상이 지금보다 조금 더 나은 모습이지 않았을까? 아이들의 세상이란 어른들과 그 어른들, 수많은 세대를 거쳐 '모든 어른들'이 만들어 놓은 누적된 세상을 넘어설 수 없다. 그러니 어른들의 문해력 실천은 곧 미래라는 시간과 공간의 설계이자, 후속 세대의 삶과 세상을 엄숙하고 엄밀하게 고민하는 작업이다.

문해력을 갖춘 어른들은 스스로 읽고 쓰는 방식을 분석하고 성찰한다. 이들은 언어적, 시각적, 감각적으로 만들어진 수많은 텍스트를 경험하면서 자신의 '생각과 삶의 방식'을 기꺼이 수정하고 다듬는 일에 부지런하다.[22] 성찰하는 어른들, 책임지는 성인들이야말로 자라나는 아이들에게 문해력의 쓰임과 가치를 보다 분명하고 진지하게 설명해 줄 수 있지 않을까? 텍스트를 읽고 쓰면서 합리적이고 비판적으로 '생각할 줄 아는' 어른, 이해와 공감을 실천하며 '살아갈 수 있는' 어른, 그래서 지구라는 공동체의 '시민다운' 어른, 그가 바로 우리 아이들의 미래일 것이기에![23]

지금 우리는
제대로 읽고 있을까?

의심과 질문

    21세기를 살아가는 우리는 제대로 된 문해력을 갖추고 있을까? 한 명의 개인, 조직이나 집단의 일원, 사회 공동체의 구성원에게 필요한 최소한의 기능적 문해력이 우리에게 있을까? 우리는 다양한 개인과 공동체가 지속 발전할 수 있는 방안들에 대해서 읽고 쓰고 생각하고 소통하는 일에 심드렁한 실질적 문맹에서 벗어나 있는가? 텍스트를 통해 사람과 세상을 치밀하게 바라보는 시민으로서 우리는 그에 어울리는 비판적 문해력을 실천하며 살아가고 있는가? 그리하여 우리는 스스로의 생각과 삶의 방식을 생산적, 성장적, 문제해결적으로 이끄는 실용적 문해력의 가치를 경험하고 있는가?

2022년 성인 문해력 테스트

    2022년 사람들은 어떻게 읽고 있을까? 우리나라 성인의 문해력을 알아보기 위해 간단한 테스트를 개발했는데, 테스트 문항 제작을

위해서 먼저 다음의 몇 가지 사항을 고려했다.[24]

사람들이 일상에서 접하는 글과 자료로 테스트 지문을 구성했다. 가령, 보험 약관이나 휴대전화 요금 기준 등의 생활 문서, 임금 기준이나 명예훼손에 관한 간단한 법 문서 등을 포함시켰다. 인터넷이나 소셜 미디어에서 흔히 볼 수 있는 여론조사, 경제 기사, 광고 기사(다양한 그래프 포함) 같은 자료도 사용했다. 제한적이지만 테스트 자료의 실제성을 높이고자 했다.

문해력을 몇 가지 하위 능력으로 나누어 문항을 구성했다. 글 정보의 탐색 및 확인 능력, 정보에 근거한 의미 추론 능력 등의 기능적 문해력 측정에 더하여, 특별히 미디어 자료의 경우 자료의 타당성을 분석하고 신뢰성을 평가하는 능력도 물었다. 20분 지필 시험이라는 물리적 제약으로 인해 한계도 많지만, 탈진실 시대의 비판적 문해력의 기초 능력을 부분적이나마 진단하려고 했다.

문해력의 실용적 쓰임새를 염두에 두고 문항을 개발했다. 문항의 명료성을 유지하는 가운데, 글과 자료를 바탕으로 주어진 생활 문제를 해결하는 데 필요한 능력을 평가하려고 했다. 이는 초등학교 1학년에서 중학교 3학년 수준의 읽기 능력 도달 여부를 측정하는 기존 성인 문해력 조사와는 다른 것으로, 시험이라는 한계를 염두에 두더라도 평범한 어른들이 진지하게 몰입할 수 있는 '실용적 문해력'을 대략적으로 알아보기 위한 것이었다.

구글폼으로 제작된 〈2022 성인 문해력 테스트〉는 1주일간 온라인 취업 커뮤니티를 통해서 성인 350명을 대상으로 실시되었다.[25]

사전 설문 결과에 의하면, 테스트 응시자 중 약 93%가 19~49세였으며, 약 85%의 응시자가 대학 재학 이상의 고등교육 학력(대학원 학력 포함)자였다. 한참 공부하고 일하는 데 여념이 없을 우리 사회의 중추 세대가 참여했음을 추론할 수 있었다.

그렇다면 이 테스트의 결과는 어땠을까? 분석 결과, 참여자들의 평균점수는 15점 만점에 6.19점(표준편차 3.30)이었다. 50%에도 못 미치는 저조한 결과이다. 총 350명의 참여자 중 만점자가 나오지 않았고, 가장 많은 사람들이 얻은 점수 구간은 4~6점이었다. 이 테스트의 참여자 중 다수가 대학 학력 이상이고, 20대에서 40대까지의 중심 세대라는 점을 감안했을 때, 기대를 벗어나는 결과였다.

테스트에 앞서 간단한 설문 조사를 실시했는데 그 결과도 흥미로

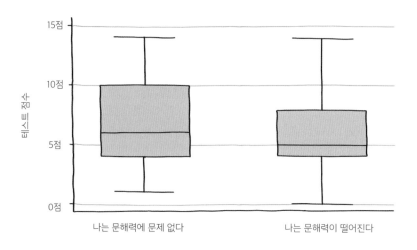

〈그래프 1〉 문해력에 관한 사전 자가 평가 설문 조사 결과

웠다. 사전 설문에서 자신의 문해력이 '높다'고 한 응답자가 5명 중 1명꼴이었는데, 이들의 평균점수가 전체 응답자 평균과 크게 다르지 않은 7점(평균=6.82, 표준편차=3.79) 정도였다. 문해력 효용감이 높은 집단의 실제 문해력 수행 점수가 자신의 문해력이 떨어진다고 대답한 집단의 문해력 수행 점수(평균=5.78, 표준편차=3.16)보다 높았지만, 그 차이가 현저하다고 말할 수 없는 것이었다(〈그래프 1〉). 실제로 자신의 문해력이 높다고 말한 응답자 66명 중 전체 상위 10%에 든 사람이 14명에 그쳤고, 하위 10%에 속한 사람도 5명이나 되었다.

이를 통해서 테스트 참여자들 중 적지 않은 수가 자신의 문해력에 대해 부정확한 자각, '무딘' 수준의 자기 인식을 가지고 있음을 추론할 수 있다(〈그림 2〉). 이를 일반화할 수는 없지만, 글 읽는 일에 자

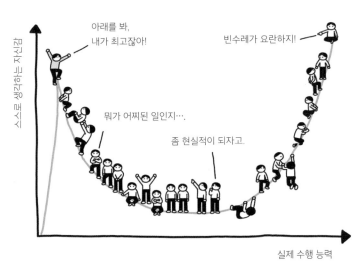

〈그림 2〉 문해력에 관한 자신감과 수행력의 불일치 현상

신 없다고 말하는 사람보다 전혀 문제없다고 호언장담하는 사람들에게서 문해력 문제가 발생할 수 있음도 예상해 볼 수 있다.[26]

그렇다면 사람들은 특히 어떤 부분에서 제대로 읽지 못했을까? 〈2022 성인 문해력 테스트〉에 포함된 몇 가지 문항과 이에 대한 사람들의 반응을 살펴보면서 그 결과를 좀 더 들여다보자.

'가짜' 앞에서 흔들리는가

이번 테스트에서는 참여자들이 읽어야 할 글의 실제성과 다양성을 제고하기 위해 다양한 형식의 자료를 포함시켰다. 이를 크게 생활 문서(4문항), 공공 문서(4문항), 미디어 자료(4문항)의 세 범주로 나눌 수 있는데, 각 범주별 참여자들의 평균점수는 생활 문서 1.71점(표준편차 1.23), 공공 문서 1.85점(표준편차 1.22), 미디어 자료 1.28점(표준편차 1.15)이었다. 생활 문서와 공공 문서 간에는 통계적 차이가 없었으나, 이 둘과 미디어 자료 읽기 사이에서는 유의미한 차이($p < .001$)가 관찰되었다. 이를 통해서 생활 문서나 공공 문서에 비해 미디어 자료 읽기가 상대적으로 어려웠음을 추론할 수 있었다.

왜 사람들은 미디어 자료를 읽기 어려워했을까? 신문 기사, 광고 기사, 여론 조사 등 생활 속에서 가장 흔하게 접하는 텍스트를 잘 읽지 못한 이유가 무엇일까? 이번 테스트에 포함된 미디어 자료 문항들은 주로 사람들이 어떻게 정보를 분석, 평가하는지 알아보기 위한 것이었는데, 대체로 테스트 참여자들은 이런 종류의 자료를 읽고 비판적 질문을 던지는 데에 익숙하지 않아 보였다.

동시에 이러한 미숙함은 많은 사람들이 글 정보를 확인하고 간단한 의미를 추론하는 것을 넘어 '텍스트의 가치'를 종합적으로 판단하는 읽기에 잘 훈련되지 못했음을 드러내기도 한다.[27] 예를 들어, 인터넷에서 흔하게 돌아다니는 다음과 같은 지지율 조사 그래프를 살펴보자. 여러분은 이 자료를 어떻게 읽고, 어떻게 판단할 것인가?

QUIZ

1. 다음 그래프를 읽고 두 후보의 지지율 그래프를 비교적 제대로 읽은 것은?

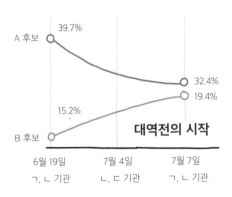

① 두 후보의 지지율 격차는 대략 5분의 1로 줄어들었다.

② B 후보의 지지율이 A 후보의 지지율을 역전하기 시작했다.

③ A 후보가 선거에서 승리할 확률이 급격하게 줄어들고 있다.

④ 7월 4일에 두 후보의 지지율 차이는 이미 10% 이하로 떨어졌다.

⑤ 수치가 맞다면 7월 7일 지지 후보를 밝힌 사람들의 비율이 감소했다.

2. 이 자료는 얼마나 믿을 만한가?

① 믿을 수 있다　　② 믿기 어렵다　　③ 잘 모르겠다

정답 1번 ⑤, 2번 ②

　이 문제는 문자, 숫자, 시각 정보 등이 혼합된 그래프(그래픽 텍스트)를 얼마나 정확하게 분석할 수 있는지 묻는 것이다.

　①번은 그래프의 선 자체가 해당 숫자의 변화량에 어울리지 않게 왜곡되었기에 오답이다. 그래프상 두 선의 종착점이 5배가량 오므라드는 모양과 달리, 해당 지지율 수치만 보면 그 격차가 24.5%에서 13%로 절반가량 줄었을 뿐이다. 시각 정보와 수치 정보가 일치하지 않는다.

　②번은 두 후보의 지지율 곡선이 교차되지 않았고(골든 크로스 혹은 데드 크로스가 없다!), 수치에 근거하더라도 여전히 격차가 존재하므로 적합한 해석이 아니다. 특히, 그래프에 삽입된 "대역전의 시작"이라는 문구는 자칫 "낚이기" 쉬운 부분이다.

　③번 역시 적절한 해석이라 보기 어렵다. 두 후보의 최종 지지율 차이는 첫 여론 조사와 비교할 때 11.5%p(퍼센트 포인트) 줄었지만 여전히 13%p 차이를 보이고 있으며, 동시에 이 조사 자체가 두 후보의 당선확률 또는 당선가능성을 보여 주지 않기 때문이다.

　④번의 경우, 지지율의 추이상 최종 지지율 차이가 13%p인데 그전에 지지율 차이가 10% 이하가 될 수 없으므로, 이 역시 합리적 분

석이라고 보기 어렵다.

따라서 이 문제의 정답은 ⑤번이다. 이 그래프에 표기된 두 후보의 최초 지지율 합(54.9%)과 마지막 지지율 합(51.8%)을 비교하면 후반에 무응답자가 오히려 늘어났다(45.1%에서 48.2%로). 그런데 이 선택지가 정답인 더 중요한 이유는 "수치가 맞다면"이라는 특별한 조건이 포함되어 있기 때문이다. 앞선 오답 분석처럼, 이 그래프의 수치 정보(지지율 수치)와 시각 정보(그래프 선), 그리고 문자 정보("대역전의 시작") 사이에는 어떠한 일관성을 찾을 수 없다. 그러므로 이들 정보 중 어떤 것도 정확하다고 결정할 수 없다. 다만, "수치가 맞다면"이라는 가정하에 숫자 정보에 근거한 해석을 도출할 수 있을 뿐이다.

여러분도 이 문제에서 정답을 찾았는가? 이 문제는 오답률이 가장 높았던 문제로, 350명의 참여자 중 74.3%(260명)가 틀렸다. 대략 4명 중 3명이 이 그래프를 제대로 읽지 못한 것이다.

그런데 더욱 놀라운 것은 이어진 질문에 대한 사람들의 응답이었다. 문제 2의 "이 자료는 얼마나 믿을 만한가?"라는 질문은 이 인터넷 자료의 정보 가치에 대한 종합적 판단을 구하는, 매우 간단하면서도 중요한 질문이다. 그런데 이 허위 정보를 보고서도 "믿기 어렵다"고 대답한 응답자가 22명에 불과했다. 전체 응답자의 약 6%에 지나지 않았으며, 앞의 그래프 분석 문제를 맞힌 사람들 중에서도 단 24%만이 해당 정보의 신뢰성에 대한 정확한 판단을 내렸다.

왜 이런 일이 벌어졌을까? 좀 더 면밀한 분석을 위해, 문제 1과 2의 반응을 교차 분석하여 응답자들을 6개의 집단으로 분류해 보자.

허위 정보의 분석 및 평가 능력 전체 350명		자료 평가 문항 [문제 2]		
		믿을 수 없다 89명	잘 모르겠다 132명	믿을 수 있다 129명
자료 분석 문항 [문제 1]	분석할 수 있다 90명	집단 A 22명 (평균 10.50점)	집단 B 24명 (평균 8.04점)	집단 C 44명 (평균 10.20점)
	분석할 수 없다 260명	집단 D 67명 (평균 5.64점)	집단 E 108명 (평균 4.76점)	집단 F 85명 (평균 3.95점)

〈표 1〉 문제 1과 2의 반응에 관한 교차 분석

이는 독자의 '정보 분석(문제 1)' 능력과 '정보 판단(문제 2)' 능력의 협응 양상을 살펴보기 위한 것으로, 6개 집단(A~F) 각각의 사례 수와 평균점수를 정리하면 〈표 1〉과 같다.

이 결과를 전적으로 일반화하기 어려우나, 이번 테스트의 맥락에서 허위 정보 분석 및 판별 능력에 관한 각 집단의 특성을 대강 설명해 보면 다음과 같다.

❶ 집단 A: 준수한 문해력의 독자

문자, 숫자, 시각적 기호가 통합된 정보를 정확하게 분석하고, 종합적으로 신뢰성을 평가할 수 있음. 찰떡과 개떡을 구별하고, 그것이 어떻게 서로 다른 떡인지를 판단할 수 있는 사람들. 기능적 문해력에 더해 분석적, 비판적 문해력까지 갖춤.

❶ 집단 B: 성찰을 통해 발전할 독자

정보는 잘 분석하지만, 정보의 종합적 신뢰성을 판단해야 하는 상황에서 주저함. 무엇이 거짓임을 알아도, 그것을 거짓이라 결정하지 못하는 사람들. 이해력과 분석력에 더하여 종합적 판단력과 자기 효능감이 요구됨.

❶ 집단 C: 배우고 노력해야 할 독자

정보의 오류들은 잘 분석하지만, 분석의 결과를 종합적 정보 판단의 근거로 활용하지 못함. 맛있게 갓 지은 밥으로 죽을 쑤는 실수를 범하는 사람들. 종합적 문제 해결 능력과 성찰 능력이 필요함.

❶ 집단 D: 부족하지만 준비된 독자

눈에 보이는 정보의 오류를 잡아내지 못했지만, 어느 정도 종합적 판단력과 직관을 갖춤. 베테랑 형사가 되기엔 아직 부족하지만, 판단 전에 의심할 줄 아는 마치 예비 형사 같은 사람들. 정교한 자료 분석 능력을 익힐 수 있는 실제적 경험이 요구됨.

❶ 집단 E: 속임수에 흔들리는 독자

허위 정보의 다양한 속임수 장치들을 간과하고, 주로 눈에 보이는 정보에 집중함. 참과 거짓을 구별하는 일에 미숙한, 성공과 실패의 경계에 선 사람들. 체계적 정보 분석 학습 기회와 더불어, 종합적 의사 결정을 내릴 수 있는 성공의 경험이 필요함.

● 집단 F: 문해력이 현저하게 부족한 독자

허위 정보 앞에서 쉽게 흔들리고 무너질 수 있음. 자신이 읽는 것, 자신의 읽기, 자신의 생각과 판단을 돌아보기 어려워하는 사람들. 단계적이고 집중적인 문해력 훈련과 경험이 필요함.

6개 집단의 평균점수 차이는 'A≈C>B>D≈E>F' 순으로 나열할 수 있다(p<.001). 이 결과를 보면, 종합적 판단력이 떨어진다 하더라도 정보 분석 능력이 좋은 사람들(집단 A~C, 평균점수 약 8~10점 정도)이 그렇지 않은 이들(집단 D~F, 평균점수 약 3~6점대)에 비해 전반적으로 잘 읽는 경향을 보였다. 그럼에도 불구하고, 집단 B와 C에 속한 사람들이 수행한 문해력의 '실효성'에 의문을 표하지 않을 수 없다. 정보가 가짜임을 알아도 그것을 믿지 말아야 한다고 단호하게 판단하지 못하는 독자(집단 B), 심지어 잘못된 정보를 믿을 수 있다고 판단한 사람들(집단 C)이란 참으로 안타깝지 않은가?

탈진실의 시대, 불확정성의 디지털 시대에 문해력은 도대체 왜 필요한 것일까? 가짜가 난무하고 무엇이 진실인지 알기 어려운 디지털 세상에서 분석적으로 미디어 자료를 따져 보는 것은 분명 핵심 능력임에 틀림없다. 하지만 그것만으로는 충분하지 않다. 디지털 자료의 내용, 표현, 출처, 의도를 면밀히 분석하고 그 결과를 합리적 의사 결정 과정에 냉철하게 활용하는 종합적 정보 판단 능력, 일종의 비판적 문해력을 간과할 수 없다. 판단 전에 분석하고 분석 후에 판단할 수 있는 실천적 문해력은 진짜를 알기 어려운 디지털 사회, 신넘의 양극화와 정치 포퓰리즘이 판치는 미디어 환경, 극단적 상업주의가 기승을 부리는 21세기 텍스트 환경에서 결코 외면해서는 안 되는 생존 능력이자 시민 역량이 아닐 수 없다.

감춰진 것들에 대해 질문하는가

인류 역사를 통틀어 가짜와 루머, 음모와 거짓은 늘 생존해 왔지만, 이렇게 빠르고 광범위하게 '가짜 아닌 가짜(진짜 가짜!)'가 득세하는 시대는 없었다.[28] 예측불허의 위험이 도사리고 있는 인터넷 미디어 환경에서 도대체 우리는 누구를 믿고 무엇을 읽어야 하는가?

독자가 품는 '질문'은 불확정성의 미디어 공간에서 우리의 시야를 확보하는 거의 유일한 도구다. 질문할 수 있다는 것은 그 자체로 우리가 스스로에 대해, 우리가 읽고 쓰고 소통하는 환경에 대해 각성하고 있다는 증거다. 질문은 우리가 단지 반사적으로 정보 섭취의 생존 행동에만 길들여진 무의식의 독자가 아니라, 눈앞의 정보를 예리하게 평가해서 새로운 앎으로 전환시키는 '생각하는 독자'임을 확인시켜 준다.

다음의 문제를 풀면서, 여러분의 '질문하기'가 어떻게 글 읽기에 도움이 되는지 실험해 보자.

다음에 제시한 인터넷 신문 기사의 의도를 판단하기 위해 던질 수 있는 질문으로 적절하지 않은 것은?

부동산 〉 아파트

"임차 수요 선호" … 공원 인접 '☆☆아파트' 단지 내 상가 공급

입력 시간 : 20××년 ×월 ×일 ××시 ××분 작성 : ○○○ 기자

    공원과 인접한 상업시설이 관심을 받고 있다. 공원으로 나들이를 나온 휴양객들을 유효 수요로 확보할 수 있고 조망권도 뛰어나기 때문이다. 최근 코로나 팬데믹 상황에서 보다 안전한 여가 활동을 즐길 수 있는 공원으로 이용객들이 몰리는 점도 영향을 미친 것으로 풀이된다. 공원 옆 상권은 주변 상권보다 상대적으로 높은 매출을 올린 것으로 나타났다. 17일 소상공인 상권 정보 시스템 자료에 따르면, ☆☆아파트 반경 500m 이내에 위치한 커피 전문점의 점포당 월 평균 매출액은 작년 11월 기준 1,200만 원을 기록했다. 이는 현재 해당 지역 전체 커피 전문점의 점포당 월 평균 매출액인 1,086만 원보다 높은 수치이다.

---

① 〈○○신문〉은 이 기사를 내보내서 어떤 이득을 취할까?

② 해당 공원에 이용객들이 몰린다고 한 이유가 무엇일까?

③ 전반적으로 이 글은 독자들이 어떻게 하기를 원하는 걸까?

④ 기자로부터 ☆☆아파트 상가의 시세 정보를 추가로 얻을 수 있을까?

⑤ 커피 전문점의 월 매출액 1,200만 원과 1,086만 원은 얼마나 큰 차이일까?

정답 ④

인터넷에서 글을 읽을 때 흔히 "낚였다"라는 말을 한다. 뉴스인지, 기사인지, 광고인지 정체를 알 수 없는 글들의 헤드라인은 언제나 우리를 생존 행동에 길들여진 물고기처럼 낚으려 한다. 이 문항은 전형적으로 기사의 형식을 빌려 상품을 노골적으로(하지만 은연중에) 홍보하는 낚시성 광고를 비판적으로 분석할 수 있는지 묻기 위한 것이었다. 그런데 이 문항의 정답률은 불과 29%(350명 참여)였다. 다시 말해, 세 명 중 두 명은 이런 종류의 글을 읽으면서 〈표 2〉와 같이 현명한 질문을 던지는 데 실패했다.

이런 종류의 "기사형 광고(advertorial)는 사실상 광고(advertisement)지만 기사(editorial)의 형식을 빌려 독자를 기만하는 것"으로,[29] 특정 상업적 의도를 기사라는 신뢰 형식으로 덧씌워 만든 텍스트다. 실제로 한 언론 조사에 의하면, 2022년 2월 7일부터 19일간의 주요 언론 매체 기사 중 약 1,800여 건에서 기사형 광고(홍보성 기사)가 의심되었고, 그 홍보 주제도 건설, 의료, 금융 등 다양했다.[30] 기성 언론사들의 글도 상업적 의도로 비판을 받는 상황이니, 단지 기사의 '출처(이 기사가 어느 언론 매체에 실렸는지)'를 확인하는 것만으로는 잘 읽었다고 말하기에 부족한 세상이다.

다시 한 번 광고 제목을 떠올려 보자. 왠지 해당 아파트 단지 상가에 서둘러 투자해야 할 것 같은 생각이 든다.

"임차 수요 선호" ⋯ 공원 인접 '☆☆아파트' 단지 내 상가 공급

무엇에 대하여	어떤 질문을 해야 할까?	나는 질문했는가?
글의 의도 글의 영향	이 기사를 통해 누가 손익을 보는지 묻고, 글의 목적과 동기, 의도적 또는 잠재적 결과에 대해서 판단한다. • ○○신문은 이 기사를 내보내서 어떤 이득을 취할까?(선지 ①) • 이 기사를 후원한 사람은 누구이고 어떤 이득을 보려 하는가? • 이 기사로 손해를 보는 사람은 없을까?	 예 ___ 예 ___ 예 ___
내용/표현의 타당성과 신뢰성	기사 내용의 합리성과 근거를 저자의 언어 선택과 논리의 측면에서 묻고, 글 곳곳에 주도면밀하게 숨겨진 의도를 파악한다. • 기사 제목에서 "임차 수요의 선호"를 특별히 강조한 이유가 무엇일까? • 해당 공원에 이용객들이 몰린다고 한 이유가 무엇일까? 관련 데이터가 믿을 만한가? (선지 ②) • 커피 전문점의 월 매출액 1,200만 원과 1,086만 원은 얼마나 큰 차이인가? 상가 투자를 결정할 만큼 정말 큰 차이일까? (선지 ⑤)	 예 ___ 예 ___ 예 ___
나(독자)의 자세	이 기사를 읽은 나는 어떤 독자이어야 하는지 묻고, 냉철하게 이후 행동을 결정한다. • 전반적으로 이 글은 독자들이 어떻게 하기를 원하는 걸까? (선지 ③) • 이 글은 누구를 예상 독자로 하고 있는가? • 이 글이 나와 우리에게 어떤 도움, 어떤 피해를 주는가?	 예 ___ 예 ___ 예 ___

〈표 2〉 기사형 광고를 읽고 던져야 할 질문 목록

공원이 인접해 있고(공원 이용객들이 상가에도 몰릴 거야!), 임차 수요 선호도 있으니(상가를 빌려 장사하려는 사람이 많다면 꾸준한 임대 수익도 올릴 수 있겠지!), 해당 상가의 특별한 투자가치가 부각된다. 마치 "이렇게 똘똘한 상가를 지금 분양하니 늦지 않게 행동에 나서는 것이 현명한 사람이다!"라고 말하면서 넌지시 독자의 옆구리를 찌른다. 이 문제의 보기에서처럼 "④ 기자로부터 ☆☆아파트 상가의 시세 정보를 추가로 얻을 수 있을까?"라고 질문하고 싶어진다.

하지만 이 기사의 의도는 독자로 하여금 '근거는 없지만 그럴듯한' 생각을 갖게 만드는 것이다. 그래서 기사의 제목을 보자마자 우리의 눈과 생각이 그렇게 움직이는 것은 어찌 보면 당연하다. 문제는 이런 즉각적 주의와 관심이 단지 우리의 예상이자 추측일 뿐, 충분하고 명확한 근거로 형성된 것이 아니라는 점이다. 따라서 설령 제목을 보고 그렇게 생각했다 하더라도, 본문을 읽어 나가면서 그런 생각이 맞는지를 질문하면서 확인하는 전략이 독자에게 필요하다.

진위와 의도가 모호한(질문해 보면 분명하지만!) 미디어 자료를 읽을 때에는 각별히 주의해야 한다. 첫인상에 기대어 만들어 낸 글에 대한 자신의 '가설'이 합리적인지 판단해야 하고, 이를 위해서 '근거'를 찾으면서 읽는 일에 익숙해야 한다. 추측과 추론의 차이는 정확한 근거의 유무이다. 섣부른 예상은 그저 '추측(guess)'이지만, 지식과 근거에 기댄 추측은 '합리적 추측(educated guess)' 즉, 추론이 될 수 있다. 이것은 정확한 앎과 사유에 기여하는 추론이다.[31]

사람들이 어떤 '감'에 기댄 추측만으로 정보를 선택하고 읽는 현상은 그리 낯설지 않다. '낚시성' 광고, 기사형 광고들은 대부분 독자가 가진 이런 빈틈을 노린다. 모든 독자가 모든 분야의 지식을 가질 수는 없기에, 상업적 의도를 가진 텍스트들(스미싱, 스팸, 피싱, 가짜 뉴스, 허위 정보 등)을 읽을 때에는 특별한 주의가 필요하다. 그런 텍스트를 제작하는 '기술자'들은 우리가 잘 알고 있다고 생각하지만 사실은 분명하게 알지 못하는 부분을 공략한다. 시선을 강탈하고, 주의를 끄는 헤드라인과 디자인은 그것이 마치 그럴듯하게 믿을 만한 것이라고 우리를 착각하게 만든다.

정보가 생산, 유통, 소비되는 온·오프라인 환경이 점차 상업화, 극단화되어 가고 있다. 시민과 독자가 어느새 '소비자'와 '사용자'로 강제 개명된 시대는 내 삶에 도움이 되는 정보가 아니라, 그야말로 이목 끌기, 관심 끌기, 클릭 장사가 현명한 상술이 되어 노골적으로 판치는 시대다.[32] 이러한 불확정성의 정보 환경에서 합리적인 독자는 텍스트와 나, 보이는 것과 보이지 않는 것, 들리는 것과 들리지 않는 것, 드러난 것과 감추어진 것에 대해 질문할 수 있어야 한다. 분명한 근거를 확인하면서 논리적이고 냉철하게 정보를 해석하는 능력, 섣불리 추측하고 엉겁결에 판단하지 않는 자세, 중요한 결정 앞에서 한번 멈추는 용기, 분명하게 분석하고 결정하려는 태도는 악성 루머나 왜곡된 정보가 전염병처럼 퍼지는 인포데믹 시대에 명민한 독자로 살아남기 위한 최우선 전략이 아닐 수 없다.

우리에게 필요한 것은 '기회'

문해력은 어떻게 길러질까? 제법 많은 노하우가 시중에 넘치지만, 이들을 관통하는 제1원리는 다름 아닌 '기회'다. 사람들은 '성취'에 관심이 많지만, 성취는 기회 없이 가능하지 않다. 사람들 간의 성취 격차는 사실 기회의 격차와 관련이 깊다. 대개 능숙한 독자들은 자의든 타의든, 또는 환경에 의해서든, 살아가면서 의미 있게 읽고 쓰는 기회, 그런 방법들을 배우고 다듬을 기회가 많았을 것이다. 반면, 글을 다루는 데 어려움을 겪는 독자들은 실제적으로 글을 읽고 쓸 수 있는 기회, 그런 방법들을 배우면서 "아하, 그렇지!"라고 조용히 환호할 기회가 부족했을 것이다.

그렇다면 우리들의 문해력 격차는 어땠을까? 이번 테스트에서는 설문 조사의 한계로 인구학적, 사회경제적, 교육환경적 조건들에 대한 데이터를 수집하지 못했다. 다만, 테스트가 요구하는 가장 낮은 수준의 문해력이 어느 정도이고, 성공과 실패의 경계선 양쪽에 위치한 집단 간의 성취 격차를 간접적으로나마 확인해 볼 수 있었다. 특히 다음은 성인 문해력 테스트에서 많은 사람들이 쉽게 맞힌, 어려움의 정도가 가장 낮은 문제였는데, 이 문제를 함께 풀어 보자.

QUIZ

다음 글을 읽고 추론한 것으로 적절하면 ○, 그렇지 않으면 ×로 표시하시오.

석탄이 천천히 타오르기 시작하더니, 이젠 제법 뜨겁게 불이 타오른다. 그렇다고 해도 난롯가에서나 따뜻하지, 기계실 전체의 온도가 변한 것은 아니다. 네 사람은 모두 장갑을 벗고, 난로에 불을 쬐고 있다.

① 기계실은 아직 춥다.   (   )

② 네 사람이 서로 친하다. ( )

③ 장갑을 벗어서 위험하다. ( )

정답 ①: ○, ②: ×, ③: ×

    제시된 지문으로 보아 '문장 ①'에 담긴 상황적 의미를 추론할 수 있다. 석탄이 "천천히" 타오르고 있지만, "난롯가에서나 따뜻하지, 기계실 전체의 온도가 변한 것은 아니기" 때문이다. 흥미롭게도 문장 ①에 제시된 "아직 춥다"라는 말은 주어진 문장 어디에서도 찾을 수 없다. 다시 말해, 독자는 앞서 살핀 글 정보에 더하여 '막 불이 피고 열이 오르기 시작한 난로가 방 전체를 금세 따뜻하게 만들지는 못한다'라는 경험적 지식을 통합하여 "아직 춥다"라는 의미를 추론할 수 있다.

    '문장 ②'와 '문장 ③'도 언뜻 보기에 그럴듯하다. 하지만 주어진 글의 상황을 놓고 보자면, 이 문장들이 특별한 의미를 갖지 못한다. 가령, 주어진 글에서 네 사람이 모여 있지만, 특별히 이 네 사람의 관계에 대한 정보가 없다. 또한, 난로 가까이에서 맨손으로 불을 쬐는 행위가 잠재적 위험(화상 등)을 가져올 수는 있으나, 그런 위험성 여부가 이 글의 상황에서 특별한 의미를 갖지 못한다. 따라서 이러한 생각들은 "가능하지만 입증될 수 없는" 것이고, 맥락에 어울리는 추론이 아니다.

    테스트 참여자들 중 약 70%가 이 문제에서 정답을 선택했다. 즉,

대다수는 짧은 글에서 매우 자동화된 방식으로 정확하게 상황적 의미를 추론했으며, 추측과 근거의 '거리'를 적절하게 판단했다. 또한, 특별한 문제 상황 없이도 교과서에 나올 법한 지문을 있는 그대로 읽는 데에 익숙했다.[33] 따라서 이 문항은 주어진 지문을 읽고 의미를 추론하는 데에 무리가 없는 간단한 수준이기에 성인 독자라면 누구나 맞힐 수 있는 기초 읽기 능력을 묻고 있다.

그렇다면 이 문제를 맞힌 사람들과 틀린 사람들 간에는 어느 정도 격차가 있었을까? 〈2022 성인 문해력 테스트〉에서 해당 문항을 틀린 집단(106명)의 평균점수는 3.90점(표준편차 2.30), 맞힌 집단(244명)의 평균점수는 6.88점(표준편차 3.27)이었으며, 이 둘 간에는 통계적으로 유의미한 차이($p<.001$)가 관찰되었다. 거의 2배에 가까운 평균점수 차이인데, 이는 이 두 집단 사이에 상당한 정도의 문해력 격차가 존재함을 의미한다. 즉, 테스트에 참여한 넷 중 하나는 문제의 난이도나 문제 상황의 복잡도에 상관 없이 간단한 글 읽기에서조차 어려움을 겪었을 가능성이 높다는 뜻이다.

기초 수준에서의 성인 문해력 문제는 늘 있었다. 만 18세 이상 성인 10,429명을 대상으로 정부에서 실시한 〈2020년 성인 문해 능력 조사〉의 결과는 〈표 3〉과 같다.[34] 이 〈표 3〉에 따르면, 일상생활에 필요한 중학교 졸업 학력 수준의 문해력을 갖추지 못한 사람들이 약 5명 중 1명꼴(20%)이고, 초등학교 1~2학년 수준의 기초 문해력이 완성되지 못한 사람의 비율도 4.5%나 된다. 이 조사의 결과를 조금 더 살펴보면, 이른바 '문해 교육 대상자(추가적으로 기초 문해력 증진을 위한 체계

구분	수준 정의	비율(%)	추정 인구(명)
수준 1	일상생활에 필요한 기본적인 읽기, 쓰기, 셈하기가 불가능한 수준 (초등 1~2학년 학습 필요 수준)	4.54	2,001,428
수준 2	기본적인 읽기, 쓰기, 셈하기가 가능하지만, 일상생활에 활용은 미흡한 수준 (초등 3~6학년 학습 필요 수준)	4.21	1,855,661
수준 3	가정 및 여가 생활 등 단순한 일상생활에 활용은 가능하지만, 공공 및 경제 생활 등 복잡한 일상생활에 활용은 미흡한 수준 (중학 1~3학년 학습 필요 수준)	11.43	5,039,367
수준 4 이상	일상생활에 필요한 충분한 문해력을 갖춘 수준 (중학 학력 이상 수준)	79.82	35,184,815
전체		100	44,081,271

〈표 3〉 2020 성인 문해 능력 조사 수준별 성취 결과

적 학습이 필요한 성인들)'로 분류된 하위 20%(수준 1~3)에 포함된 사람들의 비율이 특히 중졸 미만의 저학력자(78.8%), 월 가구소득 100만 원 이하 저소득 계층(70.3%)에서 확연하게 높게 나타났다.

기초 성인 문해력 문제는 비단 우리만의 현상은 아니다. 2012년 OECD 성인 문해 역량 조사에 따르면, 참여 국가의 16~65세 성인의 약 15.5%가 문장과 단락을 정확하게 읽고 의미를 파악하는 데에 어려움을 겪었다(수준 1 이하).[35] 특히, 우리나라를 비롯한 많은 국가에서 젊은 세대일수록 낮은 수준의 문해력을 가진 사람의 비율이 적었는데, 이는 세대가 고령화될수록 발견되는 교육 수준의 저하에 기인한다고 볼 수 있다(한국의 경우, 세대 간 문해력 격차가 가장 큰 나라 중 하나였다!). 특이하게도 영국은 젊은 세대에서도 문해 수준이 낮은 사람

들의 비율이 상대적으로 컸는데, 그 수치가 16~34세의 경우 다른 나라들에 비해 거의 1.6배에 달했다(평균적으로 약 30% 정도의 젊은이가 낮은 수준의 문해력을 보임).[36]

우리나라의 「평생교육법」 제2조 제3호는 '문해'의 개념을 "일상생활을 영위하는 데 필요한 문자해득(文字解得) 능력을 포함한 사회적·문화적으로 요청되는 기초생활 능력 등"으로 정의하고, 문해 교육을 평생 교육의 주요 분야로 규정하고 있다.[37] 이 법에 따르면, 우리나라 성인의 약 5%가 법적 도움을 받을 권리를 가지게 된다. 또한, 우리나라 국가문해교육센터는 문해력이 "단지 글을 읽고 쓸 줄 아는 능력이 아니라, 모든 교육의 토대가 되는 인간 생활의 가장 기본적인 능력"이라고 전제하고, "인간이 성장, 사회경제적 발전, 민주주의 가치 실현을 위해 반드시 갖추어야 할 기초 능력"으로 그 의미를 확장하고 있다.[38] 이에 따르면, 우리나라 성인의 약 20%가 국가문해 교육의 혜택을 보게 된다.

이번 성인 문해력 테스트에 참여한 성인 중 앞에서 언급한 5%에 해당하는 사람이 얼마나 될지는 알기 어렵다. 기초 문해력 없이 이번 시험에서 빼곡하게 제시한 문제와 발문, 제재와 보기를 읽는 것 자체가 어렵다는 점을 생각하면, 거의 없다고 보아도 무리가 없을 것이다. 그렇다면 하위 20%, 다시 말해 중학교 3학년 수준의 읽기 능력을 갖추지 못한 사람들은 얼마나 될까? 이번 테스트의 참여자 연령이 주로 19~50세이고, 대개가 적극적으로 취업을 시도하는 온라인 커뮤니티 구성원이자, 대학 학력 이상의 교육 경험을 가진 독

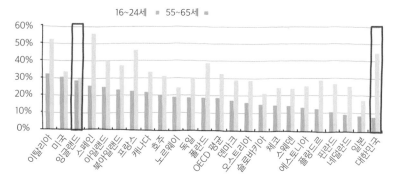

16~24세 ■ 55~65세 ■

〈그래프 2〉 청년 세대와 장년 세대에서 '낮은 문해력 수준'에 머문 사람들의 비율 비교

자들이었다는 점을 미루어 보면, 해당 수준 이상의 읽기 능력을 갖추었다고 짐작할 수 있다.

그렇다면 글자를 해독하고, 단어와 문장을 유창하게 읽지만, 근거에 기반하여 상황적 의미를 추론하고 합리적 결정을 내리는 일에 익숙하지 못한 어른들에게는 어떤 도움이 필요할까? 글 읽기에 필요한 인지 능력의 수준이 반드시 위계를 갖추는 것은 아니나, 짧은 글을 읽고 의미를 추론하는 데 실패한 이들이 살아가면서 알게 모르게 겪을 어려움들은 어렵지 않게 예상할 수 있다. 문해력이 단지 글자를 읽고 쓰는 것 이상의 지적, 사회적 역량으로 정의되는 오늘, 문해력 교육의 '기회'와 '격차'의 문제를 깊게 고민하지 않을 수 없다.

그래서
어떻게 읽어야 할까?

의식과 성찰

글을 잘 읽으려면 여러 지식과 기능이 필요하다. 글을 유창하게 읽으려면 기본적으로 어휘력이 뒷받침되어야 하고, 내용을 제대로 이해하기 위해서는 어느 정도의 배경지식은 필수다. 문제와 해결, 원인과 결과, 주장과 근거 등 글에 담긴 논리 구조에 대한 지식이 있으면, 글의 부분과 전체를 균형적으로 파악하며 읽을 수 있다. 디지털 미디어 자료들처럼 텍스트에 사용된 특별한 언어적, 시각적, 통계적, 상징적 기호와 장치에 대해 알고 있다면, 텍스트의 정보를 좀 더 치밀하게 분석하고 평가할 수 있다.

하지만 세상의 모든 글이 반드시 쉽지 않고, 글을 읽을 수 있는 지적, 정서적, 환경적 조건이 언제나 충분하게 마련되는 것도 아니다. 특별히 자신의 관심 분야나 전문 분야가 아닌 글을 다루는 일, 익숙하지 않은 표현과 형식의 자료를 선택하고 판단하는 일은 여간 어렵지 않다. 디지털 미디어에서 접하는 글 중에는 특별한 주의를 기울여 따져 보지 않으면 자칫 현혹되기 쉬운 그럴듯한 문구와 표현, 숨겨진 의도와 기만의 장치가 즐비하다. 그렇다면 우리는 어떻게 읽어야 할까? 어떤 태도가 글을 읽는 힘, 글을 다루는 능력과 스태미나를 증진시켜 줄까?

글을 읽는 연습 몇 가지

잘 읽는 법에 정답은 없다. 글을 읽는 방법은 언제나 (1) 내가 읽는 것이 무엇인지(텍스트), (2) 언제 어디서 그것을 읽고 있는지(맥락), (3) 어떤 목적과 결과를 위해 어떤 과정으로 읽는지(활동), (4) 지금 글을 읽고 있는 나는 누구인지(주체)에 따라 천차만별 달라지기 때문이다. 우리가 글을 읽는 방식, 우리에게 필요한 글 읽기 전략은 늘 이 네 가지 요소가 교차하여 만들어지는 "?"의 지점에서 결정된다.

같은 사람이 읽어도 텍스트(내용, 영역, 표현, 형식, 양식, 구조, 자질, 출처 등)에 따라 읽는 법이 달라지고, 맥락(과제 환경, 전문 영역, 사회문화적 조건, 의사소통 환경, 매체 환경 등)과 활동(목적, 과정, 절차, 결과 등)이 무엇인가에 따라 글에 기울이는 주의와 정보를 선택하는 기준이 달라진다. 각자가 지닌 능력, 지식, 동기, 태도, 신념, 자신감, 효능감, 주도감, 정체성 등이 다르기에 A가 읽는 방식이 B가 읽는 방식과 완전히 일치하리라는 보장도 없다. 따라서 효과적인 읽기 방법은 내가 언제 어디서 무엇을 위해 어떤 것을 읽고 있는가에 대한 질문을 통해서 마련될 수 있다. 다시 말해, 읽기의 요소들이 교차하는 지점 어딘가에서 나만의 물음표를 찾는 일이 곧 나만의 글 읽는 법을 발견하는 길이다.

그래도 희소식은 있다. 글 읽기가 복잡하고 각양각색이라고 해서, 누구에게나 통용되는 방법이 아예 없는 것은 아니다. 만병통치약은 없지만, 아픈 사람(부진한 독자)의 열을 내리고(글 읽기의 어려움을 줄여 주고) 기운을 북돋는(글 이해에 도움을 주는) 보편적 읽기 전략은 있다.[39] 이를 가장 간단한 방식으로 범주화해 보면 다음과 같다.

- 꼼꼼하게 읽기: 정보의 탐색, 확인, 요약
- 합리적으로 생각하기: 의미의 추론, 정교화, 해석
- 예리하게 판단하기: 텍스트의 분석, 평가, 활용

꼼꼼하게 읽는다는 것은 세부 내용에 집중하면서도 전체 맥락을 놓치지 않는 것이다. 단어와 단어, 문장과 문장, 단락과 단락의 내용들을 하나하나 읽어 나가면서 중요한 정보(내가 원하는 정보, 나에게 필요한 정보 등)와 세부 정보(중요 정보를 뒷받침하거나 풍성하게 해 주는 정보)를 가려내어 연결하고, 필요하다면 그때그때 요약하면서 읽는 방법이다. 기억해 두고 싶은 단어나 표현에 밑줄을 긋거나, 떠오르는 생각 등을 구애 없이 적어 보는 것도 좋다.

다음으로, 합리적으로 글 내용을 해석하자. 상식과 지식을 바탕으로 글에 담긴 정보를 분명하게 파악하고, 생활 속 문제에 적용해 보면서 상황적 의미를 구성하려는 노력이다. 이때 자신이 가진 지식과 삶의 경험들을 적극 동원하는 것은 중요하지만, 텍스트 정보와 일치하지 않거나 글의 맥락에 어울리지 않는 추측과 직관에 주의해야 한다. 숨겨진 의미는 적극적으로 추론하고, 필요하다면 가능한 예들을 적용하면서 자신의 이해를 정교화해 본다. 글의 어느 한 구석, 한 단면에만 집중하지 말고, 부분 부분의 내용이 어떻게 하나의 전체로 엮이는지 '숲과 나무'를 균형감 있게 이해하려고 노력해 보자. 읽은 것을 '당신의 말'로 정리하는 것은 최고의 전략이다.

마지막으로, 글에 대해 예리하게 판단하자. 글의 내용과 표현을 두루 분석하고 검토하여, 글의 가치를 평가하는 것이다. 내용의 타당성, 표현의 적절성, 숨겨진 편향성, 의도된 상업성 등에 대해서 판단해 보자. 이때 판단에는 반드시 '근거'가 있어야 한다. 이 글은 훌륭하다거나 형편없다는 섣부른 한마디보다, 어떤 부분에서 탁월하고 어떤 부분에서 부족한지를 구체적으로 언급하는 것이 중요하다. 누가 만든 텍스트이며, 언제 어디서 어떤 방식으로 유통되는지 그 출처와 경로에 대해서도 반드시 짚고 넘어가자. 그래서 내가 읽은 글, 나의 읽기 경험이 나 자신과 내가 사는 세상에 어떤 쓸모가 있는지 판단해 보자.

잘 읽고 싶은 어른들을 위한 7가지 제안[40]

잘 읽는 법에 정답이 없듯, 문해력 향상에도 왕도는 없다. 문해력, 다시 말해 글을 읽고 쓰는 능력은 오롯이 후천적인 능력이기 때

어떻게 읽을까?	정확하게 읽기	합리적으로 생각하기	예리하게 판단하기
〈업무 메일 읽기〉 상황과 소통	-메일에 담긴 단어와 문장의 뜻을 문맥에 맞게 확인한다. -메일이 전달하는 중요 정보와 세부 내용을 파악한다.	-작성자가 보낸 메일을 읽고 그 의도와 목적을 파악한다. -메일과 메일의 내용들이 어떻게 연결되는지 맥락을 분석하여 읽는다.	-메일의 내용을 읽고 일이나 문제의 상황을 판단한다. -메일에 어떻게 반응해야 할지 판단한다.
〈생활 속 통계 읽기〉 맥락과 해석	-통계 정보에서 자주 쓰이는 용어와 개념을 이해한다. -통계 정보를 작성한 목적을 확인한다.	-통계 정보에 담긴 사회적 맥락과 수학적 원리를 함께 고려하여 상황을 이해한다. -새로운 정보를 기존의 정보와 연결하여 종합적으로 이해한다.	-다른 사람의 주장과 통계적 근거를 분석적으로 읽고 판단한다. -통계 정보를 가지고 일상의 문제 상황에서 최선의 의사 결정을 한다.
〈온라인 읽기〉 출처와 가치	-온라인 정보의 특징에 대해 이해한다. -온라인 정보에서 중요 내용과 세부 내용을 파악한다.	-해당 정보를 뒷받침하는 근거가 포함되어 있는지 확인한다. -정보의 내용과 표현에서 오류나 왜곡이 없는지 분석한다.	-정보의 출처와 저자의 전문성을 살펴 정보의 신뢰성을 판단한다. -해당 정보 외에 관련 정보를 더 찾아 종합적으로 정보 가치를 판단한다.
〈논쟁 읽기〉 주장과 전제	-논쟁의 내용을 정확하게 파악한다. -논쟁이 되는 주장을 확인하고 근거를 파악한다.	-논쟁이 되는 문제 공간을 다양한 주장들을 통해서 파악한다. -관련 주장들이 가진 전제와 함의를 분석한다.	-주장과 전제의 타당성과 합리성을 다각도로 판단한다. -서로 다른 주장, 증거, 전제를 고려하면서 소통 및 절충 방안을 모색한다.
〈계약서 읽기〉 근거와 추론	-계약 정보가 정확하게 기재되어 있는지 확인한다. -계약 내용 확인을 위해 필요한 추가 자료를 찾아 읽는다.	-계약서에 명시된 조건, 기준, 내용을 분명하게 분석한다. -계약서의 권리 사항과 의무 사항의 근거를 살펴 확인한다.	-계약서의 내용이 나의 이익에 부합하는지 근거를 살펴 판단한다. -계약서에 명시되지 않은 사항이 발생했을 때 어떻게 해야 할지 상황에 맞게 추론하여 판단한다.
〈법 문서 읽기〉 이해와 적용	-법 문서에 사용된 중요한 용어들을 확인하며 읽는다. -법을 읽는 목적에 비추어 법의 내용을 이해한다.	-법이 생겨난 사회적 맥락을 생각하면서 법의 기준, 대상, 범위 등을 파악한다. -법과 법이 서로 연결되어 있음을 알고, 법 조항의 전체 맥락을 이해한다.	-법에 따라 어떤 문제 상황에서 해야 하는 것과 하지 말아야 하는 것이 무엇인지 판단한다. -특정 문제 상황에 대한 법의 쓸모를 시민의 입장에서 판단한다.

문에 시간과 노력을 들여 배우고 연습하지 않으면 더 좋게 만들 길이 없다. 모든 언어 학습의 제1 원칙은 '반복 경험'이다. 문해력도 잘 키우기 위해서는 무엇보다 다양한 맥락에서 다양한 텍스트를 다양한 목적을 위해 읽는 경험, 진지한 자세로 몰입해서 읽고 쓰는 경험이 필요하다.

첫째, 많이 읽는 것은(다양한 글에 많이 노출되면!) 문해력 향상에 가장 큰 도움이 된다. 둘째, 읽은 것을 말하고 써 보기까지 하면 언어 경험을 현저하게 증가시킬 수 있다(읽고 대화하고 쓰고!). 셋째, 몰입해서 읽으면, 좀 더 깊게 생각하고 판단하는 읽기로 나아갈 수 있다(깊게 읽자!). 이 중 앞의 두 가지는 개인이 노력하고 기회를 찾지 않는 한, 변화의 방법이 마땅치 않다. 셋째는 지금이라도 당장 실천해 볼 수 있다.

◑ 제안 1. '왜 읽는지' 생각하자: 목적 구체화하기

글 읽는 일, 책 읽는 일의 목적이 남는 시간을 채우는 데 있지는 않다. 실제로 오래전부터 많은 읽기 연구는 독자가 가진 목적이 글 읽기 과정을 좌우한다고 보고한다. 예컨대, 여가 시간에 읽어도 '즐거움을 위해, 여유를 즐기며'라는 암묵적인 목적이 있다. 목적을 분명히 하면, 책을 고를 때부터 달라진다. 책을 읽는 목적이 즐거움과 여유의 만끽이라면 전화번호부처럼 두껍고, 법전처럼 생소한 용어가 가득하며, 전문 개념과 논리가 빼곡한 전공 교재를 고를 일이 없다. 잠깐 짬을 내어 휘리릭 읽을 수 있는 얇은 책, 일상의 언어와 간결한 문장으로 머리를 식혀 주는 글, 덤으로 좋은 생각 '하나쯤' 얻어 갈 수 있는 텍스트가 좋다.

마찬가지로 회사에서 보고서 작성 전 자료를 검토할 때에는 내가 쓰는 보고서가 무엇을 위한 것인지, 누가 읽을 것인지, 어떤 내용이 담겨야 하는지에 대한 분명한 이해가 선행되어야 한다. 그래야 자료를 검토할 때 효율적으로 선택적 읽기를 할 수 있고, 불필요한 시간과 자원의 낭비를 막을 수 있다.

특별히 편향된 정보가 난무하는 소셜 미디어에서 읽고 쓰는 일의 목적을 정하는 일은 생각보다 중요하다. 소셜 미디어에는 여러 순기능이 있다. 논쟁적 이슈를 알 수 있고, 그에 대한 사람들의 다양한 반응도 읽을 수 있다. 하지만 소셜 미디어의 역기능도 만만치 않다. 팔로워 수로 전문가가 되고, 클릭과 '좋아요'로 근거 없는 의견과 낭설이 신뢰를 얻기도 한다. 말꼬투리를 잡는 댓글로 언쟁이 붙는가 하면, 아예 의도적으로 거짓 정보를 만들어 사람들을 속이고 음해하는 경우도 흔하다. 시계가 흐린 곳에서는 분명히 자신을 다잡을 필요가 있다.

소셜 미디어에 접속하기 전에 잠깐 멈추어 생각해 보자. 나는 오늘 현명한 학습자가 될 것인가, 아니면 실속 없이 문제만 일으키는 가짜 뉴스 유통자가 될 것인가?

◑ 제안 2. '비포'와 '애프터'의 변화를 경험하자: 배움을 위한 읽기

독자의 지식과 경험이 글 읽기에 영향을 미친다는 것은 인지과학

연구들에서 증명되었다.[41] 특별히 글 읽기가 앎의 과정이라는 점에서 어떤 책이나 글을 읽기 전에 그 텍스트가 다루는 내용과 주제에 관해서 스스로 얼마나 무엇을 어떻게 알고 있는지 확인해 보는 것이 중요하다. 또한 책을 다 읽고 난 다음에 자신의 지식과 관점은 어떤지 확인함으로써, 텍스트를 읽기 전과 후에 앎과 관점의 변화를 눈으로 확인할 수 있다. 이는 배움의 과정으로서 독서가 가지는 효능을 쉽고 간단하게 체험해 볼 수 있는 방법이다.

뭔가를 깊이 알기 위해 책을 읽는다고 생각해 보자. 먼저, 책을 읽기 전에 자신이 책의 주제나 내용에 대해 알고 있는 배경지식과 경험 등을 적어 본다. '예전에 이 주제에 대해 어떤 글을 읽어 봤지? 무슨 말을 들어 봤지?' 스스로 질문하면서 간단하게 적어 본다. 다음으로 내가 적어 본 것들이 이 책에서 어떻게 다루어지고 있는지, 내가 생각한 것이 타당한 것이었는지, 잘못 알고 있었거나 미처 생각하지 못한 것들은 없는지 확인해 본다. 글을 읽는 중간중간 의도적으로 이런 생각들을 메모하면 좋다. 마지막으로 책을 다 읽고 난 뒤에는 '그래서 나는 이 주제에 대해 무엇을 알게 되었지? 나는 지금 어떤 말을 할 수 있지?' 스스로에게 물어보고, 가능하면 그 대답을 적어 본다.

이렇게 하면 책을 읽기 전과 후에 적은 내용들을 서로 비교해 볼 수 있다. 책을 읽기 전과 읽고 난 후에 적은 글은 그 내용도, 어휘도, 길이도 달라진다. 아마도 예상한 것보다 훨씬 큰 차이를 확인할 것이다. 읽기 전과 후에 생각의 차이가 크다면 여러분은 그 책을 잘 읽은 것이다. 별 차이가 없다면, 책을 통해서 얻은 것이 별로 없거나 또는 책을 깊게 읽지 못했기 때문일 수 있다. 어느 쪽이든 읽기가 가져다준 앎의 변화 과정을 스스로 관찰해 볼 수 있다는 점이 좋다. 이런 질문법은 책처럼 완결성이 높은 텍스트를 읽을 때 도움이 된다.

⓵ 제안 3. 줄 긋고, 적고, 쓰고, 그려 보자: 텍스트의 쓸모 궁리하기

읽는 것은 읽는 것으로 끝나지 않는다. 우리는 읽은 것으로 일도 하고, 공부도 하고, 소통도 하고, 논쟁도 한다. 그래서 어떤 것을 읽었는지에 상관없이 '나는 이 텍스트로 무엇을 할 수 있는가?'라는 질문을 마음속에 품으면 글을 능동적으로 읽을 수 있게 된다. 능동적 독자는 거의 모든 상황에서, 심지어 소설을 읽을 때도 연필을 든다. 언제든 밑줄을 긋거나 메모할 준비가 되어 있다. 책은 깨끗하게 읽어 보관하는 것이 아니라, 지저분하게 읽어 낡게 만드는 것이 좋다. 열심히 읽은 흔적은 심리적으로도 뿌듯함을 안겨 준다.

어떤 사안, 현상, 사건, 개념에 대해 모르고 있던 내용을 새롭게 알게 되는 건 책 읽기의 큰 쓸모이다. 동시에 자신의 지식이 사실은 과학적으로 잘못된 개념이라는 것을 알게 해 주고, 그것을 수정할 수 있게 도와준다. 심지어 책을 읽으면서 자신이 전혀 생각하지 못했던 관점, 견해, 주장, 논리를 접하고 스스로 견주어 볼 기회를 갖게 될 수 있다면, 그것은 더없이 쓸모 있는 읽기이다. 더불어, 다양한 글과 책, 정보와 자료를 섭렵하여 어려운 시험에 대비하고 중요한 일에서 성공의 기회를 잡을 수 있다면 더욱 좋다.

하지만 읽기의 쓸모가 반드시 눈에 보이는 성취에서만 도출되는 것은 아니다. 보통 '쓸모'라고 하면, 사람들은 당장의 '결과'만을 생각한다. 책 읽기가 반드시 시험 대비나, 승진, 똑똑해지는 데 기여해야 하는 것은 아니다. 하다못해 '지금 내가 읽은 이야기가 정말 재밌어. 친구에게 얘기해 줘야겠네!'라는 생각을 하는 것도 엄연히 책 읽기의 효용이다. 텍스트가 어떤 방식이든 나의 생각이나 일, 타인과의 관계 형성 등에 쓸모가 있다면, 최고의 읽기 경험이 아닐 수 없다. 읽어서 돈을 버는 것이 쓸모가 아니라, 읽어서 자신 안에 어떤 가치가 쑥쑥 성장하게 하는 것이 쓸모의 요체이다.

❶ 제안 4. 아는 말로 새로운 어휘를 배우자: 언어의 재료 쌓기

문해력이 어휘력과 등치되지는 않지만, 분명히 어휘력은 문해력의 근간을 이루는 핵심 능력임에 틀림없다. 어휘는 의미를 소통하는 기본 '언어 재료'이자 빌딩블록(building blocks)이다. 맛있는 요리를 위해서 신선하고 풍미 좋은 재료가 필요하듯, 맛있는 글을 쓰려면 그 글을 구성하는 좋은 어휘들이 있어야 한다. 전문적인 글을 이해하기 위해서는 전문적인 어휘에 관한 배경지식을 갖추어야 하고, 역사가는 역사의 어휘를, 과학자는 과학의 어휘를 갖추어야 한다. 어휘 자체가 개념과 의미를 담고 있기에, 어떤 면에서 앎의 과정은 깊고 넓게 어휘를 배우는 과정이라고도 볼 수 있다.

어휘를 잘 모르면 실제로 글을 읽기 어렵다. 글의 쉽고 어려움을 측정하는 가장 간단한 방법은 한 문장 안에 얼마나 '낯선' 단어가 '많이' 포함되어 있는가를 계산하는 것이다. 법규 문서나 전문 계약서, 신문 사설 등의 글들은 이런 기준에 의하면 대학수학능력평가 국어 영역의 지문보다 어렵다. 이 말은 우리가 평상시에 가지고 있는 렉시콘(lexicon)이라는 머릿속 어휘 사전에 없는 말들이 이런 글들에 자주 등장함을 의미한다(수능 시험이 어려운 이유는 낯설고 어려운 전문 어휘가 많이 등장하기 때문이기도 하다!). 그래서 글을 잘 읽기 위해서는 상당히 많은 양의 어휘 지식이 필요하다. 영어의 경우에 약 11만 4,000개의 단어족(word family, 언어의 형식과 의미 면에서 공통 어원을 가진 단어 집단) 중에서 고등교육을 잘 받은 모국어 화자는 약 2만 단어족을 알고 있으며, 일반 성인이 정상적으로 글을 읽고 이해하기 위해서는 약 8,000 단어족을 보유해야 한다고 한다.[42]

언어학 연구에 의하면, 한 줄당 10~12어절로 구성된 글을 읽는다고 가정할 때, 5줄마다 모르는 내용어가 하나씩 등장하면 글 이해의 어려움이 생기기 시작하고(글 이해도가 98% 이하로 떨어짐), 한 줄에 모르는 단어가 2개 이상이면 거의 의미 파악을 하기 어려워진다(아무리 글을 잘 읽는 사람도 글 이해도가 80% 이하로 떨어짐).[43] 모르는 내용어의 밀도가 1%를 넘길 때부터 글 읽기의 어려움이 발생하며, 이 밀도가 2%를 넘기면 글을 이해하기 어려워진다고도 한다.[44]

어휘를 모를 때 사용할 수 있는 전략은 사실 딱히 없다. 사전을 찾아보지 않는 이상 처음 보는 말의 뜻을 알 길이 막막하다. 그래서 어휘 전략은 예방적이어야 한다. 무엇보다 평상시에 모르는 단어가 나오면 그 뜻을 알아보려는 노력을 게을리 하지 말아야 한다. 낯선 단어가 나올 때마다 밑줄을 긋거나 표시를 해서 기억하려는 습관은 권장할 만하다. 낯선 단어를 내가 알고 있는 익숙한 단어와 연결시킬 수 있는지 적극적으로 자신의 머릿속 어휘 사전을 찾아보려는 노력도 중요하다.

동시에, 글을 읽는 동안 모르는 단어가 나올 때 한 번쯤 스스로 의미를 파악해 보려고 시도하는 것도 좋다. 모르는 단어가 놓인 앞뒤의 맥락을 활용하여 이 단어가 어떤 의미일지 추론하는 전략은 매우 유용하다. 이렇게 문맥 단서를 활용한 어휘 전략은 적극적 읽기의 가장 중요한 방법 중 하나다. 반복된 말들, 유사한 맥락에서 등장하는 비슷한 의미의 말들, 의미상 서로 긴밀하게 연결되거나 반대되는 말들의 관계를 파악해 보자. 표시해 둔 낯선 단어가 그다음 부분 어디에서 새로 등장하는지 눈여겨두면서, 어떻게 같은 말이 다양한 맥락에서 쓰이는지 확인해 보는 것도 좋다.

◑ 제안 5. 어렵고 귀찮아도 피하지 말자: 하나라도 제대로 읽기

까다로운 문서들은 한 번 봐서는 그 내용이 눈에 잘 들어오지 않는다. 어려운 문서일수록 자신의 읽기 목적을 분명하게 정하고, 해당 문서가 무엇에 관한 것인지, 왜 만들었는지, 누구를 대상으로 한 것이지 꼼꼼하게 들여다볼 필요가 있다. 처음부터 끝까지 완벽하게 읽으려 하기보다는 문서의 내용과 적용 범위, 행동 절차나 제한 조건 등을 나타내는 주요 부분들(무엇이 문제인지, 어떤 상황인지, 잘못하면 어떤 결과가 생기는지)에 집중하여 읽는 것이 좋다. 가장 중요하게는, 문서의 내용이 자신의 문제 상황에 어떻게 적용될 수 있을지 판단하면서 읽어야 한다(나한테 필요한 내용이 무엇인지, 그래서 나는 무엇을 어떻게 해야 하는지). 이 모든 과정에서 정보의 탐색과 확인, 내용의 통합과 해석, 문서의 분석과 평가, 이해한 내용의 실제 상황 적용 등의 전략이 요구된다.

계약서, 약관, 통지서, 법문서 등의 공공 문서들은 교과서처럼 학교에서 배우는 글들과는 여러 면에서 구별된다. 전문적 내용(배경지식이 필요함)과 기술적 용어(영역 특수 어휘력이 필요함)가 가득하고, 정형적이고 관습적인 형식(문서의 양식 등에 익숙해야 함)을 가지고 있으며, 언어적으로도 딱딱하고 내용상으로도 정보 밀도가 높아 보통 사람들에게 결코 친숙하지 않다.[45] 실제로 한 연구에 의하면, 많은 사람이 공공 문서 읽기가 번거로운 이유로 '전문 용어 때문에, 길어서, 글자가 너무 작아서, 반복적이라서, 시시콜콜해서, 모호해서, 구조가 복잡해서, 너무 형식적이고 고리타분해서'를 들었다고 한다.[46]

공공 문서는 도대체 왜 이렇게 어려운 것일까? 첫째, 어떤 면에서 공공 문서의 난이도는 역설적으로 그 '중요도'를 의미한다. 문서 자체가 중요한 내용들을 엄밀하게 전달하고 표현해야 할 목적이 있기 때문이다. 둘째, 공공 문서의 형식과 내용이 학교에서 배운 글들과는 크게 다르다는 점이다. 공공 문서에 익숙한 공무원들은 전체 맥락을 파악하면서 정확하고 효율적으로 읽는 반면에, 일반인들의 경우 공공 문서를 읽는 속도도 느리고 전체 맥락을 읽는 전략이 부족하다고 한다. 셋째, 전문 공동체가 가진 일종의 '지식 독점욕'과 '대중 몰이해'도 공공 문서를 어렵게 만든다.[47]

공공 문서가 아무리 어려워도 독자의 책무성이 경감되지는 않는다. 실제로 사람들은 공공 문서를 읽지 않는 이유(또는 대충 읽고 처리하는 이유)를 "시간이 없어서, 누군가 설명해 주니까, 너무 어려워서, 믿으니까, 중요하지 않아서"라고 응답한다. 굳이 당장에 읽지 않아도 무슨 큰 문제가 생기지는 않을 거라는 암묵적인 믿음을 가진 듯하다. 어려운 내용과 전문적인 용어, 복잡한 문장과 구조, 배경지식의 부족 등이 사람들을 읽지 않게 만들기도 하지만(그래서 아예 엄두를 내지 않거나, 읽다가 포기함), 읽을 수 있음에도 이런 종류의 읽기에 대한 쓸모와 가치를 소홀히 생각하는 태도는 분명히 성찰할 지점이다.

◑ 제안 6. '좋아요'와 '공유'도 심사숙고하자: 공유자로서의 책임 갖기

어떤 면에서 디지털 공간은 읽기의 공간이라기보다는 공유의 공간에 가깝다. 필요한 것들, 눈에 띄는 것들에 대해서 적극적으로 평가하고 나누는 과정에서 유행도 만들어지고 여론도 형성된다. 이런 점에서 공유하기는 디지털 시대 읽기의 매우 중요한 과정이다.

사람들은 저자에게는 정보의 신뢰성에 대한 책임을 자주 묻지만, 부지불식간 확인되지 않은 정보를 공유하는 자신들에게는 관대한 듯하다. 특히 허위 정보, 가짜 뉴스, 근거 없는 루머와 낭설, 혐오와 흠집 내기의 글을 아무 생각없이 공유하는 일은 그 자체가 허위, 가짜, 낭설, 혐오의 확대 재생산에 기여하는 행위이다. 따라서 디지털 독자는 정보의 생산과 이해뿐 아니라, 이미 만들어진 정보를 다른 사람과 나눌 때에도 현명하게 판단할 수 있는 책임감과 능력이 필요하다.

사람들은 왜 허위 정보를 믿을까? 여러분은 허위 정보에 흔들리지 않는가? 눈에 보이는 것만을 믿고, 마음이 편한 주장을 받아들이며, 자신의 이득을 옳고 그름의 기준으로 삼는가? 익숙해서, 그럴듯해서, 유명인이 말하니까 의심 없이 정보를 받아들이는가? 사람들이 허위 정보로 인해 '틀린 믿음'을 형성하게 되는 다음의 이유들을 가지고 디지털 정보 공유자로서의 여러분 자신을 성찰해 보자.[48]

- 근거 없는 직관적 사고(분석적 사고의 부족, 신중한 태도의 결여, 인지적 게으름)
- 인지적 판단의 실패(정보의 출처 판단 능력 부족, 반대 증거에 대한 의도적 무시)
- 진실이라는 착각(친숙해서, 유창해서, 잘 짜여 있어서)
- 출처에 대한 편향(엘리트나 유사 지식인, 소속 집단이나 공동체, 개인적 매력)
- 감정(감정을 자극하는 정보와 표현, 자신의 현재 감정 상태)
- 세계관(개인적 관점, 정치적 당파성)

어른들 중에서 일부러 허위 정보를 만들어 내는 사람은 소수일 것이다(그렇게 믿자!). 그렇다고 우리에게 허위 정보 '유포'에 관한 면책특권이 주어지지는 않는다. 특히, 어른들이 가장 많이 저지르는 실수가 바로 오정보(misinformation)의 양산이다. 오정보란 정보를 취급하는 사람이 정보의 의도적 왜곡, 조작 여부를 의식하거나 또는 의식하지 못한 상태에서 유통, 확산되는 정보이다. 사람들은 내가 보고 듣고 읽은 정보가 사실인지, 합리적인지, 타당하고 과학적인지, 사실에 기반한 것인지 확인하지 않은 채 "그럴듯하다! 말이 되는데! 세상에 이런 일이!"라는 근거 없는 확신과 자신감으로 그 정보를 퍼뜨린다. 공유 버튼을 누르기 전에 한 번 더 의심하고 확인하는 일이 중요하다. "몰라서 그랬어요!"라는 허무맹랑한 사과는 문해력 사회에서 저질러진 오류의 합리적 이유가 되지 못한다.

가짜 뉴스도 문제다. 가짜 뉴스란 허위 정보가 '뉴스'라는 특별한 미디어 장르의 형식을 띠고 있는 것을 말한다. 뉴스라 하면 대체로 공인된 언론 기관에서 기획, 유통, 생산하는 것이므로 사람들은 뉴스에 대해 기본적 믿음을 갖는다. 그런데 사람들은 뉴스라는 형식만으로 자신의 믿음을 전적으로 의탁하는 데에는 익숙하지만, 정작 그 내용을 면밀하게 따져 뉴스의 신뢰성을 판단하는 일에는 서툰 경향을 보인다. 가짜 뉴스는 사람들의 이런 '관성적 태도'와 '자동적 사고'를 파고든다. 어떤 정보가 뉴스의 형식을 띠면 사람들에게 읽히게 될 확률도, 받아들여질 확률도 높아진다. 하지만 아무리 보기에 그럴듯한 황금 그릇에 썩은 음식을 담아 팔아도 '썩은 음식은 썩은 음식'일 뿐, 황금의 가치를 지닐 수 없다. 썩은 음식으로 탈이 나기 싫다면, 음식을 맛보기 전에 그 색과 향을 반드시 점검해야 한다.

모든 허위 정보는 정보로서의 가치를 갖지 못한다. 그러니 이들 정보가 어느 정도 믿을 만한지와 상관없이, 어느 정도 쓸 만하다는 부분적 인정과 수용은 결코 참이 될 수 없다. 국립국어원 표준국어대사전에 '정보'는 "관찰이나 측정을 통하여 수집한 자료를 실제 문제에 도움이 될 수 있도록 정리한 지식, 또는 그 자료."로 정의되어 있다. 이에 따르면 허위 정보는 관찰과 측정에 기대고 있지 않거나, 실제 문제에 도움이 되지도 않으며, 그러한 가치를 지니지도 않기에 정보가 아님을 명심하자.

❶ 제안 7. 가려진 이름, 들리지 않는 목소리를 살피자:

다양성 사회의 비판적 읽기

21세기 디지털 다양성 사회의 독자는 글을 읽을 때 두 가지 질문을 던진다. 첫째, "이 글에서 누구의 목소리가 들리는가?" 이때 목소리의 주인은 한 개인일 수도 있고, 특정 단체나 집단일 수도 있다. 이런 목소리는 주장과 논증의 형태로 드러나거나, 귓속말로 속삭이듯 은근하게 느껴지기도 한다. 보수 신문에서는 우파의 목소리가 들리고, 진보 신문에서는 좌파의 목소리가 들리는 식이다. 이렇게 분명하게 들리는 목소리를 놓치지 않고 텍스트를 읽어 보면 좋다.

둘째, 다양성 시대의 독자는 "이 글에서 누구의 목소리가 들리지 '않는'가?"라는 질문도 던져야 한다. 이것은 글과 자료, 데이터에 가려진 특정 개인, 집단, 계층의 목소리를 찾는 일이다. 텍스트가 분명하게 또는 은연중에 배제하거나 배척하는 목소리이다. 예를 들어, 첨예한 젠더 갈등 속에서 젊은 남성들을 '이대남'이라는 세 글자로 퉁쳐 넘기는 글이 어떤 방식으로 이대남을 부각시키는지뿐 아니라,

그렇게 전형화된 집단에 속하지 않는 적지 않은 수의 사람들이 누구이며 그들의 목소리는 무엇일지 감지하고 상상해야 한다. 텍스트의 중심 내용을 찾는 것이 문해력의 전부가 아니다. 텍스트에 가려진 입장과 견해를 고려하면서 그 메시지를 읽어 내고 판단하는 것이 다양성 시대의 비판적 독자에게 요구되는 핵심적 문해력이다.

전략적 읽기, 비판적 읽기가 힘을 갖기 위해서는 나만의 '분석틀'을 만들어 보는 것도 좋다. 여기서 말하는 분석의 틀이란 특정 '주장'이나 '주의'에 대한 선호의 틀이 아니라, 독자로서 내가 생각하는 방식, 내가 질문하는 방식, 나의 읽기 과정을 스스로 점검하고 평가하기 위한 틀이다. 이런 분석의 틀은 특히 빠르고 얕은 읽기가 조장되는 상황에서 유용하다. 다음과 같은 '인터넷 읽기의 자기 점검 틀'은 어떤가?[49]

- 나는 잘 선택하고 있는가? ― 디지털 정보를 찾고 클릭하는 과정 돌아보기
- 나는 잘 이해하고 있는가? ― 배운 것, 모르는 것, 더 알아야 할 것 점검하기
- 나는 잘 판단하고 있는가? ― 읽은 것들의 신뢰성과 유용성 확인하기

인터넷을 사용하기 전에 이 질문들이 적힌 붙임 쪽지를 스크린 아래에 붙이자. 그리고 글을 읽는 동안 틈틈이 시선을 옮겨 자신이 무엇을 읽고 있고, 어떻게 이해하고 있으며, 제대로 읽고 있는지 체크해 보자. 글을 읽는 과정, 글을 읽는 나에 대한 일종의 메타인지를

적극적으로 작동시키는 꽤나 멋진 방법이 아닐 수 없다.

분석의 틀을 사용하면 내가 읽는 미디어 자료를 좀 더 정교하게 읽는 데에도 도움이 된다. 예를 들어, 다음과 같은 '미디어 자료 분석의 틀'을 활용해 보면 어떨까?[50]

- 언어와 표현이 적합한가? — 단어 선택, 언어 표현, 이미지 사용, 디자인 구성 등
- 근거와 논리가 타당한가? — 과학적 근거, 개인 경험, 사례와 예시, 인과관계, 논증 등
- 저자와 출처가 믿을 만한가? — 정보 생산자와 정보 매체의 전문성, 신뢰성, 공공성 등
- 목적과 의도가 윤리적인가? — 편향성, 속임수, 왜곡, 과장, 감정 유발, 혐오, 편 가르기 등

특별히 가짜 뉴스는 어떻게 확인하고 판단할 수 있을까? 다음의 예는 온라인 허위 정보 판단하기 또는 팩트 체크에 필요한 간단하면서도 유용한 분석틀이다.[51]

- 이 정보 뒤에 누가 있는가? — 드러나지 않는 정보의 생산자 확인하기
- 근거가 무엇인가? — 주장과 근거가 타당하고 논리적인지 분석하기
- 다른 자료는 어떻게 말하는가? — 같은 내용을 다른 자료가 어떻게 설명하는지 찾아 비교하기

이와 같은 분석틀이 모든 읽기 상황에서 한결같이 적용되지는 않는다. 글을 읽는 법, 정보를 취급하는 방식은 목적, 맥락, 상황에 따라 유연하게 적용되어야 한다. 하지만 이런 분석틀이 불확실성의 시대를 살아가는 인터넷 독자, 디지털 독자, 미디어 독자에게 유용한 안전 장치가 되는 것은 분명하다.

무엇이든 처음엔 어렵다. 번거롭더라도 체계적으로 질문하고 분석하는 연습을 꾸준히 해 보자. 어느 순간 나도 모르게 이런 일들이 쉽고 편하게 느껴진다면, 여러분은 한 단계 업그레이드된 문해력을 습득한 독자로 진화한 것이다.

디지털+AI 세상,
기계만도 못한 인간이 되지 않으려면

시대는 변하기 마련이다. 구전 문화가 글의 도래를 막지 못했듯이, 우리는 사람들이 디지털적 기억을 채택하는 추세를 막지 못한다. 그러므로 내가 할 수 있는 최선의 선택은 그 장점을 찾아보는 일이 될 것이다.

— 테드 창, 『사실의 지식, 감정의 지식』 중

세상이 급격하게 변하고, 다양한 의사소통 환경이 조성되면서 텍스트의 의미, 그것을 읽고 쓰는 양상이 다양하고 복잡해졌다. 우리가 읽는 텍스트는 더 이상 한 편의 글이거나 누군가가 골라 준 것이 아니라, 독자 스스로 찾아 필요에 맞게 선택한 일련의 의미 체계

(책, 논문, 신문, 블로그, 웹사이트, 마이크로블로깅, 광고, 그래프, 웹툰, 데이터, 이미지, 영상 등 이루 셀 수 없이 다양한)를 두루 포괄한다. 자고 일어나면 변하는 세상, 다양한 패러다임과 관점이 혼재하는 시대에 아날로그와 디지털을 애써 구별하는 이분법적 계산은 더 이상 유효하기 어렵다. 이렇게 편협한 관점으로는 새로운 세상과 시대에 어울리는 방식으로 무언가를 이해하고 창안하는 일 자체가 도전 받을 수밖에 없다.

아날로그와 디지털의 일차원적 이분법을 극복할 때, 문해력은 두 가지 의미에서 디지털 시대에 효용을 갖는다. 먼저, 디지털 시대에도 '문자'는 여전히 인간에게 가장 중요한 기호 체계이고, 우리는 이러한 문자를 가지고서 엄밀하고 풍부하게 의미를 기록, 전달, 소통, 창안할 수 있다. 새로운 출판 형태와 감각적 표현 양식들이 등장했지만, 문자와 독서는 여전히 강력한 배움과 앎의 통로이자, 의미와 감정의 소통 도구다.

인류가 어느 한순간에 소통하고 대화하고 교류하는 일을 일제히 멈추지 않는 이상, 또는 인류적 열정의 탕진과 지성의 마비로 우리 모두가 한꺼번에 마치 영화 속 매트릭스의 나락으로 떨어지지 않는 한, 여전히 문명적 인간에게서 읽고 쓰는 일이 누락되거나 포기될 수 없다. 모든 생명체가 그렇듯, 인간도 환경의 변환에 적응하며 '진화'한다. 이때 진화는 '배움'의 행위로 가능하고, 배움의 핵심에 텍스트를 '읽고 쓰는 능력'이 있다. 21세기 디지털 시대, 미디어와 텍스트의 확장으로 오히려 우리의 읽기, 쓰기는 한 차원 높고 감각적인 문명 활동이 되었으며, 더욱 정교하고 예리한 방향으로 진화할 것임에 분명하다.

정보가 힘인 시대다. 2008년 연구에 의하면, 사람들은 하루 평균 12시간씩 정보에 노출되며, 일일 10만 500단어, 약 34기가바이트 분량의 정보를 접한다고 한다. 이 정보량은 금속활자와 활판인쇄술, 책이 대량으로 보급되기 시작한 500여 년 전 엘리트 교육을 받은 사람이 평생 취급할 정보량과 맞먹는다. 이러한 정보가 1980~2008년 사이 일 년에 5.4%씩 증가했다고 하니, 14년이 지난 2022년에는 우리가 얼마나 많은 정보를 소비하며 살아가고 있는지 쉽게 예측할 수 있다.[52]

실제, 지구 인류는 하루 250억 기가바이트의 정보를 사용하고 있으며, 특히 코로나19 팬데믹으로 인해 정보량의 급격한 증가를 경험하고 있다.[53] 이 글을 집필하고 있는 2022년 8월 14일 현재 지구인들은 하루에 2,700억 개 이상의 이메일을 주고받고, 8억 4,000만 회 이상의 트윗글을 날렸으며, 87억 회 이상의 구글 검색을 시도했다. 지금도 이 숫자는 끝을 모르고 시시각각 커지고 있다.[54]

정보량의 급격한 증가는 그 정보를 최대한 빠르고 정확하게 처리할 수 있는 '힘'을 요구한다. 안타깝지만 인간에게 디지털 시대의 정보란 하나 하나를 셀 수 없는 '불가산' 명제에 가깝다. 인간의 인지와 기억 용량이 그것을 수용하지 못하며, 그렇게 하라고 인간의 인지와 두뇌가 만들어지지도 않았다. 오히려 이 시대가 요구하는 최적의 독자는 우리와 같은 사람이 아니라, 대단위 말뭉치의 부호화와 모형화, 알고리즘에 근간해 글을 읽는 인공지능, 독해 기계가 아닐까? 마이크로소프트나 구글, 아마존, 메타(페이스북), 톰슨로이터 등의 거대 IT 기업들은 이제 사람처럼 글을 읽고 질문에 대답하며 정보를 읽는 지능적 기계들을 만들어 내고 있다.[55] 이 기계들은 주어진 알고리즘으로 작동하던 기계 학습 단계를 넘어 심층 학습과 신경망으로 자체 알고리즘을 지속 갱신하는 단계로 나아가고 있다.[56] 바야흐로 기계가 읽고, 기계가 학습하는 시대다.

정보를 취하는 것, 정답을 찾는 것이 문해력이라면 인간의 문해력은 이미 기계의 문해력에 비할 수 없이 약해졌다. 전문어를 익히고 문서들을 다루어 일처리를 하는 것이 문해력이 가진 쓸모의 전부라면 직장인의 미래는 불투명하다. 문해력을 글자와 단어를 읽고 문장을 기억하고 수시로 필요할 때 꺼내 쓰는 능력으로 정의한다면, 인간이 기계를 능가할 수 있는 시대는 얼마 남지 않았다. 하지만 문해력이 글 정보와 나의 세상 지식을 통합하여 이전에 없던 새로운 의미를 구성하는 경험이자, 이러한 일련의 지적, 정서적 과정들을 의식적으로 점검하고 수정하는 성찰의 태도라면 어떨까? 그렇다면 기계가 인간을 압도할 일은 일어나지 않을 것이다.

우리의 문해력은 사람과 사회, 환경과 기술, 지구와 인간이 경쟁하고 협력하며 살아가야 하는 도전적 시대를 밝히는 생각과 삶의 방식이 되어야 한다. 디지털 AI 시대에 기계보다 못한 인간이 되지 않으려면, 단지 눈에 보이는 것을 수용하고 기억하는 것을 넘어서야 한다. 텍스트로 정교하게 사고하고 배울 수 있는 능력, 텍스트의 가치를 삶의 맥락에서 판단하고 결정할 수 있는 역량, 자신의 읽고 쓰는 과정 자체를 통찰하고 수정할 수 있는 의식적 태도는 변화무쌍한 시대에 우리 어른들이 고민해야 할 문해력의 정수일 것이다.

업무 메일 읽기

마주하지 않은 대화

하루의 직장 생활에서 가장 자주 확인하는 것이 무엇일까? 퇴근 시간만 기다리며 쳐다보는 벽시계나 손목시계 말고, 그다음으로 꼽자면? 바로 '업무 메일'이다. 업무 메일은 현대 직장 사회에서 없어서는 안 될 매우 중요한 '일의 도구'요, 시간과 공간의 제약을 받지 않는 참으로 편리한 '소통 도구'이다. 얼굴만 봐도 불편한 '폭탄' 같은 동료가 아닐지라도, 누군가를 대면해서 이런저런 일을 시시콜콜 말하지 않아도 되니 입이 아플 일도, 발이 피곤할 일도, 마음이 상할 일도 없다.

　　생각해 보면, 일로 주고 받는 메일 내용의 대부분은 '글'이다. 그런데 업무에 관한 지시, 보고, 명령, 공유, 협조 요청 메일에 담긴 이런 글들을 보자면, 도대체 발신인이 무슨 말을 하려는 건지, 용건이 무엇인지, 누구한테 보낸 것인지, 그래서 나는 어떻게 해야 할지 종잡을 수 없을 때가 많다. 일상 대화와 달리 메일에서는 작성자의 표정, 말의 앞뒤 내용, 누가 어떤 말을 어떻게 하는지, 왜 그런 말들이 오가는지 등의 '맥락'이 누락되기 십상이다. 그냥 '쿨!'하게 넘어가기에는 너무 많은 정보가 생략된 메일, 마냥 친절하다고 받아들이기에는 지나치게 중언부언하는 업무 메일은 일을 촉진하는 것이 아니라 오히려 소통의 고통만을 유발할 뿐이다.

　　그렇다면 업무 메일을 어떻게 하면 제대로 읽고 쓸 수 있을까? 어떻게 해야 메일을 잘 읽어서 업무 파악도 잘 하고, 일에 필요한 정보도 공유하며, 중요한 문제를 동료들과 함께 해결할 수 있을까? 수신함에 넘쳐나는 메일을 기분 좋게 읽을 수 있다면 덩달아 일도 잘하고 싶은 마음이 샘솟을지 모른다. 이 장에서는 직장 내 중요한 문해 활동인 업무 메일 소통에 대해서 알아본다. 몇 가지 에피소드를 통해서 업무 메일 소통의 기본 원리도 배워 보자.

New message ＿ ⌐⌐ ✕

제목: 업무 조속히 처리 바랍니다

보낸 사람: 기획지원팀(조윤석 팀장)

받는 사람: 재무회계팀(윤미진 과장)

부서별 사무분장표를 작성하려고 합니다.

이 업무는 최대한 빨리 완료해 주시기 바랍니다.

사무분장과 관련된 내용은 부장님과 협의하시기 바랍니다.

기획지원팀 조윤석 드림

A 𝟙 ☺ 🖼   Send   Save   Cancel

이 메일을 받은 윤미진 과장은 어떤 고민을 할까? 특히, '이 업무는 최대한 빨리 완료해 주시기 바랍니다'라는 부분을 읽으면서 어떤 기분이 들었을까? 윤미진 과장의 입장이 되어 다음 중 알맞은 곳에 ○ 표시를 해 보자.

- 불편한 마음이 든다.   ( )
- 서둘러야겠다는 생각이 든다.   ( )
- 여유를 가지고 천천히 해도 된다는 생각이 든다.   ( )
- 보낸 사람이 매우 긴박한 상황이라는 생각이 든다.   ( )

조윤석 팀장이 작성한 메일은 그(발신자)의 입장에서는 용건만 간단하게 적은 글일지 모른다. 하지만 그걸 읽는 사람(수신자) 입장에서 보자면 말의 시작과 끝이 없어서 정작 본문 내용이 눈에 들어오지 않는 글이다. 그렇다면 '용건만 간단히!' 하자는 취지로 작성된 이 메일에는 동료의 협조를 구하기 위해 필요한 정보가 제대로 담겨 있을까? 다음 중 이 업무 메일에 담겨야 할 필수 내용이 무엇일지 모두 골라 보자.

- 사무분장표의 뜻   (   )
- 사무분장표의 양식   (   )
- 사무분장표를 작성해야 하는 이유   (   )
- 사무분장표를 작성해서 제출해야 하는 일시   (   )
- 사무분장 내용을 부장님과 협의해야 하는 이유   (   )

이 메일의 핵심은 '사무분장표 작성 완료'이다. 사무분장표는 직책에 관련된 여러 가지 일이나 임무를 나누어 맡아 처리하도록 정리한 문서이다. 직장에서 각자의 업무를 이야기할 때 우리는 사무분장표 또는 업무분장표를 참고한다. 직장인이라면 사무분장표의 뜻을 모르는 사람은 없을 것이므로, 구태여 그 말의 뜻을 업무 메일에 적어 보낼 필요는 없다. 하지만 사무분장표 양식을 붙임 파일로 함께 보낸다면, 시급한 사무분장 작업을 더 효율적이고 편안하게 진행할 수 있지 않을까?

물론 사무분장표를 작성해야 하는 이유를 친절하게 작성하는 것도 좋다. 그런데 그것보다 더 중요한 것은 사무분장표를 작성해서 제출해야 하는 일시를 정확하게 적는 것이다. 수신자의 입장에서는 왜 부장님과 협의해야 하는지도 궁금할 것이다. 무슨 일인지 영문도 모른 채 괜한 일을 만들어 상사의 호통을 듣고 싶은 사람은 없을 것이기 때문이다.

01

업무보다
사람

———

소통의 기본

업무 메일을 잘 읽으려면 무엇을 고려해야 할까? 먼저, 업무 메일을 둘러싸고 있는 '업무 상황' 또는 '일의 맥락'을 이해해야 한다. 업무 메일의 내용을 관련된 일의 상황(누가, 왜, 언제, 어디서, 무엇을, 어떻게)과 떼어 놓고 판단하기는 어렵다. 업무 상황에 따라 같은 메일도 다르게 작성되고 읽힐 수 있기 때문이다.

그럼, 업무 상황만 잘 파악하면 메일 주고받기에 능통할 수 있을까? 업무 메일을 주고받는 행위는 일종의 '인간 관계'를 만들고 다지는 행위다. 발신자와 수신자는 동업자 관계로 묶인다. 이런 점에서 업무 메일은 수없이 많은 직원들과 호혜적이고 협력적인 관계를 맺는 일의 과정이자 결과이다. 업무 메일 쓰기에서 가장 기본은 상대를 존중하는 태도이다.

메일도 사람의 글이다

로버트 드 니로가 주연을 맡은 영화 〈인턴〉에 업무 메일과 관련된 평범하지만 흥미로운 에피소드가 등장한다.

● 장면 1

전화번호부 인쇄소의 부사장으로 퇴직한 70대 남성 벤(로버트 드 니로 분)은 길거리에 붙은 어느 회사의 구인 전단지를 보고 인턴으로 지원한다. 그 회사에서 요구한 조건은 나이 65세 이상, 정리 정돈을 잘하고, 전자 상거래에 관심이 있는 사람이다.

● 장면 2

벤은 인턴 지원을 위해 촬영한 자기소개 영상에서 자신은 도전적이고 충성심이 강하며, 신뢰성이 높고 위기 관리 능력이 뛰어나다고 강조한다. 진정한 뮤지션은 음악적 영감이 떠오르는 한 은퇴하지 않는다며, 벤은 자기 자신 안에 아직도 일에 대한 에너지와 영감이 살아있음을 호소한다.

● 장면 3

벤이 지원한 회사는 창업한 지 채 2년도 되지 않았는데, 200명이 넘는 직원이 다닐 정도로 성공 신화를 쓰고 있는 30대 사장 줄스(앤해서웨이 분)가 이끄는 회사다. 줄스는 열일을 혼자 하는 여성이다.

하지만 그녀는 자신의 사무실에 잔뜩 쌓여 있는 잡동사니들을 하나
도 정리하지 않는다. 왜? 사장이니까. 그렇지만 동시에 그녀는 마음
속으로 누군가 그것을 치워 주길 바라고 있다.

◐ 장면 4

벤은 여러 경쟁자들과 면접을 했고, 풍부한 경험으로 능수능란
하게 대처해서 결국 인턴으로 채용되었다. 그런데 벤은 나이든 사
람을 싫어하는 사장 쥴스의 인턴 비서로 발탁된다. 다음의 메일은
벤이 자신의 자리에 앉아 컴퓨터를 켜고 확인한 첫 업무 메일이다.

New message

subject: **인턴십**

from: 캐머런 쿡

to: 벤 휘태커

벤, 환영합니다.
당신은 우리 회사 창업자 쥴스 오스틴과 함께 인턴으로 일하게 되
었습니다.
베키 스콧이 곧 찾아가서 쥴스와 만날 시간을 정할 겁니다.
곧 만나기를 기대합니다.
캐머런 쿡

A ✉ ☺ 🖼   Send   Save   Cancel

◗ 장면 5

얼마 지나지 않아 벤은 다음과 같은 두 번째 메일을 받게 된다.

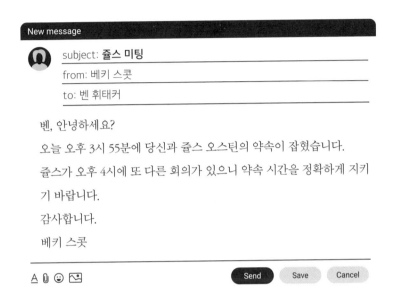

두 메일을 보고 무슨 생각이 드는가? 이 장면에서 주고받는 매우 짧은 업무 메일을 보고 여러분은 다음과 같은 생각을 할 수 있다.

- 메일에 '보낸 사람', '제목', '받는 사람', '인사말', '용무', '끝인사'가 있네.
- 메일의 내용을 읽으면 메일을 보낸 목적을 알 수 있겠지.
- 메일이 엄청 간단하네. 메일 읽기는 어려운 일이 아니군.
- 메일을 읽고 줄스 사장을 만나는 시각을 잘 알아야겠네. 메모해 둬야 하나?
- 메일을 잘 읽었다면, 3시 50분에 사장실 문 밖에서 대기해야겠네.

이 영화에서 쥴스 사장의 크고 작은 문제의 해결에 기여하는 것은 업무로 주고받는 메일이 아니다. 메일보다는 인턴으로 채용된 시니어 직원 벤의 경험, 그리고 당사자들의 소통에 대한 태도가 더 크게 기여한다. 쥴스는 자신이 직장과 가정에서 겪는 문제들을 풍부한 경험을 가진 벤 덕분에 해결한다. 이 협력의 과정에서 메일은 두 사람과 회사 동료들 간에 새로운 관계를 열고 신뢰를 쌓는, 별것 아니지만 결코 무시할 수 없는 촉진제 역할을 한다. 한마디로 메일이 문제 해결적 소통의 도구가 되는 셈이다. 벤과 쥴스, 동료들 간의 이메일은 그 안에 담긴 업무 내용이나 용건을 넘어서 상대를 대하는 사람들의 태도를 반영하는 '텍스트'이다.

분명 우리는 직장 생활의 중요한 대목에서 업무 메일을 주고받으며 일을 한다. 그래서 "메일 덕분에 일이 성사되었지!"라며 안도하기도 한다. 물론 일리가 있는 말이지만, 사실 우리는 메일 소통의 이면에 숨겨진 진실을 읽을 필요가 있다. 업무 메일을 주고받으면서 일을 하고 도움을 주고받는 존재는 메일 그 자체가 아니라 그 메일을 읽고 쓰는 우리 자신 즉, '사람'이라는 점이다.

업무 메일을 주고받는 것은 단지 언어와 정보를 교환하는 것을 넘어, 공유된 목적을 위해서 협력과 연대를 도모하는 일이다. 그러므로 업무 메일 소통의 첫째 고려 사항은 여러 메일을 통해서 만나는 사람들을 잘 이해하려는 태도를 유지하는 일이다. 많은 경우, 상대를 존중하는 태도는 글을 읽고 쓸 때 가능하면 좋은 내용과 언어를 선택하도록 이끌기 때문이다.

고통의 메일, 감동의 메일

여러분은 하루에 얼마나 많은 메일을 읽고 있는가? 미국의 통계 조사 회사인 스태티스티카(Statistica)에 의하면, 2018년 사무실 근로 자 한 명이 업무와 관련하여 하루 평균 송수신하는 이메일이 121건 이라고 한다. 또한 직장인들은 지속적으로 날아오는 업무 메일로 인 해서 정신적 스트레스뿐 아니라, 요통과 두통 등 다양한 건강 악화를 호소했다고 한다. 2019년에 시작된 코로나19 시대의 비대면 재택 근 무를 생각한다면, 각종 업무 메일의 숫자가 엄청나게 증가했을 것이 라는 것은 쉽게 짐작하고 남을 일이다.

그렇다면 여러분은 수신함의 모든 메일을 열어 보는가? 고되고 바쁜 일과 중에 여러분이 다음과 같은 메일들의 수신자라면 가장 열 어 보기 싫은 메일은 무엇일까?

📋 **Unsorted**

☐ ☆ [○○직원공제회] 종합복지급여(보험) 납입 결과 안내		10월 25일
☐ ☆ 금융거래정보 제공 사실 안내(오픈뱅킹)		10월 25일
☐ ☆ 2022년 11월 KOLAA 소식지		10월 25일
☐ ☆ [○○병원] 건강검진안내		10월 25일
☐ ☆ [긴급!] ○○기획부 사업계획서 제출 양식 안내		10월 25일
☐ ☆ [○○쇼핑] ○○○고객님께서 주문하신 상품 내역입니다		10월 25일
☐ ☆ 해외 직수입 100% 정품 보증제! / 후불제 판매!		10월 25일
☐ ☆ (광고) [국비지원] ○○○○○ 국비지원 교육과정 안내		10월 25일

사람마다 다르겠지만 일과 관계있는 다섯 번째 메일에 대한 심리적 부담감이 가장 크지 않을까? 사업계획서를 작성하기 위해서는 엄청난 노력이 필요하며, 내가 하지 않으면 안 되는 일일 수도 있기 때문이다. 제목과 함께 [긴급!]이라는 표지만 읽어도 압박감이 느껴진다. 물론 이러한 판단 역시 일에 대한 각자의 태도가 영향을 미칠 것이다. 일을 긍정적으로 대하는 사람은 이 메일을 기쁜 마음으로 가장 먼저 열어 볼지도 모른다. 새로운 일에 대한 열정으로 가득 차 있기 때문이다.

메일은 소통의 배달꾼이다. 그런데 많은 사람들이 의사소통의 배달꾼인 메일을 확인할 때마다 고통을 느낀다. 읽고 싶지 않은 메일이 있기 때문이다(또는 너무 많거나!). 자신이 알게 모르게 수신 동의한 메일도 시도 때도 없이 받으면 불편하고 성가실 수밖에 없다. 수신함에 한도 끝도 없이 차오르는 메일들은, 어느 순간 직장 내 소통을 하기 싫은 숙제로 만들어 버린다.

앞의 메일함으로 돌아가 보자. 만약 여러분이 이 메일함의 주인이라면 어떤 메일을 먼저 삭제하겠는가? 제목만 보고 삭제를 할 것인가? 아니면 내용을 훑어 본 다음에 삭제할 것인가? 많은 사람들이 메일을 읽지 않고 삭제하거나, 선택 메뉴 버튼을 눌러 특정 메일을 스팸 메일이나 수신 거부 메일로 자동 등록하여 삭제하기도 한다.

하루에 100개의 메일을 받는다면 그중 대부분은 스팸 메일일지도 모른다. 스팸 메일, 삭제할 메일에 대한 판단은 수신함의 주인의 몫이다. 메일함이 정보 쓰레기통이 되는 것을 피하기 위해서는 누가 보더라도 불필요한 광고, 남을 속이는 가짜 메일은 바로 삭제하거나 스팸 메일로 등록하는 편이 낫다. 그럼에도 불구하고 때로는 신중할 필요가 있다. 무심코 삭제한 메일에 나와 회사의 일에 꼭 필요한 정보가 들어 있을 수도 있다. 따라서 개인 메일과 업무 메일 계정은 따로 관리하는 것이 좋다.

메일 소통은 사실 쓰는 사람에게 더 큰 책임이 있다. 여러분이 만약에 메일을 쓰는 사람이라면 "많은 사람들이 시도 때도 없이 전달되는 메일로 인해 고통을 받는다."는 주장에 귀를 기울여야 한다. 나의 메일이 누군가에게는 스트레스가 될 수 있음을 명심해야 한다. 자사의 상품에 대한 기획 활동, 시장 조사, 상품화 계획, 선전, 판매 촉진 광고, 홍보를 위해 메일을 작성하는 사람이라면 이 주장에 더 큰 관심을 가져야 한다. 그래서 메일을 보내는 사람들이 다음과 같은 대원칙을 가진다면 좋을 것이다.

우리가 보내는 메일은 고통이 아니라 배려가 되어야 한다.

의사소통은 그 과정에 참여하는 당사자는 물론이고, 혹여 그 과정에 개입하게 될 불특정 다수를 배려할 때에 조금 더 그 생각과 뜻이 잘 통한다. 특히 메일 작성자는 상대방이 메일을 읽지도 않고 휴지통으로 보내 버릴 수도 있다는 점을 감안하는 것이 좋다. 그래서 대량 메일 시스템으로 메일을 보낼 때는 수신자를 정확하게 확인하는 절차를 거쳐야 하고, 제목과 내용을 작성할 때 역시 수신자를 배려하는 태도를 견지하는 것이 중요하다.

발신자는 어떤 일의 법적 절차와 의무를 다하기 위해 규정에 따라 메일을 보내는 경우가 많다. 그런 경우에도 메일을 받는 사람의 입장을 고려하는 것이 좋다. 그래야 메일을 읽는 사람도 메일을 작성한 사람의 의도와 성의를 제대로 느낄 수 있다.

다음에 제시한 몇 가지 기준에 따라 자신이 작성한 메일을 상대방에게 보내기 전에 평가해 보자.

내가 쓴 메일을 상대방이 열어 보지 않을 것이다

전혀 그렇지 않다 ☐ ☐ ☐ ☐ ☐ ☐ 매우 그렇다
　　　　　　 0　 1　 2　 3　 4　 5

내가 쓴 메일을 상대방이 제목만 읽고 지울 것이다

전혀 그렇지 않다 ☐ ☐ ☐ ☐ ☐ ☐ 매우 그렇다
　　　　　　 0　 1　 2　 3　 4　 5

내가 쓴 메일로 상대방의 기분이 상할 것이다

전혀 그렇지 않다 ☐ ☐ ☐ ☐ ☐ ☐ 매우 그렇다
　　　　　　 0　 1　 2　 3　 4　 5

내가 쓴 메일을 읽고 상대방은 무슨 일을 해야 할까 망설일 것이다

전혀 그렇지 않다 ☐ ☐ ☐ ☐ ☐ ☐ 매우 그렇다
　　　　　　 0　 1　 2　 3　 4　 5

내가 쓴 메일을 읽고 상대방은 화가 가득 담긴 메일을 보낼 것이다

전혀 그렇지 않다 ☐ ☐ ☐ ☐ ☐ ☐ 매우 그렇다
　　　　　　 0　 1　 2　 3　 4　 5

중요한 것은 맥락을 읽는 것

업무 메일은 종종 송수신자의 즉각적 반응을 요구하는 밀도 높고 긴장감 넘치는 의사소통 방식이다. 업무 메일을 대할 때 그 맥락을 이해한다면, 일이 진행되는 과정은 물론이고 그 일의 가치와 의미, 결과를 예상할 수 있고, 그 일과 자신과의 관계도 파악할 수 있다.

- 맥락 읽기: 다양한 대상들이 서로 이어져 있는 관계나 연관을 이르는 말이다. 따라서 '맥락 읽기'란 일이 되어 가는 상태나 결과가 어떠한 관계들 속에 놓여 있는지 전체적인 형편을 파악하는 읽기이다.
- 메일 수신자의 맥락 읽기: 메일에 담긴 정보만을 취하는 것에 그쳐서는 안 된다. 해당 메일이 작성되고 소통되는 배경과 맥락에 견주어 그 내용을 이해하고 해석하려고 노력해야 한다.
- 메일 발신자의 맥락 읽기: 일의 맥락, 소통의 맥락을 수신자와 적극적으로 공유한다는 태도를 가져야 한다. 그래야 지금 그리고 앞으로의 일로 메일을 공유하는 모든 사람들이 불필요한 오해 없이 정확하고 효율적으로 의사소통할 수 있다.

02

'답메일'을 쓰기 전
먼저 할 일은?

비대면 대화의 기술

업무 메일은 일을 수행하는 도구를 넘어서 일의 시작과 끝, 일 전체를 아우르는 일종의 '비대면 대화'이다. 대화할 때에 듣고 말하는 사람의 태도가 중요하듯이, 업무 메일을 주고받을 때에도 메일을 보내는 사람과 받는 사람의 태도가 무엇보다 중요하다.

메일 쓰기도 업무 능력이다

직장인들이 경험하는 다양한 소통의 목적은 무엇일까? 많은 답이 있겠지만, 가장 간단한 답은 바로 목표 성취일 것이다. 직장인들은 공동의 목표를 성취하기 위해서 다양한 방식으로 의사소통한다. 그런데 의사소통에 참여하는 사람들이 누구인가에 따라 목표에 도달하는 양상에서 차이가 난다.

예를 들어, 회사의 운영자, 책임자, 상급자는 일에 대한 구체적인 '지시'를 내리기 위해서 의사소통 도구를 사용한다. 또는, 일에 대한 절차를 설명하거나 어떤 일의 중요성과 기대 성과에 대한 예상 정보를 공유하고, 부서나 팀, 회사의 운영 방향과 목표 등을 공유하기 위해서도 의사소통 도구를 사용한다. 특히 조직의 상급자가 작성한 글은 그 파급 효과가 크다. 그래서 직장인들은 상급자가 보낸 메일을 읽고 그 내용을 정확하게 파악해야 한다. 이것도 중요한 업무 능력이다.

메일은 자신의 업무 환경에 대한 의견을 제시할 수 있는 '창구'가 되기도 한다. 부서, 팀 운영자와 회사의 경영자들은 직원의 메일을 읽고 생각을 나누면서 조직의 성과를 끌어올린다. 직원은 메일을 통해서 운영진과 경영진에게 자신들의 고충에 대해서 이야기하고 문제의 해결 방안을 제안하기도 한다. 운영자와 경영자는 직원이 긍정적인 제안을 할 때 이를 수용하여 업무 추진에 반영한다. 메일이 조직의 이익과 발전을 위한 피드백의 기능을 하는 것이다.

나아가, 메일은 구성원들의 친밀감을 증진시키기도 한다. 메일을 주고받으면서 각자가 가지고 있는 전문 지식과 식견을 공유하고, 이를 통해서 구성원 간에 공감대가 넓어진다. 직원들은 메일을 통해서 업무 계획이나 제안서, 의견서나 아이디어와 같은 공적 내용을 주고받지만, 동시에 그런 일들에 대한 자신의 경험, 관점, 반응, 정서, 느낌 등을 은연 중에 나누면서 직장 공동체를 구성해 나간다.

이렇게 중요한 의사소통 도구인 업무 메일을 좀 더 효과적으로 사용하기 위해서는 그것이 서로 얼굴을 마주 보고 하는 대화와 다르지 않다고 생각하는 편이 좋다. 모든 좋은 대화가 그렇듯, 메일 작성자에게는 일종의 '대화자'로서의 책임감이 필요하다. 이 책임감은 개인이 맡아야 할 책임 의식은 물론이고 조직이 감당해야 할 책무성도 포함한다. 이것은 때론 법적인 구속력을 갖기도 한다. 이런 이유로 메일을 읽고 쓸 때 부담을 느끼는 것은 어찌 보면 당연한 현상이다.

하지만 공적 대화로서의 업무 메일이 반드시 스트레스가 될 필요는 없다. 기본적인 의사소통 원리를 적절하게 활용하면 의외로 슬기로운 메일 생활을 즐길 수 있다. 다음에 제시할 내용들은 업무 메일과 관련 있는 소통의 몇 가지 원리다. 효과적인 소통을 하려면 상황과 맥락에 따라 기본 원리들을 적절하게 활용하는 것이 좋다.

나의 메일 생활 점검표

자신이 읽고 쓰는 과정을 돌아보기 위해서 메타인지가 필요하다. 메타인지란 스스로의 '앎에 대한 앎', '생각에 대한 생각'이다. 메타인지는 단번에 발달하지 않는다. 꾸준하게 시간과 노력을 들여 자신을 들여다보는 일이 중요하다. 어떤 일을 할 때에 (내가 무얼 알고 모르는지, 어떤 생각을 하는지 못하는지) 스스로에 대해 질문해 보는 것은 메타인지를 증진하는 매우 쉽고 효과적인 방법 중 하나다.

그렇다면 메일을 읽고 쓸 때, 나에게 어떤 질문을 던져야 할까? 직장 동료에게 메일을 보내기 전에, 〈나의 메일 생활 메타인지 점검표〉에 제시한 질문들의 각 항목에 체크해 보자. 꾸준히 연습하면 메일에 관한 좋은 메타인지를 키울 수 있을 것이다.

나의 메일 생활 메타인지 점검표			
메일을 쓰기 전 할 일은?			
1	읽기	상대방이 보낸 메일의 내용을 꼼꼼히 읽는다.	
2		상대방의 메일을 너무 감정적으로 받아들이지는 않았는지 확인한다.	
3	쓰기	메일을 통해 내가 전달하고자 하는 내용들이 무엇인지 정리한다.	
4		메일을 받을 상대의 입장과 상황을 생각한다.	
〈내용〉 전하고자 하는 내용을 잘 전달하기 위해서는?			
1		전달하고자 하는 내용을 구체적이고 자세하게 설명한다.	
2		불필요한 내용은 없는지 확인하고, 되도록 핵심 내용을 중심으로 간결하게 작성한다.	
3		긴급한 상황인 경우에 더욱! 빠진 내용이 없는지 확인한다.	
〈표현〉 상대방의 이해를 돕기 위해서는?			
1		전달해야 할 내용이 많은 경우, 숫자나 기호, 글자 크기/굵기/색상을 사용하여 상대방이 한눈에 알아보기 쉽도록 작성한다.	
2		어려운 용어를 쉬운 용어로, 추상적인 내용을 구체적인 내용으로 수정한다.	
3		맞춤법을 잘 지켰는지, 지나친 피동/수동 표현을 사용하지 않았는지 확인한다.	
〈태도〉 더 좋은 메일 소통을 위해서는?			
1		메일을 잘 받았다는 확인 메시지를 전달한다. (보내주신 메일 잘 확인하였습니다. 메일 주셔서 감사합니다. 등)	
2		기분 좋은 인사말이나 감사 인사를 덧붙인다.	
3		상대방의 실수나 잘못을 바로잡아야 하는 경우, 즉각적으로 오류를 지적하기보다는 작성자의 입장을 생각하며 정중하게 의견을 제시한다.	
4		상대방에 대한 예의를 갖추어, 어휘나 표현을 점검한다.	
5		적절한 이모티콘이나 특수문자를 활용해 본다.	
6		'내가 이 메일을 받는다면?' 메일을 받는 사람의 입장에서 마지막으로 한 번 더 생각한다.	

다음은 업무로 부장이 보낸 메일이다. 메타인지 점검표를 기준으로 메일을 검토해 보자. 해당 항목에 O, X로 표시하고 그 이유도 적어 보자.

New message

[긴급/필수] 보고서를 긴급하게 작성해야 하는데 김 대리 생각은?

벌써 일요일 중식 시간이 지나고 있네. 중식은 즐거웠는지? 김 대리에게 업무방 톡으로 지금 보낸 메일 도착 소식이 갔지?

각설하고! 휴일이지만 업무 처리를 할 것이 있는데 김 대리는 어떻게 할 것인지 궁금하네.

전국 대리점 점장 회의 관련 보고서를 작성하고 있나? 지난 목요일 우리 영업부 회의 때, 부서원들의 의견으로 이 보고서를 쓰는데 2~3일 걸린다고 하여 화요일 퇴근 전까지 작성해 달라고 결정했는데 계획을 바꾸려고 하네. 이 보고서를 내일까지 완성해 주게.

보고서 내용에 제시할 그림은 가능하면 많이 넣고, 숫자는 보기 힘드니까 줄이도록 하면 좋겠네. 그리고 보고서 구성은 화려하게 해 달라고 했는데, 너무 화려하면 좋지 않을 것 같으니 적절하게 담백한 수준으로 작성하기를 부탁하네. 전체 쪽수는 나는 조금 많이 생각하는데, 이사님은 간결하게 하기를 바라고 있네. 최종 결정은 김 대리가 하게.

이만 총총. 내일 회사에서 반갑게 만나세.

평안하게 일요일을 마무리하게♡

2022. 6. 19. 일요일

정 부장

A 🖇 ☺ 🖼   Send   Save   Cancel

정 부장의 메일을 어떻게 읽었는가? 여러분이 그의 메일을 받은 김 대리라면 어떤 기분일까? 맞춤법을 잘 지키고 정겨운 표현을 사용해도, 부담스러운 내용에 정리되지 않은 정보들, 받는 사람의 상황과 처지를 전혀 고려하지 못한 메일은 거북하기 짝이 없다. 여러분도 이런 메일을 받아 본 적이 있는가? 혹시 이렇게 경솔하고 일방적인 메일을 무심코 쓴 적은 없었는가?

대화의 기본 (1): 메일의 내용과 표현

대화의 기본은 상대방에 귀 기울이는 것이다. 귀를 기울인다는 것은 주의해서 듣는다는 것을 의미한다. 마주 앉아 나누는 대화에서 상대방의 의견에 귀 기울이는 것과 마찬가지로, 업무 메일도 대화이기에 관심을 갖고 공들여 읽어야 한다. 그렇게 하려면 일단 집중해야 한다. 메일을 찬찬히 살펴 읽으면 중요한 정보와 세부 내용들을 파악할 수 있다. 메일을 보낸 목적과 이유, 의도를 확인할 수 있고, 메일을 받고 언제까지 무슨 일을 어떻게 해야 하는지 구체적인 처리 방안까지 판단할 수 있다.

그렇다면 메일로 작성할 때 지켜야 할 기본은 무엇일까?

메일의 내용 측면에서 보자면 우선 (1) 복잡하지 않고 (2) 짧게 (3) 내용의 반복을 피하면서 (4) 정확하고 구체적으로, 믿을 만하게 작성해야 하며, 가장 중요하게는 (5) 하나의 메일 안에서 온전하게 그 의미가 통해야 한다. 표현 측면에서는 (6) 중요한 내용을 강조하면서도 (7) 정확한 의사소통을 위해 가급적 능동 표현을 사용하고 (8) 비언어적 의사소통을 위해서 특수문자나 이모티콘 등도 과하지 않게 사용할 수 있으며 (9) 최대한 한국어 어문 규범(한글 맞춤법, 표준어 규정, 외래어 표기법 등)을 지켜 쓴다.

❶ 간단 명료하게

내용이 길거나 너무 많은 정보가 들어가면 수신자가 쉽게 이해하거나 기억하기 어렵다. 많은 사람들이 명료성 원칙을 지키기 어려워하는 이유는 자신의 글이 얼마나 복잡한지 스스로 판단하기 어렵기 때문이다. 이를 극복하고 싶다면 메일을 쓰기 전에 전달할 내용을 먼저 간추려 보는 것이 도움이 된다. 그리고 핵심 내용을 중심으로 메일을 작성한 뒤에 '소리 내어' 읽어 보자. 매끄럽게 그리고 부담 없이 잘 읽히면 명료한 글일 확률이 높다. 발신 버튼은 그 후에 누르면 된다.

❶ 가급적 짧게

업무 메일은 짧을수록 좋다. 물론 중요한 계약을 할 때에는 계약서, 서약서, 약관 등과 같이 복잡한 서식을 첨부 파일로 주고받기도 한다. 하지만 일의 중요도가 높아지더라도 메일에 쓰는 문장은 짧을수록 좋다. 그래야 읽는 사람이 빠르고 정확하게 내용을 파악할 수 있다. 줄글로 풀지 않고 아이디어를 중심으로 짧게 작성하는 방법을 '개조식'이라고 한다. 모든 메일이 '개조식'일 필요는 없지만, 첫인사나 끝인사를 제외한 주요 본문 내용을 상황에 맞게 개조식으로 정리하면 내용을 보다 효과적으로 전달할 수 있다.

◑ 반복의 배제

중요한 내용을 강조하다 보면 같은 말을 반복하게 된다. 대화에서 말이 반복되면 즉각적인 반응으로 문제를 해결할 수 있지만, 글이 중복된 내용으로 가득 차 있으면 읽는 사람이 당장 할 수 있는 일이 없다. 비슷한 내용의 메일을 반복해서 받게 되면 발신자에 대한 불신감마저 생기기 마련이다. 이런 상황을 피하기 위해서는 메일을 작성한 뒤에 반드시 '다시' 읽어 봐야 한다. 유명 작가들에게만 '퇴고 (고쳐쓰기)'가 필요한 것이 아니다. 일상 글쓰기에서도 퇴고는 좋은 글을 생산하는 핵심 전략이다.

◑ 정확하게, 구체적으로, 믿을 만하게

메일은 '정확성', '신뢰성', '구체성'의 원칙에 따라 작성하는 것이 좋다. 믿을 수 있는 내용을 정확하고 자세하게 작성하는 것이다. 메일을 작성하는 사람이 이런 원칙을 지키면 메일을 읽는 사람은 메일의 내용과 작성자를 신뢰하게 된다. 메일을 보내는 사람이 '양치기 소년'이 되지 않으려면, 메일 내용의 근거와 출처 등이 구체적인지 스스로 냉철하게 평가해야 한다. 만일 자신이 보낸 메일에 잘못된 내용이 포함되었다면, 일이 급박하게 돌아가는 상황이라도 주저하기보다는 정정 메일을 제때에 보내는 것이 좋다.

◑ 하나의 메일 안에서 온전하게

간혹 메일을 받은 사람이 송신자에게 궁금한 점을 메일로 여러 차례 물어보기도 하는데, 이런 경우는 메일의 의미적 완전성이 미흡하다는 신호이다. 전체 주제보다는 특정 부분에 메일 내용이 치우치거나 꼭 들어가야 할 내용이 누락되지 않도록 해야 한다. 간단한 내용일지라도 전체 얼개를 생각하면서 정교하게 다듬는 습관을 들여야 한다.

◑ 비언어적 의사소통

메일로 의사소통을 할 때에도 감정을 표해야 하는 경우가 있다. 단어와 문장으로 감정을 표현할 수 있지만, 상대방의 흥미를 끌고 마음을 움직이기 위해서 특수 문자나 이모티콘 등을 활용하기도 한다. 하지만 대화를 나눌 때에도 몸짓과 표정이 과하면 상대방이 부담을 느끼듯이, 이모티콘도 과하면 오히려 역효과를 낳을 수 있다. 반면, 간단한 ^^ 표시만으로도 상대방의 공감을 얻을 수 있다. 한편, 다른 문화권의 사람들과 이메일을 주고 받을 때에는 특수 문자나 이모티콘 사용에 주의해야 한다. 같은 표현도 완전히 다른 의미로 읽힐 수 있기 때문이다.

◑ 피동(수동) 표현 지양하기

말로 주고받는 대화에서 피동 표현 문제로 소통이 되지 않는 경우는 드물다. 대화자 간의 즉각적인 피드백이 가능하기 때문이다.

피동(수동) 표현은 '피동(수동)태'와 관계가 있는데, 주어가 어떤 동작의 대상이 되어 그 작용을 받을 때에 서술어가 취하는 형식이다. 반면 능동태는 주어가 어떤 동작이나 작용을 스스로 하였을 때, 서술어가 취하는 형식이다. 메일에서 수동태를 사용할 때는 핵심 내용을 강조할 때가 많다. 하지만 '피동(수동)태' 문장을 능동태로 바꾸면 문장이 더 간명해지고 내용을 보다 명료하게 전달할 수 있다.

QUIZ

다음 문장 중에서 능동 표현 문장은 어느 것인가?

① 의자를 바르게 세워 주세요.

② 개정된 법은 내년에 시행된다.

③ 업무 협의가 10시에 개최될 예정입니다.

④ 우리들의 직장 문화가 개선될 수 있을까?

⑤ 이번 주에 작성된 보고서는 결재가 되지 않았다.

정답 ①

능동 표현을 사용하면 문장에 힘이 생기고 누가 무엇을 어떻게 하겠다는 것인지가 분명하게 표현된다. 그런데 사람들은 의외로 능동 표현을 잘 사용하지 못하거나, 피동 표현을 능동 표현으로 바꾸어 쓰는 것에 익숙하지 않다. 이 문제를 해결하기 위해서는 '-되다'라는 말이 들어 있는 문장을 찾는 것이 좋다. '-되다'는 일부 명사 뒤에 붙어 '피동'의 뜻을 나타낸다. '-되다'를 '-하다'로 바꾸면 피동(수동) 표현을 능동 표현으로 쉽게 고칠 수 있다. 보기에서 '-되다'가 들어간 말을 '-하다'로 바꾸면 되는데, 그렇게 하면 다음과 같이 주어를 사물이나 물건이 아니라 사람으로 표현할 수 있다.

이번에 결정된 규정은 3월부터 적용됩니다.

↓

(우리가) 이번에 결정한 규정은 3월부터 적용됩니다.

↓

(우리가) 이번에 결정한 규정을 3월부터 적용합니다.

❶ 주요 내용 강조하기

업무 메일은 대부분 '제목-첫인사-작성자 소개(자기 소개) 인사말-용건-끝인사(마무리)-보낸 이(작성자)' 순으로 작성한다. 이 중 '용건'이 가장 중요한 정보이다. 용건이 여러 가지인 경우에는 중요한 내용을 앞부분에 제시해서 강조하는 것이 좋다. 또한, 강조할 내용에 밑줄을 긋거나 진하게 표시하고 글자색을 다르게 할 수도 있다. 그런데 강조하는 부분이 너무 많으면 오히려 혼란을 야기하니 주의해야 한다. 대화를 할 때 "제가 말씀드린 것 중에서 가장 중요한 것은….."과 같이 특정한 말로 내용을 강조하는 것처럼 메일에서도 중요한 내용을 나름의 방식으로 강조할 수 있다.

❶ 한국어 어문 규범 지키기

업무 메일도 표준어 규정을 지켜 작성하는 것이 좋다. 한글 맞춤법 지식은 방대하기 때문에 국립국어원(https://www.korean.go.kr)의 '한국어 어문 규범'을 참고하고, 필요한 어휘는 '표준국어대사전'에서 찾아 확인한다. 띄어쓰기는 특히 어려워서 "띄어쓰기는 붙여 쓰고, 붙여쓰기는 띄어 쓴다."라는 농담이 있을 정도이지만, 원칙은 여전히 '일관성'임을 잊지 말자. '외래어 표기법'과 '국어의 로마자 표기법'도 '국립국어원'의 '한국어 어문 규범'을 참고하면 좋다.

대화의 기본 (2): 메일 소통자의 태도

메일을 주고받을 때에도 지켜야 할 기본적인 태도가 있다. 서로에 대한 (1) 배려와 공감의 마음으로 (2) 긍정의 반응과 태도를 견지하며 (3) 소통자의 진정성을 가정해야 한다. 또한 (4) 필요하면 적극적으로 피드백을 주고받고 (5) 상대에 대한 예의와 정중함을 갖추면서도 (6) 지위 고하나 위계에 따른 소통의 장벽을 낮추려는 노력도 필요하다.

◑ 배려와 공감하기

메일을 읽는 사람이든 쓰는 사람이든 부정적 감정으로 메일을 읽고 쓰는 일을 경계해야 한다. 특히 메일을 읽는 사람은 작성자의 감정, 의견, 주장, 정보 제공, 지시, 명령, 요청, 제안에 대해 자기도 그렇다고 느끼는 공감적 자세를 취하는 것이 좋다. 이는 상대방을 배려하는 태도를 말한다. 가령, 메일에 오류가 생겼을 때에도 작성자의 입장을 생각하면서 정중하게 의견을 제시하는 것이 좋다. 즉각적으로 메일의 오류를 지적하거나 잘못된 메시지에 대한 부정적인 감정을 상대방에게 분출할 경우 갈등이 일어난다. 서로 배려하고 공감하는 태도가 무엇보다 우선이다.

❶ 긍정적인 반응과 태도

메일을 읽을 때 때로는 감정적으로 반응하게 된다. 기일이 촉박하게 일을 재촉하는 메일을 읽으면, 심리적 압박을 받고 스트레스를 받는다. 일과 후에 '[긴급]'이 붙어 있는 메일을 받으면 더 긴장한다. 이는 상대방의 입장을 충분하게 생각하지 못한 메일 작성자의 실책에서 비롯된 경우도 있지만, 대부분 그 메일을 받는 사람의 태도에서 비롯되는 경우가 많다. '[긴급]', '[긴급회신]'이 붙은 메일은 "이 메일은 먼저 처리해야겠다."와 같이 긍정적으로 반응하는 것이 정신 건강에 좋다. 이런 태도는 행복한 직장 생활을 위해서도 꼭 필요하다.

❶ 진정성의 힘

상대방이 보낸 메일에서 참되고 올바른 마음을 느낀 적이 있는가? 정직하고 진실한 마음으로 작성한 메일은 상대방의 마음을 좋은 방향으로 움직인다. 화려한 수식어보다 다소 투박해도 진심을 담는 것이 중요하다. 수신자가 메일의 어느 한 부분에서 상대의 진심을 느낀다면 기대 이상의 성과를 얻을 수 있다. "진심은 통한다."라는 말은 시대를 뛰어넘어 거의 진리에 가깝지 않은가?

◑ 피드백 주고받기

답신을 요구하지 않은 메일이 아니라면, 일단 메일을 받으면 간단한 수신 확인의 답메일을 보내는 것이 예의다. 이때 메시지에 대한 간단한 의견을 제시하는 것도 좋다. 답메일은 상대방을 안심시키고 일의 성취를 앞당기는 데 기여한다.

◑ 예의와 정중함

예의와 정중함은 상대방에 대한 존중의 태도를 나타내는 말이다. 예의를 갖추고 상대방을 정중하게 대하는 사람은 언행이나 태도가 의젓하고 신중하다. 의젓한 사람은 말이나 행동 따위가 점잖고 무게가 있다. 신중한 사람은 자신의 말과 행동을 되돌아보면서 매우 조심스럽게 판단한다. 이런 태도를 갖춘 사람들은 메일을 작성할 때 내용과 방식, 용어와 표현을 신중하게 선택한다. 예의를 갖추고 정중하게 대화하는 사람을 머릿속으로 떠올려 보면 메일을 주고받을 때에도 그 사람과 똑같이 할 수 있다.

◑ 소통의 장벽 없애기

메일을 작성하는 사람은 상대방의 입장이나 처한 상황을 고려한다. 이렇게 하면 의사소통의 장벽을 낮추거나 없애는 데 도움이 된다. 어려운 용어를 쉬운 용어로, 부정의 언어를 긍정의 언어로 바꾸어 표현해 보자. 상대방의 기분이나 입장을 존중하는 말과 내용으로 표현해 보자. 직위, 직급, 직종, 부서 등을 고려해서 그에 걸맞은 표현을 선택해서 작성해 보자. 그렇다고 지위에 따라 지나치게 경직된 태도를 취할 필요는 없다. 때로 하급자가 상급자에게 허심탄회하게 마음을 드러낸 메일이 기대 이상의 성과를 가져오기도 한다.

기본 중의 기본

앞에서 여러 가지 메일 소통의 기본에 대해서 알아보았다. 그런데 이들에 선행하는 기본 중의 기본이 있다. 바로 아무 때나 메일을 쓰지 말라는 것이다.

전자 메일과 같은 디지털은 우리를 잠시도 쉬게 놓아두지 않는다. 이런 이유 때문에 많은 사람들은 직장 밖에서조차 일에 구속받는다. 경영학 분야의 연구에 의하면, 전혀 급하지 않은 메일이라도 일과 후에 받으면 '훨씬 더 급한 일'이라는 느낌을 받는다고 한다. 이로 인해, 직장인들은 삶의 질에 영향을 미칠 정도로 심한 스트레스를 받지만, 정작 메일을 보내는 사람들은 수신자들이 메일에 더 반응하기 때문에 그들의 스트레스를 과소평가하는 경향을 보인다. 연구에서는 '긴급'이라는 표시만 떼고 메일을 보내도 그것을 읽는 사람들이 느끼는 '뭔가에 쫓기는 듯한 강박감'을 줄여 줄 수 있다고 제안한다.

메일은 분명 시간과 공간의 제약 없이 주고받는다는 특징이 있지만, 자신과 동료의 기본적인 삶과 행복을 위해서라도 가급적 시간의 제한성을 두는 것이 좋다. 긴급하거나 중요한 메일은 사전에 준비해서 출근 후 이른 시간에 주고받는 것이 좋다(그래야 메일을 즉각 읽고 반응할 가능성도 크다!). 점심시간을 앞두고 중요한 메일을 받거나 퇴근을 앞두고 긴급한 메일을 받으면 메일을 주고받는 사람 모두 마음이 편치 않을 것이다. 불편한 마음으로는 일의 효율성과 성과를 기대하기 어렵다. 목표와 목적을 공유하고 있는 회사에서는 근무 규정에 맞게 메일을 주고받겠지만, 혹여라도 직장 내에서의 지위와 업무 관계를 혼동하여 근무 규정을 벗어나는 '디지털 월권'을 행사하는 것은 결코 바람직하지 않다.

국어 사용 능력도 업무 능력이다

다양한 문장 부호와 기호의 의미를 알면, 메일 내용을 효과적으로 표현하는 데에도 도움이 된다. 다음은 한글 맞춤법의 부록에 있는 내용의 일부이다. 아래 내용을 정확하게 알고 있으면 보다 정확한 업무 메일을 작성할 수 있다.

마침표

제목: 월별 업무 협의 계획서 제출. (×) - 제목에는 마침표를 쓰지 않는다.

제목: 월별 업무 협의 계획서 제출 (○)

1945. 8. 15. (○) = 1945년 8월 15일 (○) - 마침표는 '년', '월', '일'을 대신한다.

1945. 8. 15 (×) = 1945년 8월 15 (×)

4.19 (○) 4·19 (○) - 특정한 날은 마침표와 가운뎃점 모두 사용 가능하다.

물음표

안녕하세요? (○)

안녕하세요. (○)

- 의문의 정도가 약할 때는 물음표 대신 마침표를 쓸 수 있다.

이번에 제출한 참신한 기획서 (○)

이번에 제출한 참신한(?) 기획서 (○)

- 특정한 어구의 내용에 대하여 의심, 빈정거림 등을 표시할 때, 또는 적절한 말을 쓰기 어려울 때나 모르거나 불확실한 내용을 나타낼 때 소괄호 안에 쓴다. 상대방을 은근히 비웃는 태도로 메일에서 물음표를 사용하는 것은 금물이다.

쉼표

빨강, 주황, 노랑, 초록…… (○)

빨강, 주황, 노랑, 초록,...... (×)

- 열거할 어구를 생략할 때 사용하는 줄임표 앞에는 쉼표를 쓰지 않는다.

가운뎃점

초 · 중 · 고급 단계 (○) - 공통 성분을 줄여서 하나의 어구로 묶을 때 쓴다.

초, 중, 고급 단계 (○) - 가운뎃점 대신에 쉼표를 쓸 수 있다.

쌍점

장소: 2층 스마트 팜 203호

- 표제 다음에 해당 항목을 들거나 설명을 붙일 때 쓴다.

- 쌍점의 앞은 붙여 쓰고 뒤는 띄어 쓴다.

오후 4:50(오후 4시 50분)

- 시와 분, 장과 절 등을 구별할 때 쓴다.

- 쌍점의 앞뒤를 붙여 쓴다.

큰따옴표

3차 회의에서 "마음이 행복을 정한다."라고~

- 말이나 글을 직접 인용할 때 쓴다.

작은따옴표

'도로교통법'에 따라~

- 소제목, 그림이나 노래와 같은 예술 작품의 제목, 상호, 법률, 규정 등을 나타
  낼 때 쓴다.

'태도'가 무엇보다 중요합니다.

- 문장 내용 중에서 주의가 미쳐야 할 곳이나 중요한 부분을 특별히 드러내 보

일 때 쓴다.

소괄호
메일(직장 업무 메일) - 주석이나 보충적인 내용을 덧붙일 때 쓴다.

대괄호
[긴급 공지 사항] 상반기 자비 부담 연수 실적 제출
- 원문에 대한 이해를 돕기 위해 설명이나 논평 등을 덧붙일 때 쓴다.

붙임표
기획 활동 - 시장 조사 - 상품화 계획 - 선전 - 판매 촉진
- 차례대로 이어지는 내용을 하나로 묶어 열거할 때 각 어구 사이에 쓴다.

물결표
10. 5.~11. 15. - 기간이나 거리 또는 범위를 나타낼 때 쓴다.
10. 5.-11. 15. - 물결표 대신 붙임표를 쓸 수 있다.

드러냄표
생산 단가
- 문장 내용 중에서 주의가 미쳐야 할 곳이나 중요한 부분을 특별히 드러내 보
  일 때 쓴다.

밑줄
<u>1분기 생산 단가</u>
- 문장 내용 중에서 주의가 미쳐야 할 곳이나 중요한 부분을 특별히 드러내 보
  일 때 쓴다.

숨김표

면접 대상자는 오○희, 이○정, 김○규, 제○준으로 모두 4명이다.

- 금기어, 비속어, 비밀 유지 사항을 나타낼 때 쓴다.

- 동그라미표(○)와 가새표(×)로 표시한다.

줄임표

우리 팀은 최선을 다했지만…… (○) - 할 말을 줄였을 때 쓴다.

우리 팀은 최선을 다했지만....... (○) - 점은 가운데에 찍는 대신 아래쪽에 찍을
  수도 있다.

우리 팀은 최선을 다했지만… (○) - 점은 여섯 점을 찍는 대신 세 점을 찍을
  수도 있다.

우리 팀은 최선을 다했지만... (○) - 세 점을 아래쪽에 찍을 수도 있다.

- 줄임표로 문장이 끝날 때에는 줄임표 뒤에 마침표나 물음표 또는 느낌표를
  쓴다.

내겐 너무 어려운
첫인사

소소한 메일 작성법

편지와 메일의 차이점은 공유성이다. 편지는 작성자의 손을 떠나 우편배달부를 거쳐 수신자의 손에 들어가면 수신자가 보관한다. 그러면 그때부터 그 편지는 수신자의 소유물이 된다. 그런데 메일은 메일을 보낸 발신자와 수신자가 함께 공유한다. 즉, 수신자와 발신자 모두의 소유물이 된다. 메일도 하나의 편지지만 네트워크로 공유된다는 점에서 일반 편지와 다르다. 공유되기 때문에 그 영향력과 파급효과가 크다.

직장에서 주고받는 업무 메일을 '제목, 첫인사, 용건, 끝인사, 보낸이'를 중심으로 살펴보자. 그리고 대수롭지 않은 것으로 생각해 놓쳐 버린 것들이 없는지 함께 생각해 보자. 메일을 주의 깊게 읽다 보면 자신도 모르게 매우 유용한 메일 작성법을 터득할지도 모른다.

New message

제목 [인사팀] 단기간 근로자 전형 일정 안내

보낸 사람: 김○훈 〈literacy123@ecoedu.com〉 (01.28 16:22)

받는 사람: 윤○○, 박○○, 조○○, 이○○, 한○○, 석○○, 고○○, 옥○○, 안○○, 유○○

안녕하세요? 인사팀 김정훈 대리입니다.

함박눈이 내렸습니다. 오늘 참석자는 10명입니다.

진행 시간은 사전 계획표에 있습니다.

〈장소 안내〉

1. 지원자 대기실: 전산실(302호)

2. 실무 시연 평가: 402호

3. 실무 심층 면접: 502호

각 업무 담당자 및 평가 담당자는 시간에 맞추어 장소로 이동해 주시기 바랍니다. 전형 일정에 만전을 기해 주시기 바랍니다.

감사합니다.

인사팀 김정훈 대리 드림

첨부파일 2개: 지원자 일람표, 단기간 근로자 전형 사전 계획서

A 𝟬 ☺ 🖼   Send   Save   Cancel

다음 중 앞의 메일을 제대로 읽은 사람의 반응이라고 보기 <u>어려운</u> 것은?

① 윤○○: 궁금한 건 인사팀 김○훈 대리에게 문의하면 되겠어.

② 박○○: 나는 언제부터 행사 준비에 들어가야 하지?

③ 조○○: 지원자는 실무 시연과 실무 심층 면접을 다 해야겠네.

④ 이○○: 근로자 전형 사전 계획서를 다시 확인해야지.

⑤ 한○○: 참석자는 도대체 누구를 말하는 것이지?

정답 ②

위 메일의 내용을 정확하게 파악하려면 첨부 파일을 반드시 함께 읽어야 한다. 그런데 '박○○'는 첨부 파일을 확인하지 않고 반응을 했다. 반면 '이○○'는 '단기간 근로자 전형 사전 계획서'를 확인하면 전형 시간을 알 수 있다는 점을 언급하고 있다. '한○○'의 반응도 타당한 반응이다. 참석자가 전형(시험)에 지원한 사람인지 전형을 돕기 위해 업무에 참여하는 사람인지 명확하지 않기 때문이다.

업무 메일의 제목

메일을 받은 사람은 부서별, 업무 분야별로 메일을 분류해서 보관할 수 있다. 메일을 보내는 사람은 이 점을 고려해서 제목 앞에 '[ ]'와 같은 대괄호를 사용한다. '( )'와 같은 소괄호를 쓰기도 하지만 소괄호보다는 대괄호가 눈에 잘 들어온다. 긴급한 메일을 주고받을 때에는 '★긴급★'과 같이 특수문자로 표시를 하기도 한다. 그런데 '긴급'이라는 말을 너무 자주 사용하면 받는 사람은 해당 메일과 작성자를 덜 신뢰한다. '긴급'이라는 말은 정말 긴급할 때에만 사용하는 것이 좋다.

제목은 용건이 잘 드러나게 구성하는 것이 좋다. '이 제목은 내가 무엇인가를 하라고 요구하고 있어.'와 같이 생각하게 만드는 것이 좋다. 일반적인 공지 사항은 메일을 받는 사람도 큰 관심을 갖지 않기 때문에 메일을 보내는 사람이 제목을 어떻게 구성하는지가 매우 중요하다. 자신이 보내는 메일을 많은 사람이 읽게 하려면 받는 사람의 주의를 끌어야 한다. 그렇지만 '양치기 소년'처럼 거짓이나 과장된 정보를 넣는 것은 옳지 않다.

학교에서는 글의 제목을 보고 뒤에 이어질 내용을 예측하는 글 읽기 방법을 가르친다. 또 글의 제목을 비워 놓고 글 내용에 기초하여 알맞은 제목을 만드는 방법도 가르친다. 여러분도 이런 종류의 '예측하기 전략' 수업을 들은 적이 있다. 학교에서 배운 지식들을 잘 떠올리면 의외로 직장에서 쓸 수 있는 지식이 많다. 제목은 글의 내용을 대표하며, 글쓴이의 의도가 반영되어 있다고!

인사말 읽기와 쓰기

업무 메일에서는 '안녕하십니까?'라는 첫인사를 자주 쓴다. 이런 경우에는 이 한마디로 인사말을 갈음한다. 그렇지만 첫인사를 조금 길게 쓰는 경우도 있다. 그런데 첫인사 한두 문장 더 쓰기가 '하늘의 별따기'처럼 어렵게 느껴진다. 그럼에도 첫인사가 있는 메일을 읽으면 짧은 순간이나마 기분 좋은 느낌이 든다. 그런데 그 기분 좋은 몇 초를 위해 메일 작성자는 어쩌면 몇십 분을 고민했을지도 모른다.

첫인사는 상황에 맞게 작성하는 것이 가장 좋다. 자신만의 창의적인 인사말을 만들어 보는 것도 나쁘지 않을 것 같다. 예를 들어, 24절기를 자신의 개인 달력에 저장해 두고, 때에 따라 시의 적절한 인사말을 만드는 것이다. 24절기 중 경칩이 있는 3월에는 '개구리가 잠에서 깨 봄을 여는 날입니다.'와 같이 계절 첫인사를 적으면 어떨까?

첫인사는 손편지를 쓸 때에도 매우 까다로운 부분이다. 상당히 많은 사람들이 첫인사 작성에 어려움을 호소한다. 그런데 몇 가지 자신만의 인사 문구를 만든다면 업무 메일의 '인싸'가 될지도 모를 일이다. 멋진 첫인사 하나만 잘 만들어도 많은 사람이 행복감을 느낄 수 있으니 한번 도전해 보면 어떨까?

안녕하세요?

안녕하십니까?

이렇게 간단한 첫인사에 계절 인사말을 더해 보자.

안녕하세요? 봄비가 부슬부슬 내립니다.

안녕하십니까? 첫눈이 포슬포슬 내립니다.

계절 인사를 한 문장 더 넣었을 때 이 인사말을 읽는 수신자의 기분은 어떨까? 메일은 소통의 도구로 내용 전달이 핵심이지만 내용이 전달되기 위해서는 그 전에 발신자와 수신자의 공감 형성이 매우 중요하다. 메일을 읽고 발신자의 감정과 기분을 똑같이 느낀다면 일이 얼마나 잘 풀리겠는가? 특히 직장에서 주고받는 메일은 직원 상호 간의 공감대를 넓히는 데 강력한 힘을 발휘한다. '봄비가 부슬부슬 내립니다.', '첫눈이 포슬포슬 내립니다.'는 사실적인 표현이다. 감정이 드러나 있는 표현이 아니라 작성자가 본 현상을 글로 표현한 글이다. 여기에 작성자의 인간적인 느낌이 드러나는 인사말을 덧붙이면 어떨까? 소소한 생각이 큰 기쁨을 만들 수 있다.

안녕하세요? 봄비가 부슬부슬 내립니다.
만물에 봄비가 잘 스며들기를 기원합니다.
늘 도와주셔서 진심으로 감사드립니다.

용건(목적) 읽기와 쓰기

메일 읽기의 핵심은 메일 작성자가 의도한 목적을 파악하는 것이다. 바꾸어서 말하면 메일을 작성하는 사람은 목적이 분명히 드러나게 업무 메일을 작성해야 한다. 의도와 상관없이 목적을 숨긴 채 메일을 보내면, 읽는 사람이 그 목적을 파악하기 어려울 뿐만 아니라 때로는 잘못 파악하여 서로 간에 오해가 생길 수 있다. 따라서 목적은 간단명료하게 작성하는 것이 좋다.

> 안정적인 서비스 제공을 위하여 전산시스템 개선 작업을 11월 21일(일)에
> 진행할 예정입니다. 작업 시간 동안 아래의 서비스가 중단되니 업무에 참
> 고하시기 바랍니다.

이 글을 읽어 보면, 안정적인 서비스 제공이 1차 목적이고, 전산
시스템 개선 작업을 한다는 것을 알리는 것이 2차 목적이며, 3차 목
적은 이런 작업이 11월 21일에 이루어지는 것을 알리는 것임을 이해
할 수 있다. 그런데 메일을 읽는 사람이 메시지의 작성 목적을 매번
이렇게 세부적으로 분석하지는 않는다. 이 글의 목적은 '전산시스템
개선 작업 안내'라고 대강 이해하고 본다.

때로는 메일을 보내는 목적이 분명하지 않거나 숨겨져 있는 경우
도 있다. 이런 경우에 수신자는 메일의 내용을 통해서 그 목적을 추
론해야 한다. 메일의 세부 내용을 서로 연결하여 하나의 맥락을 구성
하고, 그 맥락 안에서 왜 나에게 이런 메일이 왔는지, 메일을 쓴 사람
은 무슨 목적으로 메일을 나에게 보낸 것인지 파악해야 한다. 메일을
여러 번 반복해서 꼼꼼하게 읽어도 도대체 무슨 말인지 파악하기 어
렵다면, 메일을 보낸 이에게 예의를 갖추어 문의하는 것이 좋다.

앞에서 언급한 '개조식' 작성법은 '문장식' 작성법에 비해 메일의
주요 내용을 조목조목 잘 드러내는 표현 방식이다. 일반적으로 메일
의 본문을 작성할 때에는 개조식으로 작성한다. 그런데 이런 작성법

은 업무 메일을 작성하는 절대적인 원칙은 아니다. 상황에 따라 '문장식' 작성법과 '개조식' 작성법을 적절하게 섞을 수 있다. 첫인사를 생각해 보면 이런 원리를 이해할 수 있다. 첫인사를 개조식으로 작성하지는 않기 때문이다.

아래 두 글을 읽으면서 업무 메일의 내용으로서의 '정보'와 그 정보를 받아들이는 수신자의 '감정'적인 측면을 함께 생각해 보자. 둘 중 어떤 것이 보다 친근하게 다가오는가?

• **문장식 작성의 예**

반갑습니다. 행정1팀 박지수입니다.

오늘(6월 23일) 18시 이후에 건물 실내 소독을 할 예정입니다.

퇴근하실 때 책상 위 개인 물품을 정리해 주시기 바랍니다.

감사합니다.

• **개조식 작성의 예**

[건물 실내 소독 안내]

작업 일시: 6월 23일(오늘) 18:00

요청 사항: 퇴근 전에 책상 위 개인 물품 정리하기

행정1팀 박지수 올림

끝인사와 보낸 이

끝인사도 첫인사와 같이 간결하게 작성하는 것이 좋다. 끝인사는 메일을 마무리 지을 때 사용하는 형식적인 장치이다. 그런데 많은 사람들은 이런 장치를 생략하는 경우가 많다. 대신에 메일 작성자의 이름을 적고 마무리한다(이름을 쓰지 않고 마무리하는 경우도 허다하다!). 끝부분에 메일을 보낸 사람을 쓸 때에는 부서와 직급을 정확하게 표기하는 것이 좋다. 그렇게 하면 정중하다는 인상을 준다.

보낸 사람 다음에는 '올림'과 '드림'을 주로 쓴다. '올림'은 아랫사람이 윗사람에게 편지나 선물을 보낼 때 그것을 올린다는 뜻이다. '드림'은 '드리다'의 명사형으로, 이 역시 '주다'나 '줌'에 비해 윗사람을 높이는 말이다. 간혹 '절을 하며 올리다.'라는 의미의 '배상(拜上)'을 쓰기도 하지만, 어려운 한자어를 쓴다고 해서 특별한 진심이 전달되는 것은 아니다. 쉽지만 예의를 갖춘 일상적 표현이 더 좋다.

단어의 정확한 뜻 알고 쓰기

업무 메일은 때때로 갈등의 시발점이 되기도 한다. 메일 때문에 갈등이 일어나면 메일을 '필요악'으로 여기게 된다. 저녁 늦은 시각이나 이른 새벽에 업무 메일을 주고받는다면 심리적인 압박감을 느낄 수 있다. 또 메일의 단어와 내용을 각자 다르게 해석해서 문제가 일어나는 경우도 허다하다. 메일에 대한 부정적인 인상은 업무 수행에도 부정적인 영향을 미치기 때문에 각별한 주의가 필요하다.

메일을 보내는 사람은 메일을 받는 사람이 쉽게, 빠르게, 정확하게 이해할 수 있는 표현으로, 가급적 상식과 어법에 맞게 글을 써야 한다. 평상시 생활에서 자주 사용하는 단어도 주의를 기울이지 않으면 실수할 수 있다. 다음 글을 읽어 보자.

과장님, 안녕하세요? 자제과 인턴사원 이영은입니다.

부장님께 결제를 받아야 하는데 오후 3시에 출장을 가신다고 합니다.

결제문서를 기안했으니 과장님께서 살펴보시고 결제해 주시기 바랍니다.

'결제'와 '결재', '결제하다'와 '결재하다'는 뜻이 다른 말이다. 이영은 인턴사원이 메일을 보내기 전에 자신이 쓴 메일을 다시 읽으면서 알맞은 단어를 사용했는지 점검했더라면 어땠을까?

QUIZ

다음 중 '결제'와 '결재'를 알맞게 쓰지 <u>못한</u> 표현은 어느 것인가?

① 고객님, 결제 부탁드립니다.

② 결재일 전에 이체해 드리겠습니다.

③ 부장님께 결재 서류를 올렸습니다.

④ 사업계획서 결재 과정에서 보안 관리를 잘 해야 합니다.

⑤ 법인 카드로 결제할 때는 영수증을 잘 챙겨야 합니다.

정답 ②

대금을 주고 거래를 할 때에는 '결재'가 아닌 '결제'가 맞다. 따라서 '결재일'을 '결제일'로 바꾸어야 한다. 비슷한 예로, 다음 메일도 읽어 보자.

안녕하세요. 지원2팀 신입사원 윤정수입니다.
오늘(5월 21일) 18시 이후 사업장 내 수목 및 해충 소독이 예정되어 있습니다.
퇴근하실 때 창문을 모두 닫아 주시기 바랍니다.
감사합니다.

이 메일에서 '소독'의 뜻을 생각해 보자. '소독'은 병의 감염이나 전염을 예방하기 위하여 병원균을 죽이는 일을 뜻하는 말이다. 소독을 할 때에는 약품을 사용하기도 하지만, 햇빛에 쬐이기도 하고 물에 끓이거나 증기를 쏘이기도 한다. 나무에 해로운 벌레를 없애는 일은 '소독'이 아니라 '해충 구제'이다. 따라서 수목 해충 소독은 잘못된 표현이다. '소독'이라는 말 대신에 '방제'라는 말이 적절하다. 앞서 제시한 문장을 아래와 같이 바꾸는 것이 좋다.

사업장 내 수목 및 해충 소독이 예정되어 있습니다.
↓
사업장 내 수목 해충 방제 작업을 실시할 예정입니다.

무심코 작성한 말의 위험함

메일을 급하게 작성할 때에는 자신이 평소에 무심코 사용하는 말을 습관적으로 적기 때문에 스스로 알아차리기 어려울 때도 있다. 무심결에 이런 메일을 송신하는 사태를 방지하기 위해서라도 메일을 작성한 뒤에는 항상 다시 읽으면서 내용과 표현에 대한 '숙고의 시간'을 가지는 것이 좋다.

직장인은 자신이 사용하는 말이 동료들의 마음에도 영향을 미친다는 사실을 생각해야 한다. 동료들이 어떤 사명과 가치를 공유하고 있는지에 따라 직장 동료들의 유대감과 협동심의 강도가 달라진다. 그런데 무심코 사용한 말 때문에 유대감이 약해지고 동료와의 관계가 서먹서먹해지기도 한다. 이런 경우, 업무 협조도 원활하게 이루어지지 않는다. 다음 메일을 읽어 보자.

안녕하십니까?

내일 실시 예정인 애완견 놀이동산 체험은 오전 10시 이후에 가능합니다.

엘리베이터 이용 시, 애완견 견주는 반드시 애완견을 안아 주시기 바랍니다.

감사합니다.

신사업팀 대리 이종무 드림

이 글을 읽고 문제점을 찾을 수 없다고 생각할 수 있다. '애완견'은 국립국어원 표준국어대사전에 등재된 단어로 '좋아하여 가까이 두고 귀여워하며 기르는 개'를 뜻한다. 그런데 요즘에는 '애완견'이라는 말 대신에 '반려견'이라는 말을 주로 쓴다. '반려견'은 '한 가족처럼 사람과 더불어 살아가는 개'라는 뜻이다. 메일에 적힌 '애완견'이라는 말을 통해서 직장 동료들은 이종무 대리의 의식과 태도를 인식하게 된다. '반려견'이라는 말은 국립국어원 우리말샘(opendict. korean.go.kr)에 등재되어 있다(우리말샘은 일반 사용자가 어휘를 등록하고 편집할 수 있는 사용자 참여형 온라인 국어사전이다.).

앞의 메일은 반려견의 놀이동산 체험에 대한 내용이다. 메일 작성자는 '반려견'이라는 말 대신에 '애완견'이라는 말을 썼다. 그리고 '반려견의 보호자'를 '애완견'의 '견주'라고 썼다. 문법상으로는 문제가 없다. 그런데 이 메일에서 말하는 행사 내용을 미루어 볼 때, 이 메일을 받는 사람들은 반려견과 함께 생활하는 직장 동료들이라는 사실을 추론할 수 있다. 따라서 이 메일을 읽은 동료들은 반려견에 대한 메일 작성자의 인식 태도를 탐탁지 않게 볼 수 있다. 만일 메일을 보낸 발신자가 '애완견'을 '반려견'으로, '견주'를 '보호자'로 바꾼다면 메일을 받는 사람들은 거부감 없이 이 메일을 읽지 않을까?

다음은 직원들의 복지를 위한 병원 진료비 지원에 대한 안내 메일이다. 우리는 직장 생활에 필요한 다양한 정보를 확인하기 위해서, 또는 맡은 일을 기일 안에 처리하기 위해서 공람 문서를 자주 읽는다. 공람 문서를 확인하는 일은 직장에서 업무를 처리하는 사람들의 일상이다. 다음 메일에서 '기공람'이라는 말의 뜻을 생각하면서 읽어 보자.

안녕하세요.

2022년도 상반기 병원 진료비 지원 안내드립니다.

자세한 사항은 기공람(3월 27일자)되어 있으니 공람 문서를 확인하여 주시거나 기록물등록대장 문서 제목 '2022년도 병원 진료비 지원 안내'를 검색하여 확인하신 후에 제출 기한 내에 신청하여 주시기 바랍니다.

감사합니다.

'기'라는 말은 '그것이 이미 된' 또는 '그것을 이미 한'의 뜻을 더하는 접두사이다. 접두사 '기'를 단어 앞에 붙이면 여러 말을 만들 수 있다. 그런데 '기공람'이라는 말은 이 메일을 처음 읽는 사람은 이해하기 어려운 말이다. 따라서 '기공람되어 있으니'보다는 '이미 공람하였으니'로 바꾸어 쓰는 것이 좋다. '공람'이라는 말은 '여러 사람이 보게 한다'는 뜻이므로 '공람되어 있으니'와 같은 피동의 형태보다 '공람하였으니'와 같이 능동의 형태로 나타내는 것이 좋다.

또 '공람 문서를 확인하여 주시거나'에서 '주시거나'라는 보조동사를 사용했는데 이를 생략하고 간단하게 '공람 문서를 확인하시거나'와 같이 쓰는 것이 좋다. 상대를 존대할 의도로 사용했겠지만 더 간단하게 표현하면 읽는 사람은 쉽게 뜻을 파악할 수 있다. 이런 문제는 카페에서 지나치게 친절한(?) 직원과 대면할 때 흔히 경험하기도 한다.

"더 주문할 음료가 계실까요?"

이모티콘의 가치

직원 여러분, 안녕하세요. ^^

협의회 시간에 안내해 드린 맛있는 떡이 도착하고 있습니다(예정 시간보다

조금 늦었어요. ^^;).

부서별로 나누어 놓겠으니 시간이 되실 때 가지러 오시면 되세요.

새해 복 많이 받으세요.

감사드립니다.

지원1팀 차윤영 사원 올림

위의 글은 새해를 맞이하여 직원에게 떡을 나눠 주기 위해 업무 담당자가 보낸 글이다. '안녕하세요.'라는 인사말 다음에 컴퓨터 키보드에 있는 특수문자를 이용해서 이모티콘을 만들어 넣었다. 이모티콘은 컴퓨터나 휴대 전화의 문자와 기호, 숫자 등을 조합하여 만든 그림 문자인데 메일 작성자가 자신의 감정이나 느낌을 전달할 때 주로 사용한다.

앞의 메일에 있는 ^^는 웃는 얼굴, 기쁜 마음, 좋은 감정을 나타낸다. ^^;는 떡이 늦게 도착하게 된 자신의 어려운 상황과 미안한 마음을 나타낸다. 사용하는 사람에 따라 조금씩 다르긴 하지만, ^^는 적당히 사용하면 기분 좋은 이모티콘이다. 물론 이런 이모티콘도 사용자의 의도와 달리 다르게 해석될 수 있으므로 주의가 필요하다.

만일 여러분이 이모티콘을 사용한다면 어떤 이모티콘을 쓰고 싶

은가? 이모티콘을 쓸 때 전제가 있다. 바로 모두가 공감하는 이모티콘을 쓰는 것이다. 다시 말해, 아무리 좋은 의도라도 직관적으로 그 의미를 파악할 수 있는 이모티콘이 아니라면 공적인 의사소통 상황에서는 각별히 주의할 필요가 있다. 아래의 이모티콘들은 각각 어떤 의미를 담고 있을지 생각해 보자. 그 답은 여러분만 알고 있다.

^_^   ^*^   ^**^   ^@@^   ^++^   ^$$^

이모티콘은 손쉽게 자신의 감정을 나타낼 수 있지만 수신자가 알지 못하는 이모티콘을 사용할 경우에는 오히려 의사소통에 문제가 생긴다. 예를 들어, ^^;는 미안한 마음을 나타내는 이모티콘으로 사용하지만, 이를 즐겨 사용하지 않는 사람들은 이 이모티콘을 보고 정확한 의미를 파악하기 어렵다. 이런 상황에서는 ^^; 대신에 '미안합니다'와 같이 글로 나타내는 것이 좋다. 반대로 업무로 인해 관계가 소원한 동료에게 보낼 메일에 ^^를 붙이면 그 메일을 받은 동료의 마음이 누그러질지도 모른다. 작은 이모티콘 하나가 직장인의 마음의 꽃을 활짝 피운다.

소소한 듯 소소하지 않은 말뜻

메일을 작성할 때 정확성의 원칙을 지키려면 문장을 정확하게 쓰는 것이 좋다. 바로 앞의 메일을 다시 읽어 보자. '협의회 시간에 안

내했다'는 내용은 이 메일에서 중요한 내용이 아니다. 떡이 도착하지 않았는데 '도착'이라는 말을 쓰는 것도 옳지 않다. '도착하고 있다'는 표현은 어문 규범에 맞지 않은 표현이다. '도착'은 '목적지에 다다랐다는 것'을 뜻하는 말이다.

'도착'이라는 말을 '출발'과 연결지어, '떡이 출발했습니다.'라거나 '떡이 도착했습니다.'라고 표현하는데 떡을 가지고 출발한 사람도, 떡을 가지고 도착한 사람도 배달원이다. 요즘에는 물건을 사람처럼 대우해서 사용하는 경우도 많다. 우리는 일상생활에서 '떡이 곧 도착할 예정입니다.'라는 말을 쓴다. 그런데 '도착하다'라는 말 대신에 '오다'라는 말을 쓰면 더 쉽게 뜻을 전할 수 있다. 떡은 사람처럼 스스로 움직일 수는 없지만, '떡이 오고 있다.'는 표현은 가능하다. "방실방실 웃는 성성한 달걀이 왔어요."라는 말을 떠올려 보라. 그래서 다음과 같이 간단하게 표현할 수 있다.

'협의회 시간에 안내해 드린 맛있는 떡이 도착하고 있습니다'
↓
맛있는 떡이 곧 옵니다.

그런데 이 메일에는 더 큰 문제가 들어 있다. 메일에는 떡을 받으러 갈 장소가 빠졌다.

부서별로 나누어 놓겠으니 시간되실 때 가지러 오시면 되세요.

이 문장을 보면 메시지의 작성자와 수신자가 모두 떡이 있는 장소를 알고 있는 것처럼 읽힌다. 그런데 담당자가 각 부서에 떡을 배달하지 않는다면 그 장소를 정확하게 안내하는 것이 좋다. 모두가 알고 있을 것이라는 생각 때문에 가장 중요한 정보를 빠뜨려서는 안 된다. 떡이 어디에 있는지 몰라서 떡을 받지 못한 동료들이 난감해하다 못해, 메일 작성자를 원망할 수도 있다.

또한, 이 문장에서 '시간되다'라는 말은 어문 규정에 맞지 않는 표현이다. 보통 '시간이 되다'로 사용하지만, '시간이 날 때'로 표현하는 것이 좋다. '시간이 나다'라는 말은 '시간적 여유가 생기다'라는 뜻이다.

또 '되세요'라는 말은 '됩니다'로 고쳐서 표현하는 것이 좋다. 이런 표현은 작성자가 상대를 높이기 위해 사용했겠지만 바로 앞의 말을 '오면'이 아닌 '오시면'으로 표현했기 때문에 '됩니다'로 표현하는 것이 자연스럽다. 이런 고민을 덜기 위해서는 아래와 같이 간결하게 표현하는 것이 좋다.

부서별로 나누어 놓겠으니 시간되실 때 가지러 오시면 되세요.
↓
부서별로 나누어 놓겠으니 000호로 시간이 날 때 가지러 오세요.
↓
부서별로 나누어 놓겠으니 000호로 가지러 오세요.

그런 의도는 아니었는데?

[추석 명절 어려운 이웃돕기 성금 모금]

안녕하세요? 이미 공람했던 추석 명절 이웃돕기 성금 모금 기일이 내일이 마감입니다.

오늘 오후부터 내일까지 지원팀 이선혁 님이 각 사무실에 회람을 돌릴 예정입니다. 회람 명단에 금액만 써 주시면 행정팀에서 다음 달 급여에서 제하도록 하겠습니다. 편하게 모금에 참여하실 수 있도록 행정팀에서 협조해 주셨습니다.

사장님께서 우리 직원들도 어려운 이웃돕기 성금 모금에 적극 참여하시길 바라셨습니다. 적극적인 동참 부탁드립니다. 감사합니다.

지원팀 조해솔 드림

이 메일은 직장 내에서 이웃돕기 성금을 모금하는 내용이다. 성금은 말 그대로 정성으로 내는 돈이다. 그런데 이 메일을 받은 사람들은 성금 모금에 강제성을 느꼈을지도 모른다. 담당자가 부서 '사무실에 회람을 돌릴 것'이라는 내용과 '회사 사장의 말씀'을 언급한 내용을 보면, 이 메일을 읽는 사람은 마음이 불편해지거나 심리적 부담을 가질 수밖에 없다. 이웃돕기 성금 모금은 장려해야 하지만, 누군가의 의도에 따라 이 일이 추진된다면 주의를 해야 한다. 성금 모금은 자발적인 참여가 중요하기 때문이다.

글로 의도를 효과적으로 전달하려면, 그것을 읽는 사람의 입장과 처한 상황을 반영하는 것이 좋다. 회사의 사장이나 상급자들은 자기가 쓴 메일의 수신자 입장에서 읽을 기회가 많지 않다. 따라서 메일의 수신자인 직원들이 느끼는 심리적 상태를 쉽게 이해하기 어렵다. 메일을 읽는 사람들의 심리적 부담감과 불쾌감이 차곡차곡 쌓이게 되면 직원들의 불만이 커질 수 있다. 소통의 문제는 협력의 문제를 낳고, 그것은 회사의 성과에 직접 영향을 미쳐 공동체 역량의 저하로 귀결될 수 있다.

앞의 메일에도 여러 가지 고칠 점이 있다. '회람 시간'을 적지 않았다는 점도 문제다. 회람에 표시만 하면 '월급에서 자동으로 처리한다'는 내용을 강조한 점도 문제점으로 볼 수 있다. 이는 자칫 잘못하면 개인의 자유를 제한하고 성금을 강제한다는 인상을 줄 수 있다. 이 메일을 작성한 담당자도 그런 마음을 느끼고 있는 것처럼 보인다. 또한, 이 메일에는 분명 사장님의 의도도 엿보인다. 아무리 이웃돕기 성금 모금이 좋은 일이라도 자발적인 참여로 이루어지는 것이 좋지 않을까? 직장의 자율성을 위해서는 작은 메시지 하나를 작성할 때도 각별히 주의해야 한다.

활력소가 되는 메시지

안내드립니다.
가을 상추 필요한 분
2층 스마트 팜에 있는 상추 수확해 가세요. ^^

[수확 시 주의할 점]

• 상추 가운데를 기준으로 3~4개 정도의 잎은 남기고 수확하세요.

• 화분 흙이 배양토이므로 잎을 잡아당기면 뿌리까지 뽑히니 주의하세요.

• 가장자리부터 손톱으로 자르듯이 따세요.

퇴근길에 필요한 분들 참고해 주세요.

감사합니다.

행정지원부 김상엽 대리 올림

직장 생활을 하면서 위와 같은 메시지를 받은 적이 있는가? 업무와는 상관없지만, 일상의 작은 결실을 함께 나누는 소소한 기쁨을 누리게 하는 메일이다. 이 메일을 읽어 보면 중요한 정보를 확인할 수 있다. 바로 상추 수확하는 방법, 상추 잎을 따는 방법에 대한 정보이다. 상추를 길러 본 경험이 있는 직원들은 이 내용을 쉽게 이해할 수 있겠지만, 경험이 없는 직원은 이 메일을 주의 깊게 읽어야 한다. 상추 잎을 딸 때, 최소한 다음의 원칙은 지켜야 한다.

상추 잎은 가장자리 바깥 부분부터 따야 한다.

상추 잎을 딸 때에는 반드시 안에 상추 잎 3~4개를 남겨 두어야 한다.

상추 잎을 세게 잡아당기면 안 된다.

그런데 이 메일에는 한 사람이 어느 정도의 분량을 수확할 수 있는지에 대한 안내가 없다. 직원들이 서로 이해하면서 적절한 수량을 수확해 가겠지만 수확량을 안내하는 것도 필요하다. 짐작해 보면 직장 내 스마트 팜을 관리하는 담당자가 세부적인 내용에 대해 안내를 잘 해 줄 것으로 보인다. 앞의 메일은 업무와 직접적인 관계는 없지만 직장 생활에서 활력소가 되는 메일의 예가 된다.

직장에서 절대 보내면 안 되는 메일

직장에서는 차별이나 갑질로 오해할 수 있는 내용을 메일로 작성해서는 안 된다. 직장에서도 교육과 연수를 통해서 구성원 간의 상호 존중 문화를 만드는 데 심혈을 기울이고 있다. 그런데 업무 메일을 통해서 감정을 분출하는 경우가 있다. 다음 메일을 살펴보자.

[중요] 김 대리님께

김 대리님

도대체 일을 어떻게 하는 겁니까?

이런 식으로 하면 다음부터 같이 일 못합니다.

Re: [중요] 김 대리님께

과장님

너무하시는 거 아닌가요?

그럼 저보고 회사 그만두라는 건가요?

어떻게 그렇게 말씀하십니까? 정말 서운하네요.

메일은 소통의 도구이다. 대화할 때 말이 소통의 도구가 되는 것처럼 메일로 소통을 할 때에는 글이 대화의 도구가 된다. 그런데 이 도구는 서로 마음과 뜻이 잘 통하게 하려고 사용한다. 우리는 이런 사실을 때때로 잊고 산다. 중요한 것은 우리들의 태도이다. 우리가 상대방을 어떻게 대하는가에 대한 태도만 잘 정립한다면 메일을 이용해서 효과적으로 의사소통을 할 수 있지 않을까?

자, 이제 메일을 대하는 자신의 태도를 들여다보자. 그리고 그 태도 위에 메일을 잘 읽고 잘 쓰는 법을 멋지게 색칠해 보자.

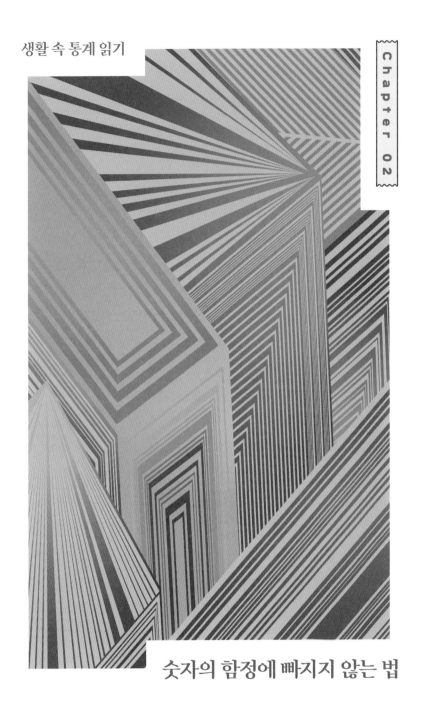

Chapter 02

숫자의 함정에 빠지지 않는 법

우리는 일상 생활에서 수많은 통계 정보를 접한다. 스마트폰으로 기온이나 강수량, 미세먼지 농도를 확인하고, 인터넷 뉴스를 통해서 경제 지표를 읽거나 대선 후보 지지율을 확인하기도 한다. 특히 코로나19와 관련된 통계 정보(확진자 증감 추이, 전파율, 백신 효능 등)는 나뿐만 아니라 우리 모두의 건강과 안녕에 영향을 미치는 필수 정보라 해도 지나치지 않다.

이런 글 자료들은 대부분 숫자로 요약되고 표현된다. 일반적으로 우리는 통계 정보에 나타난 숫자가 '확실한 것'이라고 생각하곤 한다. 숫자는 왠지 객관적이고 정확할 것이라는 인상을 주기 때문이다. 하지만 같은 숫자도 맥락에 따라 서로 다른 의미로 해석되기도 한다. 그래서 통계 정보를 읽을 때 단지 표면에 드러난 숫자만 보아서는 안 된다. 『팩트풀니스』의 저자 한스 로슬링(Hans Rosling)은 "숫자 없이는 세상을 이해할 수 없지만, 단지 숫자만으로 세상을 이해할 수도 없다."라고 말했다. 통계 정보를 정확하게 읽고 숫자 뒤에 숨겨진 맥락을 고려하여 그 의미를 해석하지 못하면 크고 작은 중요한 의사 결정을 하는 데 어려움을 겪을 수 있다.

그렇다면 수학적 능력이 뛰어나면 통계 정보를 잘 읽을 수 있을까? 꼭 그런 것은 아닌 것 같다. 여전히 많은 사람들은 수가 포함된 글이나 통계 정보 읽기를 어려워한다. 특히 우리나라 학생들은 어떤 과목보다 수학을 많이 공부하고, 수학 과목의 학업성취도도 세계 최상위권으로 알려져 있지만, 수학에 대한 '자신감', '흥미', '가치 인식'과 같은 항목에서는 국제 평균에 미치지 못한다.[1] 여러 원인 중 한 가지는 수학이 가지는 일상의 쓸모와 가치를 그다지 경험하지 못하기 때문일 것이다. 하지만 가만 살펴보면 수에 대한 기본적인 이해와 지식을 활용할 일이 우리 주변에 너무도 많다. 그중 통계 정보 읽기는 수에 관한 간단하지만 핵심적인 이해를 통해서 중요한 정보를 좀 더 정확하게 해석하는 것의 가치를 경험하게 해 준다.

제 아무리 스스로를 '수포자(수학 포기자)'라 낙인 찍어도 생활 속 수와 통계를 피해 갈 수는 없다. 로슬링의 말처럼, 사실 알고 보면 숫자와 통계를 읽는 일만큼 삶과 세상을 이해하는 데에 좋은 방법이 없다. 어떻게 하면 우리는 일상 속 통계 정보들을 잘 읽을 수 있을까? 간단한 통계적 소양으로 더 좋은 시민 독자가 될 방법은 없을까?

경제 〉 주가

화이자 주가 널뛰기, 어제는 20% 급락, 오늘은 20% 급등

입력 시간 : 20××년 ×월 ×일 ××시 ××분 작성 : ○○○ 기자

최근 코로나 백신주들이 널뛰기 장세를 보이고 있다. 19일(현지시간) JP모건과 모건스탠리 등의 대형 투자은행의 하락 전망에 20% 급락하여 장을 마감했던 화이자의 주가가 A 국가의 먹는 치료제 긴급 승인 소식으로 인하여 오늘 20일(현지시간) 다시 20% 상승하며 장을 마쳤다.

(하략)

당신이 18일 종가 기준 1주에 100달러인 화이자 주식을 매수했다고 하자. 주식 보유자인 당신은 위의 신문 기사를 어떻게 이해해야 할까?

① "결국 제자리잖아? 하락한 만큼 상승했으니 손해도 이득도 없네."

② "주가가 하락했을 때 팔지 않은 건 잘했지만, 약간의 손해를 보고 말았어."

③ "반대로 주가가 올랐을 때, 팔지 못했다면 더 억울했을 거야. 약간의 이득을 본 것 같군."

④ "이럴 수가! 주가가 하락했을 때 더 사 둘걸, 손해 본 느낌이야."

주가가 20% 감소하고 다시 20% 증가했다고 하면 '평균으로 볼 때 0%가 됐구나'라고 판단하기 십상이다. 하지만 수 정보는 엄밀하게 따져 봐야 한다. 어제 100달러에서 20%가 감소하면 주가는 80달러가 된다. 그리고 오늘 80달러에서 다시 20%가 증가했으므로 현재 주가는 96달러이다. 이틀 사이 주가의 변화가 0%로 제자리인 것이 아니라 사실은 4달러 떨어진 것이다. 따라서 이 문제의 답은 ②번이고, 결과적으로 당신은 손해를 본 것이다. 실제로도 주식시장에서는 전일 종가를 기준으로 등락률을 표현한다.

여기서 수의 맥락을 좌우하는 것은 바로 '기준점'이다. 앞의 경우와 달리 만일 주가가 급락했다가 다시 급등할 때의 변화가 '매수한 시점의 가격'을 기준으로 한 것이라면 변화가 없을 수도 있다. 즉 100달러 기준으로 주가가 20% 감소하고 또 20% 증가했다면 손해도 이득도 없다. 따라서 백분율의 변화를 읽을 때는 기준점을 잘 읽는 것이 중요하다.

그리고 이렇게 수의 계산에 바탕이 되는 기준점은 그 수가 사용된 '맥락' 안에서 확인, 추론, 판단해야 한다. 생활 속 통계 정보 읽기에서 맥락을 통한 해석이 중요한 이유이다.

철수와 영희는 왜 먹지도 않을 소금물을 섞는 걸까?

백분율 제대로 읽기

일상 속에서 통계 정보를 읽을 때, 가장 자주 접하는 개념이 바로 백분율이다. 백분율만 잘 알아도 많은 통계 정보들을 읽을 수 있다. 현재 우리나라 교육과정에서 백분율은 초등학교 6학년 때 처음 배운다. 누군가는 "초등학교 때 배운 백분율을 모르는 사람이 누가 있어?"라고 반문할지도 모른다. 그러나 백분율을 읽고 계산하는 것이 사실은 생각보다 간단하지가 않다.

학창 시절 많은 이들에게 고통을 준 소금물 농도 문제를 생각해 보자. 소금물 문제가 바로 백분율 문제이다.

"농도가 30%인 소금물 1L가 담긴 비커가 있다. 이 비커에서 소금물 200ml를 퍼내고 물 200ml를 넣어 잘 섞는다. 다시 이 소금물 200ml를 퍼내고⋯."

기억을 떠올려 보면 철수와 영희는 농도가 다른 소금물을 섞어 놓고 농도가 얼마인지, 소금의 양이 얼마인지 궁금해하기도 했다.

도대체 왜 철수와 영희는 먹지도 않을 소금물을 섞어서 많은 학생들을 힘들게 했을까?

사람들은 많은 학생들을 수포자로 만드는 때가 바로 수학에서 소금물 문제가 등장하는 시점이라며 우스갯소리처럼 이야기한다. 취업준비생들은 잊고 지냈던 소금물 문제를 입사 시험을 준비하며 다시 접하기도 한다. 대체 왜 이리 심각하게 백분율을 알아야 하는지 의아할지 모르겠으나, 백분율을 이해하지 못하면 백분율로 표현되는 일상의 수많은 현상들을 이해할 수 없다. 소금물 문제의 본래 의도는 기준점을 바탕으로 양의 크기를 파악하여 이해하고, 그 관계를 비율로 나타낼 수 있는가를 확인하여 비례적 사고를 개발하는 데에 목적을 두고 있다.

백분율의 맛

라면을 끓일 때도 소금물 문제와 유사한 개념을 사용할 수 있다. 우리나라 사람들의 라면 사랑은 각별하기로 유명하다. 그래서 라면을 맛있게 끓이는 방법에 대해 저마다 특별한 노하우들을 가지고 있다. 어떻게 하면 라면을 맛있게 먹을 수 있을까? 기호에 따라 조리하는 방식이 다르지만, 라면 포장지 뒷면의 조리법대로 조리하는 것이 가장 기본적이고도 맛있게 조리할 수 있는 방법이다. 이때, 라면의 맛을 결정하는 가장 큰 요인은 라면 스프와 물의 비율이다. 조리법에는 가장 이상적인 라면의 맛을 낼 수 있는 물의 양이 표기되어 있다. 그래서 제품마다 조리법에 안내된 물의 양이 다르다(500ml 혹은 550ml). 이는 각 라면의 맛을 가장 잘 살릴 수 있는 스프의 농도를 유지하기 위해 정해 놓은 것이다.

만약 조리법을 제대로 읽지 않아 물 양 조절에 실패하면 '한강물 라면'을 만들 수도 있다. 이런 경우에 국물을 일부 버린다 하더라도 국물에 포함된 스프의 농도는 일정하기 때문에 물을 버린다고 해서 맛이 다시 살아나지는 않는다. 스프를 더 넣는 것이 좋겠지만 적절한 농도를 조절하는 것이 생각보다 쉽지가 않다. 이는 소금물 문제에서 농도가 낮은 소금물에 소금을 추가해서 농도를 높이는 방법과 같은 원리이다.

그런데 혹자는 "'한강물 라면'이 맛은 없지만 건강에는 좋지 않을까?"라며 애써 상황을 위로하기도 한다. 그렇다면 물의 양을 늘리고 싱겁게 먹는 것이 건강에 이롭다는 말은 진짜 맞는 말일까? 이는 면과 건더기만 섭취하거나 국물을 일정량만 먹을 때에는 맞는 말이다. 하지만 물의 양과 관계없이 라면과 국물을 모두 먹는다면, 먹게 되는 나트륨의 총량은 동일하기 때문에 결과는 크게 다를 것이 없다. 우리나라 라면의 나트륨 함량은 평균적으로 1,800mg 정도이고 세계보건기구(WHO)에서 권장하는 1일 나트륨 섭취량은 2,000mg 미만이다. 따라서 라면 하나를 남기지 않고 다 먹는 것만으로도 1일 섭취 기준에 가까운 나트륨을 먹게 되는 것이다. 따라서 나트륨 섭취를 줄이고 싶다면, 라면 국물 섭취를 자제하는 것이 좋다.

라면의 영양 성분 표기를 읽어 보자. 국물을 제외한 면(건더기 포함)

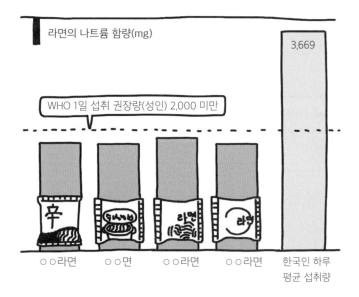

라면의 나트륨 함량(mg)

WHO 1일 섭취 권장량(성인) 2,000 미만

3,669

○○라면   ○○면   ○○라면   ○○라면   한국인 하루
평균 섭취량

에 함유된 나트륨은 제품당 나트륨 함량의 3분의 1 정도이다. 라면 이외의 다른 음식을 통해서도 나트륨을 섭취할 수 있다는 사실을 생각해 본다면, 국물 섭취를 자제하고 되도록 면 위주로 먹는 것이 좋다(나트륨을 줄이려고 면을 끓인 물을 버리고 새 물로 끓이기도 한다). 백분율로 표현한 라면 봉지의 나트륨 통계 정보를 우리의 식생활 맥락에 놓고 해석해 보면 라면을 만든 사람도, 라면을 먹는 사람도 미처 생각하지 못했던 의미가 살아난다.

평소 혈압이 높거나 심장 혹은 신장 관련 지병이 있는 경우에는 식습관에 더욱 신경을 써야 한다. 이런 경우, 라면과 같이 나트륨 함량이 높은 음식은 가급적 먹지 않는 것이 좋겠지만, 라면을 먹게 된다면 어떠한 라면이 나트륨 함량이 낮은지 영양 성분표를 잘 읽고 먹어

	나트륨 섭취량	영양소 기준치 대비(일)
면만 섭취 시	720mg	36%
국물 1/2과 면 섭취 시	1,150mg	58%
국물과 면 모두 섭취 시	1,540mg	77%

야 한다. 또한 이를 바탕으로 면과 국물을 먹을 때의 나트륨 섭취량을 비교하여 먹는 방식을 판단하는 것도 중요하다. 이렇게 백분율 수치들을 잘 파악하고 해석하면 사뭇 진지하게 어떤 일을 판단하고 결정할 수 있게 된다('어떤 라면을 어떻게 먹을 것인가?'라는 소소함을 넘어서!).

30배, 37500원, 3000%의 벌금

우리는 뉴스에서 '○○률(율)이 A% 증가했다' 혹은 '□□량(양)이 B배 증가했다'라는 표현을 흔히 접한다. 어떤 값이 1에서 10으로 변화했다면 이를 어떻게 표현할 수 있을까? '1에서 10으로 10배로 증가했다'에서 '900%만큼 증가하여 10이 되었다'와 같이 표현할 수 있는데, 이 표현은 증가하기 전과 증가하고 난 후를 모두 기술한 것이다. 뉴스에서는 흔히 '○○년도 대비'라고 기준점을 제시하기도 하는데, 백분율 정보를 해석하기 위해서는 이러한 기준점을 파악하고 해당 숫자가 증가량을 의미하는 것인지 또는 증가한 상태를 의미하는 것인지도 잘 구분해야 한다.

예를 들어 '1에서 2배 증가했다'라는 표현을 보자. 이 문장에는 조사가 생략되어 있는데, 여기서 '2배 증가했다'라는 표현을 '2배로 증가했다(1×2=2)'로 해석할 수도 있지만 '2배가(만큼) 증가했다(1+1× 2=3)'로도 해석할 수 있다. 따라서 수와 함께 쓰이는 표현 하나하나에 세심한 주의를 기울여서 정보를 읽어야 한다.

왜 수많은 통계 정보들은 'A% 증가했다'와 'B배 증가했다'라는 표현을 혼용하는 걸까? 그 이유는 바로 그런 표현을 통해서 강조하고 싶은 내용이 다르기 때문이다. 다음의 질문에 답해 보자.

당신이 애연가라고 가정하자. 당신의 주치의가 다음과 같이 말한다. "A씨, 지금처럼 계속 담배를 피우면 앞으로 20년간의 사망률이 50%나 높아질 겁니다." 이 말을 들은 당신은 담배를 끊겠는가?

당신의 주치의가 만약 당신이 계속해서 담배를 피우면 앞으로 20년간의 사망률이 1%에서 1.5%로 증가한다고 말한다면, 당신은 담배를 끊기가 쉽지 않을 것이다. 기준점인 사망률 1%가 작게 느껴지기에 1.5%로 증가된 숫자 역시 별것 아니게 보이기 때문이다. 하지만 주치의가 기준점을 제시하지 않고 사망률의 증가율만을 50%라고 언급했을 때, 내가 죽을 확률이 대단히 높아진다는 인상을 준다. 주치의가 사용한 백분율은 강력한 경고의 메시지를 담은 것으로, 그것을 듣는 환자는 흡연에 관한 경각심이 들 수밖에 없다. 이처럼 똑같은 정보라도 표현 방식에 따라 그 해석이 달라질 수 있다.

다른 예를 생각해 보자. 우리나라 「철도사업법」 제10조에 따르면, 정당한 운임을 지급하지 않고 부정승차를 하면 해당하는 운임 외에 30배의 범위에서 부가 운임을 징수할 수 있다. 그런데 이 표현에 기준점을 포함하면 어떻게 될까?

이를테면, "지하철 요금 1,250원의 최대 30배에 해당하는 37,500원의 부가 운임을 징수할 수 있습니다."라는 문구를 본다면 어떤 느낌이 들까? 부정승차를 했을 때, 내가 얼마를 더 내야 하는지 정확히 알 수 있어 좋다고 생각할까?

사실 이런 표현의 주된 목적은 수치를 이용해서 정확한 정보를 제공하는 것이 아니라 경고성 표현으로 부정승차를 방지하는 것이다. 한술 더 떠서 "부정승차 시 최대 3,000%의 부가 운임을 징수할 수 있습니다."라고 말한다면 부정승차를 했을 때의 부가금이 더 크게 느껴지지 않을까? 몇 배라고 표현하는 것보다 몇 %라고 표현하는 것이 양적으로 크게 느껴지기 때문이다.

마트나 백화점에서 흔히 볼 수 있는 광고 전단에서도 비슷한 표현을 볼 수 있다. 여기서 '최대'라는 표현 역시 이를 강조하기 위한 장치이다. 70% 할인을 한다고 하지만 자세히 살펴보면 '최대'라는 글자가 작은 글씨로 적혀 있다. 심지어 그것을 'up to'라는 영어 표현으로 바꿔 놓기도 한다. 심한 곳은 '~(물결표)'로 표기한 곳도 있다. '최대'나 'up to'라는 안내 표현에도 감사해야 할 지경이다. 만약, 70% 할인 문구만 보고 마트에 간다면 정작 사고 싶은 물건은 할인율이 크지 않다는 사실에 실망할지도 모른다.

상점에서는 신규 고객을 유치하기 위해 회원가입 시 할인을 제공하거나, 판매량을 늘리기 위해서 기간을 한정하여 할인 행사를 진행하기도 한다. 백분율을 제대로 이해하지 못했다면 물품 구매 상황에서 어떤 문제가 일어날 수 있을까?

QUIZ

당신은 70만 원의 예산으로 이번 주까지 노트북을 구매해야 한다. 온라인 상점에서 정가가 100만 원인 노트북을 할인해서 파는 A 사이트와 B 사이트를 발견했다. 두 사이트에서는 같은 제품을 다음과 같이 광고하고 있다. 당신은 어느 사이트에서 노트북을 구매하는 것이 더 유리할까?

A 사이트: 회원가로 30% 파격 할인 판매!!!

B 사이트: 상시 20%를 할인 + 이번 주 사이트 내 전 제품 10% 할인 쿠폰 증정!

정답 A 사이트

언뜻 보기에 두 사이트 모두 정가의 30%를 할인해서 판매하는 것처럼 보인다. 그러나 B 사이트는 상시 할인가인 80만 원에서 추가로 10% 할인을 해 주겠다는 것이다. 즉, 정가가 100만 원이므로 20% 할인된 가격은 80만 원이고 다시 80만 원에서 10% 할인쿠폰을 적용한 가격은 72만 원이다. 결국, 정가에서 30% 할인하여 70만 원으로 판매하고 있는 A 사이트의 가격이 2만 원 더 저렴한 것이다. 각기 다른 광고문에 등장한 두 개의 백분율이 만들어 내는 맥락에 준하여 해당 숫자의 의미를 해석하지 못하면, 자칫 비합리적인 구매로 이어질 수도 있다.

QUIZ

다음 기사에 대한 설명으로 옳은 것은?

A시의 주택보급률 증가폭 커, 집값 안정화 가능할까?

A시는 5일 '주택 종합 계획'을 발표하고 집값 안정화 대책에 집중하겠다고 밝혔다. A시의 발표에 따르면, 2012년 주택보급률[2]은 90%이었고 2022년 주택보급률은 108%로 나타났다. 주택보급률이 100%를 넘겨 전반적으로 주택의 양적 안정세를 보이고 있다. 이는 10년 동안 A시의 일반가구수에 비해 주택 수가 늘어났다는 의미로 지속적인 주택 공급 효과가 나타난 것이라 볼 수 있다. 이로 인해 주택을 구매하고자 하는 수요자 입장에서는 주택 선택의 폭이 넓어진 것이라 볼 수 있다.

① 2022년의 주택보급률은 2012년 주택보급률에 비해 18% 상승했다.

② 2022년의 주택보급률은 2012년 주택보급률에 비해 18%p 상승했다.

③ 2022년의 주택보급률은 2012년 주택보급률에 비해 20% 상승했다.

④ 2022년의 주택보급률은 2012년 주택보급률에 비해 20%p 상승했다.

정답 ②, ③

눈을 크게 뜨고 답지를 보면 숫자 옆에 %와 %p가 번갈아 쓰인 것을 알 수 있다. 기호 %p는 퍼센트 포인트(Percentage Point)라고 읽는데, 백분율로 나타낸 수치가 이전 수치에 '비해' 증가하거나 감소한 양을 의미한다.[3] 이 정의에 따르면, 이 퀴즈에서 두 백분율의 차이는 18퍼센트 포인트이므로 ②번과 같이 표현할 수 있다. 또한 90퍼센트의 20퍼센트(1/5배)가 18퍼센트이므로 ③번과 같이 '2012년 주택보급률에 비해 20% 상승했다'라고도 표현할 수 있다.

값의 증가와 비율의 증가

여러 가지 수들은 개별적으로 있을 때보다, 함께 모여 비교될 때좀 더 흥미로운 정보를 제공한다. 다시 말해, 복수의 숫자 정보가 결합할 때 새로운 의미 해석의 맥락이 생겨난다. 가령, 주가가 20달러인 A 주식과 100달러인 B 주식이 있다고 가정하자. 둘 다 같은 기간내에 5달러씩 주가가 올랐을 때, 그림 (가)와 같이 이들을 각각 증가

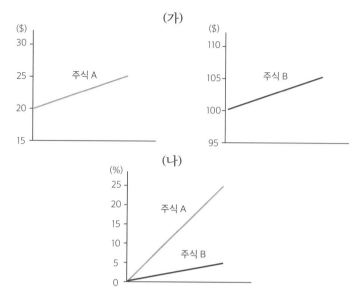

<그래프 1> 값의 증가와 비율의 증가[4]

한 값(주가)으로만 제시한다면 별 차이가 없어 보일 수도 있다. 하지만 (나)와 같이 이 둘의 수익률 자체를 비교해 보면 세로축의 단위가 달러에서 퍼센트로 달라지기 때문에 그래프의 해석은 완전히 달라진다. 즉, 수익률의 관점에서 A 주식은 25% 증가했지만 B 주식은 5%밖에 증가하지 않았다.

이처럼 수를 활용하는 사람 즉, 통계 정보를 작성한 글쓴이의 의도에 따라서 값의 증가 혹은 비율의 증가가 상황에 따라 달리 제시되어 백분율의 정확한 해석을 가로막을 수도 있다. 실제로 데이터의 변화량에 맞추어 세로축의 일부분만 확대하거나 생략하여 제시하면, 독자가 그 의미를 정확하게 해석하기 어려워진다.

(가)

일별 코로나19 신규 확진자 수(단위: 명)

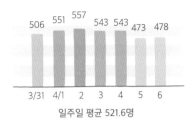

일주일 평균 521.6명

(나)

국내 일일 확진자 현황(단위: %)

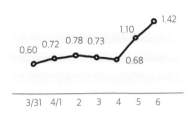

〈그래프 2〉 코로나 19 확진자 관련 통계[5]

코로나19 관련 지표들이 뉴스를 통해 쏟아졌던 상황을 떠올려 보자. 대표적인 지표는 바로 코로나19 확진자 수였다. 이때 확진자 수 자체를 읽는 것도 중요하지만 검사자 대비 확진자 수인 '확진율'을 읽는 것이 중요하다. 비를 구성하는 분자(비교하는 양)와 분모(기준량)가 달라 상이한 해석을 낳을 수 있기 때문이다. 자신이 거주하는 지역에서 확진자 수가 얼마나 많이 증가하고 있는지를 아는 것은 상황에 따라 중요한 일일 수 있다. 왜냐하면 해당 지역에 확진자가 많아지고 있다는 것은 전염의 위험도가 크다는 것으로 해석할 수 있고, 이를 통해 외부 활동 가능성을 판단해야 할 수도 있기 때문이다.

〈그래프 2〉의 (가)와 같이 확진자 수가 증가하는 것과 (나)와 같이 확진율(혹은 검사 양성율)이 증가하는 것은 의미가 완전히 다르다. 실제로 확진자 수는 감소했지만, 확진율은 증가한 것일 수도 있다. 더군다나 이와 같이 세로축이 없는 그래프에서는 변화의 증가를 파악하는 것이 쉽지 않다.

데이터 문해력 향상 방법

통계 정보 자료의 목적에 맞게 백분율을 '잘' 읽으려면 그 기준점을 정확하게 읽고, 수(수의 변화)와 비율(비율의 변화)도 함께 읽을 필요가 있다. 그래야만 우리에게 제공되는 백분율 정보의 의미를 정확하게 해석할 수 있다.

영국의 통계학자 데이비드 스피겔할터(David Spiegelhalter)는 일상 생활과 관련된 통계 정보를 해석하는 능력과 더 나아가 다른 사람이 도출한 통계적 결론을 이해하고 비판적으로 분석하는 능력을 데이터 문해력(data literacy)이라고 정의했다.[6] 이러한 문해력을 배양하기 위해서는 어떻게 해야 할까?

우리가 접하는 수많은 통계 정보들은 숫자를 포함하고 있다. 이러한 숫자는 어떤 자연 현상이나 사회 현상에 관한 데이터를 통계적으로 요약해 놓은 것이다. 통계 정보를 잘 읽기 위해서는 다음과 같은 과정이 필요하다.

1. 통계 데이터가 어떻게 수집, 분석되었는지 이해한다.
2. 데이터가 여러 절차에 걸쳐서 간단한 숫자로 표현되는 맥락을 파악한다.
3. 각 숫자가 연결되어 만들어지는 의미를 정확하게 '해석(Interpretation)'한다.

이렇게 볼 때, 백분율 읽기는 수의 맥락적 해석력을 바탕으로 데이터 문해력을 경험하는 첫걸음이다.

백분율만으로는
부족해!

백분율의 응용

백분율을 사용하면 대부분의 비율 정보들을 쉽게 읽을 수 있지만, 어떤 경우에는 이보다 더 세밀하게 비율을 살펴봐야 할 때도 많다. 이럴 때는 천분율을 고려해 볼 만하다. '천분율'은 수를 1,000과의 비로 나타내는 방법으로, ‰(퍼밀, permil)이라는 단위를 사용하여 표현한다. 그럼 천분율이 필요한 지표에는 어떤 것들이 있을까?

사회 현상에서 가장 대표적인 통계가 있다면 바로 인구 관련 정보일 것이다. 인구 통계의 일종인 출생률, 사망률, 혼인율, 이혼율 등을 구할 때에 바로 이 천분율을 사용한다. 인구 통계 수치들은 발생 빈도가 낮아서 백분율만으로는 정확하게 수치를 해석하기가 어려운 경우가 많다. 가령, 우리나라의 출생률(조출생률[7])은 2020년에 5.3, 2021년에는 5.1이다. 우리나라 총 인구를 1,000명으로 보았을 때, 당해에 태어난 출생아 수가 약 5명 정도임을 의미하는 것이다. 이를 백분율로 표현하면 각각 0.53%, 0.51%이다. 수치를 소수 둘째 자리까지 표현해야만 그 차이를 확인할 수 있는 것이다.

자연 현상에서도 천분율을 다루는 경우가 있을까? 앞에서 다루었던 소금물을 떠올려 보자. 우리가 자연에서 쉽게 관찰할 수 있는 소금물은 바로 해수(바닷물)이다. 해수 1,000g(1kg)에 녹아 있는 염류의 양을 g 단위로 나타낸 것을 염분이라고 하는데, 이때 천분율 단위인 ‰(절대염분단위)을 사용한다(측정의 편의를 위해 최근에는 실용염분단위 (psu, practical salinity unit)를 사용하지만 ‰과 psu는 거의 같은 값을 갖는다). 쉽게 말해, 1,000g의 소금물에 몇 g의 소금이 들어 있는지를 확인하는 것이다.

QUIZ

다음 광고 문구를 보고 ○○골드바를 구매해도 괜찮을까?

최고의 가치를 선사합니다. ○○골드바

여러분, 코로나19의 확산으로 경기가 불안정한 상황입니다. 이런 때일수록 주식이나 가상화폐보다는 금 같은 실물 자산에 투자하는 전략이 필요합니다. 바로 지금이 금테크를 시작할 수 있는 절호의 기회입니다! 저희 ○○골드바는 99.9%의 순도를 자랑하는 고품격 제품만을 취급합니다. ○○골드바는 당신에게 황금 그 이상의 가치를 선사할 것입니다. 최고의 순도를 보증하는 ○○골드바를 구매하세요.

정답 99.9%와 999.9‰의 순도 차이를 확인해야 함.

우리는 흔히 순도가 높은 금을 표현할 때, 순금(24K)이라는 말을 쓴다. 반지, 목걸이, 팔찌 등의 제품에서 24K라고 표기하려면 99.9% 이상의 순도를 가져야 한다. 하지만 골드바(금괴)의 경우는 조금 더 기준이 엄격하다. 국가기술표준원의 KS국가표준에 따르면 순도가 99.99%(999.9‰)인 제품에 한해서 24K 또는 999.9로 표기할 수 있다. 앞의 퀴즈에서 홍보하는 골드바의 경우, 순도가 99.9%라고 했다. 따라서 제품 표면에도 퍼밀(‰)이 생략된 999가 쓰여 있다. 이 골드바는 광고처럼 정말 순금일까?

한국조폐공사와 한국금거래소 누리집(홈페이지)에서 볼 수 있는 골드바는 999.9라고 표기되어 있으므로 순도가 99.99%(999.9‰)인 제품이다. 그런데 시중에 판매되는 골드바에는 순도가 99.9%(999‰)

인 제품도 있기 때문에 이를 잘 확인하고 구매해야 한다. 실제로 순도가 99.99%인 제품과 99.9%인 제품에는 가격 차이가 존재한다. 이를 잘못 읽고 순도가 낮은 제품을 산다면 나중에 금전적인 손해를 볼 수도 있다. 상황에 적합한 단위로 수를 읽는 것이 중요한 이유이다.

만분율로 표현되는 비율의 변화

경제 기사를 읽을 때에는 만분율도 심심찮게 등장한다. '만분율'은 수를 10,000과의 비로 나타내는 방법으로 ‰(퍼미리아드, permyriad) 단위를 사용한다. 만분율과 관련하여 특히 금융 분야에서는 금리(이자율)나 주가지수의 변화를 표현할 때 베이시스 포인트(bp)라는 단위를 주로 사용한다. 예를 들어, 0.01%p(퍼센트 포인트)는 1bp(베이시스 포인트)이고, 1%p는 100bp이다. 가령, 경제 기사를 보다 보면 다음과 같은 헤드라인을 볼 때가 있다.

로이터 "인민은행, 단기 유동성 금리도 0.1%p 인하할 것"

이 헤드라인은 '0.1%p 인하할 것'과 같이 금리의 변화를 퍼센트 포인트로 표현한 경우이다. 그렇다면 다음과 같은 기사는 어떨까? '4bp 이상 상승' 즉 국채 금리가 0.04%p 이상 상승함을 언급한 것이다.

美 국채 금리 상승에 추경 … 가능성 국채 금리 4bp 이상 상승 마감

경제 기사에서 금리의 변화를 표현할 때는 이처럼 %p 단위와 bp 를 혼용하여 표현하는 경우가 많다. 왜냐하면 bp 단위의 작은 변화 에도 경제 상황의 변동이 생길 수 있기 때문이다. 따라서 베이시스 포인트의 개념을 정확하게 알고 있어야 금리의 변화를 잘 파악할 수 있다.

예를 들어, 일반적으로 미국의 국채는 무위험 자산으로 간주되 기 때문에 글로벌 경기 전반을 판단하는 기준으로 활용된다. 미국 의 국채 금리 변화는 국내 채권시장에도 영향을 준다. 미국 국채 금 리가 오르면 우리나라의 국채 금리도 오르는 경향이 나타나기 때문 이다.

그럼 우리나라의 국채 금리가 오르면 어떻게 될까? 가장 대표적 인 변화 두 가지는 주가 하락과 은행 대출 금리(주택담보대출 금리 등) 의 상승이다. 주식에 투자하는 사람이나 대출을 받으려는 사람에게 이러한 금리의 변화는 매우 중요한 사안이 아닐 수 없다. 따라서 만 분율로 예민하게 표현되는 수치들을 잘못 읽으면 경제 활동 상황에 서 적절한 판단을 내리기 어려워진다.

다음 기사에 대하여 올바르게 설명한 것은?

국채 금리 상승 흐름⋯ 3년물 연 2.105%로 상승

    우리나라 국채 금리가 미국 국채 금리 상승에 영향을 받아 연일 상승

세다. 30일 서울 채권시장에서 3년 만기 국채 금리는 전 거래일 대비

5.5bp 오른 연 2.105%에 장을 마쳤다.

① 국채 금리는 전 거래일 대비 0.055% 증가했다.

② 전 거래일의 국채 금리는 1.95%이다.

③ 국채 금리는 전 거래일 대비 5.5‰ 증가했다.

④ 전 거래일의 국채 금리는 2.05%이다.

정답 ④

    먼저 ①번과 ③번의 증가 표현부터 확인해 보자. 기사에서 국채 금

리는 전 거래일 대비 5.5bp(베이시스 포인트) 증가했다. 즉 0.055%p(퍼

센트 포인트) 증가한 것이다. 그러므로 ①번의 '0.055%(퍼센트) 증가'

와 ③번의 '5.5‰(퍼미리아드) 증가'는 적절하지 못한 해석이다. 다음

으로 금리가 증가하기 전의 시작점을 찾아보자. 0.055%p 상승하여

2.105%가 된 것이므로 전 거래일의 금리는 2.105-0.055 = 2.05(%)

이다. ②도 틀렸다. 따라서 이 기사를 정확히 해석한 것은 ④번이다.

수는 언어다!

여러 비율의 수를 해석할 때에는 그것의 단위를 정확하게 살펴야 하고, 그것이 어떻게 표현되는지 그 기호에도 익숙해져야 한다.

전문적인 어휘의 의미와 표현을 모르면 그만큼 전문적인 문장을 이해할 수 없다. 마찬가지로 수와 관련된 말의 의미와 표현을 모르면 그와 관련된 정보를 이해하기 어렵다. 백분율과 관련된 어휘를 익히고 적용하는 일은 처음엔 속도도 느리고 불편하다. 하지만 한번 익숙해지면 그다음부터는 통계 글을 읽을 때 지금까지 배운 비율에 대한 이해를 좀더 빠르고 자연스럽게 적용할 수 있게 된다. 이런 기호와 단위, 그리고 그 의미를 아는 것은 글 읽는 힘을 키우는 일이다.

구분	백분율	천분율	만분율
의미	100분의 1단위	1,000분의 1단위	10,000분의 1단위
단위	퍼센트 (percent)	퍼밀 (permil)	퍼미리아드 (permyriad)
기호	%	‰	‱

다른 정보와 함께 종합적으로 이해하기

코로나19 관련 지표값이 다른 나라에 비해 얼마나 크고 작은지 비교하는 것은 국가의 방역 정책과 관련되는 중요한 사안이다. 실제 팬데믹 상황에서 국가별로 방역 정책이 각기 달랐고, 그에 따라 서로 다른 결과를 가져왔다. 그중 가장 대표적인 지표가 확진자 수이다. 하지만 확진자 수만으로 국가의 방역 관리나 전염 위험도를 평가하는 것은 충분하지 않다. 단순하게 확진자나 사망자 수만 확인하는 것이 아니라, 해당 국가의 인구를 고려하여 몇 명이 확진됐고 또 사망했는지를 확인해야 방역 관리의 적절성을 평가할 수 있다.

다음 〈표 1〉은 2022년 3월 8일 기준 국가별 코로나 확진자 수와 확진율, 사망자 수와 사망률을 나타낸 것이다.

우리나라의 자료를 상대적으로 인구가 많은 인도의 자료와 비교

국가	확진율(%)	인구(명)	확진자(명)	사망자(명)	사망률(%)
대한민국	10.15	51,329,905	5,212,118	9,440	0.18
미국	23.71	334,805,268	79,369,007	961,843	1.21
영국	28.39	68,497,913	19,446,892	162,936	0.84
인도	3.06	1,406,631,781	42,975,883	515,355	1.2
일본	4.37	125,584,839	5,486,083	25,317	0.46
호주	13.27	26,068,793	3,459,870	5,495	0.16

〈표 1〉 국가별 인구 수 대비 코로나19 확진자 비율(2022년 3월 8일)[8]

해서 살펴보자. 인도는 우리나라의 30배에 가까운 인구 수를 가진 나라이다. 인도의 확진자 수는 우리나라의 약 8배이지만 인구 대비 확진율로 살펴볼 때 약 3%밖에 되지 않는다(대한민국: 10.15%). 반면 인도의 사망자 수는 우리나라의 약 55배이지만 사망률은 1.2%로 우리나라에 비해 상대적으로 높음을 알 수 있다(대한민국: 0.18%). 따라서 "우리나라의 경우 인도에 비해서 확진율은 높지만 위중증 환자에 대한 관리는 상대적으로 잘 되고 있다."고 해석할 수 있는 것이다.

이와 같은 통계 정보는 국가 차원의 비교뿐이 아니라 우리나라 지역 내에서도 어떻게 확진자와 사망자의 증가를 관리할 것인지를 판단하는 기준이 된다. 따라서 특정 사안에 관련된 다양한 지표들을 읽고 해석하는 것은 그 사안의 의미를 파악하고 판단하는 데 매우 중요한 일이다.

코로나 방역 관리에서 중점을 둬야 할 부분 중 하나는 사망자를 줄이는 일이다. 다시 말해, 감염이 되더라도 치명률을 낮추어 위중증 환자와 사망자 수를 관리 가능한 수준으로 만드는 것이다. 이때 치명률을 낮추는 데 도움을 주는 것이 백신이다. 백신 접종에 대한 선택은 개인의 기저질환 유무, 건강 상태, 부작용 발생 가능성을 종합적으로 고려해야 하겠지만, 올바른 선택을 하기 위해서는 먼저 이와 관련된 통계 정보를 정확히 읽는 것이 필요하다.

다음의 표는 인구가 1만 명인 A 도시의 코로나19 사망자 수와 백신 접종률을 나타낸 것이다. 이 집계 자료를 바탕으로 한 B의 판단은 타당한 것인가?

코로나19 감염으로 인한 사망자(단위: 명)			백신 접종률
백신 접종자	백신 미접종자	합계	
100	100	200	80%

B는 위의 표를 읽고 다음과 같이 생각했다. '사망한 사람이 200명이고 백신 접종자나 미접종자나 각 100명이니 확률은 1/2이군!' '그러니 백신을 맞더라도 미접종자랑 별 차이가 없겠군!'

정답 아니다

위의 퀴즈에서 B의 주장은 일견 타당해 보인다. 하지만 좀더 면밀히 이 상황을 해석하기 위해서는 제시된 표에 언급되지 않은 맥락을 읽어 낼 수 있어야 한다. A 도시의 인구는 1만 명(10,000명)이고 백신 접종률은 80.0%이므로 백신 접종자는 8,000명, 백신 미접종자는 2,000명이라 할 수 있다. 그러면 다음과 같이 계산할 수 있다.

백신 접종자 중 코로나 감염으로 인한 사망자

$100/8,000 \times 100 = 1.25\%$

백신 미접종자 중 코로나 감염으로 인한 사망자

$100/2,000 \times 100 = 5\%$

'백신 접종자 중 코로나 감염으로 인한 사망자'는 1.25%, '백신 미접종자 중 코로나 감염으로 인한 사망자'는 5%이다. 같은 기준에서 볼 때, 4배에 해당하는 값이다. 사망자 수만 보았을 때는 백신 접종자 중 사망자가 상대적으로 많아 보일 수 있지만, 사망률을 따지면 해석이 달라질 수 있는 것이다. 따라서 백신을 접종하지 않아도 될 것이라는 B의 판단은 합리적이지 않다.

퀴즈의 상황도 비율(사망률)로 본다면 분자(사망자 수)에만 초점을 둔 것이다. 분자에 해당하는 사망자 수만 보면 백신을 접종한 사람들과 백신을 접종하지 않은 사람들의 차이가 없기 때문에 일종의 착시가 생긴 것이다. 더 나아가 일부 언론이나 정치인들은 분모의 기준량을 전체 사망자 수로 두고, 백신 접종 여부에 따른 사망률을 따져 보기도 한다.

[뉴스AS] 7% 미접종자, 위중증·사망 53% 차지 …

[팩트체크] 코로나 사망자 중 접종자가 과반, 백신 효과 없다

전체 사망자 200명 중 백신 접종자가 110명, 미접종자가 90명일 때, "백신 접종자가 코로나 사망자의 55%(110/200×100)를 차지한다."라고 얘기하는 것이다. 물론 비율로만 볼 때 틀린 말은 아니다. 하지만 이를 잘못 해석하여 백신 접종자가 미접종자보다 사망할 확률이 더 높다고 생각하면 문제가 생길 수 있다.

MBTI가 같은 사람을 만나다니, 이것은 운명일까?

직감과 확률

우리는 일상 생활에서 의사 결정을 할 때, 그 판단이 내게 이익이 되는지 혹은 손해가 되는지를 고려한다. 이때 우리는 그 선택이 앞으로 어떤 결과를 가져올지 예측하는 '확률적 사고'를 한다. 그러나 실제로 사람들이 생각하는 것만큼 합리적으로 사고하지 못한다는 사실은 심리학자이자 행동경제학자인 대니얼 카너먼(Daniel Kahneman)의 연구를 통해 잘 알려져 있다.[9] 수학자 퍼시 디아코니스(Persi Diaconis)도 '인간의 두뇌는 확률 문제를 푸는 데 적합하지 않다.'고 말한 적이 있다. 인간의 직관이 합리성과는 거리가 있다는 것이다. 과연 그럴까?

QUIZ

우리나라의 MZ세대는 자기소개를 MBTI(Myers-Briggs-Type Indicator) 유형으로 할 만큼 MBTI에 대한 애정이 각별하다. MBTI는 마이어스(Myers)와 브릭스(Briggs)가 개발한 성격 유형 검사로 16가지 성격 유형이 존재한다.

예를 들어, A를 포함한 6명이 모인 상황을 가정해 보자. 모임 내에서 A는 대화를 나누다 B와 MBTI 유형이 같다는 것을 알게 된다. 둘은 같은 ENFP 라는 걸 알게 되고 매우 놀라며 큰 동질감을 느끼게 된다. 이처럼 6명이 모였을 때, MBTI 유형이 같은 사람이 있을 확률은 얼마에 가까울까? (단, 한 사람이 가진 MBTI 유형의 각 가능성의 정도는 1/16로 같다고 가정한다.)

① 5%　　　　② 10%　　　　③ 35%　　　　④ 70%

정답 ④

MBTI 유형이 16가지이므로 17명이 모인다면 MBTI 유형이 같은 사람이 한 쌍 정도 있지 않을까 짐작해 볼 수도 있다. 그런데 고작 6명 이 모였다면, MBTI가 같은 사람이 있을 확률은 희박하지 않을까?

먼저 6명 모두 MBTI가 다를 경우의 수를 생각해 보자. 첫 번째 사람의 MBTI 유형이 ENFP라면 두 번째 사람은 ENFP를 제외한 15가지 중에 하나여야 할 것이다. 같은 방식으로 세 번째 사람은 14가지 중 한 유형, 6번째 사람은 11가지 중 한 유형이 될 것이다. 따라서 6명 모두 MBTI 유형이 다를 경우의 수는 $16 \times 15 \times 14 \times 13 \times 12 \times 11 = 5,765,760$가지이다. 한편, 6명이 가지고 있는 MBTI 유형의 전체 경우의 수는 $16 \times 16 \times 16 \times 16 \times 16 \times 16 = 16^6 = 16,777,216$ 이므로, 6명 모두 MBTI 유형이 다를 확률은 $16 \times 15 \times 14 \times 13 \times 12 \times 11 / 16^6 = 5,765,760 / 16,777,216$이고, 이는 약 34.4%의 확률이라고 할 수 있다. 따라서 '6명이 모였을 때, 같은 MBTI 유형이 2명 이상이 있을 확률'은 100%에서 모두 다를 확률 34.4%를 뺀 약 65.6%가 된

다.[10] 이는 직관적으로 생각할 수 있는 확률에 비하여 매우 큰 값이다.

확률의 유형

앞에서 살펴본 확률은 엄밀하게 말하면 '수학적 확률'이다. 그런데 확률의 개념에는 이것 말고도 더 있다. 확률은 크게 수학적 확률, 통계적 확률, 주관적 확률로 나누어 볼 수 있다.

QUIZ

세 명의 고등학생이 5지선다형 시험 문제를 풀고 있다. 문제가 너무 어렵고 시간도 없어서 답을 찍어야 하는 상황, 각자 나름대로 확률적 사고를 하고 있다. 이 경우 세 학생이 생각하고 있는 확률은 각각 무엇일까? 수학적 확률, 통계적 확률, 주관적 확률 중에 적합한 것을 골라 보자.

A: 5개의 선택지가 있고 각 선택지가 답이 될 가능성이 모두 같아. 따라서 답이 ③번일 확률은 다른 선택지와 동일하게 20%이군!

B: 앞선 10문제 중 정답이 ③번인 문제가 총 4번 나왔으니까 답이 ③번일 확률은 40%이군.

C: 5지선다형 문제에서는 중간에 있는 ③번이 답일 확률이 높지. 내 느낌상 ③번일 확률이 60%쯤은 되는 듯해.

정답 A: 수학적 확률, B: 통계적 확률, C: 주관적 확률이 세 가지 확률에 대해서 좀 더 알아보자.

첫째, 수학적 확률(mathematical probability)은 일반적으로 모든 결과가 동일한 가능성을 갖고 일어난다는 '이상적 가정'에 기초한다. 가능한 모든 경우의 수가 N, 특정한 사건이 일어나는 결과의 수가 n이면 이때 이 특정한 사건이 일어날 수학적 확률은 다음과 같다.

$$\frac{\text{특정 사건이 일어나는 경우의 수}}{\text{일어날 수 있는 모든 경우의 수}} = \frac{n}{N}$$

'5개의 선택지 모두 답이 될 동일한 가능성을 가진다'거나, 또는 앞선 퀴즈에서 '한 사람이 가지는 MBTI 유형의 가능성의 정도가 같다' 등의 가정이 바로 모든 결과가 동일한 가능성을 갖고 일어난다고 보는 수학적 확률의 가정이다.

이와 달리, 통계적 확률(statistical probability)은 '사례의 관찰'에 근거하는데, 어떤 사건을 반복하였을 때 특정한 사건이 일어나는 빈도로 판단하는 경험적 확률이다. 퀴즈에서 B가 판단하는 것처럼 10문제 정도로는 해당 확률의 정확성을 보장하기 어렵겠지만, 훨씬 더 많은 문제 사례들을 반복적으로 관찰한다면 정답에 관한 좀 더 일정한 경향성을 파악할 수도 있다. 예를 들어, 특정 도로에서 교통사고가 일어날 확률은 수학적 확률로 계산할 수가 없기 때문에 통계적 확률로 판단해야 한다. 그래서 통계적 확률은 자연 현상이나 사회 현상에서 일어나는 여러 사건들을 확률로 표현할 때 많이 사용한다.

마지막으로 주관적 확률(subjective probability)이란 개인이 특정한 상황에서 주어진 명제나 사건에 대해서 갖는 믿음의 정도를 의미한다. 퀴즈에서 C가 답이 ③번일 확률이 높다고 판단하는 것처럼 자신의 주관적 경험과 판단에 의해 결과를 예측하는 것이다. '내년 초에 ○○전자 주식이 오를 확률', '손흥민이 속한 잉글랜드 프리미어리그의 토트넘이 올해 FA컵에서 우승할 확률', '코로나19 팬데믹 상황이 향후 2년 내에 극복될 확률' 등은 주관적 확률을 담은 표현들이다. 해당 확률을 주관적으로 판단할 수 있는 개인(전문가)의 경험이나 근거는 존재할 수 있으나, 일정한 법칙을 통해 확률을 계산할 수는 없다. 이처럼 빈도로 관찰할 수 없거나, 반복이 불가하여 통계적 확률로써 예측할 수 없을 때 주관적 확률을 사용하게 된다.

특히 사회적인 맥락 안에서 어떠한 사건의 가능성(확률)을 판단할 때는 이상적인 수학적 확률로 계산하기가 쉽지 않다. 또한 고려해야 할 요소들이 복합적으로 얽혀 있는 경우가 많아, 통계적 확률로도 계산하기 어려운 경우가 많다. 따라서 사회 현상이나 일상 생활에서는 어느 정도의 주관적 확률의 개입이 불가피하기도 하다.

QUIZ

1. 어느 시사 잡지의 인터뷰 기사에 다음과 같은 인물 소개 글이 실렸다. A는 다음 중 어느 경우에 해당될 확률이 높을까? 주관적 확률로 예측하는 확률을 백분율로 써 보자.

"A는 33세의 미혼 여성으로, 직설적이고 매우 똑똑하다. A는 대학에서 철학을 전공했으며, 대학 시절 차별 문제와 사회 정의에 깊은 관심을 보였고, 2022년에는 러시아의 우크라이나 침공에 반대하는 반전 시위에도 참여한 적이 있다."

① A는 초등학교 교사다.	_____%
② A는 카페에서 일하고, 필라테스 수업을 듣는다.	_____%
③ A는 여성운동에 적극적이다.	_____%
④ A는 사회복지사다.	_____%
⑤ A는 여성 유권자협회 회원이다.	_____%
⑥ A는 은행원이다.	_____%
⑦ A는 보험영업사원이다.	_____%
⑧ A는 은행원이고, 여성운동에 적극적이다.	_____%

2. 지역 일간지에 '서울시 ○○구의 모든 연령대와 모든 직업군에서 성인 남성을 대상으로 건강에 관한 설문조사를 실시했다'는 기사가 실렸다. 기사를 읽기 전에 그 내용을 미리 예측해 본다고 가정하자. 아래 질문에 대한 답을 추정해 적어 보자.

　① 조사 대상 중 심장마비를 1회 이상 경험한 사람은 몇 퍼센트이겠는가?

　② 조사 대상 중 60세가 넘고 심장마비를 1회 이상 경험한 사람은 몇 퍼센트이겠는가?

이 퀴즈는 2002년 노벨 경제학상을 수상한 대니얼 카너먼의 저서 『생각에 관한 생각』에 포함된 문제를 일부 변형하여 제시한 것이다.[11] 카너먼은 이 퀴즈 첫 번째에서 '명제 ⑧'의 가능성을 '명제 ③' 혹은 '명제 ⑥'의 가능성보다 높게 판단하는 사람이 많다는 것을 발견했다. 두 번째 퀴즈에서도 '명제 ②'의 가능성을 '명제 ①'의 가능성보다 높게 판단하는 사람이 많다는 것을 발견했다.

이 문제는 추가적인 정보가 제공될 때 사람들은 자신이 조금 더 정확한 판단을 한다고 생각하지만, 실제로는 그렇지 않다는 것을 보여 준다. 왜냐하면 실제 두 가지 사건이 결합된 확률은 한 가지 사건이 일어날 확률보다 클 수 없기 때문이다.

카너먼은 이런 현상을 '결합 오류(conjunction fallacy)'라고 불렀다. 첫 번째 퀴즈에서 '⑧ A는 은행원이고, 여성운동에 적극적이다'라는 명제가 가지는 가능성은 '③ A는 여성운동에 적극적이다'와 '⑥ A는 은행원이다'의 명제가 갖는 가능성보다 클 수 없는 것이다. 마찬가지로 두 번째 퀴즈에서도 '조사 대상 중 60세가 넘고 심장마비를 1회 이상 경험한 사람'은 '심장마비를 1회 이상 경험한 사람' 집단에 포함되기 때문에, ②의 가능성은 ①의 가능성보다 클 수 없다.

사람들은 일상에서 의사 결정을 할 때 이러한 주관적 확률을 빈번하게 사용한다. 따라서 늘 자신의 주관적 확률 판단에 대한 오류 가능성을 경계해야 한다. 사회적 맥락을 이해할 때, 주관적인 생각이 개입된 상태로 판단하게 될 가능성이 높기 때문이다. 사회적 맥락과 수학적 원리를 함께 고려할 필요가 있다.

조건부 확률

빠르게 변화하는 세상에서는 어떤 사안에 관한 정보를 정확하게 읽고 관련된 판단을 시의적절하게 내리는 것이 중요하다. 특히, 확률의 맥락과 조건에 대한 추가 정보가 있다면, 이를 고려하여 올바르게 판단하는 것이 관건이다.

QUIZ

테니스부 코치인 당신은 다음과 같은 상황에서 어떻게 말하는 것이 좋을까?

당신은 막 부임한 ○○고교 테니스부의 코치다. 첫 출근 날, 당신은 선수들을 관찰하고자 곧장 연습장으로 향했다. 마침 연습장에는 아침 일찍부터 세 선수 A, B, C가 훈련을 하고 있었다. 이때 오래전부터 근무했던 팀의 감독이 와서 질문을 건넨다.

"코치님이 보고 계신 세 선수는 모두 작년 전국체전 본선에 나갔던 선수들입니다. 한 명은 금메달, 다른 한 명은 동메달을 획득했고 또 다른 한 명은 준준결승까지 올랐죠. 코치님이 보기에 누가 우수한 성적을 거둔 선수인 것 같으세요?"

'아…나에겐 아무런 사전 정보가 없지 않은가?' 당황한 나머지 당신은 무작위로 A 선수가 꽤 뛰어나 보인다고 말해 버렸다. 그러자 감독이 다시 말한다.

"눈썰미가 좋으신 것 같군요. A 선수와 B 선수가 실제로 준준결승 토너먼트에서 맞붙었지만, A 선수가 큰 점수차로 승리를 거두었지요. 지금 서브를 준비하고 있는 C 선수도 A 선수만큼이나 훌륭한 기량을 가진 선수이지요. 그렇다면 코치님이 보기에 작년에 금메달을 획득한 선수는 A와 C 중 누구일 것 같나요?"

① '감독님이 나를 시험하는 군, 어차피 확률은 반반이야.' — 처음 선택과 같이, A 선수가 우승한 선수인 것 같다고 말한다.

② "두 선수가 모두 기량이 출중해 보여 헷갈렸는데, 가만 보니 C 선수가 우승한 선수인 것 같군요." — 선택을 바꿔 C 선수가 우승한 선수인 것 같다고 말한다.

정답 ②

선택을 바꾸어 ②와 같이 응답하는 것이 확률적으로 유리하다. 감독의 추가적인 정보가 없었을 때는 어느 선수를 선택하든 확률이 3분의 1이겠지만, B 선수가 준준결승까지만 갔다는 사실을 알게 되었을 때(추가적인 조건이 있을 때)는 선택을 바꾸어 C 선수를 선택하는 확률이 3분의 2로 더 높다. 따라서 선택을 바꾸는 것이 확률적으로 더 유리한 것이다.

사실 이 문제는 조건부 확률의 고전인 '몬티 홀의 딜레마' 문제를 변형한 것이다. 조건부 확률은 특정 조건하에 사건이 일어날 확률을 의미한다. 그렇다면 고등학교 때 배운 이 조건부 확률을 이해하는 것이 왜 중요할까? 우리가 의사 결정을 하는 일상은 확률을 수학적으로 쉽게 계산할 수 있을 만큼 이상적인 환경이 아니기 때문이다. 여러 조건하에서 확률을 따져 봐야 한다.

제가 코로나에 걸렸다고요?

코로나19 상황에 이 조건부 확률을 적용해 보자. 2021년 11월에 등장한 오미크론 변이 바이러스로 인하여 코로나19 신속항원검사 시행이 확대되었다. 더불어 개인의 자가검사키트 사용도 대중화되었다. 정부에서 신속항원검사에서 양성이 나올 경우, PCR(Polymerase Chain Reaction, 중합효소 연쇄 반응) 검사를 진행하여 확진 여부를 최종 판단하겠다고 발표했기 때문이다.

보건소에 가더라도 누구나 PCR 검사를 받을 수 있는 것이 아니라, 신속항원검사에서 양성으로 판정된 경우 혹은 고위험군에 한해서만 PCR 검사를 시행하여 방역 관리의 과부하를 막겠다는 것이었다. 하지만 이후 오미크론의 확산세가 걷잡을 수 없이 커지자, 2022년 3월 14일부터는 신속항원검사에서 양성 판정을 받아도 추가적인 PCR 검사 없이 확진자로 인정받을 수 있게 되었다. 그렇다면 상대적으로 PCR 검사보다 판정의 정확도가 떨어지는 것으로 알려진 신속항원검사 결과를 믿을 수 있을까?

코로나19 신속항원검사를 할 때, 총 4가지의 경우를 생각해 볼 수 있다. 첫째, '진양성'이란 실제로 코로나19에 감염된 사람이 실제 신속항원검사 결과에서 양성이 나온 경우이다. 둘째, '위음성'은 코로나19에 감염되었지만 검사 결과에서는 음성이 나온 경우이다. 셋째, '위양성'은 코로나19에 감염되지 않았지만 검사 결과에서는 양성이 나온 경우이다. 넷째, '진음성'은 코로나19에 감염되지 않았고 검사 결과에서도 음성이 나온 경우이다. 그러므로 진양성과 진음성은 검사를 통해 실제 코로나19의 감염 여부를 정확하게 판단한 것이다. 하지만 실제 감염 여부와 다른 위음성과 위양성은 우리에게 혼란을 가져다줄 수 있다.

구분	검사 결과 양성	검사 결과 음성
코로나19에 감염됨	① 진양성(TP, True Positive)	② 위음성(FN, False Negative)
코로나19에 감염되지 않음	③ 위양성(FP, False Positive)	④ 진음성(TN, True Negative)

따라서 진양성과 진음성을 실제 감염 여부에 가깝게 판단할수록 검사의 정확도가 높다고 볼 수 있다. 여기서 정확도는 두 가지로 나누어 볼 수가 있다. 정확도 중에서도 진양성으로 판정할 확률을 '민감도(sensitivity)'라 하고, 진음성으로 판정할 확률을 '특이도(specificity)'라고 한다. 다시 말해, 민감도는 코로나19에 감염된 사람 중에서 검사 결과가 양성으로 나타날 확률이고, 특이도는 코로나19에 감염되지 않은 사람 중에서 검사 결과가 음성으로 나타날 확률이다.

구분	검사 결과 양성	검사 결과 음성	합계
코로나19에 감염됨	a	b	a+b
코로나19에 감염되지 않음	c	d	c+d
합계	a+c	b+d	a+b+c+d

민감도와 특이도를 확률로 나타내면 다음과 같다. 민감도는 코로나19에 감염된 사람(a+b) 중에서 검사 결과가 양성(a)으로 나타날 확률, 즉 a/(a+b)이다. 반면에 특이도는 코로나19에 감염되지 않은 사람(c+d) 중에서 검사 결과가 음성(d)으로 나타날 확률 즉 d/(c+d)이다. 우리나라 식품의약품안전처는 민감도 90% 이상, 특이도 99% 이상의 기준을 충족하는 자가검사키트에 한하여 제품 유통을 허가하고 있다.

코로나19 초기의 통계 정보를 살펴보자. 2021년 12월 9일에 우리나라의 코로나19 누적 확진자는 국내 첫 확진자가 발생한 이후

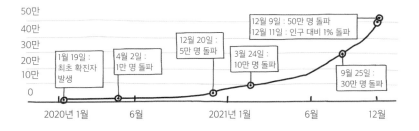

〈그래프 3〉 코로나19 확진자 발생 추이[12]

50만 명(약 1/100)을 넘어섰고, 2021년 11월에 오미크론 변이가 등장하면서 2022년 3월 9일 기준으로 누적 확진자가 500만 명(약 1/10)을 넘어섰다.

시점이 다르긴 하지만, 100명 중 1명이 감염되는 상황과 10명 중 1명이 감염되는 상황에서의 민감도와 어떻게 달라질까?

QUIZ

당신이 집 근처 병원에 코로나19 신속항원검사를 받으러 갔다고 하자. 의사는 검사 전 당신에게 사용한 검사키트는 민감도 90%, 특이도 99%의 성능을 가진다고 설명해 주었다. 그런데 검사 결과를 확인하니, 양성으로 나타나는 것이 아닌가? '아, 검사키트의 정확성이 90%이니 난 코로나에 걸린 것이 확실하구나….' 과연 당신은 정말 코로나19에 감염된 것일까? 다음의 두 경우에서 당신이 정말 코로나19에 감염되었을 확률을 얼마일지 구해 보자(단, 당신이 살고 있는 도시의 인구는 총 10,000명이다.).

① 100명 중 1명이 감염되는 상황   ② 10명 중 1명이 감염되는 상황

정답 ① 47.6%, ② 90.0%

먼저, 100명 중 1명(1%)이 감염되는 상황을 보자. 10,000명 중 100명(1%)은 실제 감염자이고 9,900명(99%)은 비감염자일 것이다. 여기서 ㉠ 감염자 100명 중 90명(90%)은 양성으로, 10명(10%)은 음

성으로 판정할 것이다. 한편 ⓛ 비감염자 9,900명 중 9,801명(99%)은 음성으로 99명(1%)은 양성으로 판정할 것이다. 그렇다면 ㉠에서 양성으로 판정된 사람은 90명, ⓛ에서 양성으로 판정된 사람은 99명이다.

그럼 양성으로 판정된 전체 189명 중 90명만이 실제 감염되었다는 의미가 된다. 이를 백분율로 표현하면 (90/189)×100=47.6%이다. 따라서 당신이 양성으로 결과가 나왔다 하더라도 실제 양성일 확률은 절반이 채 되지 않는 것이다.

다음으로, 10명 중 1명(10%)이 감염되는 상황을 따져 보자. 10,000명 중 1,000명(10%)은 실제 감염자이고 9,000명(90%)은 비감염자일 것이다. ㉠ 감염자 1,000명 중 900명(90%)은 양성으로, 100명(10%)은 음성으로 판정할 것이다. 한편 ⓛ 비감염자 9,000명 중 8,910명(99%)은 음성으로 90명(1%)은 양성으로 판정할 것이다. 그렇다면 ㉠에서 양성으로 판정된 사람은 900명, ⓛ에서 양성으로 판정된 사람은 90명이다. 그럼 양성으로 판정된 전체 990명 중 900명이 실제 감염되었다는 의미가 된다. 이를 백분율로 표현하면 (900/990)×100=90.9%이다. 즉 양성으로 판정된 인원이 10명이라면 약 9명이 실제 감염자인 것이다.

이처럼 코로나19에 감염될 확률에 따라 같은 검사키트를 사용하더라도 실제 양성일 확률이 달라질 수 있다. 이 두 상황에서의 47.6%, 90.9%를 '양성예측도(positive predictive value)'라고 한다. 실제 양성예측도는 민감도와는 달리 감염병의 유행 상황에 따라 달라진다. 코로나19의 신규 확진자가 급격하게 증가하는 상황에서는 양성예측도가 높아지고, 확진자가 적은 상태이면 양성예측도가 낮게 나타난다. 그러므로 유행 상황을 고려해서 자가검사키트의 결과를 해석하는 것이 필요하다.

통계 정보 읽기＝사회적 맥락＋수학적 원리 함께 읽기

우리는 매일 수많은 통계 정보를 접하지만 이를 제대로 활용하지 못하는 경우가 많다. 설령 정보를 올바르게 이해했다 하더라도 그것을 바탕으로 한 의사 결정까지 합리적이라는 보장은 없다. 어떤 선택이든 확실한 합리성을 보장할 수 없기 때문에 우리는 '가능성' 또는 '확률'을 이야기한다. 최선의 의사 결정을 위해 확률적 판단이 요구되는 것이다.

노벨 경제학상을 수상한 허버트 사이먼(Herbert Simon)은 '인간은 제한적으로 합리적이다.'라고 말했다. 인간은 제한된 정보만 활용하거나 직감으로 의사 결정을 하는 경향이 있기 때문이다. 따라서 통계 정보를 읽을 때, 우리는 정보가 지닌 '사회적 맥락'과 '수학적 원리'를 동시에 고려하여 텍스트가 전하는 의미를 분명하게 해석하려는 자세를 가져야 한다.

주가지수는 상승하는데 왜 내 주식은 떨어질까?

평균값의 이면

평균값은 대푯값 중에서도 가장 빈번하게 쓰이는 개념이다. 자료 전체의 경향을 잘 나타내기 때문이다. 우리가 일반적으로 평균이라고 부르는 것은 산술 평균(arithmetic mean)이다. 즉 자료의 합을 자료의 개수로 나눈 것을 의미한다. 그렇다면 우리의 삶에서 평균은 어떻게 쓰이고 있을까?

예를 들어 보자. A씨는 미국 우량주들의 주가 평균으로 산출된 다우지수가 근래 최고치를 기록했다는 다음과 같은 기사를 보고 미국 주식인 B 종목을 매수했다. 그런데 다우지수는 오르는데, B 종목의 주가는 떨어지는 게 아닌가? 대체 무엇이 문제인 것일까?

뉴욕증시, 다우지수 2.51% 급등

(현지 시간 25일) 뉴욕증시가 일제히 상승했다. 3대 지수가 모두 상승한 상태로 장을 마감하였으며, 3대 지수 중에서도 다우지수는 가장 큰 상승을 보였다. 다우지수는 전장보다 834.92p(2.51%) 오른 34,058.75에 거래를

마쳤다. 스탠더드앤드푸어스(S&P) 500지수는 전장보다 95.95p(2.24%) 상승했고, 나스닥지수는 전장보다 221.04p(1.64%) 상승했다. 다우지수의 상승폭은 지난 2020년 11월 이후 최고치를 기록했다. (하략)

최근 가상화폐 투자에 대한 관심과 함께 해외 주식 투자에 대한 관심도 늘고 있다. 특히, 스마트폰으로 손쉽게 해외 주식을 거래할 수 있게 되면서 많은 개인 투자자들이 해외 주식에 관심을 가지고 투자하기 시작했다. 그런데 우리나라에서 해외 주식 시황을 파악하는 것이 쉽지 않다 보니, 주가지수를 통하여 이를 간접적으로 확인하기도 한다.

이 중 대표적인 것이 다우지수(Dow Jones Indices)이다. 다우존스 산업평균지수로도 불리는데, 세계에서 가장 오래된 주가지수이다. 뉴욕증권거래소에 상장된 우량 종목 30개의 주가 평균을 활용하여 기준 시점과 비교 시점의 주가를 비교해 주가지수를 산출한다. 대표적인 30개 기업의 주가를 이용해 미국 주식시장이 얼마나 변화하고 있는지 판단할 수 있다. 그런데 이 지수의 문제점은 바로 주가의 평균값을 기준으로 산출한다는 점이다. 그러다 보니 표본이 되는 주가의 최고가에 근접한 값과 최저가에 근접한 값들의 변화에 따라 지수가 민감하게 움직인다.

이와 같은 단점을 보완하기 위해서 시가총액 방식의 지수를 사용하기도 한다. 시가총액 방식은 각 종목의 주가와 주식수를 곱해 시가총액을 구하고, 기준 시점과 비교 시점의 주가를 비교해 주가지

수를 산출한다. 다우지수에 속한 종목은 시가총액 방식을 사용하는 S&P 500지수 종목에도 포함되어 있다. 따라서 시황을 조금 더 잘 파악할 수 있는 S&P 500지수를 활용하는 것도 대안이라 할 수 있다.

하지만 시가총액식 지수도 단점이 없지는 않다. 시가총액식 지수는 개별 종목 시가총액이 큰 특정 대형 종목의 주가 변동이 지수의 변동에 큰 영향을 미칠 수 있기 때문이다(엄밀히 따지면 시가총액식 지수도 가중평균의 개념을 이용한다). 우리나라는 주가지수를 산출할 때 1972년부터 다우존스식을 사용하다가 1983년부터 시가총액식으로 변경하여 사용하고 있다(우리나라의 코스피(KOSPI)지수와 코스닥(KOSDAQ)지수는 이 시가총액 방식을 활용하여 산출한다). 따라서 주가지수는 전반적인 시장의 흐름을 파악하는 정도로만 사용하고, 본인이 투자할 종목에 대해서는 해당 종목이 포함된 섹터 및 업종의 전망을 잘 파악하여 투자를 결정할 필요가 있다.

일상생활에서 평균을 해석하는 또 다른 상황을 생각해 보자. 서울에 살고 있는 당신이 7월에 뉴질랜드의 수도 웰링턴에 여행을 간다고 가정하고 다음 글을 읽어 보자. 당신은 어떤 옷들을 챙겨 가야 할까?

당신에게 뉴질랜드의 수도 웰링턴 여행을 추천합니다! 국가별 연평균기온에 따르면 우리나라는 11.5℃, 뉴질랜드는 10.6℃로 큰 차이가 없습니다. 더군다나 2021년의 서울과 웰링턴의 연평균기온을 확인하더라도 서울은 13.7℃, 웰링턴은 12.9℃로 매우 유사합니다. 뉴질랜드는 우리나라와 마찬가지로 1년 사계절 아름다운 자연을 느낄 수 있습니다. 단, 뉴질랜드는 지구 남반구에 위치하고 있기 때문에 북반구에 있는 우리나라와는 정반대의 계절을 가지고 있습니다. 따라서 우리나라가 여름일 때 뉴질랜드는 겨울이고, 우리나라가 겨울일 때, 뉴질랜드는 여름입니다. (하략)

국가별 연평균기온 역시 지역별로 측정한 연평균기온의 평균값이다. 우리나라에서는 안정적으로 연속 관측을 수행한 45개 지점의 평균값을 사용하여 전국의 평균기온값을 발표한다. 서울의 월평균 기온과 웰링턴의 월평균기온은 각 국가별 연간평균기온보다 조금 더 높은 수치인 것이다. 뉴질랜드의 7월은 겨울로 일 년 중 가장 추운 달이다. 하지만 웰링턴의 경우 7월의 월평균기온은 8.9℃이다. 1월 평균기온이 -2.4℃인 서울의 겨울을 생각하면 상대적으로 참 따뜻한 겨울이 아닐 수 없다. 그런데 만약 '서울의 1월 기온이 -2.4℃밖에 되지 않는다고?'라는 의아한 생각이 들었다면, 당신은 일

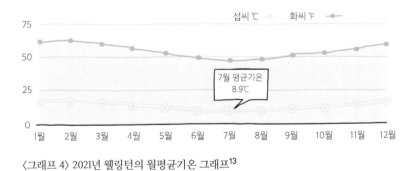

〈그래프 4〉 2021년 웰링턴의 월평균기온 그래프[13]

기예보를 자주 봤을 가능성이 높다. 실제 서울의 1월 최저온도는 더 낮다. 기상청에서는 이를 표현하기 위해 평균최저기온이라는 최저 기온들의 평균을 제시한다.

서울의 1월 평균최저기온은 약 -19℃이고 웰링턴의 7월 평균최 저기온은 약 7℃이다. 평균최저기온이 이렇다 보니 웰링턴의 7월 기온은 우리나라의 늦가을 기온에 가깝다. 개인차가 있겠지만, 웰링턴의 7월에는 두꺼운 패딩 점퍼보다는 기능성 아웃도어 재킷이 더 적합할 수 있다. 이처럼 기온의 분포를 고려하지 않고 평균값으로만 이해하는 것은 섣부른 판단을 낳을 수도 있다.

연평균기온은 월평균기온의 평균이고, 월평균기온은 또 일평균 기온의 평균이다. 그렇다면 일평균기온은 어떻게 구할까? 우리나라 기상청에서는 하루에 8회(03시, 06시, 09시, 12시, 15시, 18시, 21시, 24시) 정시에 관측한 값을 평균으로 구한 기온을 일평균기온이라고 한다.

우리나라에서는 환절기에 감기를 조심하라는 말을 자주 한다. 낮과 밤의 일교차가 심하면 면역력이 저하되고 감기에 걸리기 쉬워지기 때문이다. 그래서 감기를 예방하려면 일평균기온만 볼 것이 아니라 일최저기온과 일최고기온 등을 확인할 필요가 있다. 우리가 판단에 도움이 되는 정보를 '제대로' 찾아 읽어야 하는 이유이다. 정보가 어떻게 구성되는지 이해하는 것도 중요하지만 나에게 필요한 데이터가 무엇인지 판단하는 것이 매우 중요하다.

다음 그림은 어떤 주식 종목의 가격 변화를 그래프로 나타낸 것이다.[14] 해당 종목은 2017년 말 크게 주가가 상승하여 고점을 형성한 뒤로는 2년간 등락을 반복하고 있다. 현재 시점은 2020년 9월이고 당신은 해당 주식을 매수할지 고민하고 있다. 다음 두 사람의 의견 중 어느 의견을 따르는 것이 보다 합리적인가?

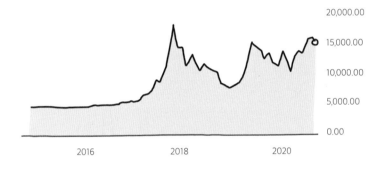

A: 2018년 이후로 평균적으로 8,000달러 기준으로 ±3,000달러 범위 내에서 등락을 반복하고 있군. 최근 다시 주가가 상승하긴 했지만 다시 하락세로 들어선 것 같은 모양이야. 지금은 살 타이밍이 아닌 것 같아.

B: 주가의 등락폭이 작아지고 있네. 다시 예전의 고점을 향해 가는 느낌이야. 지금 매수해도 나쁘지 않을 것 같은데?

정답 B

사실 이 그래프는 가장 대표적인 암호화폐인 비트코인의 가격 변화 그래프이다. 앞에서 본 그래프의 마지막 지점이었던 2020년 9월 이후에 얼마나 가격이 변화했을까? 아래의 그래프를 보자.[15] 비트코인은 이후 6만 달러를 상회했고 등락을 반복하다 2022년 7월 7일 기준으로는 약 2만 달러에 거래되고 있다. 2년 동안 2020년 이전 데이터에 기초한 평균값으로는 상상할 수 없을 만큼 변화한 것이다. A의 입장에서는 해당 시점에서 비트코인을 사지 않은 것을 후회하지 않을까?

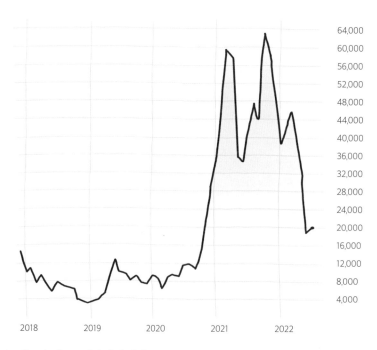

〈그래프 5〉 비트코인의 가격 변화

주식의 가격을 예측할 때 좀 더 정밀한 해석을 위해 주가 차트의 이동평균선을 참고하기도 한다. 이동평균선을 통해 주가(혹은 매매량)의 과거 평균 수준을 현재의 그것과 비교하여 예측할 수 있기 때문이다. 하지만 이동평균선도 어디까지나 과거의 자료에 기반한 지표이다. 주식이나 암호화폐의 가격을 상승 혹은 하락하게 하는 요인은 여러 가지가 있겠지만, 이전의 경향이 미래에도 지속된다는 보장은 없다. 우리가 '평균적으로 그럴 것이다'라고 예측하는 것이 위험한 이유이다. 그래서 우리는 주가 차트와 같은 그래프를 읽을 때, 그래프의 평균적인 추이를 기반으로 해석하되, 그 외에 수치에 변화를 가져올 수 있는 다른 변수들과 함께 종합적으로 판단할 필요가 있다.

지구온난화 논쟁

미래를 예측하여 사전에 대비해야 할 대표적인 세계적 이슈가 있다면 바로 지구온난화 문제일 것이다. 일반적으로 지구온난화는 산업혁명 이후 지구의 평균기온이 상승하는 현상을 의미한다. 지구온난화를 바라보는 관점은 다양하나 대다수는 최근 들어 지구의 기온이 과거의 평균적인 변화보다 더 빠르게 상승하는 원인을 인간 활동 때문이라고 보고 있다.

기후변화 문제를 규명하기 위해 세계기상기구(WMO: World Meteorological Organization)와 유엔환경계획(UNEP: United Nations

Environment Programme)은 공동으로 '기후변화에 관한 정부 간 협의체(IPCC: Intergovernmental Panel on Climate Change)'를 설립했다. 이 국제기구는 일정 시기마다 보고서를 작성하여 기후변화의 근거를 제시하고 국가별 정책 수립에 시사점을 제공한다. IPCC 제6차 보고서에서는 지구의 온도 변화를 전례가 없는 것이라고 설명하며, 과거 170년 동안 지표면 온도의 변화 추이를 다음과 같이 제시했다.[16]

검은색 그래프는 산업화 이전 인간의 영향이 없던 시기부터 현재까지 실제 관측된 연평균 지표면 온도를 나타낸 것이다. 붉은색과

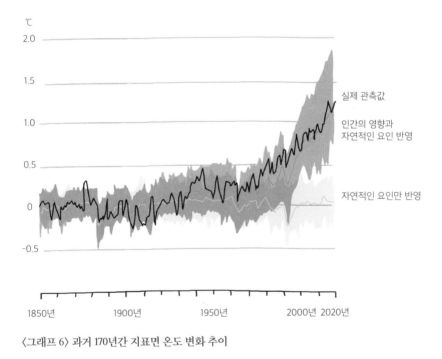

〈그래프 6〉 과거 170년간 지표면 온도 변화 추이

푸른색으로 표현된 그래프는 기후 모델 시뮬레이션을 통해 나타낸 것이다. 여기서 붉은색 그래프는 '인간의 영향과 자연적인 요인이 함께 작용했을 때'를 나타낸 것이며, 푸른색 그래프는 '태양이나 화산활동 등의 자연적인 요인만 작용했을 때'를 나타낸 것이다. '인간의 영향이 자연적인 요인과 함께 작용했을 때'의 그래프가 실제 관측값과 매우 유사한 것을 확인할 수 있다. 과거 170년 동안의 평균적인 온도 변화와 달리 매우 급격한 상승이 나타나고 있는 것이다.

하지만 현재의 지구온난화는 인간 활동으로 인해서 발생하는 것이 아니라고 주장하는 견해도 존재한다. 이러한 견해를 가진 과학자들은 지구의 온도가 상승하는 것은 사실이지만, 인간의 영향이 크지 않다고 주장한다. 지금의 온난화는 아주 오래전부터 약 1,500년의 주기를 가지고 나타난 자연적인 현상이라는 것이다. 그들은 IPCC 제

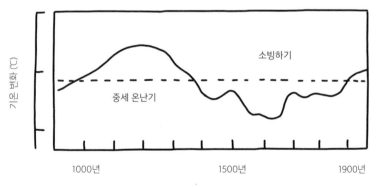

〈그래프 7〉 지구 온도 변화 주기

2차 보고서에 있는 그래프를 통해 반박한다.[17] 중세 온난기가 지금보다 훨씬 더 따뜻하며, 지금은 지구의 온도가 상승하는 시점일 뿐이라고 설명했다. 즉 지구의 온도는 거시적으로 볼 때 평균적인 범위 내에서 주기적으로 변화하고 있다는 것이다. 또한 온실효과 이론으로 설명하기 어려운 중세 온난기와 소빙하기의 변화를 나타내지 않고 현대의 온난화를 과장하여 그래프로 나타내었다고 비판하기도 했다.

지구온난화가 인간의 영향으로 인한 것이든 아니든, 현재 지구의 온도가 상승함으로 인해 여러 문제가 생기는 것은 부정할 수 없다. 이상기후로 인하여 지역에 따라 재해(폭우, 폭설, 한파, 폭염, 가뭄, 산불 등)가 빈번하게 일어나고 있기 때문이다. 또한 해수면 상승으로 인해 수몰 위기에 처한 국가들도 있다. 지구의 온도가 상승하는 요인이 무엇인지 논쟁하는 것보다 현재 우리가 노력할 수 있는 생산적인 일에 집중하는 것이 좋지 않을까?

2015년 12월, 전 세계 모든 국가에 지구 온도 상승의 완화 의무를 부여하는 파리협정이 채택되었다. 이 협정으로 인해 각 나라들은 산업화 이전의 지구 평균기온을 기준으로 하여, 기온 상승을 1.5℃까지 제한하도록 노력해야 한다. 최근 강조되는 탄소중립을 위한 다양한 노력들이 이러한 기후 위기를 예방할 수 있는 방법으로 알려져 있다. 지구 평균기온의 상승이 예상보다 훨씬 일찍 도래하지 않도록 인류의 노력이 필요한 상황이다.

평균의 패러독스

데이터가 일정한 상관관계를 가질 때, 회귀분석(regression analysis)이라는 통계적 분석 방법을 사용할 수 있다. 회귀분석을 이용하여 독립 변수가 변화함에 따라 종속 변수가 변하는 평균적인 값을 직선(선형 회귀선)으로 나타내게 되면, 데이터 변화 정도를 쉽게 파악하고 예측할 수 있다. 다음의 광고는 이 분석 방법을 통하여 다이어트 보조제의 효과를 설명하고 있다.

갑자기 불어난 체중으로 인해 고민하고 있던 당신은 다이어트 보조제를 먹기로 결심한다. 인터넷에서 다이어트 보조제를 검색하다 다음과 같은 A다이어트 보조제 광고를 발견했다. 당신은 이 광고를 읽고 A다이어트 보조제를 주문할 것인가?

A다이어트 보조제 효과, 과학적 검증 완료!

저희 A다이어트 보조제는 체지방 분해를 촉진해 체지방량을 감소시키고 체중을 감량시키는 데 탁월한 효과를 보입니다. A다이어트 보조제를 드신다면, 더 이상 굶거나 운동하지 않아도 괜찮습니다. 저희 A다이어트 보조제는 일반인을 대상으로 이미 효과를 검증한 뛰어난 제품입니다. 최근 자체 연구소의 실험을 통해 다음과 같은 결과를 얻었습니다.

"다이어트 보조제 1g 섭취당 평균 680g의 체중 감소 효과"

지금 바로 구매를 서두르세요!

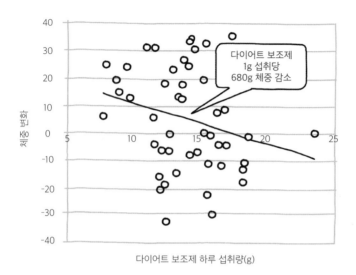

〈그래프 8〉 다이어트 보조제 섭취량

 통계학자 샘 새비지(Sam Savage)는 그의 저서 『평균의 함정』에서 '심슨의 역설' 문제를 설명했다.[18] 심슨의 역설(Simpson's paradox)은 자료의 전체 집단의 추세와 집단을 세분화했을 때의 경향이 각각 다를 수 있다는 역설이다. 아니나 다를까, 앞의 광고문 그래프에서 실험 참가자의 성별을 구분하여 다시 그려 보면 다음과 같이 전혀 다른 결과가 나온다.

 그래프에서 흰색 점은 연구 대상자 중 여성 참가자를 의미하고, 검은 점은 남성 참가자를 의미한다. 다이어트 보조제 1g 섭취당 여성 참가자는 평균 794g의 체중이 증가했고, 남성 참가자는 평균 680g의 체중이 증가했다. 그러니까 광고에서는 고의로 인한 것인지

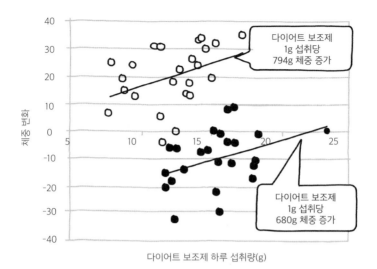

〈그래프 8-1〉 다이어트 보조제 섭취량

무지로 인한 것인지 성별이라는 중요한 변수를 고려하지 않은 것이다. 성별에 따른 그래프에 의하면 이 보조제를 복용한 여성은 같은 양을 섭취한 남성보다 상대적으로 체중이 더 증가할 수도 있다.

이 광고를 만든 사람은 우리가 철썩같이 믿던 평균이라는 대푯값을 이용하여 정보 자체를 왜곡한 것이다. 따라서 우리는 통계 정보를 읽을 때, 다른 사람의 통계적 주장의 근거를 명확히 파악하고 이를 비판적으로 점검할 필요가 있다.

통계 정보의 왜곡과 이면을 파악하라

평균(산술평균)은 어떤 집단의 데이터의 경향을 편리하게 설명해 주는 대표적인 지표이다. 하지만 평균만으로 데이터의 분포를 이해하기에는 제한이 따른다. 왜냐하면 정보의 일반적인 경향을 평균이 왜곡하는 경우도 있기 때문이다. 따라서 평균으로 제시된 통계 정보를 읽을 때에는 이면에 숨겨진 경향성이 없지 않은지 확인하고, 정보를 비판적으로 읽는 자세가 필요하다.

대선 후보 여론조사 과연 얼마나 믿을 수 있을까?

표본조사 결과의 의미

우리는 다양한 매체를 통해 대선 후보 지지율, 국정 수행평가, 특정 정책에 대한 찬반의견 등 수많은 여론조사를 접한다. 여론조사는 말 그대로 어떤 사안에 대한 시민들의 반응을 조사하여 결과를 예측하고, 공적인 쟁점의 중요성을 환기하는 역할을 수행한다. 우리는 여론조사의 결과를 바탕으로 정치적 의사 결정을 내리기도 한다. 그렇다면 우리는 여론조사의 통계 정보를 얼마나 잘 읽고 있을까?

QUIZ

다음의 여론조사 기사를 읽고 진위형 문제에 답해 보자.

○○연구소가 지난 10일 전국 만 18세 이상 유권자 1,000명을 대상으로 '차기 대선후보 지지율'을 조사했다. 조사 결과, A 후보는 40.0%, B후보는 36.0%를 기록했다. 두 후보 간의 지지율 차이는 4.0%p로 A 후보가 다소 앞서는 것으로 나타났다. 참고로 이번 조사에서 표본오차는 95% 신뢰도(신뢰수준)에서 ±3.1%p이다.

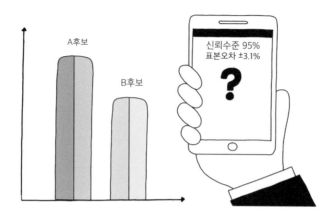

① 신뢰도(신뢰수준)가 95%라는 말은 표본조사를 통해 얻은 예상 지지율이 실제 지지율과 일치할 확률이 95%라는 의미이다. (○ , ×)

② 오차가 ±3.1%p이고 A 후보와 B 후보의 지지율 차이가 4.0%p이기 때문에, A 후보가 오차 범위 밖에서 앞서는 상황이다. (○ , ×)

정답 ①: ×, ②: ×

'신뢰도(신뢰수준)가 95%라는 말은 표본조사를 통해 얻은 예상 지지율이 실제 지지율과 일치할 확률이 95%라는 의미이다'라는 진술은 참일까? 이를 판단하기 위해서는 앞의 기사에서 '표본오차는 95% 신뢰도(신뢰수준)에서 ±3.1%p이다'라는 문장의 뜻부터 알아봐야 한다.

A 후보의 지지율이 40.0%, B 후보의 지지율이 36.0%이므로 위

와 같은 여론조사를 동일한 방법으로 100번 반복해서 실시한다고 생각해 보자. 앞의 문장에 의하면, 100번 중 95번은 A 후보가 36.9%~43.1%(40.0%의 ±3.1p% 범위), B 후보는 32.9%~39.1%(36.0%의 ±3.1p% 범위) 사이의 지지율을 기대할 수 있다. 반대로 위와 같은 조사를 100번 반복해서 실시할 때, 5번 정도는 위와 같은 결과가 나오지 않는다는 것을 의미한다. 따라서 첫 번째 진술인 '신뢰도(신뢰수준)가 95%라는 말은 표본조사를 통해 얻은 예상 지지율과 실제 지지율과 일치할 확률이 95%라는 의미이다'라는 진술은 틀렸다.

그렇다면 '오차가 ±3.1%p이고 A 후보와 B 후보의 지지율 차이가 4.0%p이기 때문에, A 후보가 오차 범위 밖에서 앞서는 상황이다'라는 두 번째 진술은 참일까? 이를 확인하기 위해 앞에서 구한 두 후보의 지지율과 오차 범위를 그림으로 표현해 보자.

A 후보와 B 후보의 지지율 40.0%와 36.0%는 표본조사를 통한

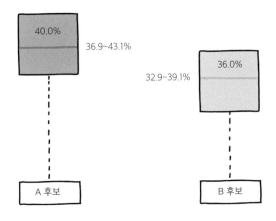

추정치이기 때문에 그림과 같이 실제 지지율의 값은 오차 범위 막대 내에 어디든 존재할 수 있다. 다시 말해, 오차 범위 막대의 위치가 겹친다면, A 후보의 지지율이 B 후보보다 높다는 의미로 해석해서는 안 된다. 여론조사에서 추정된 지지율의 차이가 오차 범위의 2배(6.2%p)보다 작으면 통계적으로 유의하지 않다고 판단하기 때문이다. 따라서 유력 후보의 지지율 차이가 통계적으로 유의한 차이인지, 지지율의 추세는 어떻게 변화하고 있는지를 확인해야 의사 결정에 필요한 정확한 정보를 얻을 수 있다.

대댓글로 지지율을 알 수 있다?

「공직선거법」 제108조 제1항에서는, 누구든지 선거일 전 6일부터 선거일의 투표 마감 시각까지 선거에 관하여 정당에 대한 지지도나 당선인을 예상하게 하는 여론조사의 경위와 그 결과를 공표하거나 인용하여 보도할 수 없도록 규정하고 있다. 그래서 사전 투표 기간과 본 투표 마감 시간까지 대선 후보들의 지지율이 얼마인지 알수가 없다. 언론에서는 이를 '깜깜이 기간'이라 부른다.

QUIZ

유력 대선 후보인 A와 B가 있다고 가정하자. 다음 기사의 내용을 올바르게 이해한 반응은?

정치 > 선거

대댓글 추세에 대선후보 지지율이 숨어 있다!

　　○○방송국의 자체 분석 결과, 온라인 기사에 달리는 댓글과 그 댓글에 이어 달리는 대댓글의 추세로 대선 후보들의 지지율을 추론할 수 있음이 알려졌다. 이 추세를 살펴보는 것이 '깜깜이 기간' 동안 판세를 가늠하는 참고점이 될 수 있는 것이다. 예를 들어, 'A 후보의 지지율'과 'A 후보 지지자들이 상대 후보 온라인 기사에 다는 대댓글 비율' 사이에는 음의 상관관계가 나타난다. 즉 대댓글 비율이 늘어나면 지지율은 줄어드는 추세가 나타나는 것이다. 이 분석에 참여한 C 대표는 "본인이 지지하는 후보에 대한 여론이 좋지 않다고 체감하면, 지지하는 후보와 관련된 댓글을 달기보다는 상대 후보 기사에 대댓글을 달아 본인이 지지하는 후보가 비판받을 수 있는 상황에서의 자신의 의견 노출도를 전략적으로 낮추는 경향이 나타난다."고 하였다. 또한 댓글 지표가 여론조사 추세보다 먼저 변화할 수 있음을 언급하였다. (하략)

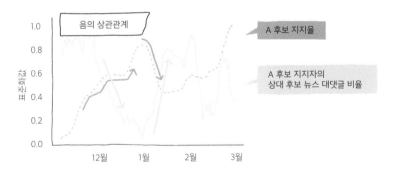

〈그래프 9〉 대댓글로 보는 지지율[19]

① A 후보의 지지율이 떨어지면, B 후보 온라인 기사에서 B 후보에 대한 비판적인 대댓글 비율이 늘어나겠군.

② B 후보 온라인 기사에서 B 후보에 대한 비판적인 대댓글 비율이 늘어나면, A 후보의 지지율이 떨어지겠군.

정답 둘 다 아니다

①과 ② 모두 'A 후보의 지지율'과 'B 후보 온라인 기사에서 B 후보에 대한 비판적인 대댓글 비율'을 인과관계 즉, 원인과 결과의 논리로 해석하고 있다.

인과관계에서는 반드시 시간의 개념이 개입된다. 다시 말해, 어떤 일이 다른 일에 선행하여 일어났을 때, 앞의 일이 원인이 되고 뒤의 일이 결과가 될 조건을 갖추게 된다. 하지만, 앞의 기사에 등장한 지지율과 대댓글 비율의 관계는 조사 분석 방법만으로는 시간적 우선성을 충족하지 못하므로 인과관계라 말할 수 없다.

한 걸음 나아가, 'A 후보의 지지율'과 '상대 후보 온라인 기사에서 상대 후보에 대한 비판적인 대댓글 비율' 모두 어떤 특정한 원인으로부터 일어난 결과일 가능성도 생각해야 한다. 예를 들어, 선거 기간 중 A 후보의 잘못이 드러나는 특정한 사건이 발생했다면, 'A 후보의 지지율'은 떨어질 것이다. 또한 '상대 후보 온라인 기사에서 상대 후보에 대한 비판적인 대댓글 비율'은 늘어날 것이다. A 후보가 대중의 호감도를 잃는 상황에서 굳이 댓글을 달아 A 후보를 언급할 필요는 없기 때문이다. 오히려 A 후보를 비판하는 댓글에 반박을 하거나 상대 후보를 옹호하는 댓글에 비판을 할 가능성이 높을 수 있다. 즉, 숨겨진 변수가 존재할 가능성이 있다. 상관관계는 인과관계를 파악할 수 있는 전제가 되기도 하지만 무엇의 영향으로 다른 결과를 낳은 것인지는 알 수 없다. 섣불리 두 가지 요인 간의 관계를 인과관계로 해석하는 것은 현상을 왜곡하거나 잘못된 판단을 야기할 수 있다.

사전 투표와 본 투표

중앙선거관리위원회에 의하면, 사전 투표는 지정된 선거일 이전에 별도의 신고 없이 사전 투표 기간 동안에 전국 어디에서나 투표를 할 수 있도록 하는 제도를 의미한다. 유권자에게 편의를 제공하여 투표 참여를 독려하기 위한 목적으로 2013년 상반기 재·보궐선거에서 처음 실시되었다. 2022년 3월에 실시한 20대 대통령 선거에서는 역대 최고의 사전 투표율(36.93%)을 기록했다. 2014년 제6회 전국동시지방선거에서 사전 투표가 전국적으로 실시된 이후로 역대 가장 높은 투표율을 나타낸 것이다.

전 국민의 관심이 집중되는 선거인 만큼 언론과 여론조사 기관은 발 빠르게 결과를 예측하고자 할 것이다. 하지만 「공직선거법」상 출구조사는 본 투표일 당일에만 가능하기 때문에 사전 투표의 경우 출구조사가 금지된다. 그러면 사전 투표 결과를 고려해서 득표 예측을 할 수 있는 방법은 없을까? 언론과 여론조사 기관은 전화 조사를 통해서 사전 투표에 응한 유권자들의 선택을 추정하기도 한다.

대통령 선거에서 두 유력 후보의 득표율 조사가 다음과 같다고 하자. 유권자의 사전 투표와 본 투표의 비율이 40%와 60%라 할 때, 당선 가능성이 높은 후보는 누구일까?

구분	예상 득표율	
	A 후보	B 후보
사전 투표	37.5%	50.0%
본 투표	50.0%	40.0%

정답 A 후보

A 후보의 사전 투표 예상 득표율은 37.5%, 본 투표 예상 득표율은 50.0%이다. B 후보의 사전 투표 예상 득표율은 50.0%, 본 투표 예상 득표율은 40.0%이다. 이를 단순히 평균으로 계산하여 A 후보 43.75%, B 후보 45.0%로 짐작하고 B 후보가 조금 더 당선 가능성이 높을 것이라 생각해서는 안 된다. 조금 더 정확히 추정하기 위해서는 소금물 문제나 주가지수 계산에서도 사용되는 가중 평균의 개념을 사용해야 한다. 예상 득표율에 사전 투표 비율 40%와 본 투표 비율 60%를 고려하여 표와 같이 가중평균을 계산하면 A 후보는 45.0%, B 후보 44.0%가 된다. 즉 A 후보의 예상 득표율이 조금 더 높다.

상대적으로 본 투표 출구조사의 표본수가 많기 때문에 사전 투표

구분	예상 득표율	
	A 후보	B 후보
사전 투표	37.5%×(40/100)=15.0%	50%×(40/100)=20.0%
본 투표	50%×(60/100)=30.0%	40.0%×(60/100)=24.0%
합계	45.0%	44.0%

여론조사 결과의 오차가 더 클 수 있다. 따라서 이 두 조사의 결과를 종합하기 위해서는 정밀한 보정이 요구된다. 2022년 3월 실시된 우리나라의 20대 대선에서도 지상파 방송 3사와 종합편성채널의 득표율 예측 결과가 다르게 발표되기도 하였다. 이와 같이 여론조사 결과에서 발표되는 수치들은 항상 오차를 가질 수 있다는 것을 유념하여 통계 정보를 읽어야 한다. 우리가 잘 읽기만 하면 선거를 통해 좋은 지도자를 뽑을 수 있다. 언제나 선거는 우리의 선택과 결정을 기다린다.

나의 표가 사표가 되지 않게 하는 방법

유명한 정치학 이론 중에 '뒤베르제의 법칙(Duverger's Law)'이 있다. 최다득표제를 선거제도로 사용하는 국가에서는 양당체제가 되기 쉽다는 법칙이다. 우리나라의 대통령 선거를 예로 들면, 한 명의 대통령을 선출하는 상황에서 '당선이 유력한 후보의 수'는 당선자 수보다 1명이 많은 2명에 가까워진다는 것이다.

실제로 여론조사가 발표되고 난 후에 사람들은 지지하는 후보의 당선이 유력하지 않다는 것을 알게 되면 본인의 표가 사표(死票)가 되지 않도록 지지하는 후보를 바꾸는 경향이 있다. 즉 당선 가능성이 높은 후보에게 투표를 하는 것이다. 따라서 본인의 소중한 한 표를 행사하기 위해서는 여론조사에서 나타난 통계 정보를 정확하고 비판적으로 읽어야 한다. 그래야만 민주시민으로서 합리적인 의사 결정을 할 수 있다.

온라인 읽기

Chapter 03

보이지 않는 것을 보는 힘

2022년 기준, 80억 명에 근접하는 지구인 중 약 65%(약 52억 명) 이상이 인터넷을 사용하고 있다.[1] 특히 디지털 인프라 강국으로 잘 알려진 우리나라의 경우 인터넷을 '사용한다'고 말하기가 새삼스러울 정도로 절대 다수의 사람들이 매우 당연하고 익숙하게 온라인 세상에서 읽고 쓰고 소통하며 살아간다. '스마트폰 없이 살기'가 하나의 챌린지가 되기도 하니 말이다.

그럼, 사람들은 인터넷에서 어떻게 읽고 있을까? 사이버 세상에서 잘 살고 있는 만큼 그런 세상의 정보와 자료들을 잘 읽고 있는 걸까? 인터넷에서 글을 읽을 때, '이런 것은 주의해야지!'라는 마음을 갖고 읽는 독자는 많지 않을 것이다. 보통은 빛의 속도로 스마트폰의 터치스크린을 조작하며 필요한 것만 빠르게 골라 읽거나, 주어진 짤막짤막한 정보를 훑어 읽는 정도로 넘어갈지 모른다.

스크린을 통해 글을 읽는 사람들의 시선을 추적해 본 연구에 의하면, 대개 처음 두세 줄은 왼쪽에서 오른쪽으로 시선을 옮기며 읽지만 그다음 줄부터는 문장의 앞 부분만 보고 대강 훑어 내려가는 방식으로 읽는다고 한다.[2] 실제 스마트폰 스크린을 쉴 새 없이 빠르게 터치하는 사람보다, 스크롤을 천천히 길게 내리면서 읽는 사람들이 인터넷 정보를 더 잘 이해한다는 결과도 있다.[3]

모든 일이 빠르고 즉각적으로 처리되는 시대에, 주어진 것, 필요한 것만 쉽게 찾아 이해하면 되지 않을까? 그렇게 해도 문제는 없다. 단편적인 정보들을 찾아보는 것에 그치더라도 당장 생명에 지장을 주지는 않는다. 하지만 밥을 먹는 것이 허기만 채우는 일이 아닌 것처럼, 단순한 정보를 취하기 위해서만 글을 읽는 것은 아니다. 자신이 먹는 식재료의 산지와 조리법, 신선도와 영양, 그 음식을 언제 어디서 누구와 함께 즐기는지 등을 생각하는 것만으로도 '먹는 일'은 하나의 '문화'가 된다. 살피지 않고 먹은 음식에 탈이 나듯 인터넷이라는 불확실하고 모호한 정보 환경에서는 아무런 의심 없이 취한 정보 하나가 여러모로 우리를 괴롭힐 수도 있다. 그래서 당장의 정보 욕구만 채우는 데 급급하기보다는, 디지털 자료의 내용과 출처를 두루 살펴서 합리적으로 '평가(evaluation)'하고 선택할 수 있어야 한다.

디지털 시대에 똑똑한 독자가 되기 위해서는 부지런히 읽고 섬세하게 따져 보는 태도가 필요하다. 이를 위해서 뉴스 기사, 블로그나 커뮤니티 게시글, 소셜미디어에 올라오는 짧은 정보 글 등 다양한 형태의 온라인 자료들을 두루 살펴보자. 그리고 이 자료들을 똑똑하게 읽어 내는 법을 배워 보자.

직장 동료인 반가워 씨와 기다려 씨는 함께 점심을 먹던 중 다음과 같은 문자를 받았다.

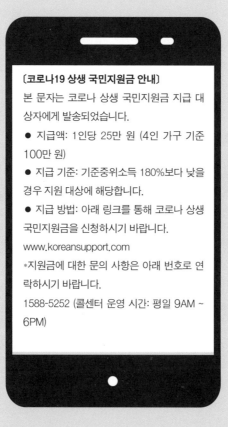

[코로나19 상생 국민지원금 안내]

본 문자는 코로나 상생 국민지원금 지급 대상자에게 발송되었습니다.

● 지급액: 1인당 25만 원 (4인 가구 기준 100만 원)

● 지급 기준: 기준중위소득 180%보다 낮을 경우 지원 대상에 해당합니다.

● 지급 방법: 아래 링크를 통해 코로나 상생 국민지원금을 신청하시기 바랍니다.

www.koreansupport.com

*지원금에 대한 문의 사항은 아래 번호로 연락하시기 바랍니다.

1588-5252 (콜센터 운영 시간: 평일 9AM ~ 6PM)

이 문자 메시지를 받은 당신은 어떻게 행동할 것인가?

- 웹사이트 링크를 클릭한다.
- 메시지를 그냥 지워 버린다.
- 아무 일도 하지 않고 기다려 본다.

반가워 씨의 반응

언제나 재빨리 행동하는 반가워 씨. 점심 식사 후, 자신의 자리로 돌아가던 중 문자를 확인했다. 반가워 씨는 지난 주말에 보았던 TV 뉴스를 떠올렸다. '국가에서 코로나로 피해를 입은 국민들에게 코로나19 상생 국민지원금을 지급한다고 했었지! 문자도 보내 주다니 정말 편하군!'

반가워 씨는 문자에 적혀 있는 웹사이트 링크를 재빨리 클릭했다. 몇 가지 정보를 입력한 후, 국민지원금 신청 버튼을 눌렀다.

"코로나19 상생 국민지원금이 성공적으로 신청되었습니다."

반가워 씨는 오늘 일을 내일로 미루지 않고 국민지원금을 신청했다는 생각에 뿌듯한 마음으로 오후 근무를 시작했다.

기다려 씨의 대응

같은 문자를 받은 직장 동료 기다려 씨. 점심 식사 후 이를 닦으러 가던 중 문자를 확인했다. 어떤 순간에도 함부로 행동하지 않는 기다려 씨는 문자의 웹사이트 주소를 누르려다 멈칫한다. '요즘 스미싱(smishing)[4]이 많다던데 혹시나 이거 사기는 아닐까?' 순간 고민이 밀려온다. 갈팡질팡하는 자신이 우유부단하게 느껴지는 기다려 씨. 이러다 자신이 국민지원금을 신청하지 못할까 염려가 되었다. '그래도 사기를 당하지 않는 것이 중요하지.'라며 기다려 씨는 자신을 위로하고 오후 근무를 시작했다.

며칠 뒤, 뉴스에서 보았던 것처럼 정부는 '코로나19 상생 국민지원금'을 지급하기 시작했다. 기다려 씨는 해당 사이트에 접속하는 것을 고민하다 신청 기간을 놓쳐 지원금을 받지 못했다.

반면에 반가워 씨는 지원금이 들어오길 기다렸다. 그러나 아무리 기다려도 지원금이 들어오지 않았다. 구청에 가서 확인한 반가워 씨는 자신이 받은 문자가 스미싱인 것을 알게 되었다. 범죄 집단에서 실제 정부가 지급하는 지원금 안내 내용을 교묘하게 바꾸어 피싱 문자를 보낸 것이었다. 반가워 씨는 피싱 문자에 자신의 정보를 적는 바람에 주민등록번호와 계좌번호 등 중요한 개인 정보가 노출된 것은 물론, 실제 지원금도 신청하지 못한 처지가 되었다.

여러분이라면 문자를 받았을 때 어떻게 대응하겠는가?

- 반가워 씨처럼 일단 웹사이트를 누른다.
- 기다려 씨처럼 일단 기다린다.
- 현명한 독자인 나는 일단 질문한다.

01

누가,
어떤 근거로,
왜 만들었을까?

온라인 자료 평가하기

무언가를 평가한다는 것은 결코 쉬운 일이 아니다. 평가를 잘 하기 위해서는 평가 대상의 가치를 판단할 수 있는 충분한 근거들이 필요한데, 이런 근거들을 일일이 챙기는 것은 번거롭고 어렵다. 그럼에도 온라인 읽기에서 근거를 찾고 근거의 정당성을 따져 묻는 자세는 매우 중요하다. 온라인 정보를 읽는다는 것은 '냉철함과 부지런함'을 동시에 요구하는 일종의 자료 검증 활동과도 같다. 이를 위해 다음의 세 가지 질문을 활용해 보자.

- 누가 정보의 뒤에 있는가?
- 정보의 근거는 무엇인가?
- 다른 정보는 무엇을 말하는가?

간단해 보이지만, 실제 온라인 정보를 읽으면서 이 질문들에 답하는 일은 그리 간단하지 않다. 하지만 질문을 하며 읽는 것과 그냥 읽는 것은 큰 차이를 가져온다.

정보 뒤에 누가 있는가?

　운전면허증을 발급받았다! 이제 도로에 나가 운전을 하기 위해 연수를 받으려고 한다. 세 가지 방법이 있다. 공식적인 운전 연수 학원에 등록해 전문 강사에게 연수를 받는 것, 운전 연수 경험은 없지만 오랫동안 운전을 해 온 친구에게 배우는 것, 마지막으로 동네 커뮤니티에 글을 올려 운전을 가르쳐 줄 사람을 찾아 배우는 것. 여러분이라면 어떤 선택을 하겠는가?

　두 번째, 세 번째 방법을 택하는 것이 좀더 저렴하고 편할 수 있겠지만, 안전한 운전 연수를 위해서는 가장 믿을 만한 첫 번째 방법을 선택할 것이다. 공식 운전 연수 학원에 속한 전문 강사는 운전 연수와 관련해 전문성을 가지고 있으며 정확성과 신뢰성이 높을 것이라 생각되기 때문이다. 이와 반대로 운전 경험만 있는 친구는 운전 연수와 관련해 전문적이거나 믿음직하다고 판단하기 어렵다. 그렇다면 마지막 방법은 어떠한가? 동네 커뮤니티를 통해 찾는 경우, 그 사람이 운전과 관련해 어떤 경력이 있는지, 운전을 가르치는 데에 능숙한지, 운전에 대한 충분한 지식이 있는지 등을 알기 어렵다(사실, 그가 대체 누구인지도 확인하기 어렵다!).

　온라인 읽기도 마찬가지이다. 특히 온라인 공간에서는 세 번째 상황을 마주하는 경우가 비일비재하다. 온라인 정보의 생산자가 누군지 모호하거나 알기 어렵고, 그 정보가 디지털 공간에 게시되기까지 어떤 과정을 거쳤는지 확인하기도 쉽지 않다. 정보의 생산자를 확인했다고 해도 두 번째 상황처럼 정보를 생산한 필자의 전문성이 없어서 정보의 신뢰성이 떨어지는 일도 흔하다. 그렇기 때문에 우리는 늘 온라인 정보를 읽을 때, "내가 읽고 있는 정보 뒤에 누가 있는가?" 하고 물어야 한다.

◑ 정보의 저자, 작성자, 생산자를 확인하라

온라인에서 정보를 생산한 사람 또는 단체의 정보를 확인하고 파악하는 일은 온라인 자료의 정보 가치를 평가하기 위한 첫째 작업이다. 가령, 인터넷에서 정보를 검색하던 중 원자력 발전소가 안전하다고 주장하는 블로그 글을 접했다고 가정해 보자.

여러분은 이 글이 얼마나 믿을 만하다고 생각하는가? "누가 이 글 뒤에 있는가?" 이 질문을 가지고 글을 작성한 사람은 누구인지, 글이 실리고 유통되는 웹사이트나 매체의 성격은 어떤지 등을 살필 수 있어야 한다.

이 블로그를 보고 여러분 마음 속에 다음과 같은 정당한 의문들이 떠올랐는가?

- 글의 작성자는 누구인가?
- 글의 작성자는 전문성이 있는가?
- 작성자는 왜 이 글을 썼는가?

원전은 정말 위험한가?

연구원 A 2022년 2월 28일

원자력 발전소 선임연구원으로 일하고 있습니다.
원자력 발전과 관련된 기사를 스크랩하고 글을 씁니다.

학력
○○대학교 박사
원자력 공학 전공

경력
○○원자력원구원
책임연구원 재직
○○원자로
개발연구소장 역임
○○원자력포럼
부의장

연구원 A에게
메일 보내기

원자력 발전소(이하 원전)를 둘러싼 갈등이 첨예하다. 원전은 핵분열이나 핵융합 같은 원자력 에너지를 생산해 내는 발전소를 말하는데, 원전에 대한 찬반 논쟁의 쟁점은 바로 '안전성'이다. 그렇다면 원전은 정말 위험할까?

우선 원전에 반대하는 입장에서는 탈원전을 주장하며 국민의 생명과 안전을 위협하는 요인을 제거하는 것이 무엇보다 중요하다고 말한다. 그러나 원전이 야기할 수 있는 위험성의 정도는 우리가 충분히 감당할 수 있는 정도이다. 원전이 붕괴되는 극단적인 사고가 발생하더라도 사고 지역에 살고 있는 모든 사람이 대피해야 할 정도의 재난이 발생하지는 않는다. 원전에 대한 공포심 때문에 사람들은 원전이 매우 위험하다고 짐작하게 된다.

대표적인 예가 후쿠시마 원전 사고이다. 일본 정부는 원전 사고로 인해 방사능 오염의 영향을 받은 토미오카 지역 주민 16만 명을 대피시켰다. 토미오카의 주민들을 대피시키지 않았을 경우, 이 지역 주민의 기대 수명은 두 달 반 단축된다. 이 말만 들어서는 원전의 위험성이 매우 심각하다고 느껴지지만, 런던에서 대기오염으로 단축되는 기대 수명이 넉 달 반이라는 것과 비교해 보면 생각이 달라질 것이다. 또한 강제 이주된 16만 명 중 1,121명이 신체적, 정신적 이유로 사망했다. 방사선 자체로 인한 사망은 한 명도 없는데, 방사선으로 인한 공포가 1,000명 이상의 목숨을 앗아간 것이다.

또한 원전이 지난 30여 년간 화석연료를 대체함으로써 구한 생명이 180만 명이다. 원자력을 포기하면 화석연료인 가스에 대한 의존도가 높아지고, 그만큼 대기오염과 기후변화에 취약해지기 때문이다. 자, 이제 원전에 대해 어떻게 생각는가? 탈원전이 오히려 국민의 생명과 안전, 건강을 위협하고 있는 것은 아닐까?

먼저, 글의 작성자는 누구인가? 블로그 제목 바로 아래에 글의 작성자가 표기되어 있다. '연구원 A', 이 블로그의 운영자가 쓴 글이다. 블로그 왼쪽을 보면 간결한 소개글과 함께 구체적인 학력과 경력이 기재되어 있다. 물론 소개글의 내용이 사실인지 추가적인 검증이 필요하겠으나, 실명과 직책 및 이력이 공개되었다면 적어도 글의 작성자가 누구인지는 비교적 확실히 파악할 수 있다. 화면 좌측 하단에 '메일 보내기' 버튼이 활성화되어 있는 것으로 보아 글 작성자에게 연락도 가능하다는 점을 확인할 수 있다.

　그렇다면 이 글의 작성자는 전문성을 갖추고 있을까? 블로그 글은 원자력 발전이 사람들이 생각하는 것처럼 정말로 위험한 것인지에 대한 내용을 다루고 있다. 글 주제와 관련하여 저자의 학력과 경력을 살펴보자. 물론 이 역시 추가 검증이 필요하겠으나, 소개에 작성된 학력과 경력을 확인하면 원자력 및 원전과 관련하여 전문성을 갖춘 필자라는 점을 확인할 수 있다. 글의 저자는 원자력 공학을 전공했고, 관련 기관에서 재직했으며, 전문가 집단이라고 할 수 있는 원자력 포럼에서도 부의장을 맡고 있다.

　그런데 연구원 A는 왜 이 글을 썼을까? 우선 글쓴이는 원전이 생각보다 위험하지 않다는 주장을 하고 있다. 그렇다면 글 내용과 작성자 사이에 어떤 이해관계가 있지는 않을까? 이것은 작성자가 원전의 안정성 문제와 관련하여 직·간접적 실익이 발생하는 집단과 어떤 이해 관계에 놓여 있는가의 문제와 연결된다. 이 글의 저자가 원전을 유지하거나 없애는 정책과 관련하여 이익을 얻거나 잃을 가능성이 있다면, 이러한 이해 관계가 글의 작성 의도에 영향을 미쳤을지 모른다.

결론적으로 이 블로그 글은 원전의 위험성이 우리 생각보다 심각하지 않다고 주장하는 글이고, 작성자는 '원자력발전소의 책임연구원'이므로 원자력 발전소가 안전하다는 주장을 의도적으로 담고 있을 가능성을 완전히 배제할 수 없다. 물론 모든 저자가 자신의 이익과 관련된다고 해서 언제나 자신에게 도움이 되는 방향으로 글을 쓰지는 않는다. 중립을 유지하기 위해 노력하고 최대한 공정하게 글을 쓰는 저자가 훨씬 많다. 그럼에도 저자가 글의 내용과 관련하여 특정한 이익을 얻거나 손해를 볼 수 있는 입장이라면, 이러한 이해 관계가 글의 내용과 작성 의도에 영향을 미칠 수 있다는 점을 고려하는 것이, 현명한 독자가 선택할 수 있는 비교적 안전한 가정(assumption)이다.

❶ 글에 사용된 자료 살펴보기

당신의 소셜 미디어 피드에 다음과 같은 글이 올라왔다고 가정해보자.[5] 이 자료의 게시자는 누구인가? 프로필 사진과 이름을 보니 쉽게 확인할 수 있다. '문화체육관광부'이다. 그렇다면 이 게시자를 신뢰할 수 있는가? 이 게시자가 정말 우리나라 정부 공공기관인 문화체육관광부가 맞는가? 문화체육관광부 소속 담당 직원이 공식적으로 업로거한 정보라고 확신할 수 있는가? 그 근거는 무엇인가?

"금방 신뢰할 수 있다.", "공공기관인 문화체육관광부가 맞다!"라

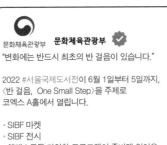

고 답한 독자라면, 추측하건대 소셜 미디어에 익숙한 독자가 분명하다. '문화체육관광부'라는 소셜 미디어 이용자 이름 옆에 공식 인증 마크(✔)가 있기 때문이다. 대부분의 소셜 미디어에서는 누구든 마음만 먹으면 '문화체육관광부'라는 이름을 사용해서 계정을 만들 수 있다. 그래서 일부 플랫폼에서는 개인이 자유롭게 만든 계정과 공공기관이나 유명인의 공식 계정을 구별하기 위해서 '인증 마크' 제도를 사용한다. 소셜 미디어에서 계정 이름 옆에 공식 마크가 있다는 것은 해당 계정이 공식적으로 실제 인물이나 기관을 대표한다는 의미이다.

물론 공식 마크만으로 그 계정과 게시물에 대해 무조건 신뢰할 수 있다고 판단해서는 안 된다. 소셜 미디어 화면을 캡처한 이미지가 공유되는 경우 공식 마크를 삽입하는 것은 매우 쉽다. 따라서 공식 마크가 있다고 해서 모든 게시물을 의심 없이 신뢰해서는 안 된다. 기관 누리집(홈페이지)을 방문하여 실제로 해당 소셜 미디어 계정을 운영하고 있는지 확인하고, 게시한 자료와 정보에 대해 검증하는 등 추가 작업이 필요하다.

그렇다면 익명의 개인이 올린 소셜 미디어 게시물은 어떨까? 금세 자료의 출처를 확인할 수 있을까? 다음 자료를 읽고 게시자의 정보를 확인할 수 있는지, 게시자의 신뢰성을 판단할 수 있을지 생각해 보자.[6]

이 게시물에는 기이하게 생긴 꽃의 사진과 함께 몇 줄의 설명이 추가되어 있다. 내용을 정리해 보면, 2011년에 발생한 일본 후쿠시마의 원전 사고로 누출된 핵 방사능 물질이 꽃에 선천적 결함을 일으켜 그 결과로 기형적인 모습의 꽃이 피었다는 것이다. 사진과 글 정보가 있기에 그럴싸하게 보인다. 사진의 왼쪽 꽃이 오른쪽처럼 되었다니, 충격적이기도 하다. 동시에 후쿠시마 원전 사고가 지금까지 환경에 엄청난 악영향을 미치고 있다는 생각까지 든다.

그렇지만 아직 확신하기에는 이르다. 이 게시물의 내용이 사실인지 아닌지에 대한 판단 과정을 거치지 않았기 때문이다. 먼저 게시자 정보를 확인하는 일이 중요하다. 이 게시물의 작성자는 'nuclear_sns'라는 익명의 사용자로 그가 누구인지, 해당 내용에 대한 전문성을 지니고 있는지 전혀 알 수 없다. 그러므로 정보 가치에

nuclear_sns

후쿠시마에서 발견된 꽃이라고 합니다. 이제는 주변 식물들이 핵 방사능 물질로 인해 선천적인 결함을 보이고 있습니다.

대한 판단은 잠정적 보류가 필요하다.

게시자가 누구인지 모른다고 이 정보에 대한 평가를 멈출 필요는 없다. 이 게시물의 핵심 자료는 사진이다. 이때 이미지 자료 분석을 위해 다음과 같은 질문을 던져 볼 수 있다.

- 글에 사용한 사진은 누가 찍은 것인가?
- 글의 작성자가 사진을 사용한 이유는 무엇인가?
- 사진과 글의 내용이 타당하게 연결되는가? 상충되지는 않는가?

시각적 이미지는 글의 내용이 '사실처럼 보이게' 하는 '강력한 증거'처럼 기능하기도 한다. 인간의 두뇌는 특별히 의식적으로 사고하지 않는 한 시각적 이미지에 대해서는 비판적 사고를 활성화하지 않는 경향이 있다. 그래서 이미지는 문자 언어보다 더 직접적이고도 강렬하게 사람들의 뇌리를 파고든다.[7] 또한 디지털 편집 기술이 발달한 요즘에는 사진이나 영상 조작이 매우 정교하여 마치 어떤 일이 지금, 이곳에서 벌어지고 있는 양 보이게 한다. 정보 조작자들은 공포, 불안, 분노, 슬픔 등의 격한 감정을 이끌어 내어 사람들의 생각과 행동을 지배하려 한다.

자, 이제 다시 '이 정보 뒤에 누가 있는가?'라는 질문으로 돌아가 보자. 이 사진은 누가 촬영한 것일까? 어디서 찍은 것인가? 후쿠시마에서 찍은 것이 맞을까? 어떻게 그 진위를 알 수 있을까? 자료만 보고서는 이 질문들에 "그렇다!"라고 자신 있게 대답하기 어렵다. 글에 게시한 사진을 누가, 언제, 어디서 찍었는지 아무런 단서가 없기 때문이다. 다만, 감추어진 정보가 너무 많다는 분석으로 미루어 보아, 어쩌면 이 게시물은 원전을 반대하는 사람이 원전과 방사능 물질에 대한 공포심을 조장하기 위해 조작한 정보일 가능성이 있음을 추측해 볼 수 있다. 이런 의문들이 해소되지 않았음에도 불구하고 불완전한 정보, 투명하지 않은 자료, 출처가 의심되는 글을 사실로 받아들이거나 특별한 문제의식 없이 온라인에 공유해서는 안 될 것이다.

온라인에서 자주 보는 자료들 중에는 저자가 누구인지, 공유자가 누구인지, 글에 사용하고 있는 사진이나 자료들이 사실인지 등에 대한 기초 정보를 확인하기 어려운 경우가 많다. 그래서 우리는 지금 내가 보고 있는 정보 뒤에 누가 있는지, 그가 어떤 전문성과 관점을 가지고 있는지, 해당 문제에 관해 어떤 이해 관계에 놓여 있는지를 따져 볼 필요가 있다. 설령 지금 당장 그와 같은 질문에 정확하게 답하지 못하더라도, 이런 합리적 의심은 우리를 보다 면밀하게 자료를 살피는 치밀한 읽기의 과정으로 안내한다.

온라인 정보 읽기에 필요한 질문 하나, 누가 왜 썼을까?

글의 작성자와 관련하여 체크하기

글의 작성자는 누구인가? 작성자를 확인할 수 있는가?

글의 작성자는 글의 주제와 관련하여 전문성이 있는가?

글의 작성자가 가진 목적은 무엇인가?

글의 내용과 작성자 사이에 이해 관계가 얽혀 있지는 않은가?

글에 사용한 자료와 관련하여 체크하기

글에 사용한 그림이나 사진, 영상의 제작자는 누구인가?

글의 작성자가 그 자료를 활용한 이유는 무엇인가? 숨은 의도가 있지는 않은가?

자료와 글의 내용이 타당하게 연결되는가? 상충되지는 않는가?

정보의 근거가 충분한가?

온라인 정보를 잘 읽기 위한 두 번째 질문은 '근거가 충분한가?'이다. 어떤 주장이 타당한지 판단하기 위해서는 반드시 그 주장을 뒷받침하는 근거들이 합리적이고 충분한지 검토해야 한다. 여기서 주장은 상대에게 '궁극적으로 말하고자 하는 바'를 뜻하며, 근거는 이러한 주장을 '뒷받침하기 위해 제시하는 설명과 예시 또는 데이터 등'을 말한다. 설문 조사 결과나 통계 자료, 전문가의 설명이나 경험자 또는 목격자와의 인터뷰 내용 등을 근거 자료로 활용할 수 있다.

❶ 주장과 근거 간의 관련성 살펴보기

나예뻐 씨는 아이를 출산한 후, 얼굴에 잡티와 기미가 많아져서 걱정이다. 오늘도 피부과에 다녀와서 피곤한 나예뻐 씨, 스마트폰으로 오늘의 뉴스를 읽기 시작했다.

잡티 싹! 없애는 바르는 피부 영양제 … 비싼 피부과는 이제 그만!

여성들의 대표적인 피부 고민 원인인 잡티에 도움이 되는 바르는 피부 영양제가 출시되었다. 꾸준히 발라 피부에 흡수시키기만 해도 피부과 시술보다 잡티 제거에 도움이 된다는 연구 결과가 밝혀져 화제가 되고 있다. 그 주인공은 바로 K사의 '바르는 피부 영양제'다.

K사의 피부 영양제는 피부 속까지 효율적으로 침투하는 저분자 콜라겐을 함유하고 있어 빠르게 효과를 볼 수 있다. 잡티에 대한 고민을 단 2주 만

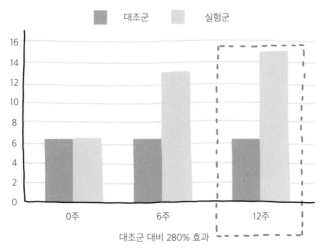

<그래프 1> 색소 침착 개선량

에 해결할 수 있는 프리미엄 피부 관리 아이템이다. 값비싼 피부과 시술 없이도 예쁜 피부를 만드는 것이 가능해졌다. 그래프는 K사에서 실시한 실험 결과이다. 대조군과 실험군을 비교했을 때, 피부 영양제를 꾸준히 바른 집단의 경우 피부가 훨씬 개선된 것을 확인할 수 있다.

또한 실제 K사의 피부 영양제를 두 달 이상 사용한 고객들의 사례도 눈여겨볼 만하다. 대표적으로 김○○ 씨의 사례를 살펴보자. 올해 40대에 접어든 김○○ 씨는 피부과 시술을 꾸준히 받았지만, 일시적인 효과만 나타날 뿐이어서 고민하던 중 K사 피부 영양제를 구매해 사용하기 시작했다. 그동안 타사의 기능성 화장품도 많이 사용해 봤지만 큰 효과를 얻지 못했던 김○○씨는 사용한 지 2주 만에 서서히 주름이 옅어지면서 개선되는 것을 실감했다고 한다. (○○○기자, 기사 입력 2022년 ○○월 ○○일)

'K사의 피부 영양제를 사용하면 피부과에 가지 않고도 주름을 제거할 수 있다고?' 당장 K사의 '바르는 피부 영양제'를 구매하려는 나예뻐 씨에게 여러분은 어떻게 이야기하겠는가? 같이 구매하자고 할 것인가?

　이 온라인 기사(사실은 기사형 광고)에서는 여러 근거를 들어 K사의 피부 영양제를 2주 이상 사용하면 잡티가 개선된다고 주장하고 있다. 사실 이 주장 자체에 대한 옳고 그름을 즉각 판단하기는 어렵다. 우리가 피부 건강이나 피부 영양제에 관한 전문가가 아니기 때문이다. 하지만 이 글의 주장을 받아들일지 말지 결정해야 하는 사람은 바로 우리 자신이라는 점을 잊지 말아야 한다. 어떤 주장에 대한 판단이 어려울 때에는 반드시 그 주장을 뒷받침하고 있는 근거를 살펴봐야 한다. 글에 포함된 근거들이 논리적, 합리적으로 해당 주장을 뒷받침하지 못한다면, 그 주장은 타당하지 못한 것이 된다.

　그렇다면, 이 기사에 담긴 근거들은 무엇이고 또 충분한가? 이 기사에는 크게 두 가지 근거가 포함되어 있는데, 하나는 K사 피부 영양제의 효과성을 검증한 '실험 결과(근거 1)'이고, 다른 하나는 피부 영양제로 효과를 보았다는 '개인 사례(근거 2)'이다. 먼저 '근거 1'은 K사의 피부 영양제를 사용한 집단(실험군)과 사용하지 않은 집단(대조군) 간의 색소 침착 개선 정도를 비교한 실험 결과이다. 6주 간격으로 12주 동안 색소 침착이 줄어든 정도를 그래프를 통해 보여 줌으로써, 이 영양제가 잡티 개선에 도움이 되었다는 것을 입증하려고 한다. 그렇다면 이 실험 결과는 해당 제품의 피부 개선 효과를 입증할 만한 좋은 근거라고 말할 수 있을까?

'근거 2'는 K사의 피부 영양제를 두 달 이상 사용해 온 고객의 사례다. 영양제를 2주 정도 사용하니 주름이 많이 옅어졌다는 후기가 첨부되어 있다. 그런데 여기서 눈여겨볼 대목이 있다. 이 광고 기사가 내세우는 주장의 핵심은 K사 피부 영양제가 잡티 제거에 탁월한 효과가 있다는 것인데, '근거 2'의 사례는 주름 개선 효과만 이야기할 뿐, 잡티 제거 효과는 이야기하지 않고 있다는 점이다. 즉, 해당 광고의 주장과 근거 사이의 관련성을 입증할 만한 정보가 없기에, K사 상품의 효과를 보여 주는 근거 자료로 적절하다고 판단할 수 없다. 따라서 '근거 2'는 주장과의 관련성이 부족해서 주장을 충분히 뒷받침하지 못한다.

그렇다면 꽤나 과학적으로 보이는 '근거 1'의 실험 결과는 이 기사의 주장을 뒷받침하기에 충분한 것일까? 다음 단계에서는 '근거 1'의 자료를 샅샅이 분석해 보자.

❶ 근거의 구체성 살펴보기

근거의 충분성을 검토하기 위해서는 근거의 '구체성'과 관련된 질문을 던질 수 있다. 근거가 구체적이고 자세할수록 독자에게 더 많은 정보를 제공한다. 가령, "프랑스 파리의 인구는 100만 명에서 1,000만 명 사이입니다."라는 문장은 100% 정확한 내용을 담고 있더라도 정보의 함량이 적기 때문에 근거로 활용했을 때 큰 효과를 기대할 수 없다. 반면 "프랑스 파리의 인구는 약 216만 명입니다."라는 문장은 구체적인 정보를 담고 있기 때문에 정보의 가치가 더 높다.

근거가 구체적이면 독자가 이를 다방면으로 조사할 수 있는 기회가 생기기 때문에 자연스럽게 설득력도 강해진다. 그런데 문제는 독자를 속이고자 하는 목적으로 근거를 의도적으로 모호하고 불분명하게 제시하여 독자가 할 수 있는 일을 아예 차단하는 경우이다. 그렇다면 '근거 1'을 구체성 측면에서 평가할 수 있을까?

1. '근거 1'은 충분히 구체적인 정보를 담고 있는가?
2. 근거의 구체성이 부족하다면, 어떤 정보가 더 필요한가? 아래에 제시한 정보를 참고해 보자.
- 실험 참여 인원 수
- 실험에 참여한 사람들에 대한 정보(나이, 성별, 피부 상태 등)
- 실험 방법(제품 사용 방법 및 횟수 등)
- 실험 결과 분석 방법(색소 침착 측정 방법 등)과 분석 기관명(국가 공인 여부)
- 실험 결과 제시 방법(그래프)

앞의 광고성 기사는 실험 결과를 근거로 제품 효과에 대한 주장을 뒷받침하려 하지만, 자세히 분석해 보면 근거의 구체성이 부족하다는 점을 발견할 수 있다. 실험의 결과는 제시했지만, 그 실험 결과가 도출된 과정에 대해서는 의심의 여지가 있다. 몇 명의 참여자를 대상으로 어떤 방법으로 실험을 진행했는지, 이 연구는 어디서 시행했고 연구 결과를 뒷받침하는 구체적인 데이터와 분석 방법은 무엇인지 등 과학적 연구로서의 신뢰성에 관해 물어야 할 질문이 많다.

또한 실험 결과로 제시한 그래프가 여러모로 불명확하다. 세로축의 숫자가 무엇을 의미하는지, 그 단위는 무엇인지 알 수 없다. 그래프 하단의 문구는 K사의 피부 영양제를 사용한 실험군 집단이 대조군 대비 280%의 효과를 보인다고 했지만, 280%의 차이를 그래프만으로는 확인할 수 없고, 어떤 효과가 나타났다는 것인지도 분명하지 않다. 근거의 구체성이 떨어진다는 것은 우리가 해당 정보가 정확한지 판단하는 데에 한계가 있다는 것을 의미한다. 정확한 정보인지조차 판단하기 어렵다면 그 정보는 어떤 주장에 대한 근거로서 충분하지 않다는 결론에 이를 수밖에 없다.

한 걸음 더 나아가서 실험을 수행한 주체에 대해서도 따져 볼 수 있다. 글을 읽어 보면 이 실험은 K사에서 진행했다. 지금이 바로 앞서 배운 "누가 정보 뒤에 있는가?"라는 질문을 떠올릴 때이다. 실험을 진행한 곳이 K사이기 때문에 회사의 이익을 위해 실험의 과정과 결과를 선택적으로 사용했거나, 자사에 유리한 방식으로 해석했거나, 또는 극단적으로 왜곡했을 가능성을 완전히 배제하기 어렵다. 만일 공신력 있는 제3의 기관에서 진행한 실험 결과나 학문 공동체에서 인정할 만한 결과물을 제시했다면 누구라도 그 근거를 쉽게 기각하기 어려웠을 것이다.

다음 인터넷 기사를 읽고 물음에 답해 보자.

부동산 〉 재개발

구리 수택동 재개발 '속도'…6452가구 짓는다

◇◇건설은 이달 경기도 구리시 수택동 532 일원에 수택1지구 재건축을 통해 'ㅇㅇ아파트'를 분양할 예정이라고 9일 밝혔다. 지하 2층~지상 20층, 7개동, 전용면적 59~84㎡ 총 565가구 규모로 이 중 250가구가 일반 분양으로 공급된다. 일반 분양 물량을 전용면적별로 살펴보면 △59㎡A 74가구 △59㎡B 18가구 △59㎡C 7가구 △74㎡A 110가구 △74㎡B 17가구 △84㎡A 24가구 등이다. 단지는 경의중앙선·8호선 연장선(예정) 구리역을 도보로 이용 가능한 교통망을 갖췄다. 환승 없이 용산, 공덕, 홍대입구 등으로 이동할 수 있다. 서울 지하철 8호선 종점인 암사역에서 남양주 별내를 잇는 별내선(8호선 연장선)이 개통되면 잠실까지 환승 없이 20분대에 이동이 가능해져 서울 접근성이 크게 개선될 예정이다. 별내선은 2023년 9월 전 구간 완공을 목표로 공사가 진행 중이다.

구리역 환승센터도 눈길을 끈다. 이 사업은 올해 제4차 대도시권 광역교통시행계획의 환승센터 신규 사업으로 선정됐다. 철도 환승뿐만 아니라 버스 등 대중교통과도 연계되는 게 특징이다. 2026년 완공을 목표로 추진 중이다. 서울~세종고속도로 및 경춘로 등을 이용한 차량 이동도 가능하다. 김ㅇㅇ 부동산 컨설팅 소장은 "구리시는 신규 분양 단지가 주변 지역에 비해 많지 않은 편"이라며 "인근 남양주 별내보다 강남 출퇴근 등 서울 접근성이 좋아 수요가 꾸준하다"고 말했다.

1. 위의 기사는 구리시에서 진행하는 재개발에 대한 정보를 제공하기 위해 작성되었다. (○, ×)
2. 재건축을 통해 분양하는 가구 면적이나 수를 정확한 수치로 제시하고 있어 믿을 만하다. (○, ×)
3. 부동산 전문가인 부동산 컨설팅 소장의 말을 인용한 것으로 보아 이 글은 믿을 만하다. (○, ×)

정답 모두 ×

이 글은 구리시에 새로 생기는 ○○아파트와 주변 교통망에 대해 설명하고 있다. 분양하는 아파트의 세대수 및 상세한 분양 내역을 구체적 수치로 제시하고 있고, ○○아파트 단지가 갖추게 될 우수한 대중교통 시설 및 도로 환경에 대한 정보를 제시한 다음, ○○아파트가 지닌 자산으로서의 가치를 넌지시 언급하는 부동산컨설팅 소장의 말까지 인용해 꽤 그럴싸한 글처럼 보인다.

하지만 이 글은 '기사처럼 위장한 광고'이다. 제목에 등장한 '구리 수택동 재개발'과 관련된 내용은 글에서 찾아볼 수 없다. 글의 초점이 오직 '○○아파트 분양'에 맞추어져 있고 교통과 관련된 정보도 '서울까지의 접근성'에 치우쳐 있다. 인근 남양주 별내보다 강남 출퇴근이 용이하다는 부동산 컨설팅 소장의 말을 인용한 것도 역시 ○○아파트를 홍보하기 위한 목적에 지나지 않는다.

이 글에는 재개발을 진행하게 된 배경이나 이유, 진행 상황, 지역 주민들의 반응 등은 어디에도 없다. 기자의 관점에서 실제 현장을 취재하고 분석한 내용도 없다. 재개발은 주거환경이나 도시경관을 재정비하는 것으로 공공의 성격을 띠고 있는 건설 사업이다. 이 글이 정말 '기사'로서 우리 사회 곳곳의 소식을 전하고자 하는 목적에 충실한 글이었다면, 작성자는 아파트 분양을 홍보하기 위한 정보가 아니라 재개발의 의미나 지역 주민들의 목소리에 더 주목했을 것이다. 또한 글에 '부동산 컨설팅 소장'이 등장하는 일도 없었을 것이다.

해당 기사는 언론인권센터 모니터링단이 찾은 기사형 광고 중 하나를 일부 수정한 것이다.[8] 모니터링단은 3주의 기간 동안 종합일간지 8개와 통신사 3개 등 총 18개사를 선정하여 기사를 점검했다. 조사 결과에 따르면 해당 언론사들은 3주간 무려 1,813건의 기사형 광고를 송출했다고 한다.

기사의 형식이지만 광고를 목적으로 하는 글을 '기사형 광고'라고 한다. 바꾸어 말하면 '가짜 기사'다. '기사형 광고'는 신뢰성과 객관성을 기반으로 하는 '신문 기사'의 형태를 빌려 광고에 대한 소비자들의 신뢰도를 높이려는 의도에서 비롯된다. 실제로 여성 소비자 100명을 대상으로 한 실험에서, 40~50대 응답자 50명 중 60% 이상이 병원의 기사형 광고를 신문 기사로 인식하고 있었으며, 약 70%가 기사형 광고의 작성 주체를 언론 기관으로 오해하고 있었다. 20~30대 응답자 중에서도 기사형 광고를 언론이 게재한 기사로 알고 있는 비율이 낮지 않았다.[9]

온라인 정보 읽기에서 필요한 질문 둘

1. 그래서 근거가 뭐야?

주장과 근거 간의 관련성 살펴보기: 근거의 충분성을 확인하기 위해 먼저 근거 자료가 주장과 관련된 내용을 다루고 있는지 확인해야 한다. 주장과 근거를 따져 볼 때, 주장과 관련 없는 생뚱맞은 근거 자료를 무심코 지나칠 수 있다는 점을 명심 해야 한다.

2. 근거가 구체적으로 설명되어 있어?

근거의 구체성 살펴보기: 주장과 관련성이 있는 근거라고 할지라도 그 근거가 구체적인지 살펴보고 부족한 요소들은 없는지 점검해야 한다. 설문 조사 결과나 그래프, 실험 결과와 같은 자료들이라고 해서 무조건 정확하다고 판단해서는 안 된다.

다른 자료들은 어떻게 말하는가?

지금까지 우리는 글의 작성자와 게시자를 살펴보고 근거를 분석해 보았다. 그런데 누가 어떤 의도로 글을 작성했는지 분명히 파악하고, 글에 드러난 주장과 근거가 합리적이고 타당하다고 판단했더라도, 한 가지 단계가 더 남았다. 바로 다른 자료들을 찾아 읽는 '교차 검증'의 과정이다. 교차 검증은 읽은 자료에서 주장하는 내용과 다른 주장을 하고 있는 자료들은 없는지, 다른 자료들도 같은 주장을 하고 있다면 어떤 근거를 사용하고 있는지 비교해 보는 매우 능동적인 읽기의 과정이다.

나아파 씨는 건강에 관심이 많은 30대 직장인이다. 최근 비대면 업무가 늘어나면서 노트북 화면을 오랜 시간 보다 보니 안구건조증을 앓고 있다. 그런데 '오늘의 뉴스'에서 다음과 같은 글을 발견했다.

스마트폰에서 나오는 블루라이트, 실명 일으킬 수 있어…

최근 비대면 업무의 증가로 인해 눈의 피로감을 호소하는 사람들이 많아졌다. 디지털 기기 화면을 오랜 시간 볼 때, 유독 눈이 쉽게 건조해지고 피로해지는 이유는 무엇일까? 이는 컴퓨터나 스마트폰, 태블릿 PC 등의 기기에서 나오는 '블루라이트' 때문이다. 블루라이트는 파란색 계열의 빛으로, 스마트 기기의 디스플레이와 LED 조명기기에서 많이 방출된다. 그리고 우리 눈 건강에 유해하다고 많이 알려져 있다. 실제로 관련 실험을 진행한 톨레도 대학교 연구팀은 블루라이트에 장시간 노출될 경우, 빛을 감지하는 망막 세포가 파괴되어 시력이 저하될 수 있다고 발표했다.

연구 책임자인 톨레도 대학의 아지스 카룬아라스네(Ajith Karunarathne) 교수는 "눈이 청색광에 일정 시간 노출되면 망막세포를 파괴하는 독성 물질이 생겨 '황반변성'이 일어날 수 있다는 점을 확인했다."라고 밝히며 "특히 어두운 곳에서 스마트폰을 오래 이용하면 이용할수록 청색광에 의한 시력 저하 현상이 심해져서 눈 건강에 해로운 것으로 나타났다."라고 말했다.

연구진은 청색광이 망막에 얼마나 많은 영향을 미치는지를 파악하기 위해 여러 파장의 빛을 번갈아 쪼이면서 변화를 관찰했다. 그 결과 청색광을 쪼인 망막세포에서는 곧바로 세포가 파괴되기 시작했지만, 가시광선이나 적외선 등에서는 별다른 현상이 발생하지 않는다는 점을 확인했다.

〈○○일보〉, 김○○ 기자)

"실명이라니… 블루라이트가 이렇게 위험한 것이었구나…!" 얼른 '원문 자료 보기'를 클릭해 톨레로 대학의 연구 결과를 살폈다. 온라인 읽기의 첫 번째, 두 번째 질문을 스스로 하면서 글을 읽기 시작했다. 대학 연구팀이 공식적인 논문으로 발표한 내용이고 직접 실험한 결과도 있으니 근거가 충분하다고 생각했다. 나아파 씨는 블루라이트가 실명을 일으킬 수 있다는 사실 때문에 충격에 빠졌다. 만약, 여러분이 나아파 씨의 상황이라면 다음 중 어떤 선택을 하겠는가?

① '에이… 설마~ 실명까지 하겠어?' 하는 마음으로 일단 무시한다.
② 당장 블루라이트 차단 안경과 차단 필름을 구매해서 눈 건강을 지킨다.

③ "혹시 다른 의견은 없을까?"라며 블루라이트의 유해성과 관련된 다른 입장을 찾아본다.

작성자가 명확하고 근거가 확실하다고 판단했다면 그 주장과 근거는 무조건 수용해도 될까? 읽은 내용대로 생각하고 판단하고 결정하고 행동해도 문제가 없을까? 아직 우리는 이 글에 대해 못다 한 질문이 많다.

- 블루라이트는 정말 실명을 유발할까?
- 블루라이트는 사람에게 얼마나 유해할까?
- 블루라이트가 위험하지 않다고 판단한 글은 없을까?
- 톨레도 대학의 연구 결과를 반박하는 입장은 없을까?

모든 글에는 반드시 작성자의 생각이나 주장, 관점과 의도가 담겨 있기 마련이다. 그리고 이러한 주장, 관점, 의견 등이 반드시 정답이라고 말하기는 어렵다. 따라서 어떤 글에 담긴 주장이 믿을 만한지, 받아들여도 되는지 확인하기 위해서는 그와 동일한 주제와 문제에 대해서 다른 주장, 관점, 의견을 제시하고 있는 글은 없는지 찾아볼 필요가 있다.

실제로 2018년, 미국안과학회는 톨레도 대학의 연구 결과에 대해서 사람이 아닌 쥐의 망막세포로 실험했다는 점, 일상생활에서는 실험에서처럼 청색광이 망막에만 과도하게 집중되지 않는다는 점,

인간을 포함한 생물의 세포는 일정량의 청색광이나 자외선에 대해 자가 회복 능력이 있다는 점 등의 구체적인 이유를 들어 조목조목 반박한 바 있다.[10] 블루라이트의 유해성을 둘러싼 논란은 여전히 지속되고 있으며 실제로 블루라이트가 사람의 눈 건강에 얼마나 해를 끼치는지는 명확히 밝혀진 바가 없다.

인터넷에서 어떤 정보를 찾거나 읽을 때 그것들이 어느 한쪽의 입장만을 대변하고 있다면, 반대편의 입장을 다루고 있는 자료는 없는지, 이 주장과는 상이한 관점에서 동일한 문제를 다루고 있는 자료는 없는지 확인하는 태도가 필요하다. 이런 태도를 가지고 글을 읽는 독자를 '인식론적으로 열린 독자'라고 한다. 인식론이란 지식과 앎의 과정을 어떻게 바라보고 있는지에 대한 개인의 생각이나 태도를 말한다.

지식은 절대적이고 단순한 것인가? 아니면 맥락적이고 복잡한 것인가? 지식은 외부에서 만들어지는 것인가? 아니면 개인의 사고를 통해 구성되는 것인가? 지식과 앎에 대한 저마다의 생각은 글을 읽고 세상을 바라보는 방식의 차이를 가져온다.

인식론적으로 열린 독자

인식론적으로 열린 독자는 어떤 정보나 지식이 맥락과 상황에 따라 다르게 해석될 수 있으며, 시간이 지남에 따라 바뀔 가능성이 있다는 것을 알고 있다. 또한 타인에 의해 만들어진 정보를 단순히 받아들이는 것이 아니라 스스로의 사유와 판단을 통해 지식을 구성해 나가야 한다는 점도 잘 이해하고 있다. 열린 독자는 권위 있는 전문가가 수행한 과학적인 실험이라고 해서 항상 옳은 것은 아니며, 소수의 사람이 말한다고 해서 무조건 잘못된 정보가 아님을 인지하고 있다. 각기 다른 관점을 가진 사람들이 다양한 방식으로 정보를 생산하고 게시하는 온라인 공간에서 우리는 인식론적으로 열린 독자가 되어야 한다.

다음 두 독자의 온라인 읽기 과정을 함께 보면서 '인식론적 읽기'에 관해 좀더 살펴보자. A와 B는 '스마트폰 이용 시간과 읽기 능력 간의 상관관계가 있는가?'라는 문제에 답하기 위해 온라인에서 검색과 읽기를 반복했다. 블로그 글, 신문 기사, 논문 등 다양한 형태의 온라인 자료를 클릭해 읽어 나갔다. 이 두 사람이 온라인 읽기를 수행하면서 한 생각들을 들여다보자.[11]

독자 A

[블로그 글을 읽으며] '컴퓨터로 읽은 애들은 정보를 오래 기억하지 못한다.' 계속 이 내용이 반복되네. '기억을 못한다.' 이거는 확실한가 보네. 여러 군데서 똑같은 얘기를 하는 거 보면 굳이 논문을 안 봐도 정설인가 보다, 이건.

[기자가 시민을 인터뷰한 내용을 읽고] 이 사람은 재미가 없어서 책을 안 읽는다고 하네. '책 읽기에 흥미를 갖지 않는다는 점'은 읽기 능력이 떨어지는 요인이 될 수 있을 것 같아.

독자 B

[잠시 읽기를 멈추고] 근데 지금 내가 정보를 너무 얕게 찾아보고 있는 건가? 좀 전문적으로 찾아봐야 하나? 한쪽의 내용만 나오는 게 뭔가 의심스러운데…. 분명 좋은 점도 있는데 내가 볼 때 연구를 안 하고 있는 것 같아.

[읽기를 멈추고] 스마트폰 이용 시간과 읽기 능력 간의 상관관계가 있다는 주장을 지지하는 자료는 아까 읽었던 연구 결과랑 ○○학원에서 분석한 내용이었지. 상관관계가 없다고 한 자료로는 내가 찾은 논문이 있어. 읽기 능력에 영향을 주는 건 스마트폰 이용 시간도 있지만 꼭 스마트폰 이용 시간만 영향을 주는 게 아니라는 내용이었어. 여기까지는 일단 '상관관계는 있을 수도 있고 없을 수도 있다.'라고 정리를 해야겠다.

둘 중 인식론적으로 열린 독자는 누구일까?

우선 독자 A는 여러 군데에서 똑같은 이야기를 하고 있다는 이유로 그 내용을 '확실한 것'으로 규정하고 있다. 다른 입장이 있을 수 있다는 사실을 염두에 두지 않고 있는 모습이다. 실제로 A는 이후 관련 정보를 추가적으로 탐색하지 않았다. 또한 기사에 나온 익명의 답변자의 말을 아무런 의심 없이 받아들이고 있다. 답변자가 누구인지, 왜 그런 답변을 했는지에 대한 설명이 전혀 나와 있지 않은데도 기사에 적힌 한 줄의 문장을 있는 그대로 수용했다.

반면 독자 B는 자신이 찾은 자료와 상반되는 관점을 지닌 자료가 분명히 있을 것이라고 가정하고 있다. 그리고 자신이 찾아 읽은 정보가 시간이 지남에 따라 다른 평가를 받을 수 있다는 사실을 아는 듯 보인다. 실제로 B는 자신의 읽기 과정을 돌아보면서 한쪽 입장에 치우친 글만 읽었다는 점을 성찰하고 반대되는 관점의 글을 찾기 위해 노력했다. 글을 읽고 나서는 읽은 내용을 보충할 수 있는 추가 자료를 찾아나서는 모습을 보였다. 결과적으로 자료 간의 일치, 불일치를 따져 가며 정보들을 통합적으로 연결하였고 짜임새 있는 방식으로 자신의 관점을 구성했다.

독자 A와 B의 읽기 결과를 비교해 보면, '스마트폰 이용 시간과 읽기 능력 간의 상관관계가 있는가?'라는 물음에 대해 독자 A는 단편적인 근거를 들어 답을 정한 반면, 독자 B는 더욱 다층적인 근거를 제시하여 자신의 관점을 밝혔다. 이처럼 독자가 어떠한 인식론을 지니고 글을 읽느냐에 따라 온라인에서 정보를 찾아 이해하고 평가하는 과정(어떻게 읽었는지)뿐만 아니라, 읽기의 결과(무엇을 배웠는지)도 달라지게 된다.

그렇다면 우리는 인식론적으로 열린 독자일까? 다음에 제시된 체크리스트의 문항에 동의하는 정도를 표시하고, 총점을 계산해 보자.[12]

이 문항들은 온라인에서 정보를 탐색하고 이해하는 과정에 대한 독자 인식론을 간단히 알아보기 위해 구성한 것이다. 체크리스트에서 확인한 점수를 통해서 온라인 자료를 읽으며 무언가를 알아나가는 과정에 대한 스스로의 행동과 태도를 확인할 수 있다.

	문항 내용	전혀 동의하지 않음 (1점)	동의하지 않음 (2점)	동의함 (3점)	매우 동의함 (4점)
1	인터넷은 내가 알고자 하는 것에 대한 정확한 지식을 포함하고 있다				
2	인터넷은 내가 알고자 하는 것에 대한 대부분의 지식을 제공한다				
3	내가 알고자 하는 것과 관련된 거의 모든 쟁점들에 대한 답은 인터넷에서 찾을 수 있다				
4	인터넷의 가장 중요한 장점은 내가 알고자 하는 것과 관련된 세부 정보들을 충분하게 찾을 수 있다는 것이다				
5	학습을 위해 인터넷을 사용할 때 나는 내가 찾은 지식이 옳은지 아닌지를 즉시 판단한다				
6	학습하는 데 있어서, 인터넷은 나의 생각과 추론보다 훨씬 더 중요한 지식의 출처이다				
7	인터넷에서 찾을 수 있는 다양한 출처의 자료들은 알고자 하는 것과 관련된 질문들에 대해 정확한 답을 제공해 준다				
8	인터넷은 내가 알고자 하는 것과 관련하여, 의견과 추측보다는 사실을 더 많이 포함하고 있다				
9	인터넷의 강점은 내가 알고자 하는 것에 대한 상세 정보들이 방대하게 존재한다는 것이다				
10	인터넷을 지식의 출처로 사용하여 학습할 때 나는 내가 이해한 내용에 대해 매우 확신이 든다				
11	내가 알고자 하는 것과 관련하여, 인터넷에서 찾은 지식이 믿을 만한 것인지를 판단할 수 있는 방법은 없다				
12	내가 알고자 하는 것과 관련하여, 나는 인터넷에서 찾은 지식이 옳은 것이라고 받아들여야 할 것 같은 느낌을 자주 받는다				

(가) 1번 + 3번 + 4번 + 7번 + 8번 + 9번　　　　　= (　　　　)점

(나) 2번 + 5번 + 6번 + 10번 + 11번 + 12번　　　　= (　　　　)점

총점이 낮을수록 열린 인식론을 가지고 있다고 볼 수 있는데, (가) 문항들의 경우 점수가 높을수록 세상에는 절대적인 지식이 있으며 지식의 형성은 사실의 축적으로 이루어진다는 관점에 가깝고, 점수가 낮을수록 지식이란 상황과 맥락에 따라 달라질 수 있으므로 잠정적으로 규정된 것인 동시에 다면적으로 구성된다고 보는 관점에 가깝다. (나)의 문항들은 '앎'의 과정에 대한 이해를 보여 주는데, 점수가 높을수록 앎이란 자아 외부에서 구성된 것을 받아들이는 과정이라고 보는 관점에 가깝고, 점수가 낮을수록 자아가 다양한 방식의 상호작용과 사유를 통해서 지식을 주체적으로 구성한다고 보는 관점에 가깝다.

여러분의 점수는 어떠한가? 생각한 것과 같은 결과가 나왔는가? 인식론은 능력이 아니기 때문에 이 점검표만으로 누가 더 온라인 환경에서 잘 읽는지, 못 읽는지를 평가할 수 없다. 그렇지만 개인의 인식론은 세상을 바라보는 창과 같다. 닫혀 있던 창문을 열고 밖을 본다면 더 많은 것을 볼 수 있지 않을까? 열린 인식론을 가진 독자는 어떤 사실이나 의견에 대해 합리적으로 생각하고 판단한다. 그렇기 때문에 읽기의 방식이 달라지고 사고의 폭과 깊이도 달라진다.

'전달'되는 지식, '구성'되는 지식

인식론(epistemic beliefs)

'지식의 본질'과 '앎의 과정'에 대한 사람들의 관점과 태도를 말한다. 개인의 인식론은 정보와 자료를 읽을 때 은연중에 작동하며, 특히 정보의 신뢰성을 판단하는 순간에 주로 작용한다.

인식론이 작동하는 순간

1) 익숙하지 않은 주제의 글을 읽을 때 그 진실성을 어떻게 평가할 것인가?

2) 여러 정보의 출처를 조율할 때 누구의 권위를 받아들일 것인가?

3) 특정 주장을 취할 때 그것을 정당화하기 위한 근거는 무엇인가?

4) 내가 읽은 것이 진실이고, 믿을 수 있다고 얼마나 확신하는가?

인식론은 고차원적인 문답의 과정에서 중요한 역할을 한다.[13] 지식을 타인이 제공하는 절대적 사실로 보는 독자는 정답을 찾듯이 글을 읽거나, 정보를 평가할 때 텍스트의 권위에 의지하려는 경향을 보인다. 반면, 지식을 자신의 이해를 바탕으로 구성해 나가는 것이라고 보는 독자들은 텍스트와 자신의 관점을 견주어 보고, 정보의 신뢰성 역시 다양한 출처에 근거하여 판단한다. 때때로 이들은 대안을 제시하는 새로운 텍스트를 탐구하거나, 서로 다른 관점의 텍스트를 통합하여 보다 깊고 넓게 이해하려고 노력한다.[14]

인포데믹 세상에서
살아남기

가짜 뉴스 판별법

2010년 8월, 구글 최고경영자였던 에릭 슈미트는 "최근 인류가 이틀 동안 생산하는 정보의 양이 동굴벽화 시대부터 2003년까지 창출한 모든 정보의 양보다 많다."는 통계 자료를 발표한 바 있다. 지금으로부터 10여 년 전 이야기이니, 5G 스마트폰이 상용화된 요즘에는 더욱 많은 양의 정보가 훨씬 빠르게 생산, 공유되고 있음을 쉽게 짐작해 볼 수 있다. 그런데 정보의 대홍수 시대에 우리에게 도움이 되는 진짜 정보가 얼마나 될까?

최근 미국의 배우 디캐프리오가 우크라이나에 1,000만 달러, 한화로 약 120여억 원을 기부했다는 뉴스를 국내 여러 언론사가 보도했다. 디캐프리오의 외할머니가 우크라이나 출신이라 러시아와의 전쟁으로 고통받고 있는 우크라이나 사람들을 위해 통 큰 기부를 했다는 내용이었다. 그런데 CNN 확인 결과 디캐프리오의 외할머니인 헬레네 인더버켄은 독일에서 태어났으며 디캐프리오의 친인척 중 우크라이나에서 나고 자란 가족은 없다는 사실이 확인되었다. 아니나 다를까 팩트 체크에 근거하여 디캐프리오가 우크라이나에 1,000만 달러를 기부했다는 소식은 '가짜 뉴스'로 판별되었다.

그런데 충격적인 사실은 이런 얼토당토않은 가짜 뉴스가 우리나라 공영방송의 TV 뉴스로 보도되었다는 사실이다. 말도 안 되는 루머가 공공성과 신뢰성을 제1순위로 두어야 하는 언론기관에 의해 퍼져나간 것이다.

해당 방송국의 관계자는 우크라이나 전쟁을 다룬 해외 뉴스와 우크라이나 주변 국가 매체를 통해 화제가 되고 있는 소식을 검색하였고, 영미 언론과 헝가리, 폴란드 매체에서 보도된 내용들을 확인한 후에 뉴스를 제작하여 송출했으며, 이 뉴스가 오보임을 뒤늦게 확인하고 사과했다. 디캐프리오의 기부 소식을 최초로 보도한 곳은 남미의 한 매체였는데, 이 매체는 우크라이나 한 여성의 페이스북 게시물을 보고 기사를 작성한 것으로 확인되었다. 특정 소셜 미디어에 떠돌아다니던 거짓 소식이 비교적 공신력 있어 보이는 각종 매체에 인용되면서 우리나라에서도 TV 방송을 통해 대대적으로 보도된 것이다.

가짜 뉴스 전성 시대에 살고 있는 우리에게 이런 일은 결코 낯설지 않다. 인터넷을 통해 국내외 다양한 소식들이 빠르게 전파되며 어디서 시작되었는지도 모르는 글과 사진이 수많은 소셜 미디어와 온라인 커뮤니티를 통해서 유포되고 있다. 가짜 뉴스의 생산과 유통의 문제는 얼간이들이나 저지를 수 있는 사소한 일이 아니라 디지털 네트워크로 연결된 곳이라면 어디에나 해당되는 전 사회적,

전 지구적 문제가 되었다. 이제 더 이상 언론 기관에 의존하여 수동적으로 뉴스를 읽고 정보를 얻는 것만으로는 세상을 제대로 알기 어려워졌다. 스스로 가짜 뉴스를 감별해 낼 수 있는 감식안을 키울 필요가 있다.

잘못된 정보, 허위 정보, 유해 정보

'가짜 뉴스(fake news)'는 우리에게 아주 익숙한 말이다. 말 그대로 진짜가 아닌 뉴스, 거짓 정보, 허위 자료에 근거한 뉴스이다. 모 연예인, 모 정치인에 대해 대대적으로 보도되었던 사실이 가짜 뉴스라고 밝혀지기도 하고, 코로나19 감염병과 백신 관련 소식들이 보도된 지 단 몇 시간 만에 가짜 뉴스라며 뒤집히기도 했다.

가짜 뉴스란 엄밀히 말해서 '허위의 사실을 의도적으로 유포하기 위해 기사 형식을 차용하여 작성한 것'이다. 우리나라에서는 최근 몇 번의 대통령선거 과정에서 정치적 목적을 달성하기 위해 대선 후보나 특정 정당에 대한 가짜 뉴스들이 대량으로 생성되어 유통된 바 있다.

이런 일은 민주주의 선진국으로 불리는 미국과 영국에서도 이미 '두루' 벌어지는 일이 되었다. 가짜 뉴스는 독자를 속이고자 하는 정의롭지 않은 목적에 의해 작성된다. 이런 뉴스들은 사실과 허위를 교묘하게 섞거나 의도적으로 일부 사실만을 부각하여 독자가 그 내용을 의심하지 않고 받아들이도록 한다는 점에서 윤리적 문제가 심각하다. 요즘에는 진짜보다 더 진짜 같은 가짜 뉴스가 판을 치고 있어서 무엇이 진실이고 무엇이 거짓인지 판별하기도 어려워졌다.

그런데 일상에서 가짜 뉴스라는 말이 쓰이는 상황들을 살펴보면 '허위의 사실', '의도적 유포', '기사의 형식'이라는 요건을 모두 갖추지 않은 자료들에 대해서도 쉽게 가짜 뉴스라는 말을 붙여 이야기한다. 친구들끼리의 대화에서도 장난스럽게 '가짜 뉴스 만들어 내지 말라.'는 표현을 사용하곤 한다. '가짜'라는 표현이 어디든 쉽게 붙어 쓰이는 일상적 용어라는 점, 인터넷에 떠도는 루머와 같은 거짓 정보들이 셀 수 없이 많다는 점에서 자연스러운 현상이라고 생각된다. 그럼에도 가짜 뉴스 문제를 해결하기 위해서는 우선적으로 무엇이 가짜 뉴스이고 무엇이 가짜 뉴스가 아닌지 그 기준에 대한 합의 역시 필요하다.

유네스코에서는 가짜 뉴스 문제를 분명히 하기 위해, '잘못된 정보', '허위 정보', '유해 정보'라는 용어를 사용하고 있다.

'잘못된 정보'는 해를 끼치려는 의도는 없지만 사실이 아닌 정보를 말하며, '허위 정보'는 사람이나 조직, 국가에 해를 입히기 위해 조작하거나 꾸며 낸 정보를 말한다. '유해 정보'는 정보 자체는 사실에 기반하지만 공익을 목적으로 하기보다는 해악을 끼칠 의도를 가진 정보를 의미한다. 누군가의 성적 지향을 폭로하는 것과 같이 개인의 사생활을 침해하는 정보를 예로 들 수 있다.

언뜻 보기에 이 세 가지 유형 중 '허위 정보'의 문제가 가장 심각

거짓   해를 끼치려는 의도

잘못된 정보   허위 정보   유해 정보

거짓 맥락
사기성 콘텐츠
거짓 연관성   조작된 콘텐츠   (약간의) 유출
호도하는 콘텐츠   날조된 콘텐츠   (약간의) 괴롭힘
                                    (약간의) 혐오 발언

〈표 1〉 잘못된 정보, 허위 정보, 유해 정보의 구분[15]

하게 다가온다. 정보 자체가 완전히 거짓이며 해를 끼칠 의도까지 분명하니 말이다. 하지만 피해를 줄 의도가 있든 없든, 그것이 일부 사실을 포함하든 아니든 이 세 가지 유형의 가짜 뉴스 모두 사람들 사이에 퍼져 나가면서 누군가에게 피해를 가하고, 특정 집단을 매도 하거나 고립시키며, 사회적 갈등을 유발하는 등 심각한 문제들을 야 기한다.

이 점에서 가짜 뉴스의 문제를 더욱 진지하게 바라볼 필요가 있 다. 특히 '잘못된 정보'의 경우, 우리 주변에서 흔히 찾아볼 수 있으 며, 우리 스스로도 일상적으로 공유하고 있다. 비록 우리 자신이 의 도하지 않더라도 말이다. 온라인에서 얼핏 본 기사의 내용을 진실이 라고 생각하고 동료들에게 이야기한다거나, 어떤 언론사에서 어떤

근거로 보도한 것인지 확인해 보지 않은 채로 기사 링크를 소셜 미디어에 공유하는 것이 대표적인 예라 할 수 있다. 타인에게 해를 주려는 의도와는 상관없이, 정보를 파편적으로 훑어 보고 지배적인 분위기에 휩쓸려 주체적 판단 없이 해당 정보를 마구 퍼 나르는 행위는 분명 성숙한 온라인 독자가 할 일은 아니다. 자신도 모르게 가짜 뉴스를 믿고 유포하는 일에 연루되지 않기 위해서라도, 온라인 환경에서의 '읽는 일'에 평소보다 더 분석적, 비판적 태도를 견지할 필요가 있다.

조회수의 함정

설악산의 흔들바위가 미국인 관광객에 의해 추락했다는 이야기를 들어 본 적이 있는가?[16] 매년 만우절마다 슬금슬금 나오는 가짜 뉴스다. 뉴스의 내용은 이렇다. 설악산 흔들바위는 아무리 흔들어도 떨어지지 않는다는 가이드의 말을 듣고 호기심이 생긴 미국인 관광객 11명이 바위를 추락시켰다는 것이다. 덧붙여 이들이 문화재 훼손 혐의로 입건되었다는 설명도 있다. "설악산의 흔들 바위가 추락했다니, 그것도 외국인 관광객에 의해서?"라며 놀란 사람들이 이런 글을 소셜 미디어에 퍼뜨렸다. '설악산 흔들바위'가 실시간 검색어에 오르고, 설악산 국립 공원 사무소에 전화가 빗발치기도 했다. 만우절에 등장한 황당한 가짜 뉴스가 사람들을 적잖이 당황하게 만들었다.

그런가 하면 한국의 천재 소녀에 대한 가짜 뉴스도 세간에 화제가 된 적이 있다.[17] 미국에 사는 한국 여고생이 하버드 대학과 스탠퍼드 대학에 동시 합격했다는 뉴스였다. 두 학교 모두 이 학생을 욕심 내고 있어서 2년은 하버드에서 2년은 스탠퍼드에서 수학할 것을 제안했다는 것이다. 두 대학의 합격증이 인터넷에 퍼졌고 뉴스의 주인공이 한 라디오 프로그램에 출연해 인터뷰까지 했다. 교육열이 강한 우리나라의 특성 때문인지 이 성공담 뉴스는 발 빠르게 세상에 퍼져 나갔고, 새로운 천재가 등장했다며 언론들은 앞다투어 열광했다.

발 없는 말은 천 리를 가지만, 이 거짓말은 오래가지 못했다. 일부 독자들이 대학들의 제안 내용에 대해 의심하기 시작했고, 합격통지서가 위조됐다는 사실이 밝혀졌다. 한 여고생의 거짓말에 언론과 대중이 속아 넘어간 일화로 유명하다.

두 사건 모두 사소한 해프닝으로 끝났다. 흔들바위는 멀쩡했고 천재 소녀는 조용히 사라졌다. 하지만 뉴스의 역할을 생각해 본다면 쉽게 넘어갈 문제는 아니다. 언론은 사실 검증에 실패했고, 대중은 뉴스 내용을 그대로 믿었으며, 온라인은 가짜 뉴스 전파의 매개가 되었다.

여러분이 속해 있는 단체 채팅방에 다음과 같은 온라인 뉴스 기사가 공유되었다고 가정해 보자. 여러분은 다음 기사에 어떻게 대응할 것인가?

"건장한 남자들이 왜 먼저냐" … 일각서 얀센 접종 '남녀차별' 불만

입력 시간 : 20××년 ×월 ×일 ××시 ××분 작성 : ○○○ 기자

예비군, 민방위 중심 대상 선정에 … 여초 커뮤니티서 '불공평' 지적

美 정부 공여 취지 고려해 국방 관련 인력 중심 접종 계획 수립

여성 예비군 5,400여 명, 여성 민방위 5,665명 등 여성 1만 명 가능

예비군과 민방위 등을 중심으로 한 얀센 코로나19 백신 예방 접종이 시행되자 일각에서는 차별 논란이 발생하고 있지만, 여성 약 1만여 명도 예약이 가능한 것으로 나타났다.

1일 코로나19 예방접종대응추진단에 따르면 이날 0시부터 시작한 얀센 백신의 사전 예약은 오후 1시 64만 6,000여 명이 참여했으며, 오후 3시 30분께 선착순 마감했다. 이번 예약은 미국에서 공여한 101만 명분으로 진행했다. 대상자는 30세 이상 예비군 53만 8,000명, 민방위 대원 304만 명, 국방·외교 관련자 13만 7,000명 등이다.

예비군과 민방위 대원 중심으로 대상자가 선정되자 일부 온라인 사이트에서는 불공평하다는 지적이 나오고 있다. 한 온라인 사이트에서는 "회사에 제일 건장한 남자들이 백신 먼저 다 맞네. 이게 순서가 맞는 거야?", "얀센 여자가 먼저 맞으면 나라가 뒤집혔겠지" 등의 불만 섞인 반응의 글들이 많았다.

국방부와 행정안전부에 따르면 여성 지원예비군은 5,400여 명, 여성 지원민방위대원은 5,665명이다. 여성은 군 입대 후 전역을 하면 퇴역 처리돼 예비군으로 편입되지 않지만 스스로 지원을 할 경우 예비군이나 민방위 대원으로 활동할 수 있다. 여성 지원예비군과 지원민방위대원 모두 남성과 마찬가지로 얀센 백신을 사전 예약할 수 있다.[18] (하략)

코로나19 백신 접종 시기를 두고 우리 사회에서는 여러 논쟁이 일어난 바 있다. 나이, 성별, 건강 상태, 직업 등에 따라 접종 시기가 달라지는 문제는 코로나19에 대한 두려움과 겹쳐지면서 집단 간의 갈등을 부추겼다. 그런데 집단 간의 갈등이 일어난 이유가 단순히 접종 시기의 문제 때문이었을까? 접종 시기가 차이 난다는 이유로 불만을 가진 사람들이 실제로 많았던 걸까? 결과적으로 이 기사는 여러 사이트와 커뮤니티에 공유되면서 마치 여성은 백신을 먼저 접종받는 남성을, 남성은 그에 대해 불만이 있는 여성을 적대시하는 것처럼 여기게 하여 남녀 간의 갈등을 부추겼다.

왜 이런 일이 생긴 걸까? 기사의 내용을 살펴보면 이렇다. 미국이 공여한 얀센 백신을 예비군과 민방위 대원들에게 접종하는 상황에 대해 남녀차별이라는 불만의 목소리가 나오고 있다는 것이다. 우선, 기사의 제목부터 "건장한 남자들이 왜 먼저냐"라는 문구를 전면에 내세워 많은 사람이 여성보다 남성이 먼저 백신을 접종하는 것에 불만을 가진 것처럼 생각하게끔 한다. 다음으로 기사 첫 줄을 읽어 보자. 백신 접종에 대해 차별 논란이 발생하고 있는데, 사실은 여성도 예약이 가능하다는 내용이다. 얼핏 보면 예비군, 민방위에 해당하는 여성도 백신을 접종할 수 있다는 사실을 전달하는 것처럼 보인다. 어쩌면 사실을 알려 차별이 아니라는 것을 이야기하고 싶었을 수도 있다. 그리고 그런 식으로 사람들을 생각하게 만들기도 하는 것 같다. 마치 기사 자체는 아무런 잘못이 없는 것처럼.

이 기사는 정확한 정보를 신속하고 공정하게 전달해야 하는 뉴스의 기능을 못하고 있다. 이 한 가지 이유만으로도 기사가 가진 여러 가지 문제점들을 꼬집어 볼 수 있다. 코로나19와 백신 접종에 대해 언론이 보도해야 할 내용은 일부 소수의 커뮤니티 회원들의 불만 섞인 목소리가 아니다. 백신 접종과 관련해서는 질병관리청이 제시하고 있는 가이드라인을 꼼꼼히 살피고 분석하여 옳은 정보를 대중에게 제공해야 한다. 각 회사의 백신 이슈를 살펴보고 세계 각국의 백신 접종 현황을 파악하며, 감염병과 백신 예방 접종에 대한 객관적이고 정확한 사실을 살펴 보도하는 데에 집중해야 한다.

그런데 이 기사는 어떠한가? 커뮤니티에 올라온 몇몇 자극적 반응들만을 가지고 분노를 일으킬 만한 문구를 기사 제목에 사용하여 사람들의 클릭을 부르는 데에만 집중하고 있다. 온라인 세계의 가장 큰 문제 중 하나는 '상업성'이다. 온라인에서 수익을 얻는 메커니즘의 중심에는 광고가 있다. 사람들의 클릭수와 조회수가 무엇보다 중요한 것이다. 뉴스 기사가 온라인에 유통되면서 '신속', '정확', '공정'의 가치는 '빠른 업로드'와 '많은 조회수'에 밀리고 있다.

기사 내용을 읽어 보면, 일부 커뮤니티에서 불공평하다는 지적이 담긴 대화 몇 줄을 가져와서 "불만 섞인 반응의 글들이 많았다."고 주장하고 있다. 그리고 예비군이나 민방위에 속하는 여성도 백신 접종이 가능한데 그런 사실을 모르고 불만만 남발하고 있다는 식의 관점이 서술과 표현에서 은연중에 드러난다. 그런데 실제로 많은 여성이 얀센 접종에 대해 불만을 토로했을까?

언론 비평 전문지 〈미디어 오늘〉이 발표한 '2021년 통합적 팩트 체크 사례 분석 취재 및 연구' 보고서에 따르면, 얀센 백신의 국내 도입이 확정된 5월 30일부터 기사가 작성된 6월 1일 오후 5시까지의 인터넷 게시글 집계 결과, 해당 커뮤니티의 얀센 백신 관련 게시글은 68건이었고, 그중 '남녀차별' 문제를 제기한 글은 단 3건이었다. 세 건의 게시글은 각각 조회수 780회에 댓글 5개, 조회수 828회에 댓글 3개, 조회수 1,201회에 댓글 2개였다. 80만 명의 회원을 보유한 커뮤니티 구성원들로부터 엄청난 주목을 받은 글이라고 보기는 어렵다. 또한 문제를 제기한 글 가운데 2개의 글에는 미국이 제시한 조건에 맞춘 것뿐이라는 취지의 댓글이 있었고, 그런 댓글을 보고 이해했다는 답글도 있었다. 그런데 이 기사는 이런 부분에는 전혀 주목하지 않은 채 극소수 몇 개의 댓글만을 근거로 하여 사람들의 클릭을 부르기 위한 선정적이고 편향된 내용과 표현으로 사회적 갈등을 불러일으켰다.

이제 다시 질문에 답해 보자. 집단 간의 갈등이 일어난 이유가 단순히 접종 시기의 문제 때문이었는가? 접종 시기가 차이 난다는 이유로 불만을 가진 사람들이 실제로 많았던 것인가? 두 질문에 대해 '아니다'라고 단정하긴 어렵지만, 제 역할을 하지 못한 언론과 기사를 검증할 생각도 안 한 채 여러 커뮤니티에 퍼 나른 가짜 뉴스 전파자들의 책임은 유효하다. 자, 이제 우리는 단체 채팅방에 공유된 이 기사에 대해서, 그리고 멋모르고 또는 의도적으로 공유한 사람들에게 따끔하게 말할 수 있는 온라인 시민 독자가 될 수 있을까? "바로 이런 글이 가짜 뉴스입니다."라고 말할 수 있을까?

가짜 뉴스 검증 테스트

〈가짜 뉴스 검증 키트〉[19]의 11가지 질문을 함께 보자.

1. 나는 온라인에서 현명한 사람이 될 것인가, 아니면 가짜 뉴스 전파자가 될 것인가?

여러분은 온라인 공간을 지식 구성의 공간으로 만들 것인가? 아니면 불확실한 정보들이 퍼지면서 누군가에게 피해를 주는 상처의 공간으로 만들 것인가?

2. 온라인 자료를 보고 바로 클릭할까, 아니면 잠깐 멈추어 생각해 볼까?

클릭하기 전, 단 3초만 생각해 보자. 이 글을 누가, 왜 썼을까? 이 글은 내가 원하는 정보를 담고 있을까? 잠깐의 '멈춤'만으로도 가짜 뉴스와 멀어질 수 있다.

3. 나는 왜 이 온라인 자료에 주목했을까?

내가 본 글이 분노, 슬픔, 짜증 등 격한 감정을 불러일으키지는 않는가? 이 글이 일부 집단의 주장만을 강조하고 있지는 않은가? 선정적인 사진 자료나 영상으로 특히 눈길을 끌고 있지는 않은가? 그렇다면 내가 이 자료에 관심을 가지게 된 근본적인 이유를 생각해 보자.

4. 이 온라인 자료는 누가 게시하고 공유했는가?

해당 글을 게시하고 공유한 사람은 얼마나 믿을 만한가? 온라인 정보의 가치와 진위 등을 분석하고 판별할 수 있는 전문성을 갖추고 있는가? 온라인 자료의 작성자에 대한 정확하고 구체적인 출처 정보를 제공하고 있는가? 지금 보고 있는 공유된 글에서 자료 생산자의 정체를 확인할 수 있는 단서들을 찾을 수 있는가? 이런 질문을 계속 던져 보자.

5. 이 온라인 자료는 누가 작성하고 만들었는가?

온라인 환경에서는 자신이 직접 쓴 글을 게시하기도 하지만, 다른 사이트나 다른 사람의 자료를 인용하거나 퍼 오는 경우도 많다. 이때 작성자와 게시자, 공유자와 유포자가 불분명한 경우가 매우 많다. 글을 읽을 때 반드시 누가 한 이야기인지, 어떤 목적으로 작성한 것인지, 출처가 분명한지 확인해야 한다.

6. 나는 이 온라인 자료의 내용에 대해서 얼마나 잘 알고 있나?

온라인 자료의 확실성과 신뢰성을 판단하기 위해서는 자신의 지식을 적극적으로 동원해야 한다. 다만 그에 앞서 지금 읽고 있는 자료를 판단하고 평가할 수 있을 만큼의 전문성이 스스로에게 있는지 반드시 자문해야 한다. 해당 주제와 관련한 경험과 지식이 있는가? 내가 읽고 있는 내용이 맞는지, 틀린지 판단할 수 있는가?

7. 이 온라인 자료가 제공하는 정보들이 근거가 있는 것일까?

온라인 자료가 이야기하는 내용이, 혹은 글쓴이의 주장이 타당한 것인가? 그 내용을 뒷받침하는 근거가 있는지 확인해야 한다. 정보의 근거가 무엇인가? 그 근거는 믿을 만한가?

8. 이 온라인 자료에서 빠져 있는 정보나 내용이 있는가?

글을 쓰는 사람은 글에 담을 특정한 내용과 표현을 선택한다. 글에는 대변하고자 하는 사람들과 그들의 목소리가 선택적으로 반영되어 있다. 이 말은 다시 말해, 선택되지 않은 사람들의 목소리, 관점, 의견이 글에 배제되어 있을 수도 있다는 뜻이다. 합리적이고 균형적인 논증을 위해서 다양한 관점과 시각이 반영되어 있는지 확인해야 한다. 이와 같은 확인의 과정은 비판적 온라인 자료 읽기의 핵심이다.

9. 이 온라인 자료를 통해서 누가 이득을 보고 누가 피해를 입을까?

특정 온라인 자료로 인해 이득을 보는 사람과 손해를 보는 사람이 생긴다면 정보의 공정성을 문제 삼지 않을 수 없다. 다양한 욕망과 목적, 의도에 의해서 만들어진 정보들은 많은 경우 분명한 수혜자, 분명한 피해자를 상정하는 경우가 많다. 내가 지금 읽고 있는 자료로 인해 상처를 받거나 손해를 보게 될 사람이 누구인가? 반대로 이를 활용하여 이득을 취하는 사람들은 누구인가? 정보의 편향성을 판단하기 위해서 반드시 물어야 할 질문이다.

10. 이 온라인 자료가 보도되기에 적합한가? 사람들에게 전달될 가치가 있는가?

언론의 역할은 정확한 정보를 신속하고 공정하게 전달함으로써 올바른 여론을 만드는 것이다. 그렇다면 자신이 읽는 뉴스 기사가 공동체에 기여하는 방식으로, 더 나은 사회를 만들기 위해 보도된 것인지 눈여겨보자. 뉴스 기사가 본연의 역할을 충실히 하고 있는가? 특정 집단의 입장만 대변하고 있지는 않은가? 생략된 정보나 더 필요하다고 생각되는 자료들이 있지는 않은가?

11. 다른 자료들은 같은 주제와 내용에 대해서 어떻게 말하는가?

내가 고려해야 할 다른 관점은 무엇이 있을까? 내가 찾아보지 않은 것은 무엇일까? 읽은 자료의 핵심 내용이나 주제를 중심으로 추가적인 탐색을 해 보자. 온라인이 아닌 오프라인, 예를 들어 도서관에서도 나에게 추가적인 정보를 제공할 다양한 자료들을 확인할 수 있다. 중요한 문제라면 충분히 시간을 할애해서 열린 마음으로 다가가는 게 좋다.

11가지 질문이 다소 많게 느껴질 수 있다. 하지만 '온라인에서 배우는 사람이 되자! 가짜 뉴스 전파자가 되지 말자!'는 마음가짐만으로도 이미 절반은 성공이다. 앞에서 제시한 몇 가지 질문들을 거듭해 보면 내가 지금 보고 있는 이 글이, 이 온라인 정보가 신문 기사의 탈을 쓴 가짜 뉴스라는 사실을 밝혀낼 수 있다.

가짜 뉴스 밝혀내기

이신문 씨는 매일 자신이 코로나19의 변이 바이러스에 감염된 것은 아닌지 걱정이다. 평소에도 목을 많이 사용하는 직업인 데다가 비염까지 있어서 코로나19 증상이 발현된 것인지 아닌지 판단이 어렵기 때문이다. 그런데 다음과 같은 글이 단체 채팅방에 올라왔다.

애들아!! 무슨 박사님이 말씀하신 내용이라고 해서 공유한다 ~~ 나도 요즘 목 상태가 안 좋은데 식염수 사서 가습기 만들어 볼까 봐 ㅋㅋ

감기 걸린 분은 지금 당장 3만 원 정도에 판매하는 충전식 휴대용 미니가습기를 구입한 후 약국에서 판매하는 식염수를 넣으세요. 가습기가 만들어 주는 고체성 음이온 물질분자와 기체성 물질분자를 5분 정도 목구멍과 콧구멍으로 흡입하면 바로 감기가 완치됩니다. 코로나 환자도 이 같은 방법으로 하면 곧바로 치료가 됩니다. 또한 부어 있는 목젖이 바로 치료가 됩니다.

절대로 거짓이 아닙니다. 안개 형태로 만들어지는 미네랄이기 때문에 공기 맛이기가 막히게 맛있습니다. 막혔던 코가 뚫리면서 비염이 바로 치료됩니다. 집에 있는 가습기를 이용해도 됩니다. 방에서 하면 물기가 여기저기에 묻어 나니까 화장실에서 하시면 좋습니다. 집에서 할 때에 가스레인지를 틀어 보면 가스불의 색깔이 노랗게 변합니다. 정말로 신기합니다.

제가 목감기 초기 증상이 세 번이나 있었는데 이 방법으로 치료했더니 10분도 안지나서 모두 완치되었습니다. 저 같은 분들이 무척 많이 있습니다. 많이 퍼 날라 주세요.

대한민국 최고의 발명대왕 수상자 한국 열린사이버대학교 특임교수 한○○ 배상

추신) 가습기는 동네 마트 같은 곳에서는 휴대용이 5천 원이면 되고 일부 가전제품 가게에서는 1~2만 원대의 많은 가습기를 판매하고 있습니다. 저렴한 가습기로도 효과는 충분하며 소금물 농도 조절이 어려우므로 우선 식염수로 사용해 볼 것을 권합니다.

이신문 씨는 정말 식염수 가습기를 쓰면 코와 목 건강에 도움이 되는지 궁금했다. 그래서 검색창에 '식염수 가습기'를 검색해 봤다. 그랬더니 다음과 같은 뉴스 기사가 떴다.

보건 〉 의료

"바닷물이나 식염수 가습기 쓰면 코로나19 예방된다"

한○○ 박사, 코로나19나 AI(조류독감),
구제역 등 각종 전염병 예방 민간요법 세간 회자

바닷물이나 식염수를 가습기에 담아 사용하면 몸속 세균을 죽여 코로나19나 AI(조류독감), 구제역 등 각종 전염병을 예방할 수 있다는 민간요법이 세간에 회자되고 있다. 바닷물을 가습기에 넣어 사용할 경우 비염이나 감기 등 몸속 세균을 죽여 건강을 되찾게 된다는 것이다. 필자가 실제로 이를 지인들에게 전해 확인한 결과 비염이 있다는 한 지인은 "아침에 일어나면 막혔던 코가 습기가 있어서인지 뚫렸고 얼굴에도 습기가 있어 좋아진 느낌을 갖게 된다."라고 전했다.

이 같은 내용을 전해 온 특허왕 한○○ 박사는 "코감기는 10여 분만 쐬고 있으면 낫고, 모든 세균에 대한 전쟁은 이제 끝난 것으로 봐야 한다."라며 "특히 바닷물 가습기를 사용할 경우 가스에서 나오는 불이 파란색에서 노란색으로 변한다."라고 말했다. "이는 가스에서 나오는 이산화탄소의 독을 없애기 때문"이라는 설명이다. 한 박사는 특히 "조류독감에 걸린 닭이라 해도 양계장에 이 바닷물 가습기를 틀어 주면 모두 낫게 될 것"이라며 가정 등에서는 필수적으로 사용해 볼 것을 권했다.

〈제주환경일보〉 기사, 2020. 12. 28.)

뉴스 기사까지 뜰 정도라니, 이신문 씨는 식염수 가습기의 효능에 믿음이 가기 시작했다. 그런데 잠깐, 뉴스 기사라고 다 믿어도 되는 걸까? 이신문 씨에게 이 뉴스를 믿어도 되는지 정확히 알려주기 위해 앞에서 제시한 〈가짜 뉴스 검증 키트〉를 활용하여 해당 기사를 분석해 보자.

사실 이 기사는 코로나19가 한창 유행하던 때에 실제로 퍼졌던 가짜 뉴스다. 코로나19와 관련하여 수많은 거짓 정보들이 떠돌아다니던 때를 생각해 보라. 소금물이 목에 좋기 때문에 소금물로 가글을 해야 한다든지, 마늘이나 김치가 코로나 예방에 좋아 우리나라 확진자 수가 적다든지 등등 근거 없는 가짜 뉴스들이 분명히 밝혀진 것 없는 감염병에 대한 공포감에 실려 아주 빠르게 퍼져 나갔다. 심지어 모 교회에서는 돌아가면서 신도들의 목에 소금물 스프레이를 뿌렸고, 소금물 스프레이가 교회에서 일어난 코로나19 집단 감염의 원인으로 추정되기도 했다.

자, 그렇다면 뉴스의 진위를 판별하기 위한 질문 중 몇 가지만 살펴보도록 하자. 우선 이 온라인 자료는 누가 만들었는가? 식염수 가습기가 목과 코에 좋다는 이야기를 누가 하고 있는가? 누구의 주장인가? 문자 내용과 기사를 살펴보면 한○○이라는 사람의 주장임을 알 수 있다. 이 사람은 어떤 사람인가? 문자에는 '대한민국 최고의 발명대왕'이자 '한국 열린 사이버대학교 특임 교수'라고 적혀 있다. 코로나19 예방과 치료에 대해 전문적인 지식을 가지고 있다고 생각하는가? 우선 구체적으로 한○○ 박사의 전공이 무엇인지, 어떤 분야의 발명을 진행해 왔는지에 대한 확인이 필요하다.

다음으로 이 자료가 제공하는 정보들은 근거가 있는가? 주장에 대한 근거를 찾아보자. 실험 결과나 성분에 대한 검증과 같은 과학적 근거가 전혀 없다. 자신의 경험, 주변 지인들의 경험이 전부이다. 이 근거를 신뢰할 수 있겠는가? 온라인상의 모든 정보에 대한 검증이 필요하겠지만 특히 사람의 건강과 관련된 의학 정보들은 더욱 까다롭게 검증해야 한다. 우리 몸에 직접적인 영향을 미칠 수 있기 때문이다. 그런 관점에서 단순히 자신의 경험, 주변에서 들은 이야기를 근거로 들어 식염수 가습기가 코와 목에 좋다는 이야기를 있는 그대로 믿어도 괜찮은 것일까?

마지막으로 한 가지 질문만 더 해 보자. 다른 자료들은 같은 주제와 내용에 대해 어떻게 말하는가? 포털 사이트에 '식염수 가습기'를 검색하여 이에 대한 다른 의견들을 확인해 보자.

한○○ 씨 이외의 사람들 중에 동일한 주장을 하는 이가 많이 있는가? 실제로 이 기사에 대해 팩트 체크를 한 〈연합 뉴스〉의 취재 내용을 확인해 보면, 많은 전문가들이 바이러스나 세균과 관련된 호흡기 질환 치료에 소금물이 도움이 된다는 근거는 전혀 없다고 설명했다.

11가지가 아니라 몇 가지 질문만으로도 내가 읽은 기사의 신빙성을 판단할 수 있다. 그런데 당시 이 글은 다양한 메신저 서비스를 통해 널리 퍼져 나갔고 특히 고령자 사이에서 많이 공유되었다. 질병 치료에 대한 가짜 뉴스는 오히려 질병의 증상을 악화시키거나 정

부 기관이나 질병관리본부의 올바른 지침을 호도하는 결과를 가져
올 수 있다. 가짜 뉴스가 가져오는 혼란을 단순 해프닝으로 여겨서
는 안 되는 이유가 여기에 있다.

온라인 독자의 흔한 세 가지 실수

스탠포드 대학의 연구자들에 의하면, 사람들은 온라인 정보를 대할 때 흔히 세 가지 실수를 한다.

첫째, '의심하지 않고' 정보를 받아들이는 경향이 있다. 특히 글 안에 그래프나 차트, 인포그래픽, 사진, 비디오와 같이 그럴싸한 정보들이 있을 때, 글쓴이의 주장을 따져 보지 않은 채 있는 그대로 받아들이는 데에 익숙하다. 가짜 뉴스는 특히 이렇게 그럴듯한 자료들을 담아 정교하게 제작된다. 따라서 자료에 담긴 근거들이 어떻게 정보 생산자의 주장을 뒷받침하는지 면밀하게 분석하는 습관이 필요하다.

둘째, 온라인 자료의 '표면적 특징'만을 확인한다. 사이트의 주소나 디자인과 같은 외형적 요소들이 정교하면 선뜻 믿어 버린다. 하지만 외형적 요소들도 독자를 속이기 위해 조작될 수 있다는 점을 명심해야 한다. 눈으로 보이는 것이 전부가 아님을 늘 염두에 두자.

셋째, 어떤 것은 무조건 믿고 어떤 것은 무조건 배제한다. 가령, 블로그의 글은 이유불문 무시하지만, 전문가의 글은 안심하고 클릭한다. 뉴스도 그렇다. 뉴스라는 형식이 주는 신뢰감 때문에 내용과 출처를 확인하지 않고 믿어 버린다. 블로그 글이라고 해서 무조건 못 믿을 것도 아니며, 전문가의 글이나 언론사의 뉴스 보도라고 해서 그 내용이 언제나 정확한 것도 아니다. 글의 출처, 저자, 내용과 형식 등을 다각적으로 분석하고 정보의 가치를 판단해야 한다.

논쟁 읽기

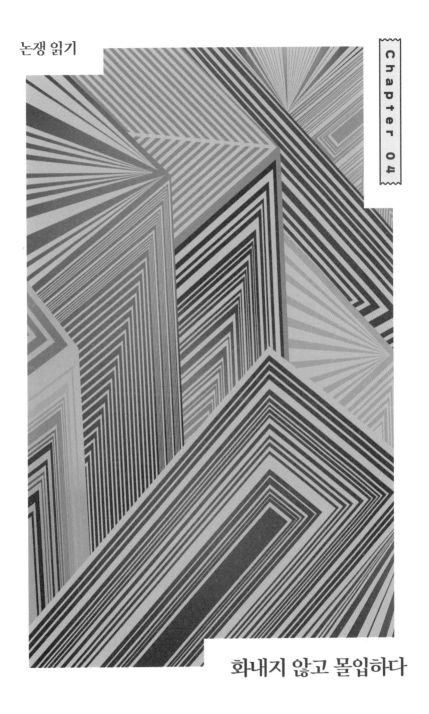

Chapter 04

화내지 않고 몰입하다

논쟁적 이슈란 맥락에 따라 사람들 간에 서로 다른 주장이 부딪치는 주제를 말한다. 예를 들어, 안락사와 사형제도 등은 오랜 시간 논쟁이 되어 온 주제들인 데 비해, 우주 개발이나 인공지능 같은 문제들은 사회가 급격하게 변하면서 최근 논쟁을 불러일으키는 주제들이다. 이런 이슈들은 국가나 사회 전체에 관련된 거시적 측면에서 논의되기도 하지만, 일상생활의 소소한 맥락에서도 흔히 다툼의 이유가 되기도 한다. 가사 노동을 어떻게 분배할 것인가, 아이에게 게임을 얼마나 허용할 것인가, 용돈을 얼마나 줄 것인가 등의 문제는 일상에서 만날 수 있는 논쟁적 이슈들이다.

"목소리가 큰 사람이 이긴다."라는 속담이 있다. 목소리가 크면 싸움에서 기선을 제압하여 승리할 가능성이 높다는 말이다. 그런데 정말 그럴까? 다른 사람의 의견에 귀 기울이기보다는 자신의 주장만을 앞뒤 가리지 않고 내세우면 만사가 해결될까? 타인의 목소리에 둔감한 사람과의 대화에서는 선의의 목적에 기여하는 말과 논리의 경쟁보다는 일방적 호통만 난무하게 될 가능성이 높다. 각자의 입장이 대립되는 예민한 주제를 논의하는 과정에서 경험하는 이런 종류의 일방통행은 불편할 뿐만 아니라 위험하기까지 하다.

'논쟁적 이슈를 읽는다'는 것은 무슨 뜻일까? 논쟁적 이슈를 읽을 때, 현명한 독자는 섣불리 결론을 내리지 않으며, 아예 정답을 배제하고 글을 읽기도 한다. 그들은 아직 합의에 이르지 않은 주제에 대해 관찰 가능한 다양한 관점을 찾고 연결하면서 상대와 나를 동시에 이해하려고 노력한다. 다양성이 확대되는 시대에서 요구되는 문해력은 단지 글자와 단어를 이해하고 문맥의 의미를 파악하는 것에 그치지 않는다. '그들의 관점, 나의 관점, 모두의 관점'을 비교하고 대조하면서 크고 작은 의미의 복잡성들을 헤아리면서 '토론하듯' 읽는 것이 이 시대가 요구하는 문해력의 중요한 일부이다.

　논쟁적 이슈를 읽을 때 가장 큰 문제가 되는 것이 각자가 당연하다고 생각하는 일종의 '가정(assumption)'이다. 현명한 독자는 상대의 '가정'과 내가 '가정'하는 것, 서로가 주장하는 바가 무엇인지를 점검하며 읽는다. 텍스트를 통해 매개되는 필자와 독자 사이의 다양한 관점들을 '연결'하며 능동적으로 읽는 것이다. 이런 점에서 논쟁적 이슈 읽기는 다양한 관점의 문서들(기사, 칼럼, 블로그, 보고서 등)을 찾아 읽고 통합적으로 이해하는 일종의 '다문서 읽기'라고 말할 수 있다.

아래 제시한 '논쟁 읽기 사례'를 검토하고, 확신해 씨의 행동을 평가해 보자.

확신해 씨는 언론에 보도된 기사와 사진을 보고 큰 충격을 받았다.

> 지난 3월 28일, A군(13세)과 친구들은 주차되어 있던 렌터카를 훔쳐서 무면허로 서울에서 대전까지 차를 몰고 갔다. 이들 청소년은 순찰차를 피해 도주하다가, 음식 배달을 하고 있던 오토바이 운전자를 치었다. 새내기 대학생으로 월세와 생활비를 벌기 위해 아르바이트를 하고 있던 오토바이 운전자는 병원으로 이송되었지만 치료를 받던 도중 사망했다. 하지만 가해 청소년들의 반성하는 모습은 찾아보기 어려웠다. 이들은 자신의 SNS에 "분노의 질주, 200 찍었지", "00경찰서 재낄 준비", "편지 써 줘. 건강하고 한 달 뒤에 보자, 사랑하는 친구들아" 등의 글을 올렸다. 이들은 경찰서에서 찍은 사진도 함께 올렸는데, 사진 속에서 손가락으로 V표시를 하고 웃고 있었다.

이 글을 읽는 동안 확신해 씨는 급격하게 심장이 뛰고 화가 머리 끝까지 치미는 경험을 했다. '아무리 아이들이라도 무고한 사람이 죽었는데 어떻게 이렇게 뻔뻔할 수 있을까? 자신들이 낸 교통사고로 사람이 죽었는데, 손가락으로 V자 표시를 하면서 웃으면서 그걸 공유하다니!' 흥분한 확신해 씨는 인터넷에서 청소년의 범죄 기사들을 검색하던 중, 「촉법소년법」 폐지 운동을 벌이는 한 단체의 호소문을 읽게 되었다.

> 미성년자들이 사람을 죽이는 살인사건이 너무나도 많이 일어나고 있습니다. 이들은 살인이라는 엄청난 범죄를 저지르고도, 「촉법소년법」 때문에 제대로 된 처벌을 받지 않고 있습니다. 가장 큰 문제는 이 학생들이 대부분 자신이 죄를 지어도 큰 처벌을 받지 않는다는 점을 알고 있고, 놀이를 하듯 쉽게 범죄를 저지른다는 점입니다.
> 처벌이 너무 약하면 범죄의 심각성을 깨닫기 힘듭니다. 이 아이들이 다른 사람에게 해를 끼치는 것과 법을 어기는 것을 두려워할 수 있도록, 「촉법소년법」을 폐지해야 합니다. 이를 위해 「촉법소년법」 폐지를 위한 국민 청원에 적극적으로 동의해 주시기 바랍니다. 우리 사회의 안전을 바로잡기 위해, 함께 행동해 주시길 부탁드립니다.

확신해 씨는 이 캠페인 내용에 공감했고, 해당 단체에서 요구하는 동의서에 기꺼이 서명했다. 이어서 「촉법소년법」을 폐지하자는 청원들을 추가로 찾아 관련된 모든 청원에 동의를 표시했다. 잠자리에 누운 확신해 씨, 오늘은 우리 사회의 발전을 위해 자신도 목소리를 냈다는 생각에 뿌듯한 마음이 들었다.

여러분은 「촉법소년법」을 폐지해야 한다는 의견에 동의하는가?

우리나라에서 '촉법소년(觸法少年)'은 형벌 법령에 저촉되는 행위를 한 만 10세 이상 14세 미만의 소년을 말한다. 우리나라 형법 제9조에는, '14세가 되지 아니한 자의 행위는 벌하지 아니한다.'라고 형사미성년자를 명시하고 있다. 이에 따라 촉법소년은 형벌 법령에 저촉되는 행위를 하더라도 소년부의 '보호처분'을 받아, 감옥에 가는 형사처벌을 받지 않고 전과 기록도 남지 않는다(단, 범죄의 경중에 따라 가장 무거운 처분을 받으면 2년간 소년원에 보내진다). 범죄를 저질러도 형사처벌을 받지 않다 보니, 일부 청소년이 이를 악용하여 고의로 범죄를 저지르는 경우가 사회 문제로 대두되고 있다.

그런데 촉법소년을 무조건 형사처벌하는 것이 능사일까? 이들이 범죄자로 낙인 찍혔을 때의 역효과도 고려해야 하지 않을까? 이 사안에 관해서 한편으로 촉법소년 범죄를 '처벌'의 관점으로 접근하는 사람도 있지만, 다른 한편으로 이들의 '교화' 가능성을 기대하는 사람도 있다. 또한 이 두 입장을 함께 고려하여 일부 흉악 범죄에 한하여 선별적으로 엄벌하되 재범 방지를 위한 교화 시스템의 중요성을 강조하는 입장도 있다. 이처럼 사회 논쟁적 이슈에는 해당 사안을 바라보는 다양한 시각과 주장이 존재한다. 반드시 어느 누군가의 주장이 옳다거나 이와 반대되는 주장이 그르다고 단정할 수 없는 이유가 여기에 있다.

앞에서 본 확신해 씨의 행동을 어떻게 보아야 할까? 그가 「촉법소년법」 폐지라는 논쟁적 이슈와 관련된 글들을 적극적으로 찾아 읽었다는 점은 고무적이다. 확신해 씨는 제한된 언론 기사와 이미지만으로 사안을 판단하기 전에 관련 글들을 적극적으로 찾아보았다. 또한 '촉법소년법 폐지'를 주장하는 청원글을 읽고서 그 주장에 적극적인 동의를 표시하기도 했다. 사회적 이슈에 대해 방관자적 태도를 넘어서, 법치 국가의 한 시민으로서 공론의 장에 참여하였고 자신의 목소리를 낸 것이다.

그런데 독자로서 확신해 씨의 행동은 전적으로 바람직한 것일까? 사회적 이슈에는 다양한 주장이 엇갈리기 마련이다. 이 경우 우리에게는 나의 입장에 맞지 않는 '불편한 글을 읽을 용기'가 필요하다. 하지만 용기를 내어 나의 입장에 맞지 않는 불편한 글을 읽는 사람은 드물다. 현명한 독자는 '문제' 자체에 대한 이해를 넘어, 왜 그것이 사람들 사이에서 문제가 되는지를 설명하는 '문제 공간'을 이해한다. 그래서 자신이 동조하는 주장이 어떻게 이 복잡한 문제 공간에서 상이한 주장들과 함께 맥락화되는지 파악한다. 문제 공간을 확인하기 위해서는 상반된 주장을 확인하는 것에 더해서, 왜 그러한 주장들이 생겨나는지, 관련 주장들을 제기하는 다양한 주체들의 입장과 상호관계 및 이해충돌 등에 관한 사회적 맥락과 전제들을 읽어내는 것이다. 여러분은 그렇게 논쟁 읽기를 하고 있는가?

당연한 걸 두고
왜 서로 다른
이야기를 하는 걸까?

————

다툼의 시작

논쟁적 사안에서 사람마다 주장이 달라지는 이유는 무엇일까? 물론 각자 자신이 처한 상황과 입장이 다르기에 주장도 달라질 것이다. 세상의 모든 주장에는 나름의 일리가 있기에 주장 자체를 비난하기 어렵다. 하지만 다툼의 이유를 알기 위해서는 주장의 차이가 어디서 비롯되었는지 짚어 보는 것이 좋다. 사실, 많은 경우 주장의 차이는 그 주장 자체보다는 그 뒤에 숨겨진 '전제(warrant)'의 차이에서 연유한다는 점을 기억할 필요가 있다.

논증에서 '전제'란 어떤 주장이나 논리의 기저에 있는 일종의 '가정'이다.[1] 예를 들어, A, B, C, D가 서로 다른 후보를 대통령으로 뽑아야 한다고 주장할 때, 그들은 대통령을 선출하는 기준으로 무엇이 중요한지에 대해 서로 다른 전제를 가지고 있을지 모른다. 누군가는 '특정 정당을 믿고 사람을 뽑아야 한다.'는 전제를 가지고 있는 데 반해, 누군가는 '정당에 상관없이 청렴하다면 대통령 자격이 충분하다.'고 전제할 수 있다. 또 누군가는 '후보의 국가 경제 운영 능력이 가장 중요하다.'고 전제하지만, 다른 누군가는 '대통령이 되어서 경제 전문가를 중용할 줄 알면 된다.'고 전제할 수 있다. 누구를 대통령으로 뽑아야 하는지에 대한 주장은 종종 이렇게 서로 다른 전제로부터 비롯되는 경우가 많다.

어떤 문제 상황에서 특정한 주장을 할 때에 여러분은 어떤 전제를 가정하는가? 다음의 재난 상황에서 벌어지는 논쟁을 살펴보자.

배가 난파한 상황, 배 안에는 오직 한 개의 구명보트가 있어 배에 탄 사람 중 3분의 1만 구명보트에 탈 수 있다. 사람들은 누가 구명보트에 탈 것인지 서로 다른 주장을 하고 있다. 여기서 A와 B는 임신 9개월의 여성에 대해 반대의 주장을 하고 있다. A는 이 여성이 임신 9개월이기 때문에 구명보트에 타야 한다고 주장한다. 반면 B는 이 여성이 임신 9개월이기에, 구명보트에 타지 않아야 한다고 주장한다. 이 여성이 임신 9개월이라는 동일한 근거로부터, 반대의 주장을 하고 있는 것이다.

이 상황에서 A는 임신 9개월의 여성을 구명보트에 태워야 하는 이유로, 가장 도움이 필요한 사람이란 점을 제시한다. 또한 이 여성을 태우면 산모와 아이의 생명을 모두 구할 수 있다는 점을 강조한다. 이때 A가 전제하고 있는 것은 무엇일까? A는 '사회적 약자를 먼저 구해야 한다.'는 전제와 '하나의 생명보다 두 생명을 살리는 것이 더 가치 있다.' 등과 같은 공리주의 기반 전제를 가졌을 수 있다.

그렇다면 B는 어떠한 이유로 임신 9개월의 여성을 구명보트에 태우지 말아야 한다고 주장할까? B는 임신 9개월의 여성은 무게가 많이 나가고 이동에 도움이 되지 않는다는 이유를 제시한다. 또한 배가 난파한 위기 순간에는 구명보트 다루는 능력이 뛰어난 사람이 타인의 생존에 도움이 된다고 강조한다. 이때 B는 '위기 순간에는 대처 능력이 뛰어난 사람을 먼저 구해야 한다.'와 같은 전제를 마음에 두었을 수 있다.

이렇게 사람마다 주장이 달라지는 데에는 그 기저에서 작동하는 전제가 다르기 때문인 경우가 많다.

QUIZ

다음은 ○○○ 그룹의 콘서트 기사에 대한 댓글이다. 글을 읽고 질문에 답해 보자.

A: ○○○ 그룹은 가수라 할 수 없지.
B: 뭔말? ○○○ 그룹은 우리나라를 대표하는 퍼포먼스 가수임.

C: 누가 ○○○ 그룹을 가수라고 하나? 가수의 정의가 뭔지는 아나? 가수는 '노래 부르는 일을 직업으로 하는 대중문화인'이야. ○○○ 그룹은 가수로서 기본이 안 된 거지.

D: 무슨 소리! 우리 오빠들의 퍼포먼스는 한국 최고. 춤으로는 세계 최고임. 아이돌은 가수 아니냐?

E: 우리 오빠들 가수 맞습니다. 아이돌은 무대에서 춤도 추고 연기도 하고 노래도 하고 매력도 보여 줘야 하죠. 보는 내내 황홀해지는 공연을 하는데 가수가 아니라뇨! 콘서트라도 한번 다녀온 후, 말씀하세요!

F: 열 받아서 참을 수 없네. 눈만 즐겁게 하면 가수냐?

G: 댓글로 우리 오빠들 음해하는 당신들 가만두지 않겠어. 오빠들의 공연을 본 적은 있나? 우리 오빠들이 가수가 아니면 누가 가수인가요? 오빠들은 우리가 지킵니다.

1. 위 댓글에서 가수에 대해 비슷한 전제를 가진 사람들로 구분한 것은?

① 그룹 1: A, B, C / 그룹 2: D, E, F, G

② 그룹 1: A, C, D, F / 그룹 2: B, E, G

③ 그룹 1: A, C, F / 그룹 2: B, D, E, G

④ 그룹 1: A, C, G / 그룹 2: B, D, E, F

2. 위 댓글에서 그룹 1과 그룹 2의 전제가 어떻게 다른지, 대표적인 차이를 적어 보자.

• 그룹 1의 전제 : _____

• 그룹 2의 전제 : _____

그룹 1(A, C, F)에 속한 사람들의 주장은 모두 '가수'를 결정하는 가장 중요한 덕목이 노래 실력(가창 실력)이라는 전제에 기대고 있다 (즉, 가창 실력이 없으면 적어도 좋은 가수가 아님). 그룹 2(B, D, E, G)의 경우, B와 G의 주장은 가수에게 공연(퍼포먼스) 실력이 중요하다는 전제를 담고 있고, D의 주장은 공연 실력 중에서도 특히 춤 실력이 중요하다는 전제에 기대고 있다. E의 경우, 가수에게 요구되는 것이 단지 노래 실력뿐만 아니라 춤, 연기, 매력 등도 포함되며, 청중에게 즐거운 경험(황홀한 경험)을 선사하는 것 또한 중요하다는 전제를 깔고 있다.

전제를 읽을 줄 아는 사람이 문해력이 센 사람

글이나 댓글 등을 읽으면서 화가 나거나 답답한 적이 있었는가? 이럴 때, 잠시 울컥한 감정을 내려놓고, 나와 그들의 전제가 어떻게 다른지 점검해 보자. 어떤 부분에서 서로 다른 전제를 가졌는지 파악하는 순간, 여러분은 더 논리적으로 읽는 독자의 길로 들어설 수 있다. 또한, 나의 전제만 당연한 것이 아니라 상대의 전제도 일리가 있음을 이해하고 인정해 주는 순간, 새로운 소통의 물꼬를 틀 수 있다. 서로 다른 전제를 파악하고 인정하는 자세가 소통과 문제 해결의 열쇠가 될 수 있음을 기억하자.

맞는 말인데,
왜
화가 날까?

다른 전제

　사람들은 보통 자신이 가정하고 있는 전제를 당연하게 받아들인
다. 문제는 자신뿐 아니라 다른 사람들도 자신이 가정하고 있는 전
제를 자신과 함께 공유하고 있다고 믿는다는 점이다. 대개는 '사람
들도 나처럼 생각하겠지!' 또는 '그걸 모르는 사람이 있어? 너무 당연
한 걸 말이야!'라며 자신의 경험과 신념을 과일반화하기도 하고 심
지어, 주장의 논리와 전제를 자세하게 설명해야 할 필요성을 느끼지
못하기도 한다. 그러다가 결국 입장 차로 문제가 발생한다. 왜 그럴
까? 대부분의 사람들은 자신의 주장은 잘 표현하지만, 그것의 전제
가 되는 신념이나 가정을 조리 있게 설명하는 일에는 그다지 익숙하
지 못하기 때문이다.

　사회가 급진적으로 변화하면서 이전에는 당연하다고 생각했던
가정들이 더 이상 당연하지 않은 경우를 자주 경험하게 된다. 또한,
디지털 미디어의 광범위한 사용으로 인터넷, 소셜 미디어 등에서 다
양한 국적과 사회문화적 배경을 가진 사람들이 함께 교류하고 소통

하게 되면서, 서로 다른 문화적, 이념적, 종교적 가정들이 대립하고 충돌하는 일도 비일비재하다(심지어 전쟁도 일어난다!). 이런 갈등 상황에서 다양한 글과 자료를 접할 때 상대의 전제가 무엇인지 파악해 보려는 노력은 갈수록 더 중요해지고 있다.

신념에 부합하는 근거는 타당해 보인다?

여러분은 책이나 글에서 특정한 주장이나 근거를 읽을 때, 정확한 이유를 말로 설명하기 어렵지만 왠지 그 주장과 근거가 타당하지 않다고 느낀 적은 없는가? 만일 그랬다면 아마도 그때 여러분은 주장 자체는 그럴듯하지만 그 밑에 깔려 있는 설명할 수 없는 어떤 생각에 불편함을 느꼈을지도 모른다. 전제를 고려하는 것이 중요한 이유는 우리가 가진 어떤 전제(기본적인 가정이나 신념)가 특정 주장과 근거가 타당한지 판단하는 데에 매우 큰 영향을 미치기 때문이다. 몇 가지 연구들을 통해서 논쟁적 사안에 대해 정보를 취하고 판단할 때에 은연중 작동하는 전제의 영향에 대해서 알아보자.

❶ 연구 1
스탠퍼드 대학 연구진이 진행한 유명한 실험이 있다.[2] 이 실험은 사형 제도에 대해 찬성 또는 반대 신념이 강한 학생들을 각각 반반씩 모집하여 진행된 것으로, 참여 학생들에게 사형제도가 범죄 억제에 미치는 효과에 관해 '효과가 있다.'와 '효과가 없다.'는 주장을 뒷받침하는 상반된 근거 자료를 제시하였다. 연구 결과, 참여 학생들은 자신의 신념에 부합하는 근거 자료에 대해서는 '물론, 그렇지!' 하고 받아들이는 경향이 높게 나타났다. 반면에, 자신의 신념에 반대되는 근거 자료에 대해서는 연구 결과가 타당하지 않을 가능성을 제기하면서 '그렇지 않아!' 하고 거부하는 경향이 높게 나타났다.

이 연구는 사람들이 가진 '확증 편향'이 어떻게 자료를 읽고 판단하는 데에 영향을 미치는지 잘 보여 준다. '확증 편향'이란 동일한 정보가 주어져도 자신이 기존에 전제하는 신념에 일치하는 정보는 신뢰하고, 그것과 상충하는 정보는 불신하는 경향을 말한다. 특히, 확증 편향을 보이는 사람들은 어떤 주장에 대하여 매우 객관적이고 과학적인 근거 자료가 주어져도 그 자료가 자신의 기존 신념과 충돌하기 때문에 의식적 또는 무의식적으로 그것을 합당한 근거로 고려하지 않는다. 심지어 자료의 내용을 곡해하거나, 편향된 관점으로 해석하는 경향을 보이기도 한다.

이제 이 실험 결과를 사형제도라는 '전통적 논쟁'과 관련시켜 보자. 기본적으로 '사람이 타인의 생명을 해하는 것은 어떠한 경우에도 정당화될 수 없다.'는 신념을 강하게 가진 사람의 경우, 근거의 타당성에 상관없이 사형제도를 지지하는 자료들에 불신하는 태도를 보일 가능성이 높을 것이다. 반면에 '사람은 악하고 법의 통제는 강해야 한다.'는 신념을 가진 사람의 경우, 사형제도에 반대하는 근거 자료들에 불신하는 태도를 보일 가능성이 높을 것이다. 다시 말해, 각자가 가진 신념이 각자가 가진 주장의 전제가 되고, 그러한 전제가 사후에 외부로부터 주어지는 정보를 선택, 이해, 평가할 때에도 깊게 영향을 미친다는 것이다. 그러니 논쟁적 읽기를 잘하는 첫째 방법은 자신의 신념을 먼저 정확하게 확인하는 데 있다.

◑ 연구 2

독자의 신념이 읽기에 미치는 영향에 관한 연구에서도 유사한 결과를 볼 수 있다.[3] 이 연구는 '이스라엘-팔레스타인 분쟁'을 논쟁적 주제로 선정하고, 이 주제에 대해 서로 다른 신념을 가진 대학생 15명을 연구 참여자로 선정했다. 실험 전 사전 조사에서, 참여자들 중 5명은 이스라엘을 옹호하였고, 다른 5명은 팔레스타인을 옹호하였고, 나머지 5명은 중립적 입장을 취했다. 이들에게 이스라엘-팔레스타인 분쟁에 관한 여러 개의 글을 읽게 한 결과, 연구 참여자들은 자신의 신념과 일치하는 정보를 제시한 텍스트를 수용하려는 경향이 높았고, 자신의 신념과 불일치하는 정보를 제시하는 텍스트에 대해서는 저항하는 모습을 보였다. 또한, 연구 참여자들에게 서로 다른 관점을 '함께' 제시한 자료를 주었는데, 이 자료를 읽은 후에도 자신이 원래 가졌던 신념을 오히려 강화하는 경향을 보였다.

이 연구 역시 사람들의 확증 편향, 독자들은 글을 읽을 때 자신의 '입맛대로' 글을 읽으려는 경향이 강하다는 사실을 잘 보여 준다. 우리는 종종 다른 사람들을 보면서 "저 사람 왜 저렇게 편협해? 자기

맘대로 내 글을 읽어 버렸잖아!"라고 말한다. 그렇다면 도대체 왜 이런 말을 하는 걸까? 남들도 자신처럼 중립적이고 공정한 자세로 글을 읽고 의미를 구성할 것이라 기대하기 때문이다. 하지만 많은 경우, 이런 생각들은 나는 괜찮고 남들은 안 된다는 '내로남불'의 증거가 된다. 실제 실험 결과를 보면, 글을 읽는 과정에서 독자가 가지고 있던 신념과 전제가 정보를 선택하는 과정뿐 아니라 의미를 이해하고 가치를 판단하는 과정에 지대한 영향을 미친다는 것을 확인할 수 있다. 여기서 말하는 독자는 내가 핀잔을 주었던 남들뿐 아니라 바로 나 자신을 의미한다는 사실을 기억하자.

우리는 늘 자신이 편향되고 기울어질 수 있음에 주의를 기울여야 한다. 글을 읽을 때 특정한 근거나 주장이 더 타당하다는 생각이 든다면, 이를 자연스럽게 받아들이기보다 혹시 자신이 가지고 있는 어떤 믿음이나 가정이 글 내용의 이해와 판단에 영향을 미치지 않았는지 검토해 볼 필요가 있다. 즉, 자신의 전제가 무엇인지 질문하는 자세가 필요하다.

신념과 다르면 화가 난다?

책을 읽거나 누군가와 대화하면서 내가 당연하다고 생각한 전제가 도전을 받았던 경험이 있는가? 사람들은 그런 상황에서 많은 경우 '부정적 감정'을 느낄 수 있다. 부정적 감정은 정보를 받아들임에 있어 일종의 '필터' 역할을 한다. 문제는 이 필터가 나의 마음을 편하게 하는 것과 불편하게 만드는 것을 이분법적으로 갈라 놓는다는 점이다. 그러니 부정적 감정의 필터로는 글을 제대로 읽기 어렵다.

◑ 연구 3

캐플런과 동료들의 연구에서는 실험 참여자에게 자신이 확고하게 지니고 있는 정치적 신념에 상충하는 증거들을 제시하고, 이러한 증거들을 읽는 과정에서 참여자의 뇌가 어떻게 반응하는지 뇌 영상 분석 기법을 통해 관찰했다.[4] 연구 결과, 실험에 참여한 사람들은 자신이 당연하다고 생각하는 전제가 도전을 받았을 때, 그들의 뇌가 종종 신체적 위협을 받았을 때와 동일한 양상으로 반응한다는 점을 밝혀냈다. 연구 참여자들 중에는 가벼운 화를 넘어 분노와 혐오를 표출하는 사람도 있었다.

이 연구는 사람들이 스스로 당연하다고 생각하는 전제에 도전을 받거나 그런 내용의 글을 읽을 때, 단지 외부 정보가 논리적으로 타당하지 않다고 생각하는 것을 넘어 부정적으로 흥분된 감정을 불러일으킬 수 있음을 보여 준다. 어떤 정보를 취하고 판단할 때에 감정적으로 화가 나기 시작하면 제대로 된 의사 결정을 내릴 수 없다. 부정적 감정이 합리적이고 타당한 의사 결정을 방해하기 때문이다.

우리의 생각은 감정과 감정의 섬세한 변화 단계에 바탕을 둔 체계에 맞게 마음의 기억 저장소에 저장이 된다.[5] 감정의 분위기가 우리의 생각을 좌우하는 것이다. 감정이 이성을 주도하기에 합리적인 사유와 논리로 차근차근 상대 주장의 실체를 파악하고 이해하려는 노력을 기울여도 부정적 감정이 살아 움직인다면 성공적인 의사소통은 불가능하다. 화가 났을 때 이성적 판단을 하기 힘들었던 경험을 한번 떠올려 보라. 그러니 타인의 주장과 의견을 이해하고 해석할 때, 동일한 문제에 대해서 자신 스스로 어떤 가정과 신념, 어떤 전제를 가지고 있는지 성찰하고 돌아볼 필요가 있다. 이런 성찰 전략은 논쟁적 이슈를 접할 때 불쑥 화가 나서 이해와 소통 자체를 그르쳐 버리는 상황에 빠지는 위험을 예방해 준다. 또한, 상대의 주장에 어떻게 현명하게 반응하면 좋을지 숙고할 수 있는 사유의 공간을 마련하는 데에도 도움이 된다.

QUIZ

야구 기사에 달린 다음의 댓글을 읽어 보자.

A: 부산 사람들은 롯데를 왜 좋아하는지 이해가 안 돼요.

B: 뭔 말이죠? 저는 롯데 안 좋아해요.

A: 좋아하잖아요. 야구 경기 때는 경기장 근처 지하철 역에 앉을 자리가 없어요. 쫓아다니면서 안 좋아한다니요?

B: 아, 저도 지하철 타고 야구 경기는 보러 가죠. 저는 야구를 좋아해서 롯데 경기를 보러 가는 건데요.

A: 롯데 자이언츠 경기 보러 가는 것도 롯데 기업 도와주는 거잖아요. 그럼 롯데 좋아하는 거죠.

앞의 댓글에서 A가 가진 전제를 모두 골라 보자.

① 특정 기업의 이익 창출을 돕는 사람은 그 기업을 좋아하는 것이다.

② 무엇을 좋아해도 마음을 표현하지 않을 수 있다.

③ 야구 경기를 보러 간 사람은 그 야구 팀이 소속된 기업을 좋아한다.

④ 특정 기업을 지지하지 않아도 자신이 좋아하는 야구 경기를 보러 갈 수 있다.

정답 ①과 ③

이 대화에서 A는 야구 경기를 보러 가는 모든 사람이 반드시 그 야구 팀이 소속된 기업을 좋아하는 것이라 전제하고 있다. 이러한 전제를 가진 A는 특정 기업이 운영하는 야구 팀의 야구 경기를 보러 가는 모든 사람들이 그 기업을 좋아하는 것이라 생각하고 있다. 반면, B는 해당 기업을 좋아하지 않지만, 야구가 좋아서 야구 경기를 보러 간다고 말하고 있다. B의 사례는 A의 주장에 반대되는 근거라 할 수 있다. B는 자신의 경험을 근거로, 야구 경기를 보러 간다고 그 기업을 좋아하는 것이 아니라고 주장한다. 하지만 A는 끝까지 자신의 전제를 고집하고 있다.

상대방 주장에 화가 날 땐, '전제'를 생각하라

논쟁적 이슈에 대한 글을 읽을 때, 주장과 근거만을 생각하는 것이 아니라 이와 관련된 전제를 살펴보고, 자신의 전제가 읽기 과정에 어떻게 작동하는지 이해하는 것이 중요하다. 특히 글을 읽으면서 특정한 주장이나 근거가 '타당하다/타당하지 않다'라는 생각이 들거나 '긍정적/부정적 감정'이 들 때, '이 글이 전제하는 바'가 무엇이고 '내가 전제하는 바'는 무엇인지 확인하고 검토하는 것이 중요하다.

당신은 왜 글을 못 쓴다고 생각하는가?

전제를 찾는 방법

미국의 교육학자 힐락은 사람들은 대부분 자신이 전제하는 바를 매우 당연하다고 생각하거나 또는 거의 자각하지 못하기에 스스로 자신의 전제를 찾는 데에 어려움을 느낀다고 했다. 그렇다면 나 스스로, 나의 전제를 과연 어떻게 찾고 확인할 수 있을까?

자, 여러분 스스로 '전제 찾기 실험'을 한 가지 해 보자. 먼저 다음 질문에 답해 보자.

자신의 글쓰기 능력을 스스로 어떻게 평가하는지 '주장하는 글'을 자유롭게 적어 보자. (제한 시간 5분)

글을 읽을 때 전제 찾기가 어려운 이유는 많은 사람들이 전제를 생략한 채 글을 쓰기 때문이다. 그렇다면 전제를 찾을 수 있는 방법은 무엇일까? 논쟁적 이슈 읽기에서 널리 사용되는 방법으로 (1) 글에서 주장하는 바가 무엇인지 찾고, (2) 주장을 뒷받침하는 근거

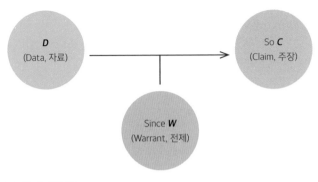

〈그림 1〉 논증의 기본 구조

자료가 무엇인지 찾으며, (3) 그 주장이 어떤 논리적 가정(들)에 기초하고 있는지 추론해 보는 세 가지 단계이다. 우리는 이 세 가지 단계로 뼈대를 이룬 논리적 사유 과정을 '논증(argument)'이라고 부른다. '논증'이란 말 그대로 무언가(주장)를 구체적 자료(근거)를 들어 논리적으로 증명하는 생각의 구조와 과정을 말한다. 논리철학자인 툴민은 이러한 논증의 기본 구조를 위와 같은 그림으로 표현했다.[6]

'전제 찾기 실험'을 위해 여러분에게 던진 질문으로 돌아가 보자. 자신의 글쓰기 능력에 관해 주장하는 글을 쓰는 경우, 여러분은 아마도 '나는 글쓰기 능력이 좋다.' 또는 '나는 글쓰기 능력이 부족하다.'와 같이 주장했을 것이다. 이런 주장을 할 때에는 그 주장을 뒷받침하는 근거 자료도 제시했을 것이다. 여러분이 제공한 근거 자료는 여러분의 개인적 경험에 기반한 것이거나 타인으로부터 받은 피드백, 또는 매우 희소하게 과학적 분석에 의한 것일 수도 있다. 그런데 여기서 주장을 뒷받침하기 위한 근거가 무엇인지, 그것이 어떤 성격을 지니는지, 근거가 유래한 출처는 무엇인지 등을 살펴보면 여러분의 주장에 깔린 전제를 확인할 수 있다.

숨겨진 전제를 찾기 위한 3단계 전략

• 1단계

먼저 글에서 필자가 제시한 근거와 주장을 찾아 연결하고, 이 둘을 연결하는 기본적인 가정이 무엇인지 찾는다. 쉬운 방법으로는 '만약에 ~이 근거라면, 그렇다면 ~이 주장이다(If 근거, then 주장).'라는 말을 활용하여 근거와 주장을 연결한다.[7]

• 2단계

첫째 단계에서 주장과 근거를 연결한 문장을 조금 더 보편적 상황으로 확대하여 문장으로 다시 써 본다. 일반적으로 주장과 근거 자료가 주장하는 특정한 상황과 관련된 것이라면, 이때 '전제'란 특정 상황을 넘어 어느 정도 광범위하게 적용될 수 있는 가정이나 믿음을 의미한다. 가령, 주장과 근거를 직접 연결한 문장에서 주어가 특정 사람이라면, 전제를 찾을 때에는 '일반적으로 사람들은', '일반적으로 어떤 사람이' 등과 같이 좀더 보편적 주어로 확대한다. 또 주장의 근거 자료가 구체적인 시간과 장소에 기반을 둔 것이라면, 보편적인 상황으로 확대하여 문장을 새로 쓴다.

• 3단계

둘째 단계에서 작성한 문장을 다시 읽으며, 글에서 필자가 기본적으로 가정하고 있는 바가 무엇인지 그 의미를 생각한다. 필요한 경우, 전제의 의미를 가장 잘 드러내는 방식으로 문장을 수정한다.

다음은 앞의 전제 찾기 실험에 참가한 나모태 씨가 자신의 글쓰기 능력에 대해 주장한 글이다.

> 나는 고등학교 때 글쓰기 시험에서 낮은 점수를 받았다. 나는 글쓰기 능력이 부족하다.

이 글에서 나모태 씨의 주장은 무엇인가? "나는 글쓰기 능력이 부족하다."라는 둘째 문장이다. 이 주장을 뒷받침하는 나모태 씨의 근거는 무엇인가? "나는 고등학교 때 글쓰기 시험에서 낮은 점수를 받았다."라는 앞 문장이다. 그렇다면 나모태 씨의 주장에 깔린 전제는 무엇이었을까? 다음 중 나모태 씨의 전제라 할 수 있는 것을 두 가지 골라 보자.

- 나모태 씨는 중학교 때 글쓰기 시험에서 낮은 점수를 받았다.
- 만약 누군가가 글쓰기 시험에서 낮은 점수를 받았다면, 그는 글쓰기 능력이 부족하다고 할 수 있다.
- 나모태 씨는 글쓰기 능력이 상당히 부족하다.
- 일반적으로 글쓰기 시험 점수는 그 사람의 글쓰기 능력을 보여 주는 지표이다.

이제 전제 찾기 3단계 전략을 적용해 보자. 첫째 단계는 나모태 씨의 주장과 근거를 연결하기 위해 'if 근거, then 주장'의 문장 구조를 적용하는 것이다. '만약 나모태 씨가 고등학교 때 글쓰기 시험에서 낮은 점수를 받았다면, 그는 글쓰기 능력이 부족한 사람이다.'라는 문장을 도출할 수 있다.

둘째 단계는 1단계에서 도출한 문장을 조금 더 보편적인 주어와 상황으로 확대하여 기술하는 것이다. 예를 들어, 앞의 문장을 '일반적으로 어떤 사람이 글쓰기 시험에서 낮은 점수를 받았다면, 그 사람은 글쓰기 능력이 부족하다고 볼 수 있다.' 정도로 수정할 수 있다.

셋째 단계에서는 2단계에서 도출한 문장의 의미가 무엇인지 생각해 보며, 필요한 경우 의미가 가장 잘 드러나도록 문장을 수정하는 것이다. 2단계에서 도출한 문장에서 볼 때, 나모태 씨가 가지고 있던 전제는 무엇일까? 나모태 씨는 기본적으로 어떤 사람의 글쓰기 능력은 그 사람의 글쓰기 시험 점수로 판단할 수 있다는 전제를 가지고 있다. 이러한 의미 파악을 바탕으로 앞의 문장을 핵심적인 의미가 잘 드러나도록 수정하여 제시해 보자. 예를 들어 '일반적으로 글쓰기 시험 점수는 그 사람의 글쓰기 능력을 보여 주는 지표이다.'라고 전제를 수정하여 제시할 수 있다.

이제 자신이 작성한 글로 돌아가서 나의 전제를 찾아보자! 내가 쓴 글을 분석해 보면, 내가 자연스레 가정하는 바, 전제하는 바가 무엇인지 스스로 찾아볼 수 있다.

전제들끼리도 연결할 수 있다

주장과 근거를 연결하는 전제를 파악했으면, 여기에서 더 나아가 서로 다른 전제를 연결하며 읽을 수도 있다. 전제를 연결하며 읽기는 필자의 전제와 독자로서 자신의 전제를 파악한 후, 나와 필자가 관련 문제에 대하여 무엇을 서로 다르게(또는 비슷하게) 가정하고 있는지 비교하여 읽는 것이다. 이때, 내가 당연하다고 생각한 전제가 무엇인지 파악하고, 혹시 이 전제를 다르게 접근할 수 있을지 '대안 전제'를 검토하며 읽는 것이 핵심이다.

나모태 씨와 함께 실험에 참여한 무상복 씨, 안만족 씨, 한노력 씨도 자신의 글쓰기 능력에 대해 주장하는 글을 썼다. 다음은 이 세 사람이 자신의 글쓰기 능력에 대해 주장한 글이다.

- 무상복 씨: 나는 글쓰기 능력이 부족하다. 나는 고등학교 때 글쓰기 대회에 나갔는데, 아무런 상을 타지 못했다.

- 안만족 씨: 나는 글쓰기 능력이 부족하다. 나는 내가 쓴 글에 대해 한 번
  도 만족해 본 적이 없다.
- 한노력 씨: 나는 글쓰기 능력이 부족하다. 나는 글쓰기를 위해 충분히 노
  력해 본 적이 없다.

이들은 모두 '나는 글쓰기 능력이 부족하다.'라는 동일한 주장을
했지만, 이러한 주장을 뒷받침하기 위해 상이한 근거를 제시하고 있
다. 세 사람의 주장과 근거 자료를 연결해, 세 사람의 전제가 무엇인
지 찾아 표에 정리해 보면 다음과 같다.

이름	주장	근거 자료	전제
무상복	나는 글쓰기 능력이 부족하다.	나는 고등학교 때 글쓰기 대회에 나갔는데, 아무런 상을 타지 못했다.	글쓰기 능력은 수상 여부를 바탕으로 판단할 수 있다.
안만족		나는 내가 쓴 글에 대해 한 번도 만족해 본 적이 없다.	글쓰기 능력은 자신의 만족 여부를 바탕으로 판단할 수 있다.
한노력		나는 글쓰기를 위해 충분히 노력해 본 적이 없다.	글쓰기 능력은 자신의 노력 정도를 바탕으로 판단할 수 있다.

여러분도 세 사람의 전제를 제시한 표와 같이 파악했는가? 만약
이들의 전제를 쉽게 찾기 어려웠다면, 앞에서 학습한 숨겨진 전제
찾기의 3단계 전략을 다시 떠올려 보자. 무상복 씨의 주장, 근거, 전
제를 이 전략을 활용해 풀면 다음과 같다.

Step 1. '만약에 ~이 근거라면, 그렇다면 ~이 주장이다(If 근거, then 주장)'를 활용하여 문장 만들기

정답 예시: 만약에 무상복 씨가 고등학교 때 글쓰기 대회에 나갔는데 아무런 상을 타지 못했다면, 무상복 씨는 글쓰기 능력이 부족하다.

Step 2. 일반적인 주어와 상황으로 수정하기

정답 예시: 만약 어떤 사람이 글쓰기 대회에 나갔는데 아무런 상을 타지 못했다면, 그 사람은 글쓰기 능력이 부족하다.

Step 3. 전제의 의미 성찰 및 필요한 경우 수정하기

정답 예시: 글쓰기 능력은 수상 여부를 바탕으로 판단할 수 있다.

QUIZ

같은 주장을 하는 경우에도 나모태 씨와 무상복 씨, 안만족 씨와 한노력 씨는 서로 다른 전제로부터 서로 다른 근거를 들어 제시했다. 네 사람의 전제가 어떻게 비슷하고 다른지 비교해 보고, 다음 중 알맞은 내용을 골라 보자.

① 나모태 씨는 글쓰기 능력이란 자신의 만족 여부에 달려 있다고 전제한다.
② 무상복 씨는 글쓰기 능력이 자신의 훈련 여부에 달려 있다고 전제한다.
③ 한노력 씨는 글쓰기 능력이 자신의 노력 여부에 달려 있다고 전제한다.
④ 안만족 씨는 글쓰기 능력이 선생님의 효율적인 지도 여부에 달려 있다고 전제한다.

정답 ③

③에서 한노력 씨는 글쓰기 능력이 자신의 노력 정도에 따라 결

정된다고 주장했다. 그는 글쓰기 능력이 기본적으로 노력과 연결되어 있다고 전제하고 있기에, 최선을 다해 훈련하는 것과 관련된다고 전제했다고 볼 수 있다. ①에서는 나모태 씨가 글쓰기 능력을 자신의 만족 여부에 달려 있다고 전제한다고 했다. 그런데 나모태 씨는 시험 점수라는 외적 요인만 근거로 제시했기 때문에, 자신의 만족과 같은 내적 요인과 글쓰기 능력의 관련성을 어떻게 생각하는지 나모태 씨가 작성한 글로는 알기 어렵다. ②에서는 무상복 씨가 글쓰기 능력이 자신의 노력 여부에 달려 있다고 전제한다고 했다. 그런데 무상복 씨 역시 글쓰기 대회 수상 여부라는 외적 요인만 근거로 제시했기에, 그가 노력과 글쓰기 능력의 관계를 어떻게 생각하는지 작성한 글로는 알기 어렵다. ④에서는 안만족 씨가 글쓰기 능력이 선생님께 높은 점수를 받는 것이라 전제한다고 했다. 그런데 안만족 씨는 나모태 씨나 무상복 씨와 달리 자신의 만족이라는 내적 요인만을 근거로 제시했기에, 작성한 글로는 그가 시험 점수와 글쓰기 능력의 관련성을 어떻게 생각하는지 알기 어렵다.

전제를 읽는다는 것은 나와 상대가 기본적으로 무엇을 가정하는지 읽어 내는 것이다. 이때 서로(글을 쓴 필자의 전제와 가정, 그리고 그 글을 읽는 독자의 전제와 가정)의 전제와 가정에서 무엇이 유사하고 무엇이 다른지 읽어 내는 것이 핵심이다. 위 예시를 통해 각각의 전제를 파악해 보면서, 사람마다 자신의 글쓰기 능력을 무엇을 전제로 하여 판단하는지 이해할 수 있다. 더 나아가 사람들이 글쓰기 능력에 대한 자신의 견해에 어떻게 접근하는지 간파할 수 있다. 그리고 전제를 이해하기 위해 상이한 전제들을 연결해 보는 것은 논쟁적 이슈의 복잡성을 이해하는 데에도 크게 도움이 된다. 누군가는 학교 시험 성적만으로 글쓰기 능력을 판단할 수 있는 것이라 생각하지만, 다른 사람들의 주장을 분석해 보면 또 다른 전제가 존재한다는 것을 알 수 있다. 전제 읽기는 이렇게 내가 생각하지 못했던 다른 관점에서 특정 문제와 주제에 접근해 볼 수 있다는 점에서 강력한 힘을 가진 읽기다.

전제 연결하기=이해 확장

전제에 대한 '확장된 이해'는 내가 살아가는 사회에 대한 이해를 넓혀 주는 것은 물론, 서로 다른 전제를 가진 사람들과의 원활한 소통을 돕는다. 만약 여러분이 어떤 글을 읽으면서 상대의 전제를 제대로 파악하게 된다면, 그 전에는 경험하지 못했던 새로운 시야가 열리는 놀랍고 신기한 체험을 하게 될 것이다.

- '나'의 전제를 파악하는 것은 '나'에 대한 이해를 돕는다.
- 타인의 글을 읽으며 '그'의 전제를 파악하는 것은 '그'에 대한 이해를 돕는다.
- 서로 다른 전제를 연결하면 논쟁의 이해를 확장할 수 있고, 이를 통해서 우리가 살아가는 세상에 대한 이해도 확장할 수 있다.
- '전제 찾기 3단계 전략'은 논쟁이 일어나는 문제 공간에서 나와 그(상대), 그리고 다양한 논쟁의 참여자들이 어떤 생각과 가정, 신념과 동기를 가지고 소통에 임하는지 확인할 수 있는 '분석과 판단의 도구'가 된다.

세상에
당연한 건 없다

각자의 전제 확인하기

우리가 중요한 사회적 논쟁들에 대해서 당연하게 여기던 전제들은 끊임없이 변화해 왔고 지금도 변화 중이다. 그런데 역사적으로 전제의 변화는 늘 누군가의 질문과 노력에 의해 이루어졌음을 기억할 필요가 있다.

대표적으로 '여성 참정권'에 대한 전제를 생각해 보자. 과거에는 대부분의 국가에서 남성만 선거권을 갖는다는 것이 당연한 전제로 여겨졌다. 그런데 점점 많은 사람들이 이 당연해 보이던 전제에 대해 질문을 던지기 시작했고, 사람을 성별에 기반하여 차별하는 전제가 사회의 발전을 저해한다고 주장했다. 더 나아가, 사람들은 이러한 유통기한이 지난 전제를 바꾸고 폐기하기 위해 투쟁했다. 세계 각국에서 여성 참정권 투쟁의 역사가 있었고, 우리나라에서도 수많은 사람의 노력으로 1948년부터 여성도 당연한 권리로 선거에 임할 수 있게 되었다. 선거권에 대한 우리 사회의 성차별적 전제가 변화한 것이다. 민주주의를 추구하는 대부분의 국가에서 남성과 여성이 동일하게 한 표의 권리를 갖는 것은 이제 당연한 전제이다.

사회가 더 나은 방향으로 나아가기를 원한다면, 우리 스스로 현재 당연하게 여기는 전제들을 점검해야 한다. 또한, 부적절한 전제들은 사회적, 문화적, 법적, 제도적으로 수정하고 개선해야 한다. 이런 점에서 논쟁 읽기와 전제 찾기는 우리 사회가 가진 다양한 전제들을 검토하고 변화시키기 위한 작은 노력의 시작이라고 볼 수 있다. 그래서 우리는 서로 다른 전제들을 파악하고 연결하면서 논쟁적 문제 공간을 이해하고 맥락에 맞게 문제를 해결할 수 있는 역량을 갖추어야 한다. 이런 역량은 책을 읽거나 신문 기사를 읽을 때, 유튜브나 영화 등 다양한 미디어 영상을 볼 때에도 연습을 통해 신장시킬 수 있다.

영화 〈다크 나이트〉에서 악당인 조커는 범죄자 집단이 타고 있는 배와 일반 시민 집단이 타고 있는 배에 각각 폭탄을 설치해 놓는다. 그리고 두 집단에게 서로의 배를 폭파할 수 있는 원격기폭장치를 주고, 자신의 집단이 살고 싶으면 다른 배를 폭파하는 버튼을 누르라고 협박한다. 만약 두 집단이 모두 버튼을 누르지 않으면, 밤 12시에 두 배가 모두 폭파될 것이라고도 경고한다.

만약 여러분이 일반 시민 집단이 탄 배에 있다면, 함께 배를 타고 있는 다른 시민들에게 어떠한 주장을 할 것인가? 그렇게 주장하는 근거와 전제는 무엇인가? 영화 속 상황으로 돌아가서, 일반 시민이 타고 있는 배에서 사람들이 저마다 어떤 주장들을 내놓을지 생각해 보자.

이 상황에서 사람들이 제시한 근거는 모두 동일하다. '현재 두 집단 모두 상대방에 대한 원격기폭장치를 가지고 있다.'는 것이며, '상대편 배에는 범죄자가 타고 있다.'는 것이다. 그런데 이렇게 같은 근거를 가지고서도 사람들은 서로 다른 주장을 하고 있다. 사람마다 근거에서 주목한 부분이 다르고, 근본적으로 그 근거의 논리를 제공하는 전제가 달랐기 때문이다.

주장과 근거, 전제를 찾아라!

전제의 적절성을 점검하기 위해 첫 번째로 할 수 있는 일은 각자의 전제가 무엇인지 파악하는 것이다. 시민 집단의 배에 탄 사람들의 주장과 근거, 전제가 무엇인지 파악해 보자. 가령, 가나다 씨의 주장과 근거, 전제는 다음과 같이 찾을 수 있다.

- 주장: 우리는 지금 당장 원격기폭장치의 버튼을 눌러야 한다.
- 근거: 현재 우리만 원격기폭장치를 가지고 있는 것이 아니라 범죄자 집단도 원격기폭장치를 가지고 있다. 만약 그들이 먼저 버튼을 누르면 우리 배는 바로 폭파된다.
- 전제: 만약 우리의 배가 폭파될 위험이 있다면, 우리가 상대의 배를 폭파시킬 수 있다.

이와 같은 방식으로 여러분은 라마바 씨의 주장, 근거, 전제를 파악할 수 있는가? 여러분이 다음과 같이 정리할 수 있다면, 제대로 된 논증 분석을 수행했다고 할 만하다.

- 주장: 우리는 지금 당장 원격기폭장치의 버튼을 눌러야 한다.
- 근거: 저쪽 배에 타고 있는 사람들은 모두 범죄자이다.
- 전제: ① 만약 다른 배에 타고 있는 사람이 범죄자라면(사회에 해를 끼치는 범죄를 저지른 적이 있다면), 우리가 상대의 배를 폭파시킬 수

있다. ② 죄를 지은 사람보다는 죄를 짓지 않은 사람의 생명이 소
중하다.

전제 찾기 3단계 전략을 활용하여 사아자 씨의 주장, 근거, 전제를 아래에
적어 보자.

• 주장: _____
• 근거: _____
• 전제: _____

정답 • 주장: 우리가 원격기폭장치의 버튼을 눌러서는 안 된다. • 근거:
저쪽 배에는 모두 범죄자가 타고 있다. 범죄자도 모두 사람이다. • 전제: 만
약 상대 배에 사람이 타고 있다면, 우리는 어떠한 경우에도 상대의 배를 폭
파시킬 수 없다.

서로 다른 전제를 연결하라!

전제의 적절성을 점검하기 위해 두 번째로 할 수 있는 일은 각각
의 전제를 연결하여 비교하는 것이다. 앞의 세 사람의 전제는 어떤
점이 유사하고 어떤 점이 다른가?

악당 조커는 사람들에게 밤 12시 전에 원격기폭장치의 버튼을

누르면 다른 집단이 탄 배에서 폭탄이 터지므로 자신의 집단은 살 수 있다고 말한다. 한 집단이 손해를 보면 다른 집단은 이익을 얻는 일종의 제로섬 게임에 바탕을 둔 말이다. 제로섬 게임은 미국의 경제학자 레스터 서로의 저서 『제로섬 사회』에서 유래한 개념으로, 게임에 참여한 사람들의 이익의 합(sum)이 0(zero)이 되는 게임이다.[8] 두 사람이 게임을 한다고 할 때, 한 사람이 게임에 이겨서 1점을 얻으면 다른 한 사람은 1점을 잃어서, 둘 사이의 이익의 합이 0이 되는, 공동체의 관점에서 보자면 하나 마나 한 게임인 것이다. 가위바위보는 대표적인 제로섬 게임으로, 한 사람이 이기면 반드시 다른 한 사람은 지는 게임이다.

시민 집단의 배에서 가나다 씨와 라마바 씨는 제로섬 게임을 바탕으로 전제를 제시했다. 악당 조커가 말한 제로섬 게임의 프레임 안에서 주장을 만들어 낸 것이다. 단, 가나다 씨는 '만약 내가 피해를 보는 상황이라면 상대에게 해를 끼칠 수 있다.'는 점을 강조한 반면에, 라마바 씨는 '상대 배에 타고 있는 사람이 범죄자라면 해를 당할 수 있다.'는 점을 강조했다는 데에서 차이가 난다. 한편, 앞의 두 사람과 달리 사아자 씨는 악당 조커가 제안한 제로섬 게임을 대전제에 두고 접근하지 않았다. 인간의 기본적인 윤리 의식인 '인간이 인간에게 의도적으로 해를 가하는 행동을 해서는 안 된다.'를 대전제로 두어 접근한 것이다.

전제의 적절성을 검토하라!

다양한 전제를 연결해 본 후, 그다음으로 할 수 있는 중요한 읽기 활동은 그 전제가 적절한지 스스로 질문해 보는 일이다. 앞의 영화는 내가 죽을 것인가, 상대가 죽을 것인가의 극단적 제로섬 게임의 상황이었는데, 실제 영화에서 두 집단은 모두 버튼을 누르지 않았다. 그리고 악당 조커가 말한 밤 12시가 되었을 때 양쪽 배도 모두 폭파되지 않았다. 악당 조커는 제로섬 게임을 바탕으로 두 집단에게 반인륜적인 제안을 했지만, 결과적으로 두 집단이 모두 상대에게 해를 입히는 결정을 하지 않았기에 두 집단이 모두 사는 결과가 나타난 것이다. 이 영화가 주는 메시지는 다양하게 해석될 수 있지만, 기본적으로 우리가 가진 제로섬 게임에 바탕을 둔 전제가 반드시 옳은 것은 아닐 수 있다는 메시지를 전하는 점은 분명하다.

이 영화는 우리 사회에 만연한 '누군가 이익을 얻으면 누군가 손해를 보는 구조'에 대해 '본질적 질문'을 던진다. 우리도 영화를 보든 누군가와 대화를 하든, 그 속에 존재하는 당연한 전제들을 파악해 보고 서로 다른 전제들을 연결하면서 내가 기존에 가진 전제의 적절성을 검토해 봐야 하지 않을까? 그렇게 해야 '논쟁 읽기'를 결국 '전제 읽기'로 이끌어 갈 수 있지 않을까?

다음은 어느 블로그에 올라온 글이다. 이 글을 읽고, 질문에 답해 보자.

●●●

　미국에서는 매년 총기 사고로 수만 명이 숨진다. 2020년에만, 45,222명이 목숨을 잃었다. 지난주 미국 초등학교에서 또 총기 사고가 났는데 범인은 소총을 들고 한 초등학교에 들어가서, 한 시간이 넘게 총을 쐈다. 이 결과, 선생님 2명과 학생 19명이 사망했다.

　누군가는 이러한 사건에 대해 미국에서 총기 소지 자체를 반대해야 한다고 주장한다. 하지만 땅이 넓은 미국의 경우, 경찰의 도움을 받기 어려운 지역이 상당히 많다. 미국인이 자기 자신을 지키기 위해서는 총이 반드시 필요하다는 말이다. 또한 미국에서 총기를 소유하는 것은 나라가 세워질 때부터 헌법에서 보장하고 있는 개인의 권리이다. 이러한 권리 자체를 반대하는 것은 옳지 않다.

　그럼에도 총기 사고가 계속되는 것을 그대로 볼 수는 없다. 가장 큰 문제는 미국에서 총기를 너무 쉽게 살 수 있다는 점이다. 지난 주 초등학교에서 일어난 사건의 경우, 범인이 사용한 AR 15형 소총은 한 번에 여러 발을 쏠 수 있어서 더 많은 사람이 사망했다. 이 소총은 현재 미국에서 누구나 쉽게 살 수 있다. 온라인에서도 몇 번의 클릭으로 구매할 수 있다. 따라서 우리는 총을 사는 이들의 신원을 정확히 파악하고, 사냥이나 자기 보호 등 총기 사용의 지역이나 목적을 고려하여 살 수 있는 총기의 종류를 제한해야 한다.

1. 위 글의 필자는 총기 소유에 대해 어떤 전제를 가지고 있을까? 필자의 전제에 가장 가깝다고 생각하는 것을 골라 보자.

① 모든 국민은 총기를 소유해서는 안 된다.

② 군인이나 경찰 이외의 모든 국민은 총기를 소유해서는 안 된다.

③ 군인이나 경찰 이외에, 신분을 믿을 만하고 사냥이나 자기 보호 등 총기 사용의 목적이 분명한 사람들에게는 총기 소유를 허락해야 한다

④ 모든 국민은 자유롭게 총기를 소유할 권리가 있다.

2. 나는 총기 소유에 대해 어떤 전제를 가지고 있는가? 위 ①~④ 중에 나의 전제에 가장 가깝다고 생각하는 것을 골라 보자.

3. 대한민국 국민인 여러분의 전제와 위 글을 쓴 필자의 전제에 차이가 난다면, 그 이유를 생각해 보자.

정답 1번: ③, 2·3번: 각자

필자는 두 번째 문단에서 미국에서 총기 소유는 필요하다는 기본적 전제를 드러내고 있다. 따라서 ①과 ②는 이러한 필자의 신념과 상충한다고 할 수 있다. 또한 세 번째 문단에서 필자는 미국인이 위험한 소총을 쉽게 살 수 있다는 점을 문제로 지적하고 있다. 따라서 필자의 전제는 ④의 전제와 일치하지 않는다.

그렇다면 미국인인 필자는 왜 ③과 같이 "신분을 믿을 만하고 사

냥이나 자기 보호 등 총기 사용의 목적이 분명한 사람들에게는 총기 소유를 허락해야 한다."와 같은 전제를 갖게 되었을까? 미국은 땅이 넓어서 스스로 자신을 보호해야 하는 지역들이 존재한다는 지역적 배경 및 국가의 설립 초기부터 총기 소유가 자유로웠던 역사적 배경이 이러한 전제에 영향을 주었을 수 있다.

반면, 일반 국민의 총기 소유가 허락되지 않았던 우리나라 국민들 중에는 위의 ③과 같은 전제를 가진 사람이 적을 수 있다. 사람들이 가진 전제는 그 나라의 사회문화적 배경, 역사적 배경으로부터 자연스럽게 생겨난 것들이 많다. 그 사회의 사람들에게 자연스럽고, 당연한 전제들이 다른 사회와 다른 나라의 사람들이 볼 때에는 당연하지 않은 것들이 많다. 이에 우리는 늘 우리가 당연하게 생각하는 전제에 대해서 새로운 관점으로 다가가는 태도가 필요하다.

당연한 전제 의심하기

글을 읽으며 저자나 주인공 등이 당연하게 전제하는 바에 대해 점검하는 태도와 능력을 갖는 것이 중요하다. 이를 위해 먼저 글을 읽으며 주장과 근거, 전제를 분리하여 찾는 것(분석하는 것)이 필요하다. 이어서 찾은 전제가 적절한지, 어떠한 한계가 있을 수 있는지 검토해 보는 것이 중요하다. 이러한 접근은 온라인 매체에 있는 글을 읽거나 동영상, 이미지, 소리와 같은 복합 양식이 결합된 텍스트 읽기에도 동일하게 적용할 수 있다. 당연하게 여겼던 전제의 한계를 인식하는 것은 우리 사회가 더 나은 방향으로 나아갈 수 있는 새로운 전제를 상상하도록 돕는 바탕이 될 것이다.

계약서 읽기

Chapter 05

문서로 지키는 권리와 의무

2008년, UFC 종합격투기협회 계약을 상담한 변호사는 선수들에게 이렇게 말했다고 한다.

"이 계약서에서 양의 탈을 쓴 늑대가 보인다!"

도대체 이 계약서에 얼마나 문제가 많았으면 이런 말까지 했을까? 우리는 일상에서 다양한 종류의 '계약서'와 마주친다. 주택이나 차량 등 금액이 큰 물건을 사거나 빌릴 때는 물론이고, 아르바이트나 취업을 할 때에도 계약서를 쓰며, 인터넷 사이트에 가입하려고 해도 계약서에 동의해야 한다. 이런 계약서들은 계약 당사자들 사이의 공적인 약속을 규정한다. 어떤 약속이든 잘 지키려면 약속의 내용과 형식을 꼼꼼하게 알아야 할 뿐 아니라, 약속 당사자들이 어떤 책임을 갖는지도 분명하게 확인하고 파악해야 한다.

그렇다면 계약서를 왜, 또 어떻게 읽어야 할까? 계약서는 그 자체로 법률 행위로서 법적 구속력을 가진다. 그래서 해당 계약에 관한 법률 문제가 발생하는 것을 방지하기 위해서라도 계약서는 반드시 정확하고 철저하게 읽어야 한다. 특히 계약서에 명시되어 있는 자신의 권리와 의무에 관한 정보를 확인해야 한다. 혹여 계약서 이면에 숨겨진 내용이 있는지 문서에 담긴 정보를 근거로 하여 어느 한쪽으로 혜택과 이득이 치우쳐 있지는 않은지 판단해야 한다. 중요하지만 빠진 내용이 있다면, 계약 당사자끼리 새롭게 협상을 시도하는 번거로움도 기꺼이 감수해야 한다. 계약서상의 명시적, 암시적 내용은 모두 법적 문제로 이어질 수 있기 때문이다.

모든 계약서를 다 잘 읽기는 현실적으로 어렵다. 해당 분야의 전문가가 아니면 관련 용어와 법령 등을 모두 이해하고 적용하기 힘들다. 그래서 많은 경우 계약서 작성을 도와주는 '중개인(intermediary)'이 필요하다. 공인중개사, 법무사, 변호사 등은 전문 지식을 사용하여 계약서에 들어갈 계약 내용과 절차를 우리에게 안내해 준다.

하지만 세상 모든 일에 이런 중개인을 대동하거나 호출하기 어렵다. 또한 전문가의 조력이 있다 하더라도 최종 판단은 결국 계약 당사자인 나의 몫이다. 따라서 현대 사회에서 계약서 읽기 능력을 갖추는 것은 반드시 필요하고 또 중요하다. 동시에 계약서를 이해하고 따져 보는 것만으로도 계약의 과정에서 빚어지는 다양한 인간사와 이해관계의 충돌 및 조정 과정을 경험할 수 있다. 생활 속에서 접하는 계약서라는 공적 문서를 어떻게 읽으면 좋을지 몇 가지 사례와 방법을 통해서 알아보자.

당신은 세상에서 가장 멋진 두 살짜리 골든 리트리버 세 쌍둥이와 함께 살 집을 구하고 있다. 때마침 마음에 꼭 드는 집을 구해서, 임차인으로서 당신은 임대인(집주인)과 함께 다음과 같이 '부동산임대차계약서'를 작성했다. 앞으로 2년간 당신의 안락한 생활을 좌우할 계약서이니 찬찬히 읽어 보자.

드디어 이사 날, 늠름한 반려견들과 함께 입주를 하려던 차, 집을 방문한 임대인이 난감한 표정으로 이렇게 말한다.

"지금 이 집에서 대형견을 키우시면 안 돼요. 그것도 세 마리씩이나…."

날벼락 같은 말에 당황한 당신, 과연 당신은 반려견을 새 집에서 키울 수 있을까?

집주인이 저간의 사정을 이해하고 받아들인다면 다행이겠지만, 계약서를 근거로 임대인이 계속해서 반려견 동거 불가의 입장을 고수한다면 졸지에 당신은 반려견들과 이산가족이 될 상황에 처할 수도 있다. 왜냐하면 당신이 작성한 계약서에는 분명히 다음과 같은 조항이 들어 있기 때문이다.

부동산임대차계약서

□ 전세　■ 월세

임대인과 임차인 쌍방은 아래 표시 부동산에 관하여 다음 계약내용과 같이 임대차계약을 체결한다.

1.부동산의 표시

소 재 지				
토　　지	지　　목		면 적	m²
건　　물	구조 및 용도	철근 콘크리트 구조 / 아파트	면 적	m²
임대할 부분			면 적	m²

2. 계약내용

제 1 조 (목적) 위 부동산의 임대차에 한하여 임대인과 임차인은 합의에 의하여 임차보증금 및 차임을 아래와 같이 지불하기로 한다.

보 증 금	금 오천만 원정 (₩ 50,000,000)
계약금	금 오백만 원정은 계약 시에 지불하고 영수함. 영수자(　　㊞　)
중도금	금　　　　　　　원정은　　　년　　　월　　　일에 지불하며
잔금	금 사천오백만 원정은 2022년 6월 1일에 지불한다.
차임	금 오십만 원정은 매월 1일에 (선불로, 후불로) 납부한다.

제2조 (존속기간) 임대인은 위 부동산을 임대차 목적대로 사용·수익할 수 있는 상태로　년　월　일까지 임차인에게 인도하며, 임대차 기간은 인도일로부터　년　월　일까지로 한다.

제3조 (용도변경 및 전대 등) 임차인은 임대인의 동의 없이 위 부동산의 용도나 구조를 변경하거나 전대·임차권 양도 또는 담보제공을 하지 못하며 임대차 목적 이외의 용도로 사용할 수 없다.

제4조 (계약의 해지) 임차인의 차임연체액이 2기의 차임액에 달하거나 제3조를 위반하였을 때 임대인은 즉시 본 계약을 해지할 수 있다.

제5조 (계약의 종료) 임대차계약이 종료된 경우에 임차인은 위 부동산을 원상으로 회복하여 임대인에게 반환한다. 이러한 경우 임대인은 보증금을 임차인에게 반환하고, 연체 임대료 또는 손해배상금이 있을 때는 이들을 제하고 그 잔액을 반환한다.

제6조 (계약의 해제) 임차인이 임대인에게 중도금(중도금이 없을 때는 잔금)을 지불하기 전까지, 임대인은 계약금의 배액을 상환하고, 임차인은 계약금을 포기하고 본 계약을 해제할 수 있다.

제7조 (채무불이행과 손해배상) 임대인 또는 임차인이 본 계약상의 내용에 대하여 불이행이 있을 경우 그 상대방은 불이행한 자에 대하여 서면으로 최고하고 계약을 해제할 수 있다. 그리고 계약 당사자는 계약해제에 따른 손해배상을 각각 상대방에 대하여 청구할 수 있다.

특약사항

1. 현 시설물 상태의 월세 계약임.
2. 임차인은 기본 시설물 훼손 시 원상 복구 의무가 있으며, 시설물을 설치하는 경우에는 임대인과 상의를 해야 함.
3. 임차인은 아파트 하자 보수와 관련한 사항에 적극 협조하기로 함.
4. 이 외의 기재되지 않은 사항은 부동산 관련법 및 민법에 따름.

제7조(채무불이행과 손해배상) 임대인 또는 임차인이 본 계약상의 내용에 대하여 불이행이 있을 경우 그 상대방은 불이행한 자에 대하여 서면으로 최고하고 계약을 해제할 수 있다. 그리고 계약 당사자는 계약 해제에 따른 손해배상을 각각 상대방에 대하여 청구할 수 있다.

임차인에게는 어떤 희망도 없을까? 실제 임대차 계약에서 반려견 문제로 인해 벌어진 법적 다툼의 사례를 읽어 보자.[1]

임차인 A는 경기도 00시의 한 아파트를 보증금 4억 원에 임차하기로 하고, 집주인인 임대인 B에게 계약금으로 4,000만 원을 지급했다. 임차인은 당시 반려견 3마리와 함께 거주할 예정이었지만, 그 사실을 계약 당시 밝히지 않았다. 임대인 또한 반려동물에 관해 언급하지 않았다. 그런데 임차인이 반려견 3마리를 키우고 있다는 사실을 뒤늦게 안 임대인은 "새 아파트에 반려견이 웬말이냐."며 계약을 취소하겠다면서, 내용증명 우편으로 '계약금을 수령할 계좌번호를 알려주지 않으면 이를 공탁하겠다.'는 내용을 임차인에게 통지했다. 이후 임대인은 "임차인이 계약 당시 반려견 3마리를 키운다는 말을 하지 않아 고지의무 위반으로 계약을 해제한 것"이라고도 주장했다.

과연 법원은 어떤 판결을 내렸을까? 서울중앙지방법원(2018. 5. 30. 선고 2017나63995)의 판결 취지를 정리하면 다음과 같다.

계약 체결 당시 임대인 B는 임차인 A에게 '몇 명이 거주하느냐.'고 물었고 임차인 A는 '2명'이라고 답했다. 이후 임대인 B는 다시 '집이 넓은데 2명만 거주하느냐.'고 묻자 임차인 A가 '그렇다.'라고 답한 사실은 인정할 수 있다. 그러나 임대차계약서상 반려견에 대한 기재는 전혀 없고 임대인 B가 임대차계약을 체결하면서 공인중개사 또는 임차인 A에게 '반려견을 기르지 않는 것이 조건'임을 고지한 바 없고, 임대인 B의 질문에 '반려견과 거주하는 것이냐.'라는 취지가 내포돼 있다고 보기 어려울 뿐만 아니라, 사회통념상 아파트나 다세대주택 등 공동주택이라도 반려견을 기르는 것이 금기시되지 않으며, 임차인 A의 개들이 모두 소형견인 점으로 볼 때 반려견 양육에 관한 고지의무를 부담한다고 보기 어렵다.

한 보고서에 따르면, 2020년 말 현재 한국에서 반려동물을 기르는 반려가구는 604만 가구(전체 가구의 29.7%)이고, 전체 반려인은 1,448만 명으로 한국인 4명 중 1명 이상이 반려동물과 함께 살아가고 있다고 한다.[2] 법도 사회 변화와 상식을 반영하기에, 위의 판례에 따르면 법원은 임차인이 반려견을 키우고 있는지 여부에 대해 임대인에게 사전에 고지할 의무는 없다고 판시하고 있다. 따라서 임대인이 반려견을 키우는 것을 원하지 않는다면, 부동산 임대차 계약서 작성 당시에 해당 내용을 임차인에게 알리고, 그와 관련한 내용을 '특약 사항'으로 기재하도록 해야 한다.

그렇다고 해서 모든 종류의 반려동물을 집주인에 대한 사전 고지 없이 키울 수 있는 것은 아니다. 판결 내용을 보면, '임차인 A의 개들이 모두 소형견인 점으로 볼 때'라는 부분이 포함되어 있다. 이로 보아, 임차인이 만일 소형견이 아닌 대형견이나 특별한 반려동물을 양육하고자 한다면, 임차인은 이를 임대인에게 사전에 고지해야 한다고 볼 수 있다. 양자 간 반려동물에 대한 협의를 분명하게 하지 않는 한, 사후에 법적 다툼이 발생할 수 있다는 것이다.

자, 이제 당신의 대답은 무엇인가?

그 옛날
수메르인은
왜 계약서를 썼을까?

계약과 계약서

약 오천 년 전 메소포타미아 지역에 살던 수메르인은 자그마한 진흙판에 촘촘하게 쐐기 문자를 찍어 거래 내역을 기록했다. 여기에는 매매 당사자들의 이름과 매매 물품이 적혀 있다고 하는데, 거래 내용의 '기억'과 거래 행위의 '합의'를 위해 투박한 점토판을 들고 다니며 정성껏 거래서를 작성했을 것이다. 이런 수메르인의 모습이 오늘날 매끈하고 견고한 태블릿으로 전자 상거래 계약서를 작성하는 현대인의 모습과 중첩되지 않는가?

사람과 사람이 하는 일에는 늘 분쟁의 여지가 존재한다. 따라서 조정과 합의, 약속과 의무, 책임과 이행에 관한 분명한 기록이 필요하다. 계약서는 다자간에 벌어지는 계약 행위를 기록한 문서이다. 그래서 계약서는 그 계약의 내용만큼이나 문서 자체로도 매우 중요하다. 계약서라는 증거 서류 없이 해당 계약이 어떤 내용으로 성사되었는지 사후에 검증하기에는 분명한 한계가 있기 때문이다. 그렇다면 문자와 쓰기, 기억과 문서라는 인류 문해 활동의 핵심인 계약서를 어떻게 읽으면 좋을까?

계약서를 쓸 때

계약이란 관련되는 사람이나 조직 사이에서 서로 지켜야 할 의무에 대하여 글이나 말로 정하여 두는 것, 또는 그 '약속'을 의미한다. 계약서는 이러한 계약을 '문서'로 작성한 것이다. 가령, 물건을 사고 팔거나, 서비스를 사고 팔거나, 권리를 사고 파는 과정에서 거래 당사자들 사이에는 지켜야 할 의무와 권리가 생긴다. 이를 말 또는 글로 정해 두는 것이 계약인데, 말로 정하면 구두 계약이고 글로 기록해 정하면 계약서가 된다.

그런데 우리가 살아가면서 진행하는 모든 약속 상황에서 계약서가 필요할까? 그렇지 않다. 특히 계약서를 작성하려면 거래 당사자들이 머리를 맞대고 앉아 문서로 작성하는 과정을 거쳐야 하는데, 사실 이 과정이 번거롭기에 모든 약속에서 계약서를 작성하는 것은 불편하고 비효율적이다.

계약서를 쓰지 않는 대표적인 예로 일상에서 물건을 사고파는 상황을 들 수 있다. 이때 매매 계약과 매매 행위가 동시에 이루어지기 때문에 우리는 그냥 물건을 사고 판다고만 생각하지만, 사실은 이것도 '약속'에 의해서 가능한 것이다. 편의점에서 음료수를 사는 사람은 음료수 대금을 지급하는 조건으로 음료수에 대한 소유 권리를 가지게 되고, 반대로 파는 사람은 음료수를 지급하는 조건으로 음료수 대금을 받을 수 있는 권리를 가지게 된다. 하지만 이와 같은 일상적 매매 거래에서는 군이 계약서를 쓰지 않는다. 거래 금액이 크지 않고, 거래가 바로 이루어지며, 그 권리와 의무 관계가 너무도 명백하고 단순해서 군이 계약 단계와 매매 단계로 나눌 필요가 없기 때문이다. 내가 사고 싶은 물건을 골라 계산대에 올려놓는 순간 나와 점원 사이에는 눈빛만으로 매매 계약이 성립되는 것이고, 내가 결제를 하는 순간 매매 행위가 끝난다.

식당에서 음식을 사 먹는 경우는 어떨까? 이 역시 계약과 매매가 거의 동시에 이루어지는 거래이다. 다만 편의점에서의 매매 거래는 구매자가 돈을 주고 물건을 사는 것으로 끝나지만, 식당에서 밥을 사 먹는 것은 음식이라는 물건과 이를 제공하는 서비스까지 함께 제공받는다는 점에서 약간의 차이가 있을 뿐이다. 즉 구매자 입장에서 돈을 내고 사는 대상의 범위가 확장된 것일 뿐, 매매 거래라는 본질은 달라지지 않는다. 역시 이 경우에도 사회적 상식에 준하여 암묵적 약속 이행이 전제되기에 계약서를 따로 작성하지 않는다.

배달 앱에서 음식을 시켜 먹는 것도 계약과 매매가 동시에 이루어지는 거래이다. 이 경우 음식을 주문하는 사람과 음식점, 즉 거래 당사자들 사이에 이 거래를 중개하는 서비스 제공업체가 끼어 있는 형태라는 점에서 특이하다. 그래서 배달 앱으로 음식을 주문하는 소비자는 음식점이 아니라 중간 서비스업체와 계약을 맺는다. 결제도 음식점 앞으로 하는 것이 아니라 중간 서비스업체에 한다. 온라인 쇼핑몰에서 물건을 구매하는 것도 이와 같은 형태의 거래가 이루어지는 것이다.

이처럼 일상에서 흔히 일어나는 거래 중에는 거래를 쉽고 빠르게 하기 위해 계약서를 쓰지 않는 경우가 많다. 거래가 있었다는 것을 증명하는 것은 '영수증뿐'인 셈이다.

그렇다면 도대체 우리는 언제 계약서를 쓸까? 계약서를 작성하는 일은 번거롭기도 하거니와, 계약서를 꼼꼼하게 챙기는 사람을 보면 뭔가 팍팍하다는 인상을 받기도 한다. 하지만 우리가 하는 거래와 약속 중에는 이런 번거로움과 근거 없는 오해를 즐겁게 감내해야하는 경우가 매우 많다. 다시 말해, 거래 당사자들의 권리와 의무 관계를 분명히 해야 할 경우에는 반드시 계약서가 필요하다.

새로운 집으로 이사할 때 사람들은 흔히 '부동산 계약서'를 쓴다. 집을 사는 경우 '부동산 매매 계약서'를, 전세나 월세로 입주하는 경우 '부동산 임대차 계약서'를 작성한다. 부동산 매매 계약서는 집의 소유권을 사고 파는 것이지만, 부동산 임대차 계약서는 집을 사용할 수 있는 권리를 사고 파는 것이라는 점에서 성격이 다르다. 특히 부동산 임대차 계약서의 경우, 1년 또는 2년이라는 기간 동안의 사용 권리와 의무를 정하는 것일 뿐 아니라, 그 임대료도 적지 않은 금액이기 때문에 반드시 계약서를 작성해야 한다. 집이나 상가 같은 부동산뿐 아니라 자동차를 사고 팔거나 임대해서 쓰는 경우(리스나 렌트)에도 계약서를 작성하게 된다.

상업 거래 및 금융 거래가 활발해지고, 은행이나 보험사같이 큰 기업이 다수의 소비자와 계약을 하는 경우가 많아지면서, 이들 기관에서 미리 일정한 형식의 계약서 틀을 만들어 두게 되었다. 이것이 '약관'이다. 그래서 자동차 보험, 생명 보험, 실손 보험, 치아 보험 등의 각종 보험을 들 때, 은행에서 통장을 개설하거나 적금을 들거나 대출을 받을 때, 또는 휴대전화를 개통하기 위해 이동통신사와 서비스 계약을 맺을 때에도 우리는 약관이라는 문서를 읽게 된다. 이 문서 안에 비어 있는 네모 칸에 체크한 다음, 마지막에 자필 서명을 하거나 도장을 찍는다. 약관 내용에 동의하고 서명하는 것은 사실 계약서를 작성하는 과정인데, 약관이 이미 정해져 있고 그 조문을 작성함에 있어 우리가 관여한 바가 없다. 이렇다 보니 우리는 이것을 계약 과정으로 인지하지 못하는 경우가 많다. 하지만 약관에 동의하고 서명하는 것은 본질적으로 계약의 과정, 즉 계약서 작성의 과정임을 잊지 말아야 한다.

서비스를 제공하고 그에 대한 대가를 지급하는 계약에서도 계약서를 쓰는 경우가 있다. 근로계약서가 대표적인 사례이다. 돈을 받고 일을 한다는 것은, 근로자가 근로라는 서비스를 회사에 제공하고, 회사는 근로에 대한 대가로 적절한 임금을 지급하는 계약이다. 근로계약서 작성은 법으로 규정되어 있으므로, 일을 시작하기 전에 반드시 작성해야 한다. 그러므로 근로계약서를 작성하지 않거나 근로계약서의 내용이 근로기준법에 어긋나면 법적 문제가 제기될 수 있다.

다음 중 계약에 해당하지 <u>않는</u> 것은?

① 대형마트에서 생필품을 사기 위해 결제한 경우

② 부동산을 통해 아파트 전세를 구하여 입주한 경우

③ 메신저 앱에서 귀여운 이모티콘을 사서 결제한 경우

④ 모바일 앱을 통해 중고 자동차를 구입한 경우

⑤ 오늘부터 책을 읽겠다고 동료들에게 공표하는 경우

정답 ⑤

퀴즈의 보기 ⑤에서 오늘부터 책을 읽겠다고 친구들에게 공표하는 것은 자기 자신과의 약속이지 쌍방 간의 계약이라고 보기 어렵다. 당사자 간의 재화나 서비스 등에 관한 거래가 일어나지 않았고, 또한 그러한 약속이 이루어졌다고 보기도 어렵다.

동상이몽, 계약서의 욕망

말은 내뱉는 순간 사라지고, 당사자들의 기억에만 남는다. 그런데 사람의 기억은 왜곡이나 망각이 일어나기도 하고, 자신에게 유리한 기억만 남기도 쉬워서, 구두 계약만으로는 사후에 문제가 생겨도 해결하기 쉽지 않다. 이에 비해 문자는 시공간을 초월하여 기록으로 지속되는 특징이 있다(물론 문자를 기록한 매체를 잘 보존할 경우에!). 그러므로 문서 계약을 하면 어떤 일이 벌어지든 불완전한 사람의 기억에 의존하기보다는 당사자가 함께 읽고 수용한 명백한 기록에 근거하여 문제를 해결해 나갈 수 있게 된다.

이런 점에서 계약서라는 것은 미래에 있을지 모르는 문제들에 대비하기 위한 일종의 보험과 같은 성격을 가지고 있다. 돌려 말하면, 계약서를 작성하지 않고 구두 계약을 하거나 관습에 의거해 거래를 했다면, 추후 갈등이 생겼을 때 애를 먹을 수 있다. 이런 문제는 아주 오래전부터 있어 왔다. 이를테면, 솔로몬의 판결 이야기는 솔로몬의 지혜로움에 대한 감탄을 자아내지만, 왜 그런 일이 생겼는가에 주목해 보면 '계약서 없는 계약'의 문제 때문이기도 하다. 기록되지 않은 계약으로 인한 분쟁은 '지혜로운 판결을 내린 원님들'의 이야기에서도 자주 등장한다.

거래를 한다는 것은 겉으로 보면 돈과 물건, 서비스를 주고받는 것처럼 보이지만, 사실 거래는 거래를 하는 당사자들의 '욕망이 합의된 결과'이다. 누군가는 어떤 것을 팔거나 빌려주어 돈을 벌고 싶어하고, 누군가는 그것을 소비함으로써 만족감을 얻는다. 문제는 거래 당사자들이 가진 욕망의 크기와 내용이 다르고, 이를 서로 명확하게 확인할 수 없다는 점에 있다. 이때 필요한 것은 거래 당사자들이 지닌 욕망들의 범위와 한계를 정해 두고, 이를 분명히 기억할 수 있도록 문자로 기록해 두는 것이다. 오천 년 전 수메르인도 이런 이유로 진흙판에다가 계약서를 작성해 두지 않았을까?

계약서는 계약 당사자들이 원하는 것과 원하지 않는 것 사이의 첨예한 '협상'의 산물이다. 계약의 내용은 계약 당사자들의 욕망이 우여곡절 끝에 합의된 결과이다. 계약서란 그 결과물을 기록한 것이므로, 계약서 작성 이전에 계약 과정에서 충분한 '협상'이 진행되어야 한다. 그런데 이 과정에서 종종 '정보의 비대칭' 현상이 벌어진다. 보통 파는 사람은 매매 대상에 대한 정보를 많이 알고 있지만, 사는 사람은 그 정보가 제한되어 이른바 '정보의 비대칭' 현상이 발생하는 일이 흔하다.

중고차 딜러에게 차를 파는 상황을 예로 들어 보자. 파는 사람은 어떻게든 더 높은 금액을 받고 싶어하지만, 차를 보러 온 딜러는 차에 대한 풍부한 배경지식을 바탕으로 "여기 흠집이 있네요. 엔진의 이런저런 부품을 교체해야겠어요." 등등의 말을 하면서 어떻게든 값을 깎으려고 들 것이다. 이처럼 거래 대상에 대한 정보는 가격 협상에 직접적인 영향을 주게 된다. 계약서 읽기는 계약서 문장 읽기를 넘어서, 내가 무엇에 대해서 계약하는가에 대한 충분한 정보 수집과 이해를 요구한다.

부동산 임대차 계약의 경우에도 욕망은 뒤섞인다. 임대인(집주인)은 임차인(세입자)이 임대 기간 동안 집을 깨끗하게 쓰기를 바란다. 심한 경우 벽에 못 하나 박지 못하게 하는 경우도 있다. 이와 달리 임차인은 내가 계약서에서 정한 기간 동안 돈 내고 빌린 것이니 가급적 편안히(심지어 내 마음대로) 집을 쓰고자 한다. '애가 철이 없어서 벽에 낙서도 좀 할 수 있는 거지 뭐.', '우리 강아지도 가족인데 강아지가 문을 좀 긁을 수도 있지!'라고 생각하기 쉽다. 이처럼 같은 계약서를 써 놓고도, 각자의 입장에 따라서 동상이몽인 경우가 많다.

보험 계약도 마찬가지다. 실손 보험에 가입한 경우, 보험사는 보험 가입자가 어떻게든 병원에 가지 않기를 바라지만, 보험 가입자는 부담없이 의료 서비스를 이용하고 보험사에 의료비를 청구하고 싶어한다. 자동차 보험의 경우에도 보험사는 어떻게든 가입자가 교통사고를 내지 않기를 바라지만, 사고가 났을 때 보험 가입자는 보험사 측이 자신의 편에서 최대한의 이익을 보장해 주기를 기대한다.

회사의 경우, 근로자가 소위 '열정페이'까지 기꺼이 감당해 주길 바라지만(이러면 안 된다!), 근로자는 근로에 대한 '정당한 대가', 가능하다면 좀더 '후한 대가'를 받고 싶어 한다. 이처럼 계약에 따라 계약 당사자들이 가지는 욕망은 다양하게 나타나게 마련이다. 계약서를 작성하고 해석하는 일이 만만치 않은 이유이다.

계약서 양식에 거래 당사자들의 희망과 요구가 반영되지 않을 때, 흔히 '특약'이라는 장치를 사용한다. 가령, 보험이나 은행의 금융 상품 가입 시 약관에 보면 '특약'이라는 항목이 있는데, 이는 보험사나 은행에서 표준 약관에는 없는 항목들을 추가한 것이다. 원칙적으로 따진다면 우리가 보험에 가입하거나 은행 대출을 받을 때, 우리 역시 특약 사항을 추가할 수가 있다. 하지만 많은 경우에 이 원칙을 따지는 일은 거래를 번거롭게 만들어 추가 비용을 발생하게 하거나 거래 성사 자체를 어렵게 만든다. 관행이 원칙을 해하는 경우이나, 신뢰를 기반으로 효율성을 추구한다면 어쩔 수 없는 일이기도 하다.

계약서를 읽을 책임

『법률용어사전』에 의하면, '계약'은 "일정한 법률 효과의 발생을 목적으로 두 사람의 의사를 표시"하고, "청약과 승낙이 합치해야만 성립하는 법률 행위로서, 매매·고용·임대차 등의 채권 관계를 성립시킨다."[3] 즉, '계약'이란 엄밀하게 '법률적 의미'를 갖는 것으로 우리가 맺는 계약들은 사람이나 조직체 간의 법적 구속력이 없는 일반적인 약속과는 다르다.

그래서 계약서를 잘 읽으면 계약상 성립된 자신의 권리와 의무를 알 수 있고, 계약의 내용에 따라 자신의 재산을 보호하고 인권을 지킬 수도 있다. 추후 분쟁이 생기면 당연히 계약서를 근거로 해결책을 찾을 수도 있다. 계약서 읽기는 이런 점에서 쌍방 간에 이루어진 거래의 내용과 방법을 확인하고, 법적 약속으로 구성되는 채권과 채무 관계를 분명히 파악하며, 만에 하나 침해를 받을 수도 있을 나의 재산과 권리, 그리고 나 자신을 지키는 일이다. 무엇보다 계약서 읽기는 상대의 권리를 인정하고 상대와의 약속을 성실히 이행함으로써 질서 있고 투명한 사회를 만드는 중요한 공동체 행위이다.

02

아무튼
동의한 계약서?

온라인 전자상거래 약관 읽기

온라인 전자상거래 사이트에 가입할 때에도 우리는 계약을 한다. '다팔아'라는 전자상거래 사이트에 가입한다고 해 보자. 이를 위해 우선 개인 정보(이름, 전화번호, 메일 주소 등)를 제공해야 한다. 그러고는 '다팔아 서비스 약관에 동의해 주세요.'라는 문구가 제시되었을 때, 빛의 속도로 '동의합니다.'에 체크함으로써 계약을 맺는다. 이는 '다팔아'와 당신 사이에 법적 관계가 성립되었다는 뜻이다.

동의, 동의, 동의?

전자상거래 가입을 위해 요구하는 '동의'는 일반적으로 필수 항목과 선택 항목으로 구성된다. 필수 항목은 '다팔아 이용 약관 동의', '전자금융거래 이용 약관 동의', '개인 정보 수집 및 이용 동의', '개인 정보 제3자 제공 동의' 등으로 이루어진다. 이 중에서 한 가지라도 동의를 하지 않으면 계약, 즉 다팔아 사이트 가입이 이루어지지 않으므로 해당 사이트를 이용할 수 없게 된다. 이 항목들에 반드시 동의해야 사이트 가입이 성사된다는 뜻이다.

선택 항목에는 보통 '마케팅 및 이벤트 목적의 개인 정보 수집 및 이용 동의'가 있는데, '전화 수신 동의', '이메일 수신 동의', '문자메시지 수신 동의', '앱 푸시 수신 동의' 등이 포함된다. 이때 귀찮다고 이런 선택 항목들을 제대로 보지 않고 동의를 하면, 다팔아 사이트(앱)에서 마케팅 목적의 메일, 문자, 앱 푸시 등을 하루에도 몇 개씩 받을지 모른다. 지금 당장은 잠깐 성가시더라도, 동의서를 잘 읽고 선택해야 나중에 더 불편해지는 일을 막을 수 있다.

선택 사항에 동의하지 않았다 하더라도, 필수 항목에서 '개인 정보 제3자 제공 동의'에 동의했다면, 자신의 개인 정보가 내가 모르는 누군가에게 제공될지도 모른다. 약관에 보면 깨알보다 더 작은 글씨로 '제3자'가 누구인지 밝히는 경우도 있지만, 전자상거래 시스템에 가입하는 사람들 중에서 이에 관한 정보를 꼼꼼하게 파악하는 이들은 매우 드물다. 한번의 관심으로 남들과 다른 희소한 독자가 되고 싶다면 꼭 한번 이런 사항들을 읽기를 바란다.

실제로 온라인 쇼핑몰의 '이용 약관'이 어떻게 구성되어 있는지 살펴보자. 필수 계약 사항에는 '이용 약관' 동의 항목 외에 '전자금융거래 이용 약관'이 별도로 있다. 하나의 사이트(앱)에 가입한다는 것은 사실 소비자 스스로 수많은 약관에 동의를 하는 것이 되므로, 자신도 분명하게 인지하지 못하는 사이에 전자상거래 업체와 엄밀한 계약 관계에 놓이게 된다.

다음은 '또팔아 마켓'의 이용 약관 제10조(계약의 성립)이다. 이에 대한 설명으로 맞으면 ○를, 틀리면 ×로 표시해 보자.

제10조(계약의 성립)

① "또팔아"는 제9조와 같은 구매 신청에 대하여 다음 각 호에 해당하면 승낙하지 않을 수 있습니다. 다만, 미성년자와 계약을 체결하는 경우에는 법정대리인의 동의를 얻지 못하면 미성년자 본인 또는 법정대리인이 계약을 취소할 수 있다는 내용을 고지하여야 합니다.

1. 신청 내용에 허위, 기재 누락, 오기가 있는 경우

2. 미성년자가 담배, 주류 등 청소년보호법에서 금지하는 재화 및 용역을 구매하는 경우

3. 기타 구매 신청에 승낙하는 것이 "또팔아" 기술상 현저히 지장이 있다고 판단하는 경우

4. 구매 신청 고객이 제7조에 따른 회원 자격이 제한, 정지 또는 상실된 회원으로 확인되었을 경우

② "또팔아"의 승낙이 제14조 제1항의 수신 확인 통지 형태로 이용자에게 도달한 시점에 계약이 성립한 것으로 봅니다.

③ "또팔아"의 승낙의 의사 표시에는 이용자의 구매 신청에 대한 확인 및 판매 가능 여부, 구매 신청의 정정 취소 등에 관한 정보를 포함하여야 합니다.

① 초등학생인 우리 아이가 또팔아에서 물건을 사도, 부모인 내가 그 구매
를 취소할 수 있다.   (   )

② 또팔아의 기술상 현저히 지장이 있어서 계약이 취소되는 경우를 분명
히 알 수 있다.   (   )

정답 ①: ○, ②: ×

①의 경우, 또팔아는 "미성년자 본인 또는 법정대리인에게 계약
을 취소할 수 있다는 내용을 고지하여야" 하므로 적절한 해석이다.
하지만 ②는 "현저히"라는 표현 자체가 주관적이고 상황에 따라 달
리 해석될 수 있기에 그 의미가 분명하지 않다. 따라서 이 항목에 대
해 특별히 주의를 기울일 필요가 있다.

신발 값의 비밀

코로나19 팬데믹을 거치면서 전자상거래는 우리의 일상에서 더
욱 빠질 수 없는 요소가 되었다. 하지만 따지고 보면 그렇게 새로운
일도 아니다. 세계화와 신자유주의, 디지털 경제 등이 이미 만들어
낸 오늘날의 소비 환경에서는 온라인으로 세계 각국의 물건을 구매
하는 경우가 매우 흔하고 쉽다. 그런데 이러한 디지털 경제의 번영
과 혜택의 이면에 '계약서'가 놓여 있음을 여러분은 알고 있는가?

우리는 인터넷이나 기술을 '공짜'로 쓴다고 생각하지만, 상업화

된 인터넷 공간에서 무언가를 얻고 사용하기 위해서는 늘 누군가와 그에 대한 계약서를 작성해야 한다. 온라인에서 물건을 사고, 영화를 보고, 음악을 듣고, 책을 보고, 사람들과 사귈 때에도 계약서는 이 모든 행위가 시작되고 지속되기 위한 일종의 '전제'에 다름없다.

스마트폰이나 신용카드로 온라인에서 직접 물건을 구매해 본 적이 있을 것이다. 흔히 온라인에서 물건을 살 때, 우리는 왠지 그것이 '싸다!'라는 느낌을 받는다. 운동화를 사려고 직접 가게까지 갈 필요가 없으니 교통비가 절약되고, 이리저리 둘러보고 신어 보기 위해서 불필요한 시간을 낭비할 필요도 없다. 매장의 점원이나 손님들과 부딪힐 일도 없으니 감정적, 사회적으로도 편하고 좋다. 온라인에서는 다양한 상품의 가격 비교가 쉽고, 많은 경우 배송료 없이 연중 세일, 상시 세일, 폭탄 세일, 특가와 쿠폰이 끊임없이 쏟아지니 확실히 싸게 산다는 생각을 하지 않을 수 없다.

그런데 우리가 온라인에서 치르는 비용은 정말 저렴한 것일까? 조금 과장해서 말하면, 온라인에서는 돈만 있다고 물건을 살 수도, 서비스를 이용할 수도 없다. 돈과 함께 여러분의 정보가 있어야 구매 행위를 이룰 수 있다. 가령, 유명 외국 스포츠 브랜드의 온라인 사이트에서 멋진 운동화를 하나 구입한다고 해 보자. 이 운동화를 사려면 무엇이 필요할까? 첫째는 그걸 살 돈이지만, 그보다 먼저 당신이 그걸 사는 대가로 지불해야 할 '개인 정보'가 있어야 한다. 그럼, 개인 정보가 없는 사람도 있을까? 물론 그렇지 않다. 누구에게나 개인 정보가 있다. 하지만 나에게 붙어 있는 이 정보가 물건을 파

개인 정보 국외 이전 및 제 3자 제공 동의

국외이전 및 제 3자 제공 되는 개인 정보	이름, 연락처 및 국가	이전일시 및 이전방법	사용 목적 및 보유 기간
이름, 휴대폰 번호, 이메일 주소, 성별, 생년월일, 멤버 ID, 회원 등급, 주소, 로그인 ID/사용자 이름, 주문 기록, 평점 및 리뷰 내용, 고객 서비스 문의 내역	███████ (privacy@███████) 미국	서비스 사용 시마다 네트워크를 통해 전송	███████, ███████ ██멤버십 혜택의 운영 및 관리 멤버십 탈퇴 시까지

☐ [필수] 개인 정보 국외 이전 및 제 3자 제공 동의

※ ███닷컴, ███████ 멤버십 혜택의 운영 및 관리를 위하여 고객님의 멤버 정보가 미국 ███████로 이전됩니다. 자세히 보기

※ 회원정보 관리에서 개인 정보 국외 이전 및 제 3자 제공 동의를 철회하실 수 있습니다. 단, 동의를 철회하실 경우, ███████ 글로벌 플랫폼으로 전환되는 시점에 고객님의 ███████ 멤버 계정이 삭제됩니다.

※ 귀하는 이용약관 및 개인 정보 수집 및 이용에 대한 동의를 거부할 수 있습니다. 이 경우, ███████ 멤버십 가입 및 관련 서비스를 이용할 수 없습니다.

〈그림 1〉 유명 글로벌 스포츠 브랜드 웹사이트의 개인 정보 동의서

는 회사 입장에서는 물건을 팔아 얻는 가치보다 더 중요한 잠재적 가치를 지니기도 한다. 회사들은 이 정보를 노린다. 그들은 당신에게 아름다운 운동화를 '유료'로 판매하는 것도 모자라서 당신의 개인 정보를 '무료'로 얻기까지 한다.

약관을 살펴보자. 이 약관의 제목은 '개인 정보 국외 이전 및 제3자 제공 동의'라고 되어 있다. 개인 정보를 한국이 아닌 다른 나라로 이전한다니, 생각할수록 의아하지 않을 수 없다. 더군다나 누군지도 알 수 없는 외국의 제3자에게 나의 정보가 제공된다면 그 또한 섬뜩한 일이 아닌가? 하지만 회사 입장에서는 매우 당연한 일인지 모른다. 이 회사의 본사가 외국에 있고 당연히 본사에서는 앞으로의 제품 마케팅을 위해서 소비자들의 개인 정보를 다각도로 분석하여 인공지능 알고리즘을 개발해야 하기 때문이다. 그래야 소비자의 연령, 세대, 선호, 국적, 성별 등에 맞게 제품을 지속적으로 추천해서 매출을 늘릴 수 있으니 말이다.

더 큰 문제는 이 항목이 [필수] 항목이기에 이에 동의하지 않으면 아예 사이트 가입이 되지 않고, 운동화를 살 수 있는 기회조차 가질 수 없게 된다는 점이다. 다시 말해, 개인 정보를 무료로 국외로 이전하고 제3자에게 제공하는 데 동의하지 않으면 소비 자체를 할 수 없게 된다. 이런 점에서 내가 산 운동화는 운동화 값 이상의 가치를 지불하도록 요구한다고 볼 수 있다. 편리함의 이면에 도사리고 있는 디지털 상업주의의 단면을 이 짧은 약관을 통해서 확인할 수 있다.

일상을 살아가면서 자신도 모르게 동의한 계약이 수없이 많다.

습관적으로 동의하여 계약 내용과 계약 관계가 무엇인지도 정확하게 알지 못하는 경우도 많다. 인터넷 쇼핑몰뿐 아니라 각종 보험 계약, 적금 등을 포함한 금융 계약 등 우리의 일상생활 곳곳에서 '모두(전체) 동의'를 습관적으로 하게 되고, 그렇게 계약이 이루어진다. 하지만 당장의 수고를 덜기 위해 습관적으로 '모두(또는 전체) 동의'를 했을 때 맺어지는 계약 관계는 법적 구속력을 갖게 된다. 최악의 상황에서는 거래 당시에는 전혀 예상하지 못했던 금전적, 물질적, 정신적 손해를 입을 수도 있다. 번거롭더라도 한 줄 더 읽으면 손해 하나를 줄일 수도 있다. 계약서를 정확하고 꼼꼼하게 읽는 일은 만에 하나의 상황에서 당신을 보호할 수 있는 계약 당사자의 권리임을 잊지 말자.

'모두 동의' 전에 확인할 것

　　온라인 전자상거래 사이트 등에서 약관을 보고 아무 생각 없이 '동의' 또는 '모두 동의'하는 것을 지양해야 한다. 주의를 기울이지 않은 선택과 판단으로 금전적인 문제, 법률적인 문제가 야기될 수 있기에 동의하기 전에 세부 사항들에 주의를 기울여야 한다. 계약서와 약관의 정보를 꼼꼼하게 읽은 후에는 계약서에 명시되어 있는 조건, 기준, 내용을 분명하게 분석하고, 계약서상에 명시된 나의 권리 사항과 의무 사항을 파악하여 왜 이 계약을 해야 하는지, 이 계약이 내게 유리한 것인지, 내게 불리한 조항은 없는지 등을 종합적으로 판단해야 한다.

읽어서 지키는
주거의 편의

주택 임대차 계약서 읽기

우리는 언제 계약서를 읽을까? 대개 계약을 체결할 때 계약의 내용이 잘 반영되었는지 검토할 때나 모든 계약이 끝나고 시간이 한참 흐른 뒤 어떤 이유로 계약서를 다시 꺼내 볼 때이다. 특히 전자의 경우에는 다음과 같은 마음의 준비가 필요하다.

계약서 읽기 점검표

∨ 계약서의 기본 정보(계약 상대방의 인적 사항, 계약 대상, 금액 등)가 정확한지 확인하자.

∨ 지금까지 어떤 내용을 협상했는지 떠올려 보자.

∨ 협의한 내용 중에서 나의 권리와 의무가 무엇인지 떠올려 보자.

∨ 이 계약이 체결된 이후 발생할 수 있는 일들이 무엇일지 생각해 보자.

∨ 이 계약은 나의 권리와 의무를 확정 짓는 것이므로, 계약 상대를 존중하되 눈치를 보지는 말자.

설마 그런 일이 생길까?

우리가 계약서를 읽을 때 겁을 먹는 첫째 이유는 바로 '모르는 말' 때문이다. 계약서는 법적 판단의 기초가 되는 문서이므로, 계약서에는 일상에서 잘 쓰지 않는 법률 용어가 가득하다. 특정 업계 내에서는 통하지만, 우리에게는 친숙하지 않은 전문 용어들이 사용된다. 그래서 우리는 계약서 앞에서 주눅들 수밖에 없다.

하지만 용어를 모른다고 해서 계약 당사자라는 우리의 지위가 바뀌지는 않는다. 피할 수 없는 위치, 반드시 해결해야 할 일이라면, 모르는 것에 대해 당당해질 필요가 있다. 다시 말해, 모르면 물어보면 된다. 스마트폰을 활용해서 검색해도 좋다. 별것 아닌 단어 하나로 계약서에서 규정되는 권리와 의무가 완전히 달라질 수도 있다는 점을 생각하면, 계약서 조항에 들어 있는 용어의 의미를 하나하나 따져 가면서 정확하게 읽어야 한다. 몰라서 느끼는 부끄러움은 잠깐이지만, 계약서는 계약 기간 동안 계속해서 힘을 발휘한다는 것을 잊지 말자.

낯선 용어들을 해결하면서, 계약서에 담아야 할 내용을 면밀하게 확인하는 것도 중요하다. 이를 위해서는 우선 계약서에 기본 사항들(누구와 누가, 언제, 어디서, 무엇에 대해 계약하는가)이 정확하게 기재되어 있는지부터 확인하는 것이 좋다. 예를 들어, 부동산 임대차 계약의 경우, 임차인과 임대인의 이름, 주소, 주민등록번호나 등기부 등본상의 집주소와 계약서상의 주소가 일치하는지부터 확인하는 것이 계약서 읽기의 시작이다. 가장 기본적인 내용은 가장 중요하지만 그만큼 소홀히 여기기 쉽다. 그런 일이 있으면 안 되지만, 초보 '사기꾼'들은 바로 이런 기본적인 사항을 확인하지 않는 초보 독자들을 현혹한다.

기본 내용을 확인했다고 거기서 멈추면 안 된다. 계약의 과정에서 상대방과 협상했던 내용이 잘 반영되어 있는지, 혹시나 협상하지 않은 내용이 들어 있지는 않은지, 계약서 내용을 자신이 잘 지킬 수 있을지 등에 대해 생각해 보면서 읽어야 한다. 또한 미래에 발생할 수 있을 상황에 대해 예측해 보고, 그러한 상황에서 계약서 내용이 어떤 영향을 미칠지도 생각해야 한다. 만일, 협의하지 않은 내용이나, 지킬 수 없는 내용, 또는 자신에게 불리한 내용이 적혀 있다면 즉각 수정을 요구해야 한다. '에이, 설마 이런 일까지 있겠어?', '이건 당연한 것이니까 상대편도 당연하다고 여기겠지.'라고 생각하는 것들까지도 분명히 언급하여 계약서에 포함하는 것이 좋다. '내가 너무 깐깐하게 구는 게 아닐까?'라는 생각 때문에 하고 싶은 말을 못 했다가 정작 원치 않는 손해를 보지는 말자.

한편, 이전에 작성한 계약서를 찾아서 읽어야 하는 상황에서는 계약서를 읽는 목적이 '나의 권리와 의무를 확인'하는 것이 된다. 이때 계약서에 자신이 처한 상황에 딱 맞는 조항이 있다면 그대로 적용하여 이해하면 되지만, 그렇지 않을 경우에는 연관된 조항에 대해서 '해석'해야 한다. 예를 들어 교통사고가 나서 다친 상황을 생각해 보자. 먼저 자신이 든 자동차 보험 내용을 확인해야 하는데, 이때 가장 먼저 살필 것은 현재 상황에 맞는 조항이 계약서에 있는지 그 내용을 찾는 것이다. 그런 다음 그 조항을 정확하게 읽고 자신의 상황에 적용하면 된다.

그런데 계약서 조항들의 내용이 자신의 상황에 잘 부합하지 않는다면, 관련 조항들을 두루 살펴 자신의 상황에 맞게 합리적으로 해석해야 한다. 사실, 이 일이 그렇게 쉽지 않다. 보험 사고나 조항들에 관한 배경지식이 충분해야 이해할 수 있는 것들이 대부분이기 때문이다. 하지만 읽지 않고 넘어갈 수는 없다. 전문가의 도움을 받기 전에 스스로 읽어서 나의 상황에 도움이 될 만한 조항이 있는지 찾으려는 노력이 중요하다. 또한 이때, 마냥 자신에게 유리한 방향으로만 계약 내용을 해석하는 것을 경계해야 한다. 동일한 조항이 상대편의 입장에서는 어떻게 달리 이해될 수 있을지도 염두에 두는 것이 좋다. 상대편이 해당 조항을 어떻게 해석하고 반응할지를 알면, 문제를 해결하는 과정에서 상대를 설득하는 데 조금 더 유리할 수도 있다.

계약서 읽기의 3단계

1. 계약서에 있는 중요한 단어의 의미를 이해한다.
2. 계약서에 있는 사실 정보를 확인한다.
3. 계약서에 상대방과 협상한 정보가 정확하게 기재되어 있는지, 빠진 내용이나 추가된 내용은 없는지 꼼꼼히 살핀다.

계약서 읽기의 핵심 포인트

1. 계약서의 권리 사항과 의무 사항이 무엇인지 분석한다.
2. 계약서에 명시된 조건, 기준, 내용을 반드시 확인하고 분석한다.
3. 계약서의 내용이 나의 이익에 부합하는지 판단한다.
4. 계약서에 명시되는 않은 상황이 발생했을 때 어떻게 해야 할지 판단해 본다.
5. 계약서의 내용을 실생활에 적용했을 때의 상황을 예측하면서 읽어 본다.

용어를 알면 임대차 계약서가 보인다

부동산 임대차 계약서를 읽기 위해서는 알아 두어야 할 용어들이 있다. 먼저, 부동산의 소유주로 계약에 따라 돈을 받고 다른 사람에게 부동산을 빌려주는 사람을 임대인이라고 하고, 반대로 빌리는 사람을 임차인이라고 한다. 그리고 부동산을 빌려주는 대가로 임차인이 임대인에게 지불하는 금액을 차임이라고 한다. 기본적으로 이 정도 용어들을 모르면 임대차 계약서를 읽을 수 없다.

계약의 과정에서 임차인이 임대인에게 주는 돈으로는 계약금, 중도금, 잔금이 있고, 이는 계약서에 표시된다. '계약금'은 계약을 하겠다고 약속하는 돈으로, 보통 보증금의 10%가 관례로 적용된다. 만일 임차인이 계약의 과정에서 계약을 포기하게 되면, 이 계약금은 계약 해지로 인한 손해를 배상하는 위약금으로 여겨, 임대인이 임차인에게 돌려주지 않게 된다. '중도금'은 계약의 시작부터 종료까지 기간이 길 경우에 계약을 계속해서 유지하겠다는 의미로 내는 돈으로, 임대차 계약에서는 특별한 경우가 아니면 설정하지 않는다. '잔금'은 계약 내용의 이행 완료를 의미하는 돈으로, 전체 보증금에서 계약금과 중도금(있는 경우)을 제외한 나머지 금액이다.

임대차 계약서에는 몇 가지 낯선 말들이 등장한다. 먼저, 임차인이 임차한 주택을 다른 사람에게 빌려주는 경우도 있는데, 이를 전대라고 한다. 임차인이 '전대'를 하려면 임대인의 동의를 얻어야 하고, 이를 어기면 임대인은 임대차 계약을 해지할 수 있다. 또한, 최고(催告)라는 말도 등장한다. 이 말은 상대방에게 일정한 행위를 하도록 독촉하는 통지를 하는 일을 뜻하는 법률 용어이다. 예를 들어 '채무의 최고'라고 한다면, 상대방이 지켜야 할 의무인 채무를 빨리 이행하도록 독촉하는 것이다. 임대차 계약서에는 또한 '멸실(滅失)'이라는 말도 등장하는데, 이는 집 건물이 재난에 의하여 그 가치를 잃어버릴 정도로 심하게 파손된 것을 의미한다. 생활 속에서는 거의 사용하지 않지만, 부동산 임대차 계약서에서는 중요하게 쓰이는 말들이니 알아 두면 좋다.

임대차 계약서 작성하기

그렇다면 직접 주택임대차계약서를 작성할 수 있을까? 가령, 다음 예시의 임대차 계약서는 집주인 김신용과 세입자 이성실 사이에 체결된 전세 임대차 계약으로, 계약 기간, 계약 금액, 계약 대상(집)에 대한 정보, 미납 국세 현황, 선순위 확정일자 현황에 대한 정보를 확인할 수 있다.

이 계약서의 [계약 내용] 중 제3조는 '입주 전 수리'를 규정하고 있는데, 만일 이성실(세입자)이 이 집에 이사하기 전 집의 하자를 발견한 것이 있다면, 그 하자 보수를 김신용(집주인)에게 요구할 수 있고, 김신용은 이를 고쳐야 한다.

제4조에서는 김신용이 동의하지 않는 한 이성실은 전셋집을 다른 사람에게 세를 낼 수 없으며, 집을 마음대로 고치거나 다른 목적

으로 사용할 수 없음을 규정하고 있다. 특히 ③항은 필요비 및 유익비 항목에 대해 규정하고 있으며, ④항은 필요비와 유익비에 대한 임차인의 청구권을 규정하고 있다.[4]

그런데 이 계약서에서는 ③항의 규정 범위를 좀더 명확하게 하는 특약(첫째, 둘째 항목)이 있다는 점에 유의해야 한다. 특약 첫째 항목에서 '목적물'이란 집을 의미하는데, 소모성 부분과 고의 과실로 인한 파손은 임차인이 비용을 부담하지만 그 외의 필요비 및 자연 노후나 재해로 인한 파손과 멸실에 대해서는 임대인이 비용을 부담한다고 규정하고 있다. 특약의 둘째 항목은 임대인의 동의를 구할 것을 규정하고 있는데, 만일 세입자가 임대인의 동의를 구하지 않은 채 집의 하자를 보수하거나, 집의 가치를 올리는 시설을 설치하거나 시설을 개조했다면, 이 특약 규정에 의해 이성실은 자신이 부담했던 비용을 김신용에게 청구할 수 없다.

제5조에서는 계약이 체결되기 전에 이 계약을 파기하는 상황을 규정하고 있다. 만일 이성실이 계약을 파기했다면 계약금을 되돌려 받지 못하게 되고, 김신용이 파기했다면 이성실에게 계약금의 두 배인 2천만 원을 주어야 한다.

제7조는 계약이 성립된 이후 계약의 해지를 할 수 있는 경우를 규정하고 있다. 이성실은 자신의 잘못이 아니라 자연 재해로 인해 그 집이 파손되어 도저히 살 수 없게 될 때 계약을 해지할 수 있다. 반면 김신용은 이성실이 자신의 동의 없이 집을 세놓거나, 집을 고치거나, 다른 목적으로 이용할 경우 계약을 해지할 수 있다.

주택임대차계약서 (예시)

제1조(주택건물의 표시)

임대인(김 ○○)과 임차인(이 △△)은/는 아래와 같이 임대차 계약을 체결한다				
소 재 지	서울특별시 ××구 ☆☆길 12			
토 지	지목		면적	㎡
건 물	구조 · 용도	주거용 주택	면적	㎡
임차할 부분	102동 7층 703호	면적	60㎡	
미납 국세	선순위 확정일자 현황			
□ 없음 (임대인 서명 또는 날인 김 ○○ ㊞) □ 있음(중개대상물 확인·설명서 제2쪽 Ⅱ. 개업공인중개사 세부 확인사항 '⑨ 실제 권리관계 또는 공시되지 않은 물건의 권리사항'에 기재)	□ 해당 없음 (임대인 서명 또는 날인 ㊞) □ 해당 있음(중개대상물 확인·설명서 제2쪽 Ⅱ. 개업공인중개사 세부 확인사항 '⑨ 실제 권리관계 또는 공시되지 않은 물건의 권리사항'에 기재)	확정일자 부여란		
확정일자 부여란 유의사항: 미납 국세 및 선순위 확정일자 현황과 관련하여 개업공인중개사는 임대인에게 자료 제출을 요구할 수 있으나, 세무서와 확정일자 부여기관에 이를 직접 확인할 법적 권한은 없습니다. ※ 미납 국세·선순위 확정일자 현황 확인 방법은 '별지' 참조				

계약 내용

제1조(보증금과 차임) 위 부동산의 임대차에 관하여 임대인과 임차인은 합의에 의하여 보증금 및 차임을 아래와 같이 지불하기로 한다.	
보 증 금	금 일억 원정(₩ 100,000,000)
계 약 금	금 일천만 원정(₩ 10,000,000)은 계약 시에 지불하고 영수함. 영수자 (인)
중 도 금	금 원정(₩)은 년 월 일에 지불하며
잔 금	금 구천만 원정(₩ 90,000,000)은 2022 년 7 월 1 일에 지불한다.
차임(월세)	금 원정은 매월 일에 지불한다. (입금계좌: 은행 -)

제2조(임대차 기간) 임대인은 임차주택을 임대차 목적대로 사용·수익할 수 있는 상태로 2022년 7월 1일까지 임차인에게 인도하고, 임대차 기간은 인도일로부터 2024년 6월 30일까지로 한다.

제3조(입주 전 수리) 임대인과 임차인은 임차주택의 수리가 필요한 시설물 및 비용 부담은 임대인이 부담한다.

제4조(임차주택의 사용·관리·수선) ① 임차인은 임대인의 동의 없이 임차주택의 구조 변경 및 전대나 임차권 양도를 할 수 없으며, 임대차 목적인 주거 이외의 용도로 사용할 수 없다. ② 임대인은 계약 존속 중 임차주택을 사용·수익에 필요한 상태로 유지하여야 하고, 임차인은 임대인이 임차주택의 보존에 필요한 행위를 하는 때 이를 거절하지 못한다. ③ 임대인과 임차인은 계약 존속 중에 발생하는 임차주택의 수리 및 비용부담에 관하여 다음과 같이 합의한다. 다만, 합의되지 아니한 기타 수선 비용에 관한 부담은 민법, 판례, 기타 관습에 따른다. ④ 임차인이 임대인의 부담에 속하는 수선 비용을 지출한 때에는 임대인에게 그 상환을 청구할 수 있다.

제5조(계약의 해제) 임차인이 임대인에게 중도금(중도금이 없을 때는 잔금)을 지급하기 전까지, 임대인은 계약금의 배액을 상환하고, 임차인은 계약금을 포기하고 이 계약을 해제할 수 있다.

··· (생략) ···

제7조(계약의 해지) ① 임차인은 본인의 과실 없이 임차주택의 일부가 멸실 기타 사유로 인하여 임대차의 목적대로 사용할 수 없는 경우에는 계약을 해지할 수 있다. ② 임대인은 임차인이 제4조 제1항을 위반한 경우 계약을 해지할 수 있다.

제8조(계약의 종료) 임대차계약이 종료된 경우에 임차인은 임차주택을 원래의 상태로 복구하여 임대인에게 반환하고, 이와 동시에 임대인은 보증금을 임차인에게 반환하여야 한다. 다만, 시설물의 노후화나 통상 생길 수 있는 파손 등은 임차인의 원상복구의무에 포함되지 아니한다.

[특약사항]
• 현 목적물 기본시설 상태를 기준으로 임대하며, 목적물의 보수 및 수선은 임대인의 부담으로 하고 소모성 부분과 고의과실로 파손한 부분은 임차인이 원상복구한다. 단 자연 노후나 재해로 인한 파손·멸실은 임대인이 부담한다.
• 임차인이 필요에 의해 하자를 보수하거나 시설을 설치·개조할 경우에는 임대인에게 미리 동의를 구해야 한다.
• 임대인은 반려동물은 키울 수 없으며, 실내 금연을 한다.
• 임차인이 확정일자를 받을 때까지 임대인은 임대 주택에 대한 담보권을 행사하지 않는다. 이를 위반 시 계약은 무효로 한다.

본 계약을 증명하기 위하여 계약 당사자가 이의 없음을 확인하고 각각 서명·날인 후 임대인, 임차인, 개업공인중개사는 매 장마다 간인하여, 각각 1통씩 보관한다.

2022 년 7 월 1 일

제8조는 2024년 6월 30일 계약이 종료될 때, 김신용은 보증금을 돌려주어야 하고, 이성실은 집의 시설이 노후화로 인한 파손이나 통상적으로 생길 수 있는 파손을 제외하고는 모든 집의 시설을 원래 상태로 복구하여 반환해야 한다는 것을 규정하고 있다.

마지막으로 특약 사항 중 셋째 항목에서는 이성실이 집에서 반려견을 키울 수 없으며, 실내 흡연을 할 수 없다고 규정하고 있다. 넷째 항목은 세입자에게 유리한 항목으로, 이성실이 확정일자를 받을 때까지 집주인 김신용이 집을 담보로 대출을 받지 못하게 함으로써, 이성실이 혹시 있을지 모르는 위험에 대비할 수 있는 항목이다.

QUIZ

앞의 계약서를 바탕으로 볼 때, 다음 각 상황에서 이성실이 밑줄 그은 부분의 행위를 할 수 있는지 확인해 보시오.

1. 이성실이 이사하고 한 달이 지난 뒤, 갑자기 집안의 모든 전등이 모조리 나가 버린 황당한 상황을 겪었다. 다행히 전기 시설 문제가 아니라 단순히 전등들의 수명이 다했던 것이기에, 이성실은 마트에서 전등을 구매해서 직접 교체하였고, 그 비용이 무려 10만 원이나 들었다. 이때 이성실은 김신용에게 수리비를 청구할 수 있다.

(○ , ×)

2. 영하 50도의 날씨에 이성실네 집 보일러가 고장 났다. 이성실은 집

주인 김신용에게 연락했으나 해외여행 중인 김신용와 연락을 하지 못했다. 급한 대로 이성실은 자비로 보일러를 수리했다. 이후 이성실은 김신용에게 보일러 수리비를 받을 수 있다. (○, ×)

3. 이성실은 한 달 동안 해외여행을 간 친구의 애완견 '루비'를 맡게 되었다. 집주인에게 이 사실을 말할까 하다가 귀찮아서 연락을 하지 않았다. '루비'와 3주째 동거하던 어느 날, 갑자기 변기를 사용할 수 없을 정도로 큰 금이 갔다. 이성실은 김신용에게 전화를 걸어 이 사실을 알렸고, 김신용은 자신이 직접 확인한 다음 고쳐 주겠다고 했다. 다음 날 김신용은 이성실네 집을 방문하였고, '루비'가 함께 살고 있다고 확신하게 되었다. 이에 화가 난 김신용은 이성실이 계약을 위반하였으므로 변기 수리비를 주지 않겠다고 말하고 떠나 버렸다. 이 경우 이성실은 변기를 고친 다음 김신용에게 변기 수리비를 달라고 요구할 수 있다.

(○, ×)

4. 이성실은 이사 당일 계약서를 쓰고 잔금을 지불하여 계약을 완료했다. 이성실은 잔금을 지불하면서 집주인 김신용에게 당일 확정일자를 받겠다고 말했다. 그런데 전입신고를 하러 주민센터를 갈 때 깜박하고 계약서를 들고 가지 않아 확정일자를 받지 못했다. 마침 다음 날은 방송 스케줄 때문에 주민센터를 방문하지 못했고, 결국 그다음 날에야 확정일자를 받았다. 그런데 한 달 뒤 등기부등본을 뗄 때 보니, 김신용이 7월 2일에 ××은행에서 집을 담보로 2억 원을 대출받은 사실을 알았다. 이때

<u>이성실은 약속을 어겼으므로 김신용과의 전세 계약을 파기할 수 없다.</u>

(○, ×)

5. 이성실은 뉴스에서 초강력 태풍이 온다는 소식을 듣고 유리창에 신
문지와 테이프까지 붙여 대비했다. 그러나 태풍의 위력이 너무 강해 결
국 안방 유리창이 모두 깨지고 말았고, 방안에 비까지 들이쳐 TV는 물
론이고 침대, 벽지까지 젖어 못 쓰게 되었다. <u>이때 이성실은 김신용에게
유리창 수리비와 도배 비용을 청구할 수 있다.</u>

(○, ×)

정답 ×, ×, ○, ×, ○

특약 사항 첫째 항목 중 '소모성 부분과 고의과실로 파손한 부
분은 임차인이 원상복구한다.'가 있다. 전등은 소모성 부분이므로,
이성실이 비용을 부담해야 한다.

특약 사항 둘째 항목 '임차인이 필요에 의해 하자를 보수하거나
시설을 설치·개조할 경우에는 임대인에게 미리 동의를 구해야 한
다.'를 근거로 판단할 수 있다. 이성실은 임대인의 동의 절차를 밟지
않았는데, 이는 특약 사항 위반이다. 따라서 이성실이 보일러를 수
리한 것은 하자를 보수한 것으로 '유지비' 항목을 지출한 것은 맞지
만, 이 특약 사항 때문에 임대인에게 '유지비'를 청구하지 못한다.

이성실이 한 달 동안 '루비'를 맡은 것은 계약의 위반이라고 볼 소
지가 있다. 그러나 변기가 갑자기 고장 난 것은 이와는 별개의 문제

이다. 이성실이 변기를 수리하기 전 집주인에게 알린 것은 특약 사항 중 '임차인이 필요에 의해 하자를 보수하거나 시설을 설치·개조할 경우에는 임대인에게 미리 동의를 구해야 한다.'를 지킨 것이다. 따라서 계약서 제4조의 '④ 임차인이 임대인의 부담에 속하는 수선 비용을 지출한 때에는 임대인에게 그 상환을 청구할 수 있다.'와 특약 사항 첫째 항목에 따라 이성실은 변기 수리비를 요구할 수 있다.

이성실이 계약 당일 확정일자를 받지 못한 것은 구두 약속을 어긴 것에 해당하지만, 이 계약서에는 확정일자를 언제까지 받아야 한다는 내용은 규정되어 있지 않다. 따라서 확정일자를 늦게 받은 것은 이 계약의 위반이라고 보기 어렵다. 한편, 집주인이 확정일자를 받기 전인 7월 2일에 담보 대출을 받은 것은, 제7조에는 해당하지 않지만, 특약 사항 네 번째 '임차인이 확정일자를 받을 때까지 임대인은 임대 주택에 대한 담보권을 행사하지 않는다. 이를 위반 시 계약은 무효로 한다'에 해당한다. 따라서 이성실은 이 계약을 파기할 수 있다.

이성실이 태풍에 대비해 유리창에 신문지와 테이프를 붙인 것은 임차인으로서의 의무를 다한 것에 해당한다. 그럼에도 불구하고 유리창이 깨지고 벽지까지 젖어 못 쓰게 된 것은, 자연재해로 인한 것이지 이성실의 고의나 과실에 해당하지 않는다. 이는 특약 사항 첫째 항목 중 '단 자연 노후나 재해로 인한 파손·멸실은 임대인이 부담한다.'에 해당하는 경우이므로, 이성실은 유리창 수리비와 도배 비용은 청구할 수 있다. 다만, TV나 침대는 임대한 내용이 아니므로 손해 배상을 청구할 수 없다.

계약서 읽기에 필요한 두 가지 '이해'

사실적 이해

'문면적 이해(literal understanding)'라고도 하는데, 모든 글 읽기의 시작이자 기본이다. 글의 표면에 드러난 명시적 정보에 입각하여 글 내용을 파악하는 것으로, 이를 위해서 독자는 어휘 의미 파악하기, 지시어의 내용 파악하기, 읽기 목적에 부합하는 글 내용 확인하기, 글의 중심 내용과 세부 내용 파악하기 등의 전략을 사용한다.

추론적 이해(inferential understanding)

글에 분명히 드러나 있지 않은 의미를 파악하는 것이다. 추론은 글이 말하지 않는 의미의 빈 공간을 채워 나가는 과정으로, 단순히 두 개의 정보를 연결하여 새로운 의미를 파악하는 것에서부터 여러 곳에 흩어져 있는 글 정보들과 독자의 배경지식 및 경험을 연결하여 더 깊고 넓은 의미를 구성하는 것까지 이른다. 모든 읽기는 반드시 추론적 읽기를 요구하고, 추론은 글 이해의 핵심적 과정이다.

계약서 읽기에서 우선하는 것은 '사실적 이해'이다. 계약서상의 단어나 어휘 등의 의미는 반드시 정확하게 파악해야 한다(이때는 일상적인 의미보다는 '법률적인 의미', '계약서에서 쓰이는 의미'를 파악하는 것이 중요함!). 또한 계약서 읽기에는 근거에 기반한 맥락적 추론도 필요하다. 특약 사항 등의 의미가 모호하거나 애매한 경우에는 가급적 구체적인 상황을 상정하여 그 의미를 명확하게 이해해야 한다. 이때, 자신의 추론이 항상 옳은 것은 아니므로, 중개인의 추론 내용과도 비교해 보면 더욱 좋다. 계약 당사자 사이의 추론과 해석이 일치한다면 계약서에 해당 내용을 명시화하는 것이 좋다.

읽어서 지키는 노동의 가치

근로계약서 읽기

    취직이 되거나 아르바이트를 구하게 되어 일을 하고 돈을 벌게 되는 것은 분명 즐거운 일이다. 그래서 나를 뽑아 준 회사나 고용주에게 고마움을 느끼게 되는 것도 인지상정이다. 하지만 인간적으로 고마운 감정을 느끼는 것과는 별개로 때로는 차가운 이성도 필요하다. 일을 열심히 하면 열심히 한 만큼 사장님이 알아서 챙겨 주면 고맙겠지만, 사전에 미리 약속을 정하고 그 약속에 따라 일을 하고 월급을 받는 것이 훨씬 합리적이다. 이때 필요한 것이 '근로계약서'이다.

    근로계약서는 몇 가지 전제를 갖는다. 우리가 제공하는 노동이 상품이고, 우리는 노동이라는 상품을 파는 공급자이며, 고용주는 상품을 소비하는 수요자로 보는 경제학적 관념이 깔려 있다. 물건을 사고파는 사람들 사이에 계약 관계가 형성되고 그 내용을 계약서로 작성하듯이, 노동을 제공하는 근로자(노동자)와 그 노동을 사서 영리 활동을 하는 사용자 사이에도 계약 관계가 형성되기 때문에 계약서를 작성하는 것이다. 이때의 계약을 '근로계약'이라고 한다. '근로계약'이란 근로자가 사용자에게 근로를 제공하고 사용자는 이에 대하여 임금을 지급하는 것을 목적으로 체결된 계약을 말한다.

그런데 예나 지금이나 사용자와 근로자 사이에는 힘의 우위가 존재한다. 노동의 공급은 근로자가 하지만 수요자인 사용자가 더 강한 힘을 가지고 있기 때문에, 임금, 근로 시간, 담당 업무, 휴가 등의 근로 조건을 정할 때 사용자가 유리한 방향으로 결정되기 쉽다. 뿐만 아니라 사용자가 근로자를 고용한 이후, 처음에 약속한 것과 다른 근로 조건을 내세우게 되면 근로자는 울며 겨자 먹기로 따를 수밖에 없는 경우도 많다. 이렇게 사용자와 근로자 사이의 현실적인 힘의 불균형 관계를 고려하여 근로자의 권리를 지켜 주기 위해 제정한 법이 '근로기준법'이다. 이 법에서는 단 한 명의 직원을 고용하더라도 근로계약서를 의무적으로 작성하도록 규정하고 있다. 그래서 우리는 근로계약서를 계약의 관점에서 읽는 동시에 근로자의 권리가 제대로 보장되는지의 관점에서도 읽어야 한다.

용어를 알면 근로계약서가 보인다

근로계약서의 기본 용어들은 사실 근로 내용과 조건에 관한 것들이라고 보면 된다. 따라서 근로계약서를 잘 읽고 또 잘 작성하려면 필수적으로 알아두어야 말이 많다. 우선, 근로시간과 관련된 용어로 소정근로시간, 연장 근로, 야간 근로, 휴일 근로, 주휴일, 연차유급휴가가 있다. 소정근로시간이란 사용자와 근로자가 합의하여 정한 근로 시간을 의미한다. 연장 근로는 소정근로시간을 넘겨 이어지는 근로로, 예를 들어 소정근로시간이 아침 9시부터 6시까지인 근로자가 일이 많아 9시까지 야근을 하게 되면 연장 근로를 한 것이다. 야간 근로는 밤 10시부터 다음 날 새벽 6시까지의 근로를 말하는데, 연장 근로가 이어져 야간 근로가 될 수도 있지만, 야간 경비 업무처럼 애초에 정해진 근로도 야간 근로가 될 수 있다. 휴일 근로는 말 그대로 휴일에 근로하는 것을 의미한다. 그리고 사용자는 주당 15시간 이상 근로하는 근로자에게 1주에 평균 1회 이상의 유급휴일(임금을 지급하는 휴일)을 주어야 하는데 이를 주휴일이라고 한다.

또한 연차유급휴가란 우리가 흔히 알고 있는 휴가를 의미하는데, 1년간 총 근로일수 중 80% 이상 출근한 근로자는 15일의 유급휴가를 받을 수 있다. 이 휴가는 3년 이상 근로한 경우, 매 2년마다 1일이 추가된다. 1년 미만의 근로자 또는 1년간 80% 미만 출근한 근로자는 1개월 개근 시 1일의 유급휴가를 받을 수 있다. 유의할 점은 회사의 직원이 4인 이하인 직장에서는 반드시 연차휴가를 주어야 하는 의무가 없다는 점이다.

근로의 대가인 임금과 관련하여 알아 두어야 할 용어는 정말 많다. 기본급, 상여금, 제수당, 통상임금, 최저임금이 이에 해당한다. 기본급은 말 그대로 노동을 제공한 대가로 받는 가장 기본적인 임금으로 각종 세금 산출의 근거가 된다. 상여금은 흔히 보너스라고 부르는 추가적인 임금으로 연봉에 포함되는 임금이다. 제수당이란 정해진 근로시간 이외에 일을 더 했을 때 지급되는 여러 수당을 의미하는데, 여기에는 초과수당이라고도 하는 연장근로수당, 야간근로수당, 휴일근로수당, 주휴수당이 있고, 그 이외에도 근로계약이나 취업규칙, 단체협약에 의해 정한 여러 수당이 있을 수 있다. 특히 주휴수당은 근로계약서상의 주당 근로일 모두 출근하고 그다음 주에도 계속 근로가 예정된 경우에 지급되는데, 만일 하루 출근을 못했다면 주휴일에 쉴 수는 있겠지만 주휴수당을 받지 못한다.

통상임금이란 우리가 흔히 아는 임금을 의미하는 말로, 근로자에게 정기적이고 일률적으로 정해진 근로 또는 총근로에 대해 지급하는 임금을 의미한다. 특히 통상임금은 '기본급+고정급'으로 구성되는데, 여기서 고정급이란 근로계약이나 취업규칙, 단체협약을 통해 미리 정해 둔 여러 가지 수당으로, 직책수당, 면허수당, 위험수당 등과 같이 정기적이고 일률적이며 고정적으로 지급되는 수당들을 의미한다. 한편 최저임금이란 「최저임금법」에 따라 사용자가 근로자에게 지급해야 하는 최소한의 임금이다.

QUIZ

1. 다음 ( ) 안에 알맞은 근로시간의 유형을 적어 보자.

월요일부터 금요일까지 9시부터 12시까지 근무를 하고, 1시간의 점심시간 이후 6시까지 근무하는 근로자의 소정근로시간은 8시간이다. 만일 이 근로자가 밤 11시까지 이어서 야근을 했다면, 그는 5시간의 (   )를 한 셈이며, 이 중 1시간은 (   )를 한 것이다.

2. 다음 수당 중 성격이 다른 하나는?

① 연장근로수당 ② 야간근로수당 ③ 주휴수당 ④ 휴일근로수당

정답 1: 연장 근로, 야간 근로, 2: ③

연장근로수당, 야간근로수당, 휴일근로수당은 소정근로시간 이외의 시간에 근로를 함으로써 발생하는 수당이지만, 주휴수당은 유급휴일에 받는 수당으로 근로를 제공하지 않고도 받는 수당이다.

문서화된 권리와 의무 구분하기

근로계약서 역시 다른 계약서들처럼 어렵고 딱딱한 용어가 많아서 읽기가 쉽지 않다. 하지만 무엇보다도 근로계약서 읽기가 어려운 가장 큰 이유는 무엇을 읽어 내야 하는지 분명하게 인식하지 못하기 때문이다. 근로자의 입장이든 사용자의 입장이든, 근로계약서 읽기의 가장 본질적인 목적은 나의 의무가 무엇이며, 나의 권리가 무엇인지를 확인하는 것이다.

그런데 이렇게 추상적으로 생각하면 쉽게 와닿지 않는다. 그래서 구체적인 어떤 기준을 염두에 두고 각각의 계약서 항목이 그 기준에 합당한지를 판단하면서 읽으면 계약서의 내용을 보다 잘 이해하고 판난할 수 있게 된다. 근로자 입징을 중심으로 볼 때, 근로계약서에 명기된 의무는 '언제, 어디서, 무엇을 해야 하는지'이고, 권리는

'언제 쉴 수 있고, 얼마나 받을 수 있는지'에 대한 합의와 규정이다.

근로계약서의 기본 구성 항목으로는 '계약 주체, 근로계약 기간, 근무 장소, 업무 내용, 소정근로시간(업무 시작 시간과 종료 시간, 휴게 시간), 근무일/휴일/연차 유급휴가, 임금/임금 구성 항목/임금 지급일/지급 방법, 사회보험 적용 여부'가 있다. 계약 주체는 계약 당사자인 사용자와 근로자의 인적 사항에 대한 항목인데, 근로계약서를 읽을 때에는 근로자 자신의 정보가 정확한지, 사용자의 정보가 정확한지 모두 확인하면서 읽어야 한다. 특히 사용자의 정보가 정확하지 않을 경우, 이후 법적인 문제가 발생했을 때 불이익을 당할 수 있다는 점에 유의해야 한다.

나머지 항목들은 근로자의 의무와 권리 차원으로 재구성하여 다음과 같이 정리해서 기억하도록 하자.

근로자의 의무	근로자의 권리
1. 언제 • 근로계약 기간 • 소정근로시간(업무 시작 시간과 종료 시간) • 근무일	1. 언제 • 근로계약 기간 • 소정근로시간(휴게 시간) • 휴일/연차 유급휴가
2. 어디서 • 근무 장소	2. 얼마나 • 임금/임금 구성 항목/임금 지급일/지급 방법
3. 무엇을 • 업무 내용	3. 사회보험 • 사회보험 적용 여부

이제 실제 근로계약서를 읽어 보자. 다음은 ○○산업과 박최선 간에 작성된 근로계약서이다. '누가'에 해당하는 계약 주체는 계약서의 제일 처음에 간략히, 그리고 마지막에 인적사항과 함께 상세하게 기록되어 있다. 마지막 부분에는 도장을 찍거나 서명을 해야 하는데, 위와 같은 경우 사업체의 대표자인 '박노력'의 대표 직인이 찍혀 있어야 한다.

이 계약서를 바탕으로 '언제'에 해당하는 항목들을 살펴보고 종합해 보면 다음과 같다.

박최선은 ○○산업에 2022년 7월 1일부터 근무를 시작하고, 소정근무시간이 매주 월~금요일 오전 9시부터 오후 6시까지(점심시간 12시~1시) 매일 8시간씩 근무하며, 매주 일요일은 주휴일이다. 그리고 근무 첫 달인 7월에 개근을 하면 8월부터 연차 휴가를 쓸 수 있다.

이처럼 '언제'와 관련된 계약 내용은 의무와 권리에 해당하는 내용이 함께 제시되어 있기 때문에, 이 둘을 구분 지어 가며 읽는 것이 좋다. 즉, 4번 항목을 읽으면서 하루 중 일하는 시간은 언제부터 언제까지이고(의무), 쉬는 시간은 언제부터 언제까지인지(권리) 확인하고, 5번 항목을 읽으면서 일주일 중 언제부터 언제까지 일하고(의무), 주휴일을 포함한 휴일은 언제인지(권리)를 파악해야 한다. 근로계약 기간을 규정한 1번 항목의 경우, 이는 계약의 효력이 발생하고 지속되는 기간을 규정한 것이기 때문에, 근로자의 의무이면서 동시에 근

표준근로계약서

(주) ○○산업 (이하 "사업주"라 함)과(와) 박 최 선 (이하 "근로자"라 함)은 다음과 같이 근로계약을 체결한다.

  1. 근로계약기간: 2022년 7 월 1 일부터   년 월 일까지

   ※ 근로계약기간을 정하지 않는 경우에는 "근로개시일"만 기재

  2. 근 무 장 소: 본사 경영기획팀 사무실

  3. 업무의 내용: 경영 기획 및 경영 기획 관련 제반 업무

  4. 소정근로시간: 9 시부터 18 시까지 (휴게 시간: 12시~13시)

  5. 근무일/휴일: 매주 5 일(월~금요일) 근무, 주휴일 매주 일 요일

  6. 임 금

   - 월(일, 시간)급: 2,090,000원

     기본급 2,090,000원

   - 상여금: 있음 (○)   4,180,000 원, 없음 (   )

     기본급의 100%를 반기별로 지급(6, 12월 임금 지급일에 지급)

   - 기타급여(제수당 등): 있음 (○), 없음 (   )

   ·   식대 100,000원,   연장근로수당 200,000원

   - 임금 지급일: 매월(매주 또는 매일) 20일(휴일의 경우는 전일 지급)

   - 지급 방법: 근로자에게 직접 지급(   ), 근로자 명의 예금통장에 입금(○)

  7. 연차유급휴가

   - 연차유급휴가는 근로기준법에서 정하는 바에 따라 부여함

  8. 사회보험 적용 여부(해당란에 체크)

   □ 고용보험 □ 산재보험 □ 국민연금 □ 건강보험

  9. 근로계약서 교부

   - 사업주는 근로계약을 체결함과 동시에 본 계약서를 사본하여 근로자의 교부요구와 관계없이 근로자에게 교부함(근로기준법 제17조 이행)

  10. 기타

   - 이 계약에 정함이 없는 사항은 근로기준법령에 의함

2022 년   7 월   1 일

(사업주) 사업체명: (주) ○○산업 (전화: 02 - ○○○○ - ○○○○)

    주   소: ○○시 ○○구 ○○동 ○○번지

    대 표 자: 박 노 력   (서명)

(근로자) 주   소: ○○시 △△구 △△동 △△번지

    연 락 처: 010 - ○○○○ - ○○○○

    성   명: 박 최 선   (서명)

로자의 권리라는 점도 기억해 두자.

특히 '언제'와 관련한 근로자의 권리를 확정 짓기 위해서는 다음과 같은 몇 가지 사항을 확인하며 읽는 것이 좋다. 우선, 자신의 고용 형태에 따라 근로계약기간을 확인해야 한다. 계약직이나 기간제 근로의 경우에는 근로계약기간의 시작일과 종료일이 명확하게 기재되었는지 확인하고, 정규직의 경우에는 위와 같이 근무개시일만 적혀 있으므로, 이를 반드시 확인한다. 그리고 소정근로시간 항목에서 근로 시작 시각과 종료 시각, 휴게 시간이 분명하게 작성되어 있는지, 그리고 휴게 시간이 근로 시간 안에 포함되어 있는지 확인해야 한다. 만일 근로 시간이 불규칙적인 경우에는 주간 근무 계획을 작성하여 계약서에 명시하는 것이 좋다. 또한 주휴일이 언제인지 확인하는 것도 중요하다. 가령, 위와 같이 일요일을 주휴일로 정한 경우, 만일 토요일에 근로를 하게 된다면 근로한 시간만큼 휴일근로수당만 받지만, 일요일에 근로를 한다면 주휴수당에 휴일근로수당까지 받게 되므로 수당에 차이가 발생하게 된다.

한편, 보통 근로계약서에서 연차휴가와 관련된 규정은 위의 근로계약서 7번 항목처럼 진술된다. 다만, 특별하게 정할 경우에는, '사용자는 1개월당 1일씩 연차휴가를 보장한다'와 같이 사용자와 근로자가 합의한 내용이 들어가게 된다. 5인 이상의 사업장이라면 연차휴가를 반드시 보장해야 하므로 근로계약서에 연차휴가 규정이 들어가 있지만, 4인 이하의 사업장이라면 반드시 보장할 의무가 없으므로(현행법상), 이 경우 근로자는 근로계약을 맺을 때 연차휴가에 대해 사용자와 협상하여 그 내용을 근로계약서에 명기하는 것이 좋다.

근로자의 의무와 관련된 근무 장소(어디서)나, 업무 내용(무엇을)의 경우에 크게 신경 쓰지 않는 경우가 많지만, 이를 분명하게 확인하며 읽는 것도 중요하다. 근로계약에서는 근로자의 노동 자체가 '상품'이므로, 어디에서 무슨 일을 하는지가 핵심 내용이다. 이를 명확하게 규정하지 않으면, 회사에서 갑자기 다른 업무 장소로 발령을 내거나 엉뚱한 일을 시키는 등 부당한 명령을 내리더라도 근로자는 이를 따를 수밖에 없다. 하지만 근로계약서에 근무 장소와 업무 내용을 명확하게 규정하면, 근로자는 계약을 근거로 부당한 지시나 명령에 대항할 수 있는 힘을 가지게 된다.

근로자의 권리와 관련하여 가장 중요하게 보는 것이 '임금' 항목이다. 앞에서 살펴본 항목들은 그 내용이 정확한지를 확인하는 것이 중요한 반면, 이 항목은 훨씬 더 신중하게 읽어야 한다. 내가 일한 만큼의 정당한 대가를 받고, 법으로 보장된 근로자의 권리를 따져가며 읽어야 하기 때문이다. 우선 앞서 예시한 근로계약서 6번 항목처럼 임금 항목은 '임금액과 임금의 종류, 임금의 구성 항목(기본급, 상여금, 수당), 임금 지급일, 임금 지급 방법'이 기재되어 있다. 이때 임금의 종류가 월급/일급/시급인지, 포괄임금제인지, 통상임금에 고정급이 포함되었는지(해당 경우), 임금액에 주휴수당이 포함되어 있는지, 임금액이 최저임금에 못 미치는 것은 아닌지, 상여금은 연간 얼마이며 어떻게 지급되는지, 지급받기로 약정한 수당에는 어떤 것이 있으며 그 금액은 얼마인지 등을 따져 가며 읽어야 한다.

특히 최저임금에 못 미치는 근로계약은 무효이며, 임금은 최저임금 이상으로 지급되어야 한다. 2022년 기준 최저임금은 시급 9,160원, 일급(8시간 기준) 73,280원, 주급(총 48시간 기준. 하루 8시간 주 5일 근무, 주휴 8시간 포함.) 439,680원, 월급(총 209시간. 주휴 35시간 포함) 1,914,440원이므로, 근로계약서상의 임금은 이보다는 많아야 한다.

이 과정에서 조금이라도 이해가 되지 않거나 미심쩍은 부분이 있다면 계약 상대방에게 바로 물어보고 확인 받는 것이 좋다. 특히 근로시간 이외에 근로를 한 경우 받게 되는 수당들의 경우에는 근로계약서에 따로 명기되지 않기 때문에, 근로시간 이외의 근로로 인해 발생하는 수당들이 근로기준법상 수당 산정 규정에 따르는지를 상대방에게 물어보고 확인 받는 과정도 필요하다. 이때 '좋은 게 좋다.'는 식의 태도나 '내가 이런 걸 물으면 취직을 못하는 거 아닐까?'라는 불안감을 가질 필요는 없다. 비록 근로계약서를 작성할 때 사장이나 인사 담당자에게 '저 친구는 좀 계산적이군!'이라는 인상을 남기더라도, 그것이 나중에 자신의 근로에 대한 정당한 대가를 받지 못해 억울해하는 것보다 낫지 않겠는가? 상대방이 기분 상하지 않게 부드럽고 공손한 태도로 질문한다면 상대방도 친절하게 설명하게 마련이니, 근로계약을 맺을 때 질문하는 것에 너무 큰 부담을 갖지 않아도 된다.

앞서 제시한 근로계약서에서 '임금' 항목에서 잘못 작성된 것은 무엇인가?

(단, 이 경우 포괄임금제가 아님.)

① 기본급 ② 상여금 ③ 식대 ④ 연장근로수당

정답 ④

연장근로수당과 같이 소정근로시간 이외의 추가적인 근로로 인해 발생하는 수당의 경우, 근로기준법의 기준에 따르기 때문에 근로계약서에는 매달 받는 고정급인 것처럼 표기될 수 없다. 즉, 연장근로수당의 경우에는 근로자가 근로한 만큼 받는 수당이지, 매달 고정적으로 받는 수당이 아니므로, 이 사례의 임금 항목에서 '연장근로수당 200,000원' 항목은 삭제해야 한다.

무효가 되는 근로계약

한 가지 유념할 점은, 지금까지 살펴본 근로계약서는 정부에서 권장하는 표준근로계약서이고 실제 현실에서 작성되는 근로계약서는 위의 기본 항목들을 포함하여 더 많은 내용을 담고 있을 수 있다는 것이다.

그런데 간혹 근로계약서에 기재될 수 없으며, 설령 기재되었다고 하더라도 무효가 되는 내용을 포함한 경우가 있기도 하다. 사회 초년생들의 경우, 이러한 내용을 알아 두면 근로계약서를 읽고 판단하는 데 도움이 된다.

이를테면, 최저임금을 포함하여 근로기준법의 기준에 부합하지 않는 근로조건을 정한 근로계약은 무효이다. 만일 이러한 계약 내용이 있다면 그 부분은 계약 내용을 무시하고 근로기준법에 따른다. 근로계약서에 근로자가 근로계약을 위반했을 때 위약금을 물어야 한다거나, 손해를 끼치게 되었을 때 이에 대해 손해배상을 해야 한다는 규정이 있다면, 그 규정도 무효가 된다. 근로계약을 맺으면서 근로자로 하여금 강제로 저축을 하게 하는 것도 무효이다.

만일 자신이 맺은 근로계약서에 이와 같이 근로기준법에 어긋나거나 부당한 내용이 포함되어 있다면, 즉시 이를 지적하고 수정을 요구해야 한다. 물론, 이 같은 내용이 포함된 근로계약을 맺었다고 하더라도, 사용자는 이를 근거로 근로자에게 부당한 요구를 할 수 없다.

예를 들어, 편의점 아르바이트를 하는 도중 과실로 인해 손해가 발생했더라도, 사용자가 근로자에게 그 손해배상을 요구할 수 없는 것이다. 비록 근로계약서에 '업무상 발생한 손해에 대해서는 근로자가 배상한다.'라는 규정이 있다고 할지라도 말이다.

다음은 아르바이트 근로계약서의 일부이다. 이 계약서에서 근로자에게 불

합리하게 기술된 부분이 있는가? 있다면 무엇이고 왜 그렇게 생각하는가?

근로계약서

1. 기본 사항

성명	생년월일	근무지	근로 개시일
김○○	1998.--.--	서울□□점	2022. 2. 22.

※ 근무지는 당사에 의하여 임의로 변경될 수 있음.

2. 업무 내용: 음식 및 음료 제조 및 서비스. 세부 사항은 별첨 직무 안내서 참조.

3. 근로 시간

① 근로시간은 1일 6시간, 1주 30시간으로 한다.
② 근로일은 1주 5일로 한다.
③ 근로의 개시 및 종료 시간은 주간 근무 계획에 따라 협의하여 정한다. (예시 참조)
④ 업무상 필요시에 협의하여 연장 근로, 휴일 근로를 실시할 수 있다.
⑤ 휴게 시간은 1일 4시간 이상은 30분, 8시간 이상은 60분을 근로 시간 도중에 준다.

※ 근로계약의 만료일은 정함이 없음.

〈주간 근무 계획 예시〉

구분	일	월	화	수	목	금	토
개시-종료	휴무	11:00-17:30	11:00-17:30	13:30-20:00	휴무	16:00-22:30	16:00-22:30
근로 시간		6시간	6시간	6시간		6시간	6시간
휴게 시간		0.5시간	0.5시간	0.5시간		0.5시간	0.5시간

근로계약서의 내용 중에서 '※근무지는 당사에 의하여 임의로 변경될 수 있음'이 근로자에게 불리하게 적용될 수 있다. 이 회사는 여러 체인점을 가진 요식업체로 추정되는데, 근로자와의 협의도 없이 '회사에서 임의로 근무지를 변경'하게 되면 근로자가 출퇴근 등에서 어려움을 겪을 수 있다. 그리고 회사로부터 불합리한 근무 지시가 있을 때, 의견 제시 등을 하게 되었을 때, 회사가 임의로 근로자를 어렵게 만들 수 있는 장치로 활용할 수도 있는 계약서 내용이다.

그렇다면 위 계약서 문구(※ 근무지는 당사에 의하여 임의로 변경될 수 있음.)를 어떻게 수정하여 계약서에 기재하면 회사와 근로자 모두에게 원만한 계약서가 될 수 있을까? 근무지를 바꾸는 문제는 근로자에게 매우 중요한 문제이므로, 계약서의 문구는 '※ 근무지를 변경하고자 하는 경우에는 당사와 근로자가 협의하여 상호 동의가 이루어져야 한다.'와 같은 내용으로 기재되어야 할 것이다.

잘못 쓴 계약서, 사라지는 내 권리

계약서 읽기(쓰기)에서는 글자 한 자 한 자가 중요하다. 글자 한 자를 넣느냐, 넣지 않느냐에 따라 계약에 따른 내 권리를 확고히 지킬 수 있을 수도, 아니면 속절없이 내 권리가 순간에 사라질 수도 있다. 계약서를 잘못 읽고 쓰면 반려견과 같이 살 수 없는 경우도 생기고, 주택 임차를 마치고 주택 수리비를 지불해야 할 수도 있으며, 휴일에 근로를 하고도 마땅히 받아야 할 임금을 놓칠 수도 있다. 내 권리를 지키고 금전적인 손해를 보지 않기 위해서, 동시에 내가 지켜야 할 의무를 성심껏 이행하기 위해서 계약서를 정확하게 읽고 이해해야 한다.

법 문서 읽기

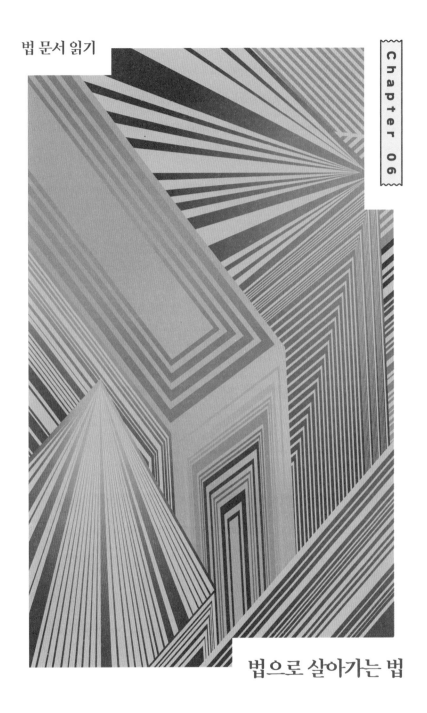

Chapter 06

법으로 살아가는 법

"법은 멀고 주먹은 가깝다."

이 말은 분한 일이 생겼을 때 앞뒤 가리지 않고 덤벼드는 행태를 빗댄 것이지만, '법'에 대해 우리가 갖는 거리감을 잘 드러내기도 한다. 누구든 억울한 일을 당하면 법보다는 개인적 감정과 행동으로 당장의 문제를 해소하려는 충동에 의지하고 싶어진다. 하지만 그렇게 해서는 안 된다. 이미 초등학교에서부터 우리는 법이 국가를 유지하는 근간이며 국가의 구성원들은 반드시 법을 지켜야 한다는 것을 배웠다. 그래서 법을 지켜야 사회의 질서가 유지되고, 법을 어기면 제재나 처벌을 받는다는 사실도 잘 알고 있다.

그런데 왜 많은 사람들에게 법은 멀게만 느껴질까? 검·판사나 변호사 같은 전문 법률가가 아니라도, 시민으로서 적극적으로 법을 찾아 읽고 이해해서 우리 곁에 머물게 할 수는 없을까? 법 문서를 읽는 일은 사실 쉽지 않다. 아니, 더 정확하게 말하자면 '어렵다.'라고 하는 것이 맞다. 법의 내용 자체가 어렵고, 문장의 구조도 복잡하며, 심지어 어떤 법 문서에는 적지 않은 비문과 낯선 어휘도 많다. 일반인들에게는 법의 본질과 목적, 법의 논리와 맥락 등에 대한 정교하고 심층적인 이해가 부족하니 더욱 어렵게 느껴질 수밖에 없다. 하지만 법 읽기가 멀게 느껴지는 가장 큰 이유는, 아마도 우리 스스로가 생활 속에서 법을 읽어야 할 이유를 찾지 못하기 때문이 아닐까?

'법 없이도 살 사람'이라는 말은 사실, 요즘같이 극도로 복잡한 사회에서는 딱히 공감하기 어렵다. 법은 누구도 가리지 않고 모든 사람들에게 필요하며, 갈등과 충돌이 일상다반사인 복잡한 현대 사회에서 법 없이 사는 일은 가능하지도 않고 이롭지도 않다. 따라서 법치국가에서 살아가기 위해서 우리는 최소한의 기본적인 법규 문서를 읽고 활용하면서 나와 타인이 가진 권리와 책임을 분명하게 이해해야 할 필요가 있다. 이렇게 일상에서 관심을 갖고 법을 읽으면, 어렵기만 한 수많은 법들이 사실은 우리를 다양한 위험으로부터 보호하고 더 행복하게 살도록 도와주기 위한 삶의 도구라는 것도 깨달을 수 있다.

이제 법규 문서 읽기를 경험해 보자. 물론, 여러분이 법조인처럼 일의 목적으로 법전과 씨름할 필요는 없다. 다만, 시민으로서 일상 생활에서 알게 모르게 우리 삶에 영향을 미치는 법 문서들을 지금까지와는 다르게 새로운 방식으로 관심을 갖고 살펴보자는 말이다. 이런 법 문서들을 조금 더 정확하게 읽고 자신의 삶에 어울리게 사용해 보는 법, 그래서 어떤 문제를 보다 합리적으로 사유하고 판단하는 법을 배워 보자. 그렇게 법의 효용을 느껴 보자.

다음과 같은 상황에서 여러분이 빨간색 자동차의 운전자라면 어떤 판단을 내리겠는가?

교차로에서 우회전을 하려는 빨간색 자동차가 횡단보도 앞에서 일시정지했다. 그런데 뒤에 있는 노란색 자동차 운전자가 출발하라고 요란하게 경적을 울리고 있다. 빨간색 자동차 운전자는 어떻게 해야 할까? 다음에 ○, ×로 대답해 보자.

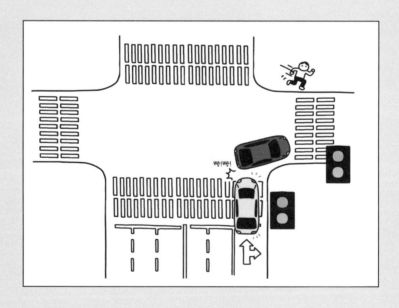

1. 서행하며 지나간다.   (○,×)

2. 횡단보도 신호등이 적색등으로 바뀔 때까지 계속 정차한다.   (○,×)

　자신 있게 답할 수 있었는가? 아리송하다. 사실 이런 교차로 상
황은 이제 막 운전면허증을 딴 초보운전자이거나 심신이 약한 사람
이라면 적잖이 당황스러울 것이다. 그렇다면 법을 읽으면 당당한 운
전자가 될 수 있을까? 그래서 「도로교통법」을 찾아보았다. 그중에서
이 상황과 관련된 법 조항 세 부분을 발췌했다. 이 법이 어떻게 운전
자의 판단을 안내하는지 읽어 보자.[1]

「도로교통법」 제25조(교차로 통행 방법)

모든 차의 운전자는 교차로에서 우회전을 하려는 경우에는 미리 도로의 우
측 가장자리를 서행하면서 우회전하여야 한다. 이 경우 우회전하는 차의
운전자는 신호에 따라 정지하거나 진행하는 보행자 또는 자전거 등에 주의
하여야 한다. (중략)

「도로교통법」 제27조(보행자의 보호)

① 모든 차 또는 노면전차의 운전자는 보행자(제13조의 2 제6항에 따라 자
전거 등에서 내려서 자전거 등을 끌거나 들고 통행하는 자전거 등의 운전자
를 포함한다)가 횡단보도를 통행하고 있거나 통행하려고 하는 때에는 보행
자의 횡단을 방해하거나 위험을 주지 아니하도록 그 횡단보도 앞(정지선이
설치되어 있는 곳에서는 그 정지선을 말한다)에서 일시정지하여야 한다.[2]
(중략) ⑦ 모든 차 또는 노면전차의 운전자는 제12조 제1항에 따른 어린이

보호구역 내에 설치된 횡단보도 중 신호기가 설치되지 아니한 횡단보도 앞 (정지선이 설치된 경우에는 그 정지선을 말한다)에서는 보행자의 횡단 여부와 관계없이 일시정지하여야 한다.

「도로교통법」 제49조(모든 운전자의 준수사항 등)

① 모든 차 또는 노면전차의 운전자는 다음 각 호의 사항을 지켜야 한다. (중략) ⑧ 운전자는 정당한 사유 없이 다음 각 목의 어느 하나에 해당하는 행위를 하여 다른 사람에게 피해를 주는 소음을 발생시키지 아니할 것. (중략) 반복적이거나 연속적으로 경음기를 울리는 행위.

자, 이제 다시 한 번 당신의 판단을 확인해 보자.

1. 서행하며 지나간다.   (   )
2. 횡단보도 신호등이 적색등으로 바뀔 때까지 계속 정차한다.   (   )

법을 읽기 전과 읽은 후에 당신에게 어떤 변화가 생겼는가? 다음 보기 중 골라 보자.

판단이 그대로다.   (   )
판단이 바뀌었다.   (   )
마음이 편해졌다.   (   )
마음이 불편하다.   (   )
아직도 모르겠다.   (   )

녹색등이 깜박일 때
건너가도 될까?

도로교통법 읽기

「도로교통법」을 읽기 전과 읽은 후에 어떤 변화가 있는가? 이 법을 읽을 때, 여러분이 이미 알고 있거나 전에 겪었던 경험이 작동하고 있다는 것을 느끼지는 않았는가? 여러분의 뇌리에 전광석화처럼 스치고 지나가는 '배경지식'의 작동을 감지하지는 않았는가?

바로 앞 'THINK'에서 제시한 질문으로 돌아가 보자. 당신은 처음부터 '횡단보도 신호등이 적색등으로 바뀔 때까지 계속 정차한다.'로 결정했는가? 아니면, 「도로교통법」을 읽고 답을 바꾸었는가? 혹시 여러분 중에는 관련 법 조항을 읽고 나서 다음과 같은 항목을 하나 더 추가해야 하는 게 좋지 않느냐고 생각할 수도 있다.

보행자 통행이 끝난 뒤에는 횡단보도 신호등이 녹색등이더라도 우회전할 수 있다.

그렇다. 이 또한 타당한 의견이다. 그렇다면 법은 어떻게 설명하고 있을까?

법 읽는 운전자

「도로교통법」 제25조 '교차로 통행 방법'의 1항에 따르면, 우회전하는 차의 운전자는 신호에 따라 정지하거나 진행하는 보행자나 자전거 등에 주의해야 한다. 따라서 빨간색 자동차 운전자가 교차로에서 차를 일시정지한 것은 적법한 행위이며, 오히려 차 뒤에서 노란색 자동차의 운전자가 경적을 울린 행위는 법을 지키지 말라고 윽박지르는 것에 가깝다.

그런데 이 법을 읽은 사람이라도 많은 경우 운전자는 횡단보도에 사람이나 자전거가 있을 때에만 주의하면 된다고 생각한다. 즉, 보행신호등이 녹색이라도 사람이 없거나 자전거가 없다면 자동차가 지나가도 괜찮다고 판단한다. 만일, 여러분이 그런 판단을 했다면 그 판단에 영향을 미친 것은 무엇인가? 여러분이 이미 알고 있는 경험과 지식, 바로 교차로 운전에 관한 배경지식이다.

배경지식은 법 문서처럼 중요한 개념과 정보를 다루는 글 읽기에서 특히 크게 영향을 미친다. 배경지식은 살아오면서 읽고, 듣고, 보고, 경험하고, 배우고, 겪었던 모든 것의 총체이다. 그래서 배경지식은 글 이해에 영향을 미치는 수많은 요인 중에서도 가장 강력한 예측 변인이다. 가령, 앞의 「도로교통법」을 읽기 전에 여러분은 다음과 같은 말을 들은 적이 있는가?

- 교차로에서 우회전할 때 횡단보도 신호등이 초록불이라도 건너가는 사람이 없으면 일시정지 후에 지나가도 돼. 경찰관이 딱지를 끊지도 않고, 경찰서에서 나눠 준 홍보 자료에도 그렇게 적혀 있어.
- 보행신호가 녹색이라도 보행자가 없는데 왜 기다려야 해? 그렇게 기다리면 교통 체증만 늘어날걸? 사람이 없을 때 지나가도 별 문제 없던데?

이런 말들이 여러분의 배경지식에 영향을 미치지는 않았는가? 여러분은 자신의 배경지식이 옳다고 믿는가? 만일 그렇다면, 그 근거가 무엇인가? 그렇게 말할 수 있는 확실한 근거를 제시할 수 있는가? 그래서 결과적으로 「도로교통법」 법 읽기에는 여러분의 배경지식이 어느 정도 좌우하였는가?

실제로 글 이해에 배경지식이 미치는 영향에 관한 연구는 심리학의 단골 주제였다. 심리학자인 브랜스포드와 존슨은 다양한 실험 연구를 통해서 독자의 배경지식이 글 이해 과정에서 어떻게 작동하는지 조사하였다.[3] 다음 글을 읽어 보자.

모든 것이 바닥에서 멀리 떨어져 있어서 만일 풍선이 터진다면 소리가 전달되지 않을 것이다. 창문이 닫혀 있어도 소리는 역시 전달되지 않을 것이다. 왜냐하면 요즘 건물들은 방음 장치가 아주 잘 되어 있기 때문이다. 이 모든 일이 전류의 안정적인 흐름에 좌우되기에 전선의 어느 한 부분이라도 끊어진다면 이 또한 문제가 된다. 물론 그 친구가 크게 소리를 지를 수도 있다. 하지만 인간의 목소리가 그 정도 거리에까지 도달할 수 있을 만큼 크지는 않다. 또 한 가지 우려되는 것은 악기의 줄이 끊어지지나 않을까 하는 염려이다. 만에 하나 그렇게 되면 말로만 전달해야 할지도 모른다. 사실 거리만 가깝다면 걱정거리도 적어질 것이다. 얼굴만 가까이할 수 있다면 일이 잘못될 가능성은 거의 없을 테니.

이 글에는 어려운 단어도, 어려운 문장도 없다. 그런데 글 전체를 이해하기는 어렵다. 왜냐하면 글 전체를 일관되게 해석할 수 있는 핵심을 찾기 어렵기 때문이다. 자, 이제 다음 그림을 보자.

이 그림을 본 다음(배경지식을 얻은 다음) 다시 글을 읽어 보자. 어

〈그림 1〉 현대판 로미오와 줄리엣　　〈그림 2〉 현대판 로미오와 줄리엣

떤가? 〈그림 1〉을 보고 난 후에는 앞의 글이 고층 아파트에 살고 있는 사랑하는 연인에게 아름다운 음악과 함께 깜짝 이벤트로 사랑의 메시지를 전달하는 '현대판 로미오와 줄리엣'의 이야기라는 사실을 알게 된다. 그렇다면 〈그림 2〉를 보았을 때는 어떤 생각이 들었는가? "어, 이거 뭐지?"라며 좀 의아해했을 것이다. 실제 실험에서도 〈그림 2〉를 본 사람은 이 그림을 보지 않고 글을 읽은 사람들과 마찬가지로 앞의 글을 제대로 이해하지 못했다. 이 실험을 통해서 우리는 배경지식 없이는 글을 온전하게 이해하기 어려울 뿐만 아니라, 배경지식이 정확하지 않을 때에도 글 내용을 제대로 이해하기 어렵다는 사실을 알 수 있다.

바틀레트라는 심리학자는 배경지식의 중요성을 언급하면서 "인간의 배경지식은 살아 있으며 끊임없이 발전한다."고 주장했다.[4] 바틀레트의 주장대로 배경지식이 살아 있다면, 정확하지 않거나 잘못된 배경지식도 함께 숨 쉬어 작동할 것이다. 다시 말해, 우리는 글을 읽는 동안 자신의 배경지식이 정확하고 믿을 만한 것인지, 혹여 잘못된 배경지식을 가져오거나 엉뚱한 배경지식을 글 내용과 관련시키고 있지는 않은지 스스로 점검하고 확인해야 한다. 따라서 법을 읽을 때에는 배경지식을 적극 활용해야 하지만 자신의 배경지식이 항상 옳을 것이라는 판단은 유보하는 편이 좋다.

「도로교통법」 제25조로 돌아가 보자. 이 법 1항에 따르면, 운전자는 교차로에서 우회전을 할 때 다음 사항을 지켜야 한다.

① 도로의 우측 가장자리로 서행해야 한다.

② 신호에 따라 정지해야 한다.

③ 진행하는 보행자나 자전거 등에 주의해야 한다.

법을 보면 우회전하는 운전자는 「도로교통법」 제27조 '보행자의 보호' 의무를 준수해야 한다. 이 법의 제27조 제1항에 따르면, 운전자는 보행자나 자전거 운전자가 횡단보도를 '통행하고 있을 때'나 '통행하려고 하는 때'에는 보행자의 횡단을 방해하거나 위험을 주지 않도록 그 횡단보도 앞에 있는 정지선에서 '일시정지'해야 한다. 그러니까 우회전하는 운전자는 서행과 일시정지 의무를 지켜야 한다.

다시 앞의 상황을 생각해 보자. 법에 따르면 운전자는 우회전할 때, 우측 도로 보행신호등이 녹색일 때에는 횡단보도 이전에 일시정지해야 한다. 그런데 횡단보도에 보행자나 자전거 운전자가 있을 경우에는 횡단보도 앞에서 일시정지 후에도 계속 정차하겠지만, 반대로 보행자나 자전거, 또는 다른 이동 수단이 없을 경우에는 차를 정지시키지 않고 진행하는 경우가 있다. 366쪽 그림을 보면 보도에서 횡단보도로 급하게 달려오는 사람을 볼 수 있다. 이때 차를 진행하면 법규 위반이다. 일시정지 규정을 지키지 않았고, 횡단보도 밖에 있지만 횡단보도를 통행하려는 보행자를 고려하지 않았기 때문이다. 경찰청 보도 자료에도 보행자 통행이 끝난 후에는 보행신호가 녹색이더라도 우회전할 수 있다고 안내하고 있다. 그런데 이는 일시정지 의무를 이행한 이후의 상황에 대한 내용이다. 그렇다면 왜 일시정지가 필요할까? 바로 보행자를 보호하기 위해서다. 그러니까 일시정지를 한 뒤에 반드시 보행자의 통행 상황을 살펴봐야 한다.

그런데 여기서 의문이 생긴다. 도대체 운전자가 보행자의 통행을 어떻게 정확하게 예측할 수 있을까? 사실, 운전자가 보행자의 통행을 정확하게 예측하기는 무척 어렵다. 그래서 횡단보도에 보행자나 자전거가 없다고 무심코 우회전을 할 경우, 잘못하면 우리가 예상하지 못하는 큰 사고가 일어날 수도 있다. 운전자가 예측하지 못한 상황에서 보행자나 자전거가 횡단보도에 급히 들어설 수 있기 때문이다. 어린이 보호 구역에서 규정을 강화하는 이유도 이와 관계있다. 그러니 운전자의 주관적 예측보다는 법의 규정을 확실하게 지키는 편이 현명하다.

그렇다면 실제로 운전자가 볼 수 없는 사각지대에서 급하게 횡단보도로 뛰어오는 사람이 있다면 어떻게 해야 할까? 2022년에 개정된 「도로교통법」 제27조에 따르면, 운전자는 보행자가 '통행하고 있는 경우'뿐만 아니라 '통행하려고 하는 때'에도 일시정지를 해야 한다. 즉 보행자가 통행하고자 하는 의도나 의지를 가지고 통행을 준비하는 경우에도 일시정지를 해야 한다. 개정된 법에 따르면, 운전자는 '일시정지' 의무를 지켜야 하므로 운전자의 주의 사항은 더 늘어난 셈이다. 그래서 운전자는 신중하게 판단해야 한다. 왜냐하면 운전자의 눈에 보이지 않는 사각지대에서 '횡단보도를 통행하려고 하는 보행자'가 횡단보도에 갑자기 나타날 수 있기 때문이다. 운전자는 법을 읽고 이전 배경지식에 의해 작동하는 운전 시야보다 더 넓은 운전 시야를 확보해야 한다. 법이 새로운 배경지식이 되고 그 배경지식이 운전자의 운전 시야를 더 넓혀 주는 경험을 몸소 겪어야 한다.

우리는 우리가 알고 있는 배경지식에 따라 행동한다. 그런데 법을 읽고 나면, 어떤 경우에는 법의 내용에 따라 우리의 배경지식을 수정해야 한다는 사실을 깨닫게 된다. 배경지식을 수정하지 않으면 행동도 바뀌지 않는다. 가령, 여러분이 제27조 제7항을 제대로 읽었다면, 어린이 보호구역 안에 설치된 횡단보도 중 신호기가 설치되지 않은 횡단보도나 정지선에서는 보행자의 횡단 여부와 관계없이 일시정지해야 한다. 이 법이 개정되지 않는 한 운전자들은 신호등이 없는 학교 앞 횡단보도에서 반드시 일시정지를 해야 한다. 공공의 규칙을 적시해 놓은 문서를 읽어서 스스로의 배경지식을 수정하고 증진시키는 것, 바로 법 읽기의 매력이다. 여러분의 배경지식도 달라질 수 있을까?

법 읽는 보행자

이제 입장을 바꾸어 생각해 보자. 지금부터는 보행자의 관점에서 법을 읽어 보자. 여러분 중에 횡단보도 신호등 색깔의 의미를 모르는 사람은 없을 것이다. 횡단보도에 적색등이 켜졌을 때에는 보행할 수 없으며 녹색등이 켜졌을 때에만 보행할 수 있다. 그런데 혹시 보행신호등의 녹색등이 깜빡일 때, 횡단보도를 서둘러 건넌 적은 없었는가?

구분	신호의 종류	신호의 뜻
보행 신호등	녹색등화[5]의 점멸	보행자는 횡단을 시작하여서는 아니 되고, 횡단하고 있는 보행자는 신속하게 횡단을 완료하거나 그 횡단을 중지하고 보도로 되돌아와야 한다.

횡단보도를 걷는 도중에 녹색등이 적색등으로 바뀌어 급하게 뛰어
간 적은 없었는가? 놀랍게도 법은 일상에서 크게 고민하지 않고 경험
상, 직관적으로, 순간적으로 판단하는 것들도 설명한다. '도로교통법
시행규칙'의 '별표 2' '보행신호등의 신호의 종류와 신호의 뜻'의 일부
분이다. 여러분의 보행 경험을 떠올리면서 위의 법을 읽어 보자.

　위의 법을 보면, 보행자는 보행신호등의 녹색등이 점멸할 때에
는 횡단보도에 진입해서는 안 된다. 횡단보도에서 횡단을 하고 있는
도중에 녹색등이 점멸할 때에는 빠르게 횡단보도를 건너가야 한다.
만일 녹색등이 적색등으로 바뀔 때까지 횡단을 할 수 없다면 횡단을
멈추고 보도로 되돌아와야 한다. 따라서 횡단보도를 진입하기 전에
녹색등이 깜박거렸다면 횡단보도 앞에서 멈춰 서야 한다. 그리고 다
음 신호를 기다려야 한다.

　때때로 법은 우리의 상식, 우리의 배경지식에 배치되기도 한다.
"녹색등이 점멸할 때 보행자가 횡단을 시작해서는 안 된다고?" 사실,
우리의 경험은 녹색등이 깜박거릴 때 횡단보도에 들어서도 충분히
건너편 보도로 갈 수 있다고 스스로에게 주장한다. 하지만 과연 항
상 그럴까?

어린아이나 몸이 불편한 사람과 함께 차로가 많은 큰 도로의 횡단보도를 건너 본 적이 있는가? 걸음이 조금이라도 느리면 제 시간에 건너가기 힘든 경우가 많다. 이때 보행자는 녹색등이 너무 일찍 깜박거린다고 불만을 가지기도 한다. 하지만 그런 도로에서 녹색등이 깜박거릴 때 횡단보도에 진입하는 것은 매우 위험한 일이다. 그래서 법은 만에 하나 생길지도 모를 이런 위험을 방지하고자 한다.

법을 읽고 나면 우리의 일상 행동이 때로는 잘못되었을 수도 있음을 알게 된다. 보행신호등의 녹색등이 깜박거릴 때 횡단보도를 뛰어서 건넜다면, 엄밀하게 말해 법에 배치되는 행동을 한 것이다. 하지만 법이 적용될 때에는 사람들의 상식과 경험을 반영한다. 그래서 요즘엔 보조장치로 신호등이 깜박거리는 시간을 숫자나 도형으로 표시하기도 한다. 인공지능 시스템으로 보행자의 안전한 횡단을 돕기 위해 음성 안내를 하기도 한다. 하지만 이렇게 보행자를 위한 안전장치들이 개선되어도, 신호등 점멸의 의미가 무엇인지 정도는 기억할 필요가 있다.

법을 읽은 여러분은 이제 동네에 있는 횡단보도 녹색등이 켜져 있는 시간이나 꺼지는 시각을 계산할지 모른다. 또한 보행신호등의 녹색등이 켜진 시간과 녹색등이 깜박거리는 시간을 견주어 보면서 법이 현실의 실제적인 상황을 잘 반영하고 있는지 꼼꼼하게 따져 볼지도 모른다. 왜냐하면 녹색등이 깜박거린 뒤에 횡단보도에 들어서서 천천히 걸어도 적색등이 켜지기 전에 횡단보도를 지나갈 수 있는 경우가 있기 때문이다. 그렇다면 법을 바꿔야 할까?

운전자와 보행자 모두를 위한 법

「도로교통법」 제1조 '목적'을 읽어 보자.

「도로교통법」 제1조(목적) 이 법은 도로에서 일어나는 교통상의 모든 위험과 장해를 방지하고 제거하여 안전하고 원활한 교통을 확보함을 목적으로 한다.

「도로교통법」을 제정한 목적이 무엇일까? 「도로교통법」의 제정 목적은 두 가지로, '안전'과 '원활한 교통'을 동시에 확보하는 일이다. 만일 '원활한 교통'만이 이 법의 목적이라면, 교차로에서 우회전을 하는 운전자는 횡단보도에 녹색등이 켜졌더라도 보행자나 자전거를 피해 차량을 진행할 수 있겠지만, 도로를 이용하는 사람들의 '안전'을 확보하는 것 또한 중요한 목적이므로 운전자는 당연히 일시정지하여 보행자가 횡단을 완료할 때까지 기다려야 한다. 한편으로는 보행자는 녹색 보행신호등이 깜박거릴 때 신속하게 횡단을 완료하거나 다음 신호를 기다리는 것이 좋다. 그래야만 보행자 스스로 '안전'을 확보하면서도 운전자가 법에 맞게 운전을 하게 해서 '원활한 교통'을 기할 수 있기 때문이다.

「도로교통법」을 읽어야 하는 이유는 언제든 닥칠 수 있는 위험과 피해를 미연에 방지하고 최소화하기 위한 것이다. 그런데 법을 잘 읽지 않고 지키지 않아서 생기는 피해가 이만저만이 아니다. 〈표 1〉과

법규 위반	사고 건수(건)	부상자 수(명)	사망자 수(명)
계	209,654	306,194	3,081
중앙선 침범	8,364	13,731	196
신호 위반	24,512	38,648	267
안전거리 미확보	21,469	34,715	57
과속	1,241	2,230	277
안전운전 불이행	116,272	162,663	2,047
교차로 운행 방법 위반	14,079	21,949	30
보행자 보호의무 위반	6,166	6,436	103
기타	17,551	25,822	104

〈표 1〉 2020년 법규 위반별 교통사고 현황(한국도로교통공단)

〈그래프 1〉은 2020년 '법규 위반별 교통사고 현황(한국도로교통공단)'
이다. 이 표에서 교통사고 건수와 사망자 수, 부상자 수를 보면 '안전
운전 불이행'이 사고의 가장 큰 원인이라는 사실을 알 수 있다.

자신이 운전자라고 생각하고 다음 질문을 자신에게 해 보자.

• 중앙선 침범만 하지 않으면 교통사고가 줄어들겠지?

• 신호만 잘 지키면 교통사고가 줄어들겠지?

• 도대체 누가, 왜, 무엇 때문에 안전거리를 확보하지 않은 채로 운전할까?

• 과속을 하지 않으면 교통사고 사망자 수가 많이 줄어들겠지?

• 내 운전 철학을 '안전운전 최우선'으로 정하면 어떨까?

• 교차로 운행 방법을 알기 위해서는 법을 직접 읽어 봐야겠지?

• 보행자를 보호하는 것은 나의 의무라는 것을 항상 기억해야겠지?

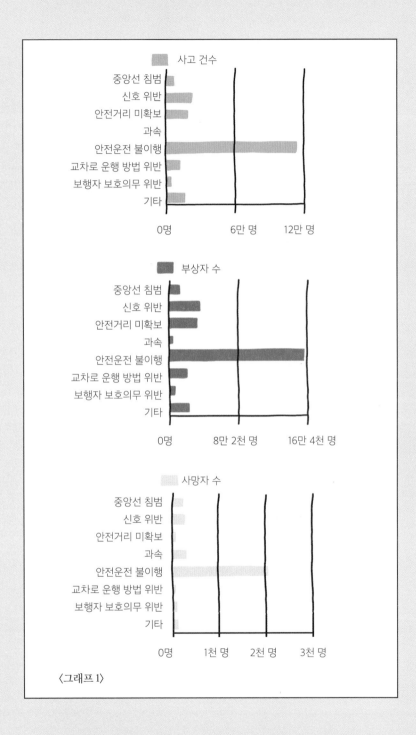

〈그래프 1〉

이제는 보행자 입장에서 다음과 같은 질문을 해 보자.

- 운전자가 신호를 지키지 않을 수도 있다는 점을 생각해야겠지?
- 횡단보도를 건널 때에는 운전자를 확인하는 습관을 가지는 게 좋겠지?

이런 질문들은 교통사고를 줄이는 데 도움이 된다. 그리고 그에 대한 답이 「도로교통법」, 「도로교통법 시행령」, 「도로교통법 시행규칙」 등에 담겨 있다. 「도로교통법」은 우리가 읽어야 할 생활 법률이다. 법이 시대의 흐름에 따라 바뀌는 것처럼 「도로교통법」도 시대의 흐름에 따라 바뀌기 때문에 법이 개정되면 관심을 갖고 읽는 것이 좋다. 우리는 스스로 법 가까이 다가갈 수 있지만 법은 스스로 다가오지 않는다. 그래서 우리 스스로 법에 대한 관심을 기울여야 한다. 법 읽기는 우리 시민들에게 꼭 필요한 역량이다.

「도로교통법」을 읽고 다음과 같은 생각을 할 수 있었는가?

'운전자는 곧 보행자이다'
'보행자는 곧 운전자이다'

시민 독자로서 법을 읽고 이해하는 과정의 일부분을 소개했다. 이 글은 법에 대한 해석보다 법에 관심을 갖고 스스로 관련 법을 찾아 읽도록 계기를 만드는 데 초점을 두고 있다. 법에 대한 해석은 심도 있는 논의가 필요하며 법률가의 판단이 중요하다. 그럼에도 불구하고 법의 주인인 시민이 법을 직접 눈으로 읽고 내용을 확인하는 것 또한 매우 중요하다.

다음 중 밑줄 친 '녹색불'과 바꾸어 쓸 수 <u>없는</u> 낱말은?

　　보도에서 보행신호등의 <u>녹색불</u>이 깜박거리는 장면을 본 보행자는 횡단보도에 진입하지 않아야 한다.

① 녹색등　　② 청신호　　③ 파란불　　④ 초록불　　⑤ 녹색등화

정답 ③

　　국어사전에는 '청신호'를 '녹색등화'와 같은 말로 사용한다. '녹색등화'는 '녹색등'을 가리키는 법률 용어이다. '등화'는 '등에 켠 불'이라는 뜻이다. 우리는 '등화'라는 말 대신에 '등'이라는 말을 주로 사용한다. '청신호'를 '파란불'이라고도 부르는데 '파란불'은 녹색과 다른 색이므로 신호등을 가리킬 때에는 사용하지 않는 것이 좋다. 신호등은 파란불이 아니라 녹색불이다. 주변 사람들이 보행신호등을 보고 "파란불이 켜졌으니 건너가자."라고 말할 때, 큰 소리로 "초록불이 켜졌으니 건너갑시다."라고 말해 보자.

내가 운전자와 보행자가 되어 다음 상황 ① ② ③에 알맞은 대응 Ⓐ Ⓑ Ⓒ를 선으로 연결해 보자.

황색등화의 점멸	①	Ⓐ 차마는 정지선이나 횡단보도가 있을 때에는 그 직전이나 교차로의 직전에 일시정지한 후 다른 교통에 주의하면서 진행할 수 있다.
적색등화의 점멸	②	Ⓑ 차마는 다른 교통 또는 안전표지의 표시에 주의하면서 진행할 수 있다.
녹색등화의 점멸	③	Ⓒ 보행자는 횡단을 시작하여서는 아니 되고, 횡단하고 있는 보행자는 신속하게 횡단을 완료하거나 그 횡단을 중지하고 보도로 되돌아와야 한다.

정답 ① - Ⓑ, ② - Ⓐ, ③ - Ⓒ

법을 읽고 퀴즈의 정답을 맞힐 수 있었는가? 차로에 있는 황색등화(노란불)가 점멸할 때에는 운전자는 교통표지 또는 안전표지의 표시에 주의하면서 진행할 수 있으므로 서행하는 것이 좋다. 차로에 있는 적색등화(빨간불)가 점멸할 때에는 운전자는 정지선이나 횡단보도가 있을 때에는 그 직전이나 교차로의 직전에 일시정지한 후 다른 교통에 주의하면서 진행할 수 있다. 횡단보도 신호의 녹색등화(초록불)가 점멸할 때 보행자는 횡단을 시작하여서는 안 되고, 횡단하고 있는 보행자도 신속하게 횡단을 완료하거나 그 횡단을 중지하고 보도로 되돌아와야 한다.

법을 읽으면 모두의 약속이 보인다

우리는 이렇게 법을 알게 될까?

우리가 알고 있는 법은 무엇이며 우리는 법을 얼마나 알고 있을까?

법을 듣는 것과 법을 읽는 것은 어떤 차이가 있을까?

우리는 법을 자주 듣는다. 텔레비전이나 라디오, 인터넷, 유튜브 등에서 접하기도 하고, 아는 사람들과 대화하면서 법을 듣기도 한다. 공중파 뉴스에는 '법을 지키지 않은 사람'뿐 아니라 '사람을 지키지 못한 법'에 대한 이야기가 자주 나온다. 드라마와 영화에서도 법은 단골 이야깃거리이다. 영화 〈변호인〉에서 송우석 변호사는 법정에서 대한민국 「헌법」 제1조 제2항 "대한민국의 주권은 국민에게 있고, 모든 권력은 국민으로부터 나온다."라고 말한다. 그리고 이 한마디를 덧붙인다. "국가란 국민입니다." 그런데 이 영화를 관람하면서 「헌법」을 듣는 것과 영화를 관람한 뒤에 대한민국 「헌법」 제1조를 내가 직접 찾아 읽는 것에는 어떤 차이가 있을까?

법을 읽는다는 것은 여러 가지 뜻을 내포한다. 그중에서 가장 간단하고 쉬운 의미 한 가지는, 내 눈으로 법을 직접 확인하고 그 뜻을 다름 아닌 내가 헤아려 본다는 것이다. 즉 법을 읽는다는 것은 내가 법을 이해하고 해석하며 그 법을 나의 것, 나의 지식으로 만든다는 것을 의미한다. 물론 어느 법도 한 번 읽는다고 다 기억할 수는 없다. 하지만 법에 관심을 가지고 계속 읽다 보면 그 법은 내가 세상을 살아가는 데 필요한 지혜가 된다.

실제로 우리 생활 속에는 수많은 법들이 녹아 들어 있다. 가령, 도로에 있는 다양한 교통표지판, 도로 바닥에 있는 여러 종류의 기호와 표시는 모두 법에 기초하고 있다. 이런 기호와 표시는 우리가 가장 쉽게 눈으로 볼 수 있는 법들이다.

그렇다면 법은 어떻게 읽어야 할까? 가장 먼저 세부적인 내용을 확인하는 것이 중요하다. 우리는 글을 읽으면서 우리가 느끼지 못할 정도로 빠르게 세부 내용을 확인한다. 그런데 법의 세부 내용을 읽을 때는 읽기 속도를 늦추어 천천히, 정확하게 내용을 확인하는 것이 좋다. 왜냐하면, 법은 매우 정교하게 만들어진 텍스트이기 때문이다. 사소해 보이는 세부 내용을 잘못 이해하거나 빼먹고 읽어서 아예 법 적용을 잘못하면 의도치 않게 생사람을 잡거나 상황을 더욱 혼란에 빠뜨릴 수도 있다. 법의 정교함은 법 읽기를 어렵게 만드는 이유인데, 그것을 아는 독자라면 법의 세부 내용들을 정확하고 치밀하게 확인할 필요가 있다.

길을 걷다가 흔히 볼 수 있는 다음의 두 표지를 살펴보자. 이 그림들은 어떤 차이점을 가지고 있을까? 왼쪽 그림은 '자전거 및 보행자 통행 구분 도로 표지'이다. 이 도로 표지는 자전거와 보행자가 다니는 길이 구분되어 있다는 것을 나타낸다. 오른쪽 그림은 '자전거·보행자 겸용도로 표지'이다. 이 표지는 자전거와 보행자가 함께 다닐 수 있는 겸용도로라는 것을 나타낸다.

이 표지판들을 잘 읽은 사람들은 그에 맞게 행동하며 법의 내용

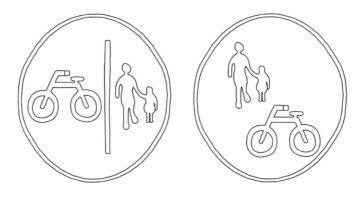

〈그림 1〉 보행자와 자전거의 통행을 안내하는 표지판

을 실천할 수 있다. 왼쪽 표지판이 있는 곳에서 보행자는 보도(보행자 길)로 다니는 것이 좋다. 자전거 길로 다니면 위험하기 때문이다. 반면에 오른쪽 표지가 있는 도로에서 자전거 운전자는 보행자의 안전에 특별히 주의하면서 자전거를 타야 한다. 보행자와 자전거 운전자가 함께 이용하는 도로이기 때문이다. 국어사전에는 '보도'를 '보행자의 통행에 사용하도록 된 도로로 규정하고 있으며 '보행로'와 '인도'라는 말과 뜻이 같다. 「도로교통법」에는 '보도'를 연석선, 안전표지나 그와 비슷한 인공구조물로 경계를 표시하여 보행자, 유모차, 보행보조용 의자차 등이 통행할 수 있도록 한 도로의 부분으로 규정하고 있다.

표지판들은 우리 주변 곳곳에서 찾아볼 수 있다. 우리는 생활에서 보게 되는 위와 같은 교통 표지를 법이라고 생각할까? 그런데 도로 표지판을 규정한 법을 찾아 읽고 그 내용을 정확하게 이해한 시민이라면 어떨까? 법을 읽은 시민이라면 위의 도로 표지판을 대하는 태도가 달라지지 않을까? 그리고 자신의 안전과 보행자와 자전거 운전자의 안전을 위해 표지판이 지시하는 대로 행동하지 않을까?

한편, 보도에서 자전거를 탈 때에는 특별한 주의가 필요하다. 보도는 말 그대로 '걸어서 통행하는' 보행자가 주로 이용하는 길이기 때문이다. 보도에도 자전거가 다니는 전용도로가 별도로 설치된 곳도 있지만 그렇지 않은 보도도 많다. 그렇다면 자전거 운전자는 보도에서 자전거를 운전할 때 어떻게 해야 할까? 이 방법은 누가 가장 잘 알까? 자전거를 타 본 경험이 많은 사람이 잘 알고 있을까? 그렇지 않다. 법을 직접 읽어 본 사람이 가장 잘 알고 있을 것이다. 왜냐하면 보도에서의 자전거 운전법을 법에서 규정하고 있기 때문이다.

「도로교통법」 제13조의2(자전거 등의 통행방법의 특례)

① 자전거 등의 운전자는 자전거도로가 따로 있는 곳에서는 그 자전거도로로 통행하여야 한다.

② 자전거 등의 운전자는 자전거도로가 설치되지 아니한 곳에서는 도로 우측 가장자리에 붙어서 통행하여야 한다.

③ 자전거 등의 운전자는 길가장자리구역(안전표지로 자전거 등의 통행을 금지한 구간은 제외한다)을 통행할 수 있다. 이 경우 자전거 등의 운전자는 보행자의 통행에 방해가 될 때에는 서행하거나 일시정지하여야 한다.

④ 자전거 등의 운전자는 제1항 및 제13조 제1항에도 불구하고 다음 각 호의 어느 하나에 해당하는 경우에는 보도를 통행할 수 있다. 이 경우 자전

거 등의 운전자는 보도 중앙으로부터 차도 쪽 또는 안전표지로 지정된 곳으로 서행하여야 하며, 보행자의 통행에 방해가 될 때에는 일시정지하여야 한다.

1. 어린이, 노인, 그 밖에 행정안전부령으로 정하는 신체장애인이 자전거를 운전하는 경우. 다만, 「자전거 이용 활성화에 관한 법률」 제2조 제1호의 2에 따른 전기자전거의 원동기를 끄지 아니하고 운전하는 경우는 제외한다.
2. 안전표지로 자전거 등의 통행이 허용된 경우
3. 도로의 파손, 도로공사나 그 밖의 장애 등으로 도로를 통행할 수 없는 경우

이 법을 읽을 때 여러분은 어떤 내용에 주의를 기울였는가? 물론, 법을 읽는 목적, 내가 무엇을 알고 싶은가에 따라 독자의 주의와 시선이 집중되는 내용이 달라진다. 만일, 여러분이 자전거 운전자로서 보행자들이 다니는 보도에서 어떻게 자전거를 운전하는 것이 법에 맞는 것인지 알고 싶다면, 「도로교통법」 제13조의2의 3항과 4항에 눈이 갔을 것이다. 이 조항을 보면 보도에서의 자전거 통행 원칙을 알 수 있기 때문이다. 자전거 통행이 허용된 보도에서는 가장자리로 통행해야 한다. 여기서 가장자리는 도로와 가까운 곳을 가리킨다. 물론 보도에서는 보행자가 우선이다. 그래서 자전거 운전자는 보행자가 통행하는 데 방해기 되지 않도록 서행히거나 일시정지해야 한다.

문해력을 갖춘 시민으로서의 법 읽기

득이 되는 배경지식, 독이 되는 배경지식

배경지식 또는 선행지식(Prior Knowledge)은 글을 읽을 때 글의 의미를 파악하는 데 영향을 미치는 독자의 머릿속에 들어 있는 지식을 가리킨다. 글 내용에 관한 배경지식이 많은 사람은 해당 글을 잘 이해한다. 이렇게 배경지식이 득이 되기도 하지만 배경지식에만 의존하면서 법을 읽다 보면 중요한 내용을 놓치게 된다. 이런 경우에는 배경지식이 독이 된다.

자발적 읽기

자발적 읽기는 남이 시키거나 요청하지 않아도 자기 스스로 읽을거리를 찾아 읽는 것을 가리키는 말이다. 자발적 읽기는 '읽기 전', '읽기 중', '읽기 후'의 전체 과정이 읽는 사람의 선택으로 이루어진다. 그래서 그만큼 자유로운 읽기를 보장한다. 자신의 뜻대로 읽을 수 있기 때문이다. 읽기의 목적을 정하는 것과 읽을 책이나 자료를 정하는 것도 자신이 선택한다. 문해력을 갖춘 시민은 자발적 읽기를 위해 법을 읽을거리로 선택할 수 있다.

주제보다는 각 항목의 세부 내용!

법에는 수없이 많은 세부 내용이 있다. 일반적으로 글을 읽을 때에는 단락이나 문장 수준에서 세부 내용을 확인하는 경우가 많지만, 법을 읽을 때에는 단어, 어절 수준에서 세부 내용을 확인하는 것이 좋다. 우리는 글을 읽을 때 주제를 파악하기 위해 세부 내용을 확인하는 경우가 많다. 그런데 법을 읽을 때에는 주제보다는 법의 각 항목에 딸린 세부적인 내용을 확인하는 것이 좋다. 법 읽기는 주제 찾기가 아니라 세부 내용 확인하기이다.

찾아 읽기

법을 읽을 때에는 자신의 목적에 맞게 필요한 내용에 집중하여 상세하게 이해하려는 '찾아 읽기' 전략이 유용하다. '찾아 읽기'란 전체 맥락을 파악하면서 동시에 자신의 목적에 필요한 내용을 골라 선택적으로 깊게 읽는 방법이다. 행인들이 다니는 보도에서 자전거 통행 방법을 알고 싶다면, 그에 해당하는 내용을 관련 문서에서 찾아서 읽으면 된다. 이전에는 두꺼운 법전을 넘기면서 읽어야 했기 때문에 필요한 내용을 찾아 읽기가 매우 힘들었다. 하지만 지금은 법제처 국가법령정보센터(https://www.law.go.kr/)에서 필요한 법을 쉽게 찾아 읽을 수 있다.

어려운 법,
어떻게 읽을까?

법의 구조, 문장의 구조

국어기본법을 제정한 이후에는 법제처에서도 시민 누구나 법을 쉽게 읽을 수 있도록 쉬운 용어와 쉬운 문장으로 법을 만들고 있다. 최근 제정한 법을 보면, 주요 법률 용어를 쉽게 풀어서 정의하고 있다. 그래서 법의 정의에 있는 용어만 읽어도 법을 어림잡을 수 있다.

그런데 민법, 상법, 형법, 민사소송법, 형사소송법은 법 이름만 들어도 어렵다. 우리나라 법 중에서 가장 중요한 법인 「헌법」에 대해서 어린이들과 이야기를 나누다 보면 아래와 같이 말하는 경우가 있다.

어른: 헌법을 읽어 봤나요?

아이 1: 헌 법이라고요?

아이 2: 헌법은 새 법이 아니고 낡은 법이라는 뜻인가요?

어른: 헌법은 모든 법의 뿌리가 되는 법이에요. 나라의 모든 것을 아우를 수 있는 법이죠. 그 어떤 다른 법으로도 바꿀 수 없는 힘이 센 법이에요.

아이 3: 헌법이라고 부르지 말고 뿌리법이라고 부르는 게 좋겠는데요?

「헌법」이라는 말은 우리나라에서 1919년 9월 11일 공포한 '대한민국임시헌법'에서 처음 사용했다. 그런데 일본에서 유학을 했던 유치형이 1899년에 귀국해서 1907년에 『헌법』이라는 이름으로 책을 썼다는 사실을 생각해 보면 '헌법'이라는 말은 일본에서 먼저 사용하고 있었다는 것을 알 수 있다.

우리나라는 중대한 법전(法典)을 가리키는 말로 '대전(大典)'이라는 말을 썼었다. 만일 이때 '헌법'이라는 말 대신에 '대전'이라는 말을 썼다면 어떻게 되었을까? 그랬다면, 1948년 7월 12일 제정한 '대한민국헌법'이라는 이름 대신에 '대한민국대전'이 되었을지도 모른다.

어려운 용어 극복하기

법을 읽기 어려운 이유 중 하나는 법 문서에서 사용하는 단어들이 우리 일상 속 단어와 다르기 때문이다. 그래서 법제처는 어려운 법률 용어를 일반 시민들이 쉽게 이해할 수 있도록 고치고 있다. 한자어나 일본어식 용어, 전문용어를 쉬운 용어로 바꾸고, 길고 복잡한 법령 문장을 간결하고 명확한 문장으로 고치고 있다.

다음 낱말을 보고, 빈 곳에 알맞은 용어를 써 보자.

치료, 부상급여(질병급여), 보조기구, 잔액, 간병, 재무상태표, 인공팔다리, 전봇대, 보육원, 지급, 제거, 고충사항, 경관, 쪽지, 저금리

① 보철구 → ( ) ② 개호 → ( )

③ 의지 → ( ) ④ 고아원 → ( )

⑤ 지불 → ( ) ⑥ 애로사항 → ( )

⑦ 부전지 → ( ) ⑧ 저리 → ( )

⑨ 가료 → ( ) ⑩ 상병급여 → ( )

⑪ 전주 → ( ) ⑫ 대차대조표 → ( )

⑬ 풍치 → ( ) ⑭ 잔고 → ( )

⑮ 구제 → ( )

정답 ① 보조기구 ② 간병 ③ 인공팔다리 ④ 보육원 ⑤ 지급 ⑥ 고충사항 ⑦ 쪽지 ⑧ 저금리 ⑨ 치료 ⑩ 부상급여(질병급여) ⑪ 전봇대 ⑫ 재무상태표 ⑬ 경관 ⑭ 잔액 ⑮ 제거

이 중 여러분이 아는 용어는 몇 개나 있는가? 법률 용어도 어휘이며, 어휘는 의미를 소통하는 언어의 재료이다. 모든 글은 어휘로 이루어져 있기에 어휘를 알지 못하면 결코 글을 쉽게 읽을 수 없다.

법 문서 읽기도 마찬가지이다. 법 문서에는 법에만 쓰이는 수많은 어휘들이 있다. 그 어휘들은 법의 의미를 표현하는 언어의 재료들이다. 그러니 제아무리 좋은 독자라도 법에 나온 말들을 알지 못하면, 그 법이 어떤 뜻을 갖는지 해석할 수 없다. 따라서 법을 읽을 때 우리에게 익숙하지 않은 말들은 번거롭더라도 국어사전이나 법률 용어 사전을 이용하여 해결하는 것이 좋다. 법률 용어를 정확하게 이해해야 법을 정확하게 이해할 수 있기 때문이다.

우리나라 법제처에서는 시민들이 참여해서 법률 용어를 고치는 행사를 진행하고 있다. 2021년에는 「게임산업진흥에 관한 법률」에 있는 법률 용어 '유기시설(遊技施設)'과 '유기기구(遊技機具)'를 각각 '오락놀이시설'과 '오락놀이기구'로 바꾸자는 제안이 선정되었다. '유기(遊技)'는 '당구·바둑 따위의 오락으로 하는 운동이나 경기'를 뜻하는 어려운 한자어로, 법령에는 '유기시설, 유기기구'로 쓰이고 있었다. 또 다른 예로, 법제처에서는 「가맹사업거래의 공정화에 관한 법률」에 있는 '가맹점사업자'라는 표현을 '가맹점주'로 바꾸자는 제안도 선정하였다. 법령에서 '가맹점사업자'는 '가맹본부로부터 가맹점운영권을 부여받은 사업자', 즉 '가맹점주'를 의미하지만, 많은 사람들이 그것을 '가맹본부'로 오해해 혼동을 겪고 있기 때문에 법제처에서 이런 제안을 선정한 것이다.

법에 쓰인 어려운 용어들을 그대로 두면 법을 이해하기 어렵다. 어려운 법을 쉽게 만들기 위해서는 시민들의 참여가 필요하다. 시민들의 작은 관심으로 간단명료하고 무편무당한 법을 만들 수 있다.

법은 시민의 것이기 때문에 법을 읽는 모든 시민들이 그 법을 공감할 수 있어야 한다. 법을 읽으면서 '이 법은 고쳐야겠다.'라고 생각한다면 벌써 법 읽기에 빠져 든 것이다.

긴 문장은 끊어서

법 문서에는 긴 문장이 많다. 법에 있는 긴 문장은 복잡해서 아무리 여러 번 읽어도 그 뜻의 갈피를 잡기 쉽지 않다. 문장이 길고 복잡하면 우리 두뇌의 한정된 작업 기억(working memory)이 그것들을 한꺼번에 처리하는 데에 어려움을 느낀다. 쉽게 말하면, 한번에 여러 가지 것들을 처리하고 기억해야 하기에 인지적 과부하(cognitive overload) 상태가 유발되는 것이다.

이를테면, 법을 좀 아는 이들은 「대한민국헌법」 전문이 아주 길다는 것을 알고 있을 것이다. 「대한민국헌법」 전문은 단 한 문장인데, 이 한 문장은 무려 93개의 어절로 이루어져 있다. 「대한민국헌법」 전문은 그 내용도 깊고 어렵거니와 복잡한 문장 구조 안에 많은 말들이 연결되어 있으니, 누군가가 읽고 해설해 주지 않으면 쉽게 그 맥락과 정확한 뜻을 이해하기 어렵다. 그럼에도 불구하고 「대한민국헌법」 전문을 나름대로 천천히 끊어 읽다 보면 의미 있는 법 읽기 경험을 할 수 있다.

우리가 쉽게 만나는 법에도 긴 문장이 많다. 다음 법을 읽어 보자.

「식품위생법」 제1조(목적) 이 법은 식품으로 인하여 생기는 위생상의 위해(危害)를 방지하고 식품영양의 질적 향상을 도모하며 식품에 관한 올바른 정보를 제공하여 국민보건의 증진에 이바지함을 목적으로 한다.

위의 문장은 「식품위생법」을 제정한 목적을 정의한 것이다. 이렇게 길게 표현한 문장을 읽을 때에는 문장을 끊어서 읽는 것이 좋다. 특히, 위와 같은 진술처럼 법의 '목적'을 서술한 문장은 법 전체의 맥락을 이해하는 데 중요하므로 그 의미를 구분하여 효율적으로 나누고 묶어서 이해하는 것이 좋다. 이 진술문에는 법의 목적이 여러 가지 요소들로 복합적으로 연결되어 있다. 「식품위생법」의 궁극적인

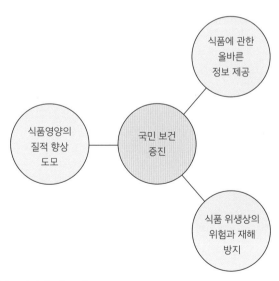

〈그림 2〉「식품위생법」의 목적

목적은 '국민보건 증진에 이바지하는 것'이지만, 이 목적을 실현하기 위해 여러 가지 구체적인 하위 내용들도 문장 안에 포함되어 있다. 예를 들어 '식품으로 생기는 위생상의 위험과 재해를 방지하는 것', '식품영양의 질적인 향상을 도모하는 것', '식품에 관한 정보를 제공하는 것'도 이 법의 목적을 이해하는 데 필수적이다. 따라서 이 한 문장의 법을 〈그림 2〉와 같이 구분하여 나타낼 수 있다.

문장이 길고, 문장에 어려운 법률 용어가 있더라도 문장을 끊어 읽으면 문장 안에 있는 핵심 내용의 관계를 파악할 수 있다. 그리고 핵심 내용들의 관계를 위와 같이 시각화하여 재구성할 수 있다. 「식품위생법」의 목적을 분석한 개념도를 통해서, 해당 법이 세 가지 중요한 목적을 달성하기 위해 제정되었음을 간파할 수 있다. 동시에 이어질 법 내용이 이 세 가지 목적과 관련될 것이라는 점도 예측할 수 있다. 이처럼 긴 문장을 읽을 때 끊어 읽으면 중요한 내용을 정확하게 분석할 수 있고, 법 문서의 전체적인 맥락을 미리 예상해 보는 데 도움이 된다.

자, 그렇다면 다음의 법을 가지고 문장의 내용 요소들을 분석하면서 읽어 보자.

「개인정보법」제1조(목적) 이 법은 / 개인정보의 처리 및 보호에 관한 사항을 정함으로써 / 개인의 자유와 권리를 보호하고, / 나아가 개인의 존엄과 가치를 구현함을/ 목적으로 한다.

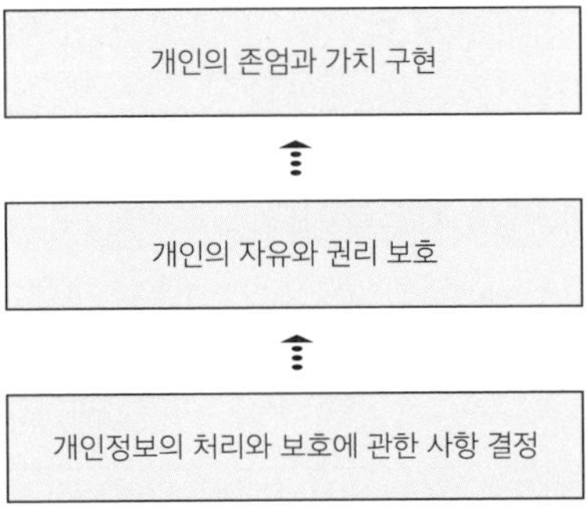

〈그림 3〉 「개인정보법」의 목적

　여러분이 이 법의 목적을 기술한 문장을 / 표시에 따라 천천히, 소리 내어, 또박또박 끊어 읽었다면, 이 문장에 담겨 있는 내용 요소들이 〈그림 3〉과 같은 관계를 맺고 있다는 것을 파악할 수 있을 것이다.

　이 그림에 따라 해당 법 문장을 자세히 풀어 보면 (1) 개인에 관한 정보를 어떻게 처리하고 보호할지 그 원칙과 방법 및 규정들을 정해서 (2) 법에서 정한 개인의 자유와 권리를 보호하고 (3) 이를 통해서 궁극적으로는 개인의 존엄과 가치를 구현하는 데에 「개인정보법」의 제정 목적이 있음을 파악할 수 있다. 이렇게 법의 서두에 등장하는 복잡하고 긴 목적 진술 문장을 잘 읽으면, 앞으로 이 법이 어떤 내용과 구조로 구체화될 것인지를 미리 짐작해 볼 수 있다.

법률 용어의 문맥 이해

어려운 문장을 정확하게 파악하기 위해서는 법률 용어가 문맥에서 어떤 의미로 쓰이는지 파악하는 것이 좋다. 아래의 법은 「건축법」 제2조 '정의'에 있는 법률 용어들이다.

"대지(垈地)"란 「공간정보의 구축 및 관리 등에 관한 법률」에 따라 각 필지(筆地)로 나눈 토지를 말한다. 다만, 대통령령으로 정하는 토지는 둘 이상의 필지를 하나의 대지로 하거나 하나 이상의 필지의 일부를 하나의 대지로 할 수 있다.

"건축설비"란 건축물에 설치하는 전기·전화 설비, 초고속 정보통신 설비, 지능형 홈네트워크 설비, 가스·급수·배수(配水)·배수(排水)·환기·난방·냉방·소화(消火)·배연(排煙) 및 오물 처리의 설비, 굴뚝, 승강기, 피뢰침, 국기 게양대, 공동 시청 안테나, 유선방송 수신 시설, 우편함, 저수조(貯水槽), 방범시설, 그 밖에 국토교통부령으로 정하는 설비를 말한다.

문장을 읽을 때에는 법률 용어와 관련된 말과 내용들이 하나의 문맥에서 어떤 의미로 쓰이고 있는지 정확하게 파악해야 한다. 앞의 법문에서 '대지'는 필지를 나눈 토지를 가리키는 말이다. '필지'는 구획된 논이나 밭, 임야, 대지 따위를 세는 단위인데, 이 법에서 언급한 필지는 대통령령으로 정하는 바에 따라 구획되는 토지의 등록 단위를 말한다. 따라서 '공간정보의 구축 및 관리 등에 관한 법률'을 찾아 읽은 뒤에 '필지'라는 용어의 정확한 의미를 파악해야 한다.

또한 이 법에서 '배수(配水)'는 수원지에서 급수관을 통해 수돗물을 나누어 보내는 것인 반면에 '배수(排水)'는 안에 있거나 고여 있는 물을 밖으로 퍼내거나 다른 곳으로 내보내는 것이다. 같은 '배수관'이라도 물을 나누어 보내 주는 송수관을 가리키는 말로 쓰이기도 하고, 물을 빼내거나 물이 빠져나가는 관을 가리키는 말로 쓰이기도 한다. 법에서는 같은 소리의 낱말이 그 뜻이 다를 경우 한자를 함께 표기하지만, 법을 읽는 사람은 주의해서 읽는 것이 좋다. 이처럼 일상어의 뜻을 알고 있더라도 그 용어가 사용되는 법의 문맥을 고려하지 않으면 문장의 세부 내용을 정확하게 파악하기 어렵다.

법에도 구조가 있다

모든 글에는 구조가 있다. 심리학자 월터 킨취의 연구에 의하면, 글을 읽을 때 명확하고 응집된 구조를 가진 글은 잘 이해되지만 구조가 엉망이고 산만한 글은 무슨 말인지조차 알기도 어려워진다고 한다.[6] 이 말을 뒤집어 보면, 글의 구조를 알고 그것을 파악하며 읽는 것은 효과적인 글 읽기 전략이 아닐 수 없다. 법에도 구조가 있다. 따라서 법의 구조를 알고 주의를 기울여 읽으면 법을 더 잘 이해할 가능성이 높아진다. 법의 구조를 안다는 것은 법을 이루고 있는 '부분'이나 '요소'를 안다는 것이고, 그 부분과 요소가 서로 연결되어 더 커다란 짜임으로 만들어졌다는 것을 안다는 것이다.

다음 내용은 2021년 9월 24일 제정된 「기후위기 대응을 위한 탄소중립·녹색성장 기본법(약칭: 탄소중립기본법)」의 '장'과 '조'를 순서대로 나타낸 것이다. 법을 읽어 본 사람들은 알겠지만, 한 가지 법을 구성하는 각 부분들의 제목만을 나열해도 엄청나게 길다. 시쳇말로 '스크롤 압박 주의'가 필요하다. 어찌되었든, 이 법이 가지고 있는 구조를 생각하면서 '장'과 '조'의 내용들을 읽어 보자.

법을 한눈에 보면 어떤 장점이 있을까? 마치 드론 택시를 타고 하늘을 날아다니다가 원하는 곳에 내려앉는 느낌이 들지 않을까? 이 말은 내가 원하는 법의 내용을 골라서 읽을 수 있다는 말이다. 앞에 제시한 법은 11개의 '장'과 83개의 '조', 그리고 '부칙'의 얼개로 되어 있다. '부칙'은 법을 보충하기 위해 덧붙이는 규칙인데 대개 법의 끝에 위치한다. '부칙'에는 경과 규정, 시행 기일, 구법의 폐지, 세칙을 정하는 법이 포함된다.

이 법의 구조를 보면 해당 법의 전체 내용을 한눈에 파악할 수 있다. '장'과 '장'의 관계도 파악할 수 있고, 각 '장'에 있는 '조'의 내용도 파악할 수 있다. 각 '장'에 포함된 조문은 '장'에 따라 내용이 다르다는 점도 알 수 있다. 예를 들어, 제6조와 제7조는 이어져 있지만 제6조는 제1장에 속하고 제7조는 제2장에 속한다.

인터넷으로 국가법령정보센터에 접속하면 하이퍼텍스트로 표현된 법의 구조를 볼 수 있을 뿐 아니라, 각 '장'과 '조'의 중심 내용도 쉽게 선택하고 파악할 수 있다. 각 장의 소제목은 장에 속하는 모든 조를 대표하는 중심 내용이고, 각 조의 소제목은 각 조의 세부 내용을 대표하는 중심 내용이다.

제1장 총칙

제1조(목적) 이 법은 기후위기의 심각한 영향을 예방하기 위하여 온실가스 감축 및 기후위기 적응대책을 강화하고 탄소중립 사회로의 이행 과정에서 발생할 수 있는 경제적·환경적·사회적 불평등을 해소하며 녹색기술과 녹색산업의 육성·촉진·활성화를 통하여 경제와 환경의 조화로운 발전을 도모함으로써, 현재 세대와 미래 세대의 삶의 질을 높이고 생태계와 기후체계를 보호하며 국제사회의 지속가능발전에 이바지하는 것을 목적으로 한다.

제2조(정의) 이 법에서 사용하는 용어의 뜻은 다음과 같다.

1. "기후변화"란 사람의 활동으로 인하여 온실가스의 농도가 변함으로써 상당 기간 관찰되어 온 자연적인 기후변동에 추가적으로 일어나는 기후체계의 변화를 말한다.

2. "기후위기"란 기후변화가 극단적인 날씨뿐만 아니라 물 부족, 식량 부족, 해양산성화, 해수면 상승, 생태계 붕괴 등 인류 문명에 회복할 수 없는 위험

을 초래하여 획기적인 온실가스 감축이 필요한 상태를 말한다.

3. "탄소중립"이란 대기 중에 배출·방출 또는 누출되는 온실가스의 양에서 온실가스 흡수의 양을 상쇄한 순배출량이 영(零)이 되는 상태를 말한다.

(중략)

우리가 일반 글을 읽고 구조를 찾는 데에는 시간이 걸리지만 국가 법령정보센터에 있는 디지털 문서로 된 법은 쉽게 그 외형적 구조를 파악할 수 있다. '장', '조'와 같이 법의 위계를 구분하고 있기 때문이다. 또 법의 각 조문을 보면 각 조의 중심 내용을 괄호 안에 제시하고 있다는 것을 쉽게 눈치챌 수 있다. 법을 읽을 때 각 '조'의 괄호 안에 있는 내용을 보면 필요한 법의 내용을 빠르고 쉽게 찾을 수 있다.

가령, 이 법의 원문 일부(「탄소중립기본법」의 앞부분)를 살펴보자. 위의 제1장 제2조를 보면 이 법에서 사용하는 용어의 뜻을 정의하고 있다는 것을 알 수 있다. 괄호 안에 (정의)라고 표기되어 있다. 이렇게 '용어에 대한 정의'는 최근에 제정하는 법에서 나타나는 구조적인 특징 중의 한 가지이다. 오래전에 제정된 법에는 용어에 대한 정의가 없었다고 하니, 요즘 사람들은 적어도 법 읽기 측면에서 혜택을 받고 있음에 틀림없다.

위의 법에서 보는 것처럼, 제1조와 제2조를 구분함으로써 법의 '목적'과 용어의 '정의'가 혼동되지 않도록 했다. 법의 이러한 구조는 법을 어떤 글보다 명료한 글로 만들어 준다. 장과 장을 구분하고 조와 조를 구분하는 것은 물론이고, 이하 각 조의 항, 호, 목도 번호 등을 사용하여 명확하게 구분하고 있다. 이렇게 법의 구조를 파악하면서 읽으면, 법 문서 안에 담긴 각각의 내용 요소들을 독립적이면서도 종합적으로 이해하면서 법의 의미와 가치를 조망할 수 있다.

QUIZ

아래에 제시한 내용을 찾으려면 「탄소중립기본법」 몇 조를 읽어야 하는가? 앞에서 제시한 법의 목차를 확인하여 답해 보자.

> 국민은 가정과 학교 및 사업장 등에서 제67조 제1항에 따른 녹색생활을 적극 실천하고, 국가와 지방자치단체의 시책에 참여하며 협력하여야 한다.

① 제1조   ② 제5조   ③ 제10조   ④ 제14조   ⑤ 제20조

정답 ②

제시된 내용을 확인한 다음, 법의 목차를 확인해야만 해결할 수 있는 문제다. '제5조 공공기관, 사업자 및 국민의 책무' 중에서 국민의 책무에 해당하는 내용이다.

법과 법은 연결되어 있다

사람이 사회적 관계를 맺고 사는 것과 같이 법도 다른 법과 관계를 맺고 있다. 법을 보다 정확하게 큰 그림을 그려 이해하기 위해서는 복잡하게 연결되어 있는 다른 법도 찾아서 함께 읽어 보는 것이 필요하다. 다시 말해, 하나의 법 읽기는 그 법과 관계있는 또 다른 법 읽기로 이어진다. 국가법령정보센터에 법률명을 입력하면 법의 전문을 읽을 수 있고, 특정 법에 등장하는 관계법도 바로바로 찾아 읽을 수 있다.

국가법령정보센터의 검색창에서 찾고자 하는 법률명을 검색하면 해당 법의 전문이 나온다. 이때 법을 읽다 보면 밑줄 친 부분이 있다. 밑줄 친 부분은 해당 법과 관계있는 법이다. 이때 밑줄이 그어진 관련 법률을 누르면 해당 법과 관계있는 법이 나타난다. 전자문서(디지털 문서) 덕분에 법을 읽는 독자인 시민들은 관계있는 다른 법에도 쉽게 접근할 수 있다.

법을 읽을 때, 다른 법을 번거롭게 찾지 않아도 마우스 클릭 한 번으로 법에서 법으로 쉽게 넘나들 수 있기 때문에 법 읽기의 장벽은 점점 낮아지고 있다. 법과 법은 연결되어 있다. 특정한 법에 관심이 있어 필요한 내용을 찾다 보면 자신에게 필요한 또 다른 법을 알게 되는 횡재를 만날 수도 있다.

주운 물건을 가진 것뿐인데 횡령이라고요?

생활과 법

우리는 일상생활에서 어떤 일에 맞닥뜨릴 때마다 양심이나 도덕적 습관이나 상식에 따라 판단한다. 여러분이 반려견과 함께 공원에 갔다고 생각해 보자. 그리고 아래 문제를 풀어보자.

QUIZ

시민들이 반려견의 배설물을 잘못 처리한 경우는 어느 것인가?

① 풀이 난 공원 바닥의 소변을 처리하지 않고 그대로 두었다.

② 공원 바닥에 있는 반려견의 대변을 준비한 배변봉투에 넣었다.

③ 공원 의자에 있는 반려견의 소변을 처리하지 않고 그대로 두었다.

④ 화강석으로 된 공원 바닥의 소변을 준비한 휴지로 깨끗이 닦았다.

⑤ 공원 보도블록에 있는 반려견의 대변을 수거한 뒤에 바닥을 닦았다.

정답 ③

우리가 일상적으로 말하고 행동하는 공간에도 법의 강제력과 구속력이 작용한다. 대표적인 곳이 '공공장소'이다. 사람들은 대개 공공장소에서 특별한 의식 없이 말하고 행동하지만, 어떤 경우에는 공공장소에서 하지 말아야 할 것들을 제대로 판단하지 못해 오해와 다툼이 벌어지기도 한다. 만약 이런 일들이 걱정된다면, 공공장소에 관한 법률을 읽어 볼 만하다.

다음 법은 「도시공원 및 녹지 등에 관한 법률(약칭: 공원녹지법)」 제49조이다. 잘 읽고 앞 퀴즈의 정답을 확인해 보자.

제49조(도시공원 등에서의 금지행위) ① 누구든지 도시공원 또는 녹지에서 다음 각 호의 어느 하나에 해당하는 행위를 하여서는 아니 된다.

1. 공원시설을 훼손하는 행위

2. 나무를 훼손하거나 이물질을 주입하여 나무를 말라죽게 하는 행위

3. 심한 소음 또는 악취가 나게 하는 등 다른 사람에게 혐오감을 주는 행위

4. 동반한 반려동물의 배설물(소변의 경우에는 의자 위의 것만 해당한다)을 수거하지 아니하고 방치하는 행위

5. 도시농업을 위한 시설을 농산물의 가공·유통·판매 등 도시농업 외의 목적으로 이용하는 행위

6. 그 밖에 도시공원 또는 녹지의 관리에 현저한 장애가 되는 행위로서 대통령령으로 정하는 행위

② 누구든지 특별시·광역시·특별자치시·특별자치도·시 또는 군의 조례로 정하는 도시공원에서 다음 각 호의 어느 하나에 해당하는 행위를 하여서는 아니 된다.

1. 행상 또는 노점에 의한 상행위

2. 동반한 반려견을 통제할 수 있는 줄을 착용시키지 아니하고 도시공원에 입장하는 행위

③ 특별시장·광역시장·특별자치시장·특별자치도지사·시장 또는 군수는 제2항에 따라 금지행위가 적용되는 도시공원 입구에 안내표지를 설치하여 야 한다.

여러분은 이 법을 읽을 때, 「공원녹지법」 제49조 1항의 제1호부 터 제6호 중에서 몇 호를 중점적으로 확인했는가? 이 법 문서를 잘 읽었다면 퀴즈의 정답이 ③번임을 판단할 수 있다. 문제를 해결하기 위해서는 제1항 제4호를 잘 읽어야 한다. 제1항 제4호를 보면 반려견이 의자 위에 소변을 눌 경우에는 소변을 수거해야 한다. 여기서 '수거한다'는 의미는 이후에 의자를 사용할 사람이 불편하거나 혐오감을 느끼지 않도록 소변을 깨끗이 닦는 것을 의미한다. 그런데 제1항 제3호도 반려견의 배설물 처리와 관계있다는 것을 짐작할수 있다. 만일 반려견의 대변 일부를 제대로 수거하지 않았다면, 공원을 이용하는 시민들은 그 냄새 때문에 불쾌감을 느낄 수 있기 때문이다.

교양 있는 시민들은 반려동물과 함께 생활하면서 어떤 규칙을 지켜야 하는지 알고 있다. 그런 시민들은 양심과 도덕에 따라 판단하고 행동한다. 공원에서는 반려견이 목줄을 착용해야 하고, 보호자는 배변봉투나 휴지를 준비해서 대소변을 깨끗하게 처리해야 한다는

사실도 잘 안다. 반려견의 소변이 바닥에 잘 스며들지 않을 때에는 휴지로 닦아야 한다는 사실도 잘 알고 있다. 이런 시민들은 반려견이 자신의 영역인 양 규칙적으로 소변을 보는 곳에 물을 뿌려서 악취가 나지 않도록 공공장소를 쾌적하게 유지하는 데 일조하기도 한다. 사람들의 이런 양심적이고 도덕적인 판단에 법을 더하면 어떻게 될까? 보다 더 이성적이고 합리적인 판단을 할 수 있지 않을까?

법을 읽고 합리적으로 판단하다

우리는 주변에서 어떤 일이 일어났을 때 판단을 해야 한다. 판단은 곧 기준에 대한 결정을 의미하고, 그것은 문제 상황에 적합하며 합리적이어야 한다. 가령, 남이 잃어버린 물건을 우연히 주울 때가 있다. 이때 대개의 경우엔 문제가 없지만, 어떤 때에는 물건을 잃어버린 사람과 주운 사람 사이에서 전혀 예기치 않은 문제가 생길 수도 있다. 이런 상황에서 우리가 어떤 판단을 할 수 있을지 다음 퀴즈를 풀면서 생각해 보자.

QUIZ

김 대리가 길에서 100만 원짜리 스마트폰을 주웠다. 이때 김 대리가 그 물건의 주인에게 보상으로 요구할 수 있는 금액의 상한가는 얼마일까?

① 1만 원   ② 5만 원   ③ 15만 원   ④ 20만 원   ⑤ 25만 원

정답 ④

물건을 돌려주면서 보상을 받으려는 김 대리가 계산적으로 보일 수도 있다. 하지만 이런 상황에서도 김 대리가 할 수 있는 판단에 대한 법적 기준이자 근거가 있다. 법에 따르면 이렇다. 김 대리가 습득한 스마트폰은 유실물이다. 「유실물법」 제1조 1항에 따르면, 스마트폰은 스마트폰의 유실자나 소유자가 잃어버린 물건이기 때문에 스마트폰을 습득한 김 대리는 반환해야 할 법적인 의무가 있다. 아래 「유실물법」을 보면, 반환 의무를 포함하여 물건을 주웠을 때 유실물 습득자가 어떤 판단을 해야 하는지 여러 가지 판단 기준을 알 수 있다.

제1조(습득물의 조치) ① 타인이 유실한 물건을 습득한 자는 이를 신속하게 유실자 또는 소유자, 그 밖에 물건회복의 청구권을 가진 자에게 반환하거나 경찰서(지구대·파출소 등 소속 경찰관서를 포함한다. 이하 같다) 또는 제주특별자치도의 자치경찰단 사무소(이하 "자치경찰단"이라 한다)에 제출하여야 한다. 다만, 법률에 따라 소유 또는 소지가 금지되거나 범행에 사용되었다고 인정되는 물건은 신속하게 경찰서 또는 자치경찰단에 제출하여야 한다.

(중략)

제4조(보상금) 물건을 반환받는 자는 물건가액(物件價額)의 100분의 5 이상 100분의 20 이하의 범위에서 보상금(報償金)을 습득자에게 지급하여야 한다. 다만, 국가·지방자치단체와 그 밖에 대통령령으로 정하는 공공기관은 보상금을 청구할 수 없다.

(중략)

제9조(습득자의 권리 상실) 습득물이나 그 밖에 이 법의 규정을 준용하는 물건을 횡령함으로써 처벌을 받은 자 및 습득일부터 7일 이내에 제1조 제1항 또는 제11조 제1항의 절차를 밟지 아니한 자는 제3조의 비용과 제4조의 보상금을 받을 권리 및 습득물의 소유권을 취득할 권리를 상실한다.

제10조(선박, 차량, 건축물 등에서의 습득) ① 관리자가 있는 선박, 차량, 건축물, 그 밖에 일반인의 통행을 금지한 구내에서 타인의 물건을 습득한 자는 그 물건을 관리자에게 인계하여야 한다.

이 법을 읽으면 김 대리가 판단해야 할 일은 '어떻게 반환해야 할 것인가?'이다. 왜냐하면, 스마트폰을 습득한 순간 법적으로 반환의 의무가 생겼기 때문이다. 그런데 대부분의 경우, 길에서 주운 남의 스마트폰 번호를 알 수 없기 때문에 습득한 스마트폰으로 전화가 오기를 기다리는 경우가 많다. 만일 운 좋게 스마트폰을 잃어버린 사람과 연락이 되었다면 신속하게 반환을 하는 것이 좋다. 이렇게 반환을 할 경우에는, 위 법의 제4조에서 설명하듯, 스마트폰을 잃어버린 사람은 스마트폰을 주워서 반환한 사람에게 스마트폰의 현재 예상 금액의 5%~20%를 보상금(즉 "100분의 5 이상 100분의 20 이하의 범위에서")으로 줘야 한다. 물론 스마트폰의 가치를 정확한 금액으로 환산하기는 어렵지만, 얼추 상식에 준하여 그 가치가 합의된다면 대강의 보상금 범위를 정할 수 있다. 따라서, 이 퀴즈의 정답은 ④번이다. 스마트폰의 금액을 100만 원으로 정했기 때문에 보상금의 상한 금액은 20만 원을 넘을 수 없다.

그런데 간혹 습득한 스마트폰 주인과 연락이 되지 않는 경우도 있다. 이런 경우에 사실 습득자가 주의해야 할 점이 많다. 먼저,「유실물법」의 제1조 1항대로 유실물 습득자는 먼저 경찰서나 파출소 지구대에 습득물을 제출하는 방법을 생각해 볼 수 있다. 이때에는 습득물 신고서를 작성해야 한다. 그 이후에는 신고서에 따라 담당 경찰관이 유실물을 처리한다.

김 대리가 스마트폰에 대한 권리를 포기할 경우, 한국정보통신진흥협회에서 운영하는 '핸드폰 찾기 콜센터'에 신고를 하고 가까운 우체통에 넣거나 우체국에 제출할 수도 있다. 물론 이 센터는 협약에 따라 운영되는 곳으로, 법적 규범에 따라 휴대전화 찾아 주기 업무를 하는 기관은 아니다. '핸드폰 찾기 콜센터'는 경찰청 112의 분실물 정보와 연동되기 때문에, 스마트폰을 잃어버린 사람을 최대한 신속하게 찾아 스마트폰을 되돌려줄 수 있다.

그렇다면, 직장 생활에 바쁜 김 대리가 깜빡 잊고 일주일 동안 물건 반환을 하지 못한 경우에는 어떻게 될까?「유실물법」의 제9조에 의하면 김 대리가 일주일이 지나 주인을 찾아 물건을 돌려주어도 보상금을 요구할 수 없게 된다. 왜냐하면, 유실물 습득 후 7일이 지나면 습득물에 대한 권리를 상실하기 때문이다. 더 큰 문제는 점유물을 기일 내에 반환하지 않을 경우에 '형법 제360조 제1항'⁷에 따라 형사 처벌을 받을 수도 있다. 형법 제360조는 '점유이탈물횡령'을 규정하고 있다. 유실물을 습득한 자가 법에서 정한 기간 안에 주인에게 돌려주지 않을 경우 횡령으로 정한 것이다.

퀴즈에서 김 대리는 스마트폰을 길에서 주웠지만, 만약 김 대리가 관리자가 있는 선박, 차량, 건축물이나 일반인의 통행을 금지한 구내에서 스마트폰을 주웠다면 반드시 관리자에게 인계해야 한다. 이때에는 김 대리에게 습득한 물건에 대한 권리가 없다. 만일 이를 어길 경우에도 위와 동일하게 형법 제360조 제1항의 적용을 받게 된다.

길에서 누군가 잃어버린 것처럼 보이는 돈이나 물건을 발견한다면 여러분은 어떻게 하겠는가? 법을 읽은 사람이라면 "그냥 가는 편이 낫다."라고 답할지도 모른다. 인지상정으로 주인을 찾아주겠다며 유실물을 줍는 순간, 법적인 책무가 생기기 때문이다. 그런데 우리는 서로 협력하며 살아가야 하는 시민이 아닌가? 그래서 유실물을 줍게 되고, 주인이 잃어버린 물건과 상봉의 기쁨을 느끼게 하려고 노력하지 않는가? 그래서 주운 물건을 어떻게 해야 하는지에 대한 판단 기준이 필요하다. 그 기준은 바로 「유실물법」과 「민법」에 있다. 만일 「유실물법」을 읽었다면 김 대리는 자신의 고민을 쉽게 해결할 수 있지 않았을까? 또, 부모님과 선생님이 「유실물법」과 「민법」을 읽어서 알고 있다면, "엄마, 주운 물건은 어떻게 해야 해요?", "선생님, 주운 물건을 왜 경찰서에 갖다드려야 하는 거죠?"라는 질문을 한 어린이에게 어른으로서 명쾌하게 답해 줄 수 있을 것이다. "법에서 기준을 정했기 때문에 그렇단다."라고!

법 읽기가
미래를 구한다

시민의 의무와 권리

　법에 대한 편견을 깨면 법을 새로운 관점으로 볼 수 있다. 사람들은 흔히들 기후위기는 과학의 문제라고 생각한다. 그런데 법에서도 기후위기 문제를 진중하고 심도 있게 다루고 있다는 것을 알고 있는가? 관련 법을 읽다 보면 기후위기 대응을 위해 우리가 어떤 입장을 취해야 하는지, 또 얼마나 효율적으로 대책을 마련하여 실천할 수 있을지 관심을 갖게 된다. 지구에 발을 디디고 있는 우리 모두가 기후위기 속에 살고 있다는 점에서, 특히 이 법에 관심을 가지지 않을 수 없다.

법은 지구를 지키는 파수꾼

　우리는 공상과학 소설이나 영화에서 지구의 종말 장면을 대수롭지 않게 본다. 외계인이 침입해 지구 평화를 무너뜨리기도 하고, 기후위기로 인해 거대한 해일이 밀려와 도시가 파괴되고, 지구에 있는 수많은 생명들이 쓰러져 땅속으로, 물속으로 잠기기도 한다. 생명의 별 지구가 죽음의 별로 바뀌는 것이다. 이런 장면은 우리가 꿈꾸는 평화로운 지구의 모습과는 정반대이다. 그런데 많은 사람들은 공상과학 소설이나 영화에서 일어날 법한 일이 미래의 지구에서 일어날 수 있다고 경고한다.

그런데 우리나라 국민들은 이런 일을 미리 예상하고 있었는지도 모른다. 「대한민국헌법」 제35조를 읽으면 이 법을 만든 선배 시민들의 혜안을 읽을 수 있다.

제35조 ① 모든 국민은 건강하고 쾌적한 환경에서 생활할 권리를 가지며, 국가와 국민은 환경보전을 위하여 노력하여야 한다.

「대한민국헌법」 제35조를 읽어 본 사람이라면, 모든 국민이 환경보전을 위해 노력해야 할 의무가 있음을 알 수 있다. 사실 이 조항만 명심하고 우리 생활에 치밀하게 적용해 실천했다면, 지금같이 우리 주변 곳곳이 파괴되어 죽음의 몸살을 앓는 상황이 그나마 덜했을지도 모른다.

우리가 법에 따라 행동하고 실천한다면 법은 지구를 지키는 파수꾼이 된다. 「대한민국헌법」 제35조와 같이 우리 시민은 환경보전을 위해서 노력해야 한다. 모든 시민은 건강하고 쾌적한 환경에서 생활할 권리를 가지지만 동시에 환경보전의 의무 역시 다해야 한다. 동시에 시민들은 국가가 환경보전을 위해 제대로 노력하는지도 감시

해야 한다. 우리는 지구 생태계의 일부이기 때문에 생태계가 파괴되면 우리의 삶도 파괴될 수밖에 없다. 그래서 지구 생태계를 살리기 위한 국가의 노력과 시민들의 노력이 간절하다. 그리고 법이 그 임무를 함께 수행하고 있다는 점도 간과해서는 안 된다.

법을 읽어서 지구를 구한다

「기후위기 대응을 위한 탄소중립·녹색성장 기본법(약칭: 탄소중립기본법)」을 보면 법을 읽을 맛이 난다. 왜 그럴까? 이 법이 지구를 구할 구원투수처럼 보이기 때문이다. 이 법은 우리가 해야 할 것과 하지 말아야 할 것만을 다루지 않는다. 이 법은 시민으로서 지구의 현재와 미래를 위해서 지켜야 할 행동과 태도에 대해서도 명료하고 깊이 있게 다루고 있다.

현재의 지구 생태계가 직면한 가장 큰 위협은 기후위기이다. 연구자들은 대기 중의 이산화탄소로 인한 온실효과로 인해 지구의 평균기온이 유의미하게 상승하는 것을 기후위기의 주요 원인으로 파악하고 있다. 「탄소중립기본법」은 이에 관한 법이다. 이 법의 기본원칙을 읽어 보면, 지구에서 살고 있는 우리가 현재 얼마나 감당키 어려운 위기에 처해 있는지 실감할 수 있다. 이 법에서 '기후위기'를 어떻게 정의하고 있는지 읽어 보자.

제2조(정의) 2. "기후위기"란 기후변화가 극단적인 날씨뿐만 아니라 물 부족, 식량 부족, 해양산성화, 해수면 상승, 생태계 붕괴 등 인류 문명에 회복할 수 없는 위험을 초래하여 획기적인 온실가스 감축이 필요한 상태를 말한다.

「탄소중립기본법」을 처음부터 끝까지 읽은 사람들 중에는 기업의 책임자나 관련 업무 담당자도 있을 것이다. 이 법의 기본 원칙에 따르면, 정부와 기업은 이 법에 맞는 새로운 업무 계획을 수립하고 그 계획에 맞게 일을 추진해야 한다. 법에 따라 일하는 공무원들뿐 아니라 영리를 추구하는 기업인들도 마찬가지다. 그들도 시민이자 지구생태계의 구성원으로서 환경과 생태계에 관하여 합리적으로 판단해야 한다.

「탄소중립기본법」의 목적을 읽고 어떤 사람들은 다음과 같이 비판적인 의견을 제시할 수도 있다. 이 비판적인 의견들은 생태계 회복과 경제 성장이라는 두 가지 과제 사이에서 조화를 꾀하는 일이 매우 어려운 일이라는 점을 지적하고 있다.

① 이 법은 과연 기후위기의 심각한 영향을 예방할 수 있는가?
② 경제와 환경은 조화로운 발전을 도모할 수 있는 대상인가?
③ 환경을 발전시킨다는 것이 타당한 논리인가?

이 법에서는 탄소 배출 감소에 필요한 책임을 균형 있게 분배하는 것을 '기후정의'로 보고 있다. 「탄소중립기본법」에서 정의한 '기후

정의'는 기후위기와 사회적 불평등을 동시에 극복하고, 탄소중립 사회로의 이행 과정에서 피해를 입을 수 있는 취약한 계층, 부문, 지역을 보호하는 등 정의로운 사회 전환을 통해서 실현될 수 있다. 따라서 이 법을 읽은 시민들은 탄소중립 사회로 나아가는 과정에서 시민들의 책무가 막중하다는 것을 인식하게 된다.

「탄소중립기본법」은 시민이라면 누구나, 직장인이라면 누구나 관심을 가지고 읽어야 한다. 그리고 이 법을 읽기 전에 이런 질문을 스스로에게 해 보자. "기후위기 대응과 관계있는 법을 아는 것이 왜 시민과 직장인에게 중요할까?", "취업을 준비하는 사람들은 왜 이 법을 꼭 읽어야 할까?", "직장인이 이 법을 자발적으로 읽는다는 것은 무엇을 의미할까?"

환경(Environment), 사회(Social), 지배 구조(Governance)의 첫 글자를 따서 만든 'ESG'는 기업이 친환경적으로 사회적 책임을 다하며 경영의 지배 구조를 개선하여 지속 가능한 발전을 해야 한다는 철학을 담고 있다. ESG는 기후 위기와 지속 가능한 지구 생태계의 문제를 해결하기 위한 기업의 사회적 책무를 담고 있다. 또 'RE100(Renewable Energy 100%)'에는 2050년까지 기업이 소비하는 전력의 100%를 태양광, 풍력과 같은 재생에너지로 대체하자는 목표가 들어 있다(re100 누리집 www.there100.org 참고).

기후위기는 시민 개인이 참여하여 해결해야 할 지구공동체의 과업임과 동시에 세계 모든 기업의 생존 전략이자 국가의 미래 생존 전략과 직결되어 있다. 세계 시민들은 기후위기를 대비하고 해결하

기 위해 RE100에 가입한 기업의 고객이 되는 데 주저하지 않을 것
이다. 왜냐하면 기후위기의 문제는 지구 공동체 구성원 모두가 전
력을 다해 해결해야 할 과제가 되었기 때문이다.

취업준비생에게도 이 법은 역시 중요하다. ESG나 RE100에서 보
는 바와 같이 기업은 '녹색경제', '녹색성장', '녹색기술'을 기반으로
성장해야 한다. 취업준비생이라면 기업의 이런 특성을 기본적으로
이해해야 한다. 취업준비생은 취업 과정에서 서류 심사, 필기시험을
거친 다음에, 심층 면접을 한다. 심사위원들은 심층 면접을 통해 지
원자인 취업준비생의 인성과 적성, 업무 수행 역량, 협력적 업무 태
도를 평가한다. 입사 면접 시험의 단골 질문 몇 가지를 보자.

회사가 당신을 뽑아야 하는 이유에 대해서 말해 보세요.

인생에서 가치 있다고 생각하는 것이 무엇인지 말해 보세요.

나의 장점이 무엇인지 말해 보세요.

자신의 가치관에 대해 말하고 그 가치관을 우리 회사에서 어떻게 발휘할
수 있는지 말해 보세요.

심사위원들은 심층 면접에서 왜 이런 질문을 할까? 심사위원들
은 이 질문에 대한 답을 듣고 지원자의 내적인 태도와 자질을 평가
한다. 짧은 답 속에는 취업준비생의 태도와 자질이 녹아 있다. 심사
위원들은 바로 그 태도와 자질을 간파하는 것이다. 지원자가 심사
위원 앞에서 「탄소중립기본법」에 대한 자신의 입장을 심층 면접 질

문과 관련 지어 자유자재로 말한다면 어떻게 될까? 지원자가 '녹색 기술과 녹색산업의 육성·촉진·활성화', '경제와 환경의 조화로운 발전', '현재 세대와 미래 세대의 삶의 질 높이기', '생태계와 기후 체계 보호', '국제사회의 지속가능발전'에 대한 내용을 자신의 인성과 적성, 업무 역량, 협력적 업무 태도와 관련 지어 당당하게 이야기할 때 심사자들은 어떤 반응을 보일까?

지구가 아프고 병들면 우리도 아프고 병든다. 우리는 지구의 위기 극복을 위해, 지구의 생존을 위해, 우리의 생존을 위해, 기후위기의 심각성을 인식해야 한다. 한 나라의 시민은 한편으로는 세계의 시민이기도 하다. 우리는 지구를 공유하면서 살고 있지 않은가? 지구의 모든 시민은 발등에 떨어진 불을 보면서 해결책을 모색하여 공유해야 한다. 그리고 연대해야 한다. 지구생태계가 건강하게 회복하도록 실천의 발걸음을 내딛어야 한다.

법이 지구를 구할 수 있다면 우리는 법을 기꺼이 읽어야 한다. 우리는 늘 법과 함께 살아가고 있다. 지금 이 순간에도 우리는 법 안에서 숨쉬며 살아간다. 우리의 작은 관심만으로도 지구를 살리는 법 앞으로 다가갈 수 있다. 법을 적극적으로 찾아 읽고 문제적 일상에 적용하여 실천한다면 우리는 지구를 구할 수 있다.

적용하기와 이해

읽기 효율의 극대화, 적용하기

'적용하기(application)'는 읽은 내용을 우리의 삶에 알맞게 이용하거나 맞추어 쓰는 것을 말한다. 읽기의 실용성을 강조하는 말이다. 사실, 글을 읽는 목적이 글 읽는 것 자체에 있지는 않을 것이다. 그것은 글을 통해서 얻은 정보와 지식을 실제 상황에 적용하여 어떤 사안에 대하여 합리적으로 판단하고 문제를 해결하기 위한 것이다.

다양한 글과 책을 읽자는 구호는 많지만, 실제 그것으로 무엇을 할 것인지, 그래서 우리 생활을 어떻게 더 좋게 바꿀 수 있을지에 대해서는 무관심하다. 또, 실생활에의 가치에 대한 이해 없이 독자의 편의에 따라 어떤 내용은 받아들이고 어떤 내용은 관심 밖으로 내던져 버리기도 한다. 이런 점에서 법 읽기는 어렵고 멀게 느껴지지만, 그만큼 삶의 실용성이 큰 문해 활동이다. 법을 읽고 그 법을 적합한 문제 상황에 적용할 수 있다면, 법 읽기의 효용성을 극대화시킬 수 있을 것이다.

심층적 이해와 상호연결적 이해

글을 읽고 이해한다는 것은 (1) 단어, 문장, 문단의 의미를 있는 그대로 받아들이는 문면적 이해, (2) 단어와 단어, 문장과 문장, 문단과 문단의 상호관계를 통해서 의미를 파악하는 추론적 이해, (3) 글의 내용을 개인의 삶과 사회, 공동체와의 유기적 관계 속에서 해석하는 비판적 이해로 이루어진다.

「탄소중립기본법」과 같은 법의 문장들을 잘 읽기 위해서는 문면적이고 추론적인 이해를 넘어서 그것을 삶의 맥락에 적용하여 읽는 심층적이고 분석적인 이해가 필요하다. 공동체 구성원으로서 이 법을 읽고 실천함으로써 생태공동체의 지속성을 유지할 수 있기에, 법 읽기는 상호연결적이고 비판적인 이해로 이어져야 한다.

의미 추론
생활문 이해 및 활용
온라인 생존 문해력 테스트

의미 추론

이 검사의 목적은 우리나라 일반 성인들의 문해력을 대략적으로 알아보기 위한 것입니다. 검사지 (가)형은 일상생활에서 접할 수 있는 짧은 글을 읽고 의미를 추론하는 5개의 문항으로 구성되어 있습니다. 제한 시간 10분 안에 처음부터 끝까지 모든 문제를 성심껏 풀어 봅시다.

1. 다음 글을 읽고, 물음에 답하시오.

> 삶과 세상, 조직과 공동체를 대하는 방식의 변화는 새로운 생각의 틀을 요구한다. 세상을 바라보는 태도를 바꾸기 위해서는 관점 전환이 필요한데, 조직에서 발생하는 구성원 간의 스트레스 관리는 물론 리더십에서도 핵심 요소이고 그다지 어렵게 보이지도 않는다. 몇 가지 문제 상황에서 경험하고 수정하면 의외로 쉽게 성취할 수 있을 것 같지만 상당한 동기를 가지고 노력해야 하는 측면이 있기에 실제 적용에는 꾸준한 연습이 필요하다.

이 글을 읽고 "(   )을/를 위해서는 노력과 연습이 필요하다."라고 말할 때, (   ) 안에 들어갈 말은?

① 태도 변화　　　　　② 관점 전환　　　　　③ 스트레스 관리
④ 리더십 향상　　　　⑤ 상당한 동기

2. 다음 글을 읽고, 물음에 답하시오.

> 워런 버핏은 세계적인 투자가이지만, 평소에도 금 자산 투자에 대해서만은 부정적인 견해를 자주 피력해 왔다. 그는 심지어 금에 투자하는 것은 생각 없는 사람이나 하는 어리석은 돈 낭비에 지나지 않는다고 지적할 정도였다. 하지만 월가의 소식통에 따르면, 버핏의 회사인 버크셔해서웨이가 지난 2020년 2분기에 베릭골드라는 금광 회사에 투자했다가 같은 해 4분기 고점에서 해당 주식을 매도하여 높은 수익을 낸 것으로 확인됐다.

다음 진술 중에서 위의 글을 통해서 추론할 수 있는 내용이면 ○, 그렇지 않으면 ×로 표시하시오.

① 때로는 금 자산 투자로 높은 수익을 낼 수도 있다.　　　　　　　　　(　　)
② 버크셔헤서웨이는 워런 버핏과 반대로 행동한다.　　　　　　　　　(　　)
③ 베릭골드 투자는 금 자산 투자와는 성격이 다른 투자이다.　　　　　(　　)

3. 다음 글을 읽고, 물음에 답하시오.

세계에서 가장 고도가 높은 위스키 증류소에서 마시는 술은 어떤 맛일까?

　스위스 생모리츠(St. Moritz)에 있는 위스키 증류소는 피츠 코르바취(Piz Corvasch) 산 해발 3,303m에 위치해 있으며, 세계에서 가장 해발고도가 높은 곳에 위치한 위스키 증류소다. 이 고도에서는 해수면보다 10도 정도 낮은 온도에서 증류 과정이 일어난다.

위의 글을 읽고 다음의 두 문장으로 정리할 때, 그 적절성 여부를 바르게 짝지은 것은?
(적절하면 ○, 그렇지 않으면 ×로 표시)

문장1. 스위스 생모리츠는 해발고도가 가장 높은 도시다.
문장2. 위스키의 풍미와 품질은 해발고도와 관련이 높다.

　① ○, ○　　　② ○, ×　　　③ ×, ○　　　④ ×, ×

4. 다음 글을 읽고, 물음에 답하시오.

> 노동 임금의 인상을 가져오는 것은 국부의 실제 크기가 아니라 국부의 계속적인 증대이다. 따라서 노동 임금이 가장 높은 나라는 가장 부유한 나라가 아니라 가장 번성하고 있는 나라, 또는 가장 급속히 부유해지고 있는 나라이다. 잉글랜드는 확실히 현재로서는 북아메리카의 어느 지역보다 훨씬 더 부유한 나라이다. 그러나 노동 임금은 잉글랜드의 어느 지역보다도 북아메리카에서 훨씬 더 높다.

다음 문장이 맞으면 ○, 틀리면 ×로 표시하시오.

① 한 나라의 노동 임금과 그 나라의 국부는 관계되어 있다. ( )
② 잉글랜드는 북아메리카 국가들에 비해 크게 번성하고 있다. ( )
③ 북아메리카의 노동 임금은 북아메리카 국부의 실제 크기를 반영한다. ( )

5. 다음 글을 읽고, 물음에 답하시오.

> 한 연구 기관에서는 세계 80여 개 나라 기업인들 2만여 명을 대상으로 흥미로운 실험을 진행했다. 이 연구의 결과에 따르면, 실험 참여자 중 PAF(Positive Appraisal Style), 즉 긍정적 평가 스타일을 강화할 수 있는 간단한 인지 기능을 훈련한 집단에서 부정적 감정 반응은 줄고 긍정적 반응은 증가했다. 긍·부정 감정의 역전 현상이 발생한 것이다.

이 글의 내용을 그래프로 그릴 때 ⓐ, ⓑ에 들어갈 단어를 적으시오.

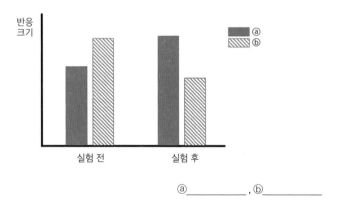

ⓐ＿＿＿＿＿, ⓑ＿＿＿＿＿

생활문 이해 및 활용

이 검사의 목적은 우리나라 일반 성인들의 문해력을 대략적으로 알아보기 위한 것입니다. 검사지 (나)형은 일상생활에서 접할 수 있는 생활 글을 읽고 의미를 파악하는 12개의 문항으로 구성되어 있습니다. 제한 시간 20분 안에 처음부터 끝까지 모든 문제를 성심껏 풀어 봅시다.

1. 다음 자료를 보고 알 수 있는 내용으로 가장 적절한 것은?

(가) 감자과자

영양정보	총 내용량 100g 465kcal
총 내용량당	1일 영양성분 기준치에 대한 비율
나트륨 1670mg	84%
탄수화물 73g	23%
당류 4g	4%
지방 15g	28%
트랜스지방 0g	0%
포화지방 7g	47%
콜레스테롤 0mg	0%
단백질 9g	16%

1일 영양성분 기준치에 대한 비율(%)은 2,000kcal 기준이므로 개인의 필요 열량에 따라 다를 수 있습니다.

(나) 땅콩과자

영양정보	총 내용량 200g 913kcal
총 내용량당	1일 영양성분 기준치에 대한 비율
나트륨 358mg	18%
탄수화물 116g	36%
당류 31g	31%
지방 45g	83%
트랜스지방 0g	0%
포화지방 25g	167%
콜레스테롤 44mg	15%
단백질 11g	20%

1일 영양성분 기준치에 대한 비율(%)은 2,000kcal 기준이므로 개인의 필요 열량에 따라 다를 수 있습니다.

① 같은 양을 기준으로 (가)는 (나)보다 열량이 낮다.
② 같은 양을 기준으로 (나)는 (가)보다 탄수화물이 적다.
③ (가)에 들어있는 영양성분 중에서 지방은 전체의 28%를 차지한다.
④ (나)에는 포화지방이 지방보다 2배 정도 더 많이 포함되어 있다.
⑤ (가)와 (나)를 모두 먹어도 나트륨의 1일 영양성분 기준치를 넘지 않는다.

2. 직장인 이성실 씨는 평일 9시부터 18시까지 근무하는데, 오늘은 급한 업무로 밤 12시까지 근무했다. 이성실 씨는 자신이 더 받아야 할 근무 수당을 계산하기 위해 아래의 '근로기준법 제 56조'를 읽은 뒤 〈보기〉와 같이 계산식을 만들었다. ㉠~㉢에 들어갈 알맞은 숫자는? (단, 이성실 씨의 통상임금은 시간당 1만 원임.)

제56조(연장·야간 및 휴일 근로) ① 사용자는 연장근로(제53조 · 제59조 및 제69조 단서에 따라 연장된 시간의 근로를 말한다)에 대하여는 통상임금의 100분의 50 이상을 가산하여 근로자에게 지급하여야 한다. 〈개정 2018. 3. 20.〉

② 제1항에도 불구하고 사용자는 휴일 근로에 대하여는 다음 각 호의 기준에 따른 금액 이상을 가산하여 근로자에게 지급하여야 한다. 〈신설 2018. 3. 20.〉

1. 8시간 이내의 휴일근로: 통상임금의 100분의 50

2. 8시간을 초과한 휴일근로: 통상임금의 100분의 100

③ 사용자는 야간근로(오후 10시부터 다음 날 오전 6시 사이의 근로를 말한다)에 대하여는 통상임금의 100분의 50 이상을 가산하여 근로자에게 지급하여야 한다. 〈신설 2018. 3. 20.〉

〈보기〉
추가 근로에 대한 임금 = 연장 근로 시간 통상임금 + 연장 근로 시간 가산금 + 야간 근로 시간 가산금 = (㉠ 시간 × 1만 원) + (㉠ 시간 × 0.5만 원) + (㉡ 시간 × ㉢ 만 원)

	㉠	㉡	㉢
①	6	2	1.5
②	6	4	0.5
③	6	2	0.5
④	4	2	0.5
⑤	4	2	1.5

3. 다음 그래프의 정보 가치를 가장 합리적으로 분석한 것은?

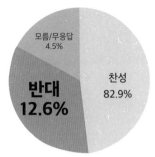

① 특정 집단을 과소표집하고 있다.

② 독자를 편협하게 상정하고 있다.

③ 현실이 불공정하게 반영되어 있다.

④ 정보의 표현 양상이 왜곡되어 있다.

⑤ 내용의 객관적 해석이 결여되어 있다.

4. 다음 두 후보의 지지율 그래프를 비교적 제대로 읽은 것은?

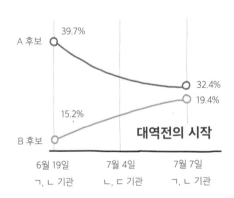

① 두 후보의 지지율 격차는 대략 5분의 1로 줄어들었다.

② B 후보의 지지율이 A 후보의 지지율을 역전하기 시작했다.

③ A 후보가 선거에서 승리할 확률이 급격하게 줄어들고 있다.

④ 7월 4일에 두 후보의 지지율 차이는 이미 10% 이하로 떨어졌다.

⑤ 수치가 맞다면 7월 7일 지지 후보를 밝힌 사람들의 비율이 감소했다.

5. 다음 안내지를 읽고 쓰레기 배출을 정확하게 실천한 주민은?

① 지윤: 중국집에서 시켜 먹은 짬뽕에 들어 있던 홍합 껍데기를 음식물 종량제 봉투에 담아서 배출했다.
② 서준: 새롭게 이불을 구입하여 기존에 사용하던 솜이불을 대형 폐기물 종량제 봉투에 담아 의류함에 배출했다.
③ 민승: 아이가 사용하다 망가진 플라스틱 장난감은 다른 플라스틱류 폐기물들과 함께 투명한 봉투에 담아서 배출했다.
④ 주희: 낡은 냉장고를 무상으로 배출할 수 있다는 것을 알게 되어 이삿짐을 옮기는 과정에서 냉장고를 문 앞에 배출했다.
⑤ 윤영: 살고 있는 집의 리모델링 공사를 하던 과정에서 나온 페인트통과 장판, 타일을 특수 종량제 봉투를 구입하여 배출했다.

6. 한방만 대리가 일확천금을 노리기 위해, 코스닥에 상장된 E기업 주식 990만 원어치를 매수했다. 그런데 갑자기 사정이 생겨 주식을 매도해야 하는 상황이 발생하고 말았다. 다행히 그사이 주가가 올라 1,000만 원어치의 주식을 매도할 수 있게 되었다. 다음의 한 증권 회사 주식 투자 안내문의 일부를 참조할 때, 한방만 대리의 손익은 어떻게 될까?

> 1. 주식을 매매할 시 '유관기관 수수료'가 발생하며, 본 기관에서는 0.3%의 수수료를 부과합니다.
> 2. 증권거래법 상 유가증권(주식과 채권)을 매도할 때에는 매도인에게 '증권거래세'를 원천징수합니다.
> 3. 코스닥을 기준으로 주식 매매 거래 당 0.23%의 '증권거래세'를 부과합니다. (2020년 12월 29일 매도 체결분부터 제도 변경 시까지.)
>
> ※ 본 기관은 위험성, 수익성, 수수료 등 금융투자상품에 관하여 투자자에게 충분히 설명할 의무가 있습니다. 반드시 고지된 설명을 충분히 읽고 투자하시기 바랍니다.

① 본전　　　　　　② 손해　　　　　　③ 10만 원 수익
④ 2만 원 이하 수익　⑤ 4만 원 이상 수익

7. 다음 자료를 토대로 알 수 있는 내용으로 가장 적절한 것은?

〈그림 1〉 국가부채 총액과 비율

〈그림 2〉 2019년 주요국 일반정부 부채비율

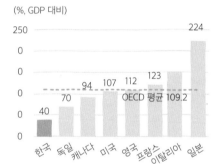

자료: 기획재정부

① 지난 20여 년 동안 GDP는 늘지 않았지만 국가부채만 늘어났다.
② OECD 국가들의 일반 정부 부채 비율은 상승하는 추세를 보인다.
③ 2020년 GDP 대비 국가부채 비율은 1998년보다 9배가량 늘었다.
④ 한국의 국가부채 비율은 증가해 왔지만 여전히 OECD 평균에 비해 낮다.
⑤ 지난 20여 년 동안 우리나라의 국가부채 총액은 몇 차례 감소하기도 했다.

8. 다음에 제시한 인터넷 신문 기사의 의도를 판단하기 위해 던질 수 있는 질문으로 적절하지 않은 것은?

"임차수요 선호" … 공원 인접 '☆☆아파트' 단지 내 상가 공급

〈○○신문〉입력 2022.05.11. 오전 9:00

　　공원과 인접한 상업시설이 관심을 받고 있다. 공원으로 나들이를 나온 휴양객들을 유효수요로 확보할 수 있고 조망권도 뛰어나기 때문이다. 최근 코로나 팬데믹 상황에서 보다 안전한 여가활동을 즐길 수 있는 공원으로 이용객들이 몰리는 점도 영향을 미친 것으로 풀이된다.

　　공원 옆 상권은 주변 상권보다 상대적으로 높은 매출을 올린 것으로 나타났다. 17일 소상공인 상권 정보 시스템 자료에 따르면, ☆☆아파트 반경 500m 이내에 위치한 커피 전문점의 점포당 월 평균 매출액은 작년 11월 기준 1,200만 원을 기록했다. 이는 현재 해당 지역 전체 커피 전문점의 점포당 월 평균 매출액인 1,086만 원보다 높은 수치이다.

---

① ○○신문은 이 기사를 내보내서 어떤 이득을 취할까?
② 해당 공원에 이용객들이 몰린다고 한 이유가 무엇일까?
③ 전반적으로 이 글은 독자들이 어떻게 하기를 원하는 걸까?
④ 기자로부터 ☆☆아파트 상가의 시세 정보를 추가로 얻을 수 있을까?
⑤ 커피 전문점의 월 매출액 1,200만 원과 1,086만 원은 얼마나 큰 차이일까?

9. 다음은 '주택 임대차 신고제'에 대한 설명이다. 다음 글을 읽고 이해한 내용으로 적절하지 **않은** 것은?

'주택 임대차 계약 신고제'란 임대차 계약 당사자가 임대차 계약 체결일부터 30일 이내에 임대 기간, 임대료 등의 계약 내용을 주택 소재지 관할 신고 관청에 공동으로 신고해야 하는 제도입니다. 임대차 신고의 신고 기한은 계약체결일로부터 30일 이내이며, 신고 기한을 초과할 경우 100만 원 이하의 과태료가 부과됩니다. 계약서 작성 이전이라도 당사자 간 임대차 계약의 합의 후 (가)계약금이 입금되었다면, (가)계약금 입금일을 기준으로 30일 이내 신고해야 합니다. 신고 지역은 수도권 전역, 광역시, 세종시 및 도(道)의 시(市) 지역입니다. 확정일자 없이도 최우선변제를 받을 수 있는 임차보증금의 최소 금액이 6천만 원인 점을 고려하여, 임대차 보증금 6천만 원을 초과하거나 또는 월차임이 30만 원을 초과하는 임대차 계약의 경우 신고의 대상이 됩니다. 신규, 갱신 계약 모두 신고하여야 하는데, 계약금액의 변동이 없는 갱신 계약은 신고 대상에서 제외하였습니다. 신고 방법은 계약 당사자들이 임대차 계약 신고서에 공동으로 서명 또는 날인하여 신고하는 것을 원칙으로 하되, 임대인 또는 임차인 중 한 명이 임대차 계약서를 제출하는 경우에도 공동으로 신고한 것으로 간주합니다. 그리하여 주택 임차인이 「주민등록법」상 전입신고를 할 때 임대차계약서를 함께 제출하면, 임대차 계약 신고를 한 것으로 보고, 동시에 확정일자가 부여된 것으로 봅니다. 임대한 주택의 관할 읍면동 주민센터를 방문하여 통합민원창구에서 신고할 수 있고, 부동산거래관리시스템(https://rtms.molit.go.kr)에서 온라인으로도 신고 가능합니다.

① 원칙대로라면 임대인과 임차인이 함께 임대차 계약 신고서를 제출해야겠군.
② 임대차 계약은 잔금을 치러야 완료되는 것이니, 이사하는 날부터 한 달 안에 신고하면 되겠군.
③ 월세 임대차의 경우 월차임이 50만 원이라도 임대 주택의 주소지가 군 지역에 있다면 신고하지 않아도 되겠군.
④ 신고 의무가 있는 임차인이 전입신고 시 임대차 계약서를 제출하면 확정일자가 부여되는 동시에 신고가 되는군.
⑤ 수도권 지역의 경우 전세 계약 갱신 청구권을 행사했는데 임대인이 전세금을 올리지 않았다면 신고하지 않아도 되겠군.

10. 다음은 '명예훼손'과 관련된 형법 규정이다. ㉠~㉤의 의미를 문맥에 맞게 이해한 경우는?

> 제307조(명예훼손) ① ㉠공연히 사실을 적시하여 사람의 명예를 훼손한 자는 2년 이하의 징역이나 금고 또는 500만 원 이하의 벌금에 처한다. ② 공연히 허위의 사실을 ㉡적시하여 사람의 명예를 훼손한 자는 5년 이하의 징역, 10년 이하의 자격정지 또는 1천만 원 이하의 벌금에 처한다. (중략) 제310조(위법성의 ㉢조각) 제307조 제1항의 행위가 진실한 사실로서 오로지 공공의 이익에 관한 때에는 처벌하지 아니한다. (중략)
> 제312조(고소와 피해자의 의사) ① 제308조와 제311조의 죄는 ㉣고소가 있어야 공소를 제기할 수 있다. ② 제307조와 제309조의 죄는 피해자의 명시한 의사에 반하여 ㉤공소를 제기할 수 없다.

① ㉠: 아무 실속 없이 사실을 말해서 사람의 명예를 훼손시켜서는 안 되겠네.
② ㉡: 어떤 사람이 하지 않은 일에 대하여 지적해서 알리면 안 되겠네.
③ ㉢: 공공의 이익에 기여한다면 위법성이 일부만 성립하겠네.
④ ㉣: 검사가 고발한 피해 사실에 한해서만 소송을 제기할 수 있겠네.
⑤ ㉤: 피해자가 동의하지 않는다면 기소 사실을 공개할 수 없겠네.

11. 김한양 씨는 휴대전화를 새로 구입하고 이동통신사 요금제에 가입하려고 한다. ○○통신사는 고객들에게 휴대전화 단말기 가격의 일정 금액을 지원해 주는 '공시 지원금' 혹은 매달 휴대전화 요금의 25%를 할인해 주는 '선택 약정 할인'을 제공한다. 다음은 ○○ 통신사의 요금제 표이다. 이를 본 김한양 씨의 반응으로 적절하지 <u>않은</u> 것은?

구분		A 요금제	B 요금제	C 요금제
요금제 금액		매달 55,000원	매달 100,000원	매달 130,000원
지원 방식	공시 지원금	270,000원	450,000원	500,000원
	선택 약정 할인	330,000원 (=13,750×24개월)	600,000원 (=25,000×24개월)	780,000원 (=32,500×24개월)

※ 1. 휴대전화 단말기 금액은 1,000,000원임. 2. '선택 약정 할인'은 24개월 약정을 기준으로 함. 3. 가입자는 두 가지 지원 방식 중 하나만 선택할 수 있음.

① 요금제 금액이 클수록 ○○통신사에서 지원해 주는 혜택이 더 크군.
② 모든 요금제에서 공시 지원금보다 선택 약정 할인을 제공받을 때 총 납부 금액이 더 적군.
③ A 요금제를 선택하고 공시 지원금을 받으면 단말기 금액은 730,000원이고, 매달 납부 금액은 41,250원이군.
④ B 요금제를 선택하고 선택 약정 할인을 받으면 단말기 금액은 1,000,000원이고, 24개월 간 납부한 요금제 총액은 1,800,000원이 되는군.
⑤ C 요금제를 선택하고 공시 지원금을 받으면 단말기 금액을 포함해 납부 총액이 선택 약정 할인을 받는 경우보다 280,000원 더 많군.

12. 나조심 씨는 업무 중 낙상 사고로 인해 다리를 다쳐 병원에 입원해 치료하였다. 얼마 후 나조심 씨가 가입한 ○○보험의 손해보험 담당 직원이 방문하여 사고 경위를 듣고 보험금 지급과 관련된 일반적인 절차를 설명하였다. 그러면서 다음과 같은 '위임 및 동의서' 작성을 요청하였다. 이때 아래 〈보기〉에 근거하여 나조심 씨가 위임 및 동의서에 ☑ 표시한다면, 특히 어떤 항목에 주의를 기울여야 할까?

위임 및 동의서			
피보험자 (또는 법정 대리인)		주민등록번호 (사업자번호)	

상기 본인은 보험 사고와 관련하여 보험금 지급 결정을 위한 손해사정업무 수행에 대해 ○○보험사로부터 설명을 충분히 듣고 이해했습니다.

아래 사항을 확인, 열람, 대출, 복사, 자문 심사 등을 시행하는 것 일체에 대해 ○○보험사에게 위임하며, 이에 대해 법률상 이의를 제기하지 않을 것을 확인하는 증거로써 본 위임 및 동의서에 서명 · 날인하여 제출합니다.

◎ 위임 및 동의 내용

□ 병원 진료 기록(금번 청구 관련 기록 및 과거 치료 기록, 타병원 의무기록 일체, 입·통원 진료비 상세 내역서, 약국의 병원 처방 내역서)의 복사, 대여, 열람 … ㉠

□ 진료 확인서 및 소견서, 각종 증명서 및 내역서 등의 발급 … ㉡

□ 청구 건의 손해사정 업무와 관련하여 제3의 기관에 의료 자문 및 법률 자문 … ㉢

□ 건강보험관리공단 및 건강보험심사평가원 자료에 대한 복사 및 열람 … ㉣

□ 그 외 기타 기관 … ㉤

※ 동의 사항에 ✔ 표시할 것.

〈보기〉

생명보험 표준약관 제4조(보험금 지급에 관한 세부 규정)는 '보험수익자와 보험회사가 보험금 지급 사유에 대해 합의하지 못할 때는 제3자를 정하고, 제3자의 의견에 따를 수 있다'고 되어 있다(질병 · 상해보험, 실손의료보험, 해외여행 실손의료보험 표준약관도 동일하게 적용). 이 약관의 의미는 보험수익자는 보험사가 요구하는 '의료 자문 동의서'에 반드시 동의할 필요가 없다는 것이다. 그런데 보험사들이 의료 자문을 의뢰한 의사들에게 비용을 지급하다 보니 보험사 측에 유리한 자문이 이루어지고, 이로 인해 보험금 지급이 전부 또는 일부 거절되는 사례들이 발생하고 있다.

① ㉠　　② ㉡　　③ ㉢　　④ ㉣　　⑤ ㉤

온라인 생존 문해력 테스트

이 검사의 목적은 우리나라 일반 성인들의 문해력을 대략적으로 알아보기 위한 것입니다. 검사지 (다)형은 온라인 공간에서 접할 수 있는 간단한 정보들의 의미를 판단하는 8개의 문항으로 구성되어 있습니다. 제한 시간 15분 안에 처음부터 끝까지 모든 문제를 성심껏 풀어 봅시다.

1. 다음의 트위터 글 중 정보의 신뢰성에 문제 제기할 수 있는 것을 모두 고르시오.

    ① SBI 성격테스트는 세계 3대 소셜미디어 이용자 200만 명의 '좋아요'를 받아 과학적 도구로 간주되고 있다.
    ② 미국 FDA 식품 라벨링 규정에 의하면, 음료 100㎖당 4kcal 미만이면 '0칼로리'라고 표기할 수 있다.
    ③ AI 전문가 김성인 박사가 로마 여행 중 관찰한 내용에 따르면, 고대 로마인들은 수학적 사고에 특히 강했다.
    ④ 로고코스메틱스의 실험 결과는 자사 제품이 타사 제품에 비해 피부 미백에 유독 효과가 있음을 입증한다.

2. 다음 중 사실의 진위를 판단하기 어려운 진술을 모두 고르시오.

    ① 부르즈 할리파는 중동에서 가장 높은 건축물이다.
    ② 에펠탑은 유럽에서 타의 추종을 불허하는 가장 멋진 건축물이다.
    ③ 서울타워는 유일무이 한국에서 가장 가치 있는 건축물이다.
    ④ 에펠탑은 유럽에서 절대적 가치를 지닌 가장 오래된 건축물이다.
    ⑤ 부르즈 할리파는 최고의 예술적 경지에 오른 중동에서 가장 아름다운 건축물이다.

3. 다음 소셜 미디어 게시물을 보고 취할 수 있는 행동의 적절성을 표시하시오.

소셜 미디어 행동	적절	부적절
(1) 게시자의 계정을 클릭해서 누구인지 알아본다.		
(2) 후쿠시마의 실태를 알리기 위해 공유 버튼을 누른다.		
(3) 사진을 저장하여 환경 파괴 사례 보고서의 자료로 활용한다.		
(4) '#일본 #이게 실화냐 #원전공포'의 해시 태그를 달아 자신의 계정에 공유한다.		
(5) '후쿠시마, 돌연변이, 꽃'의 검색어를 조합하여 관련 게시물이 있는지 찾아본다.		

4. 다음 메신저 대화에 대한 반응으로 적절한 것을 고르시오.

 내 입맛에는 고추장 떡볶이보다 짜장 떡볶이가 더 맛있는 것 같아.

 이 발언이 불쾌한 건, 저뿐인가요? 지금 짜장이 우리 고유의 음식인 고추장보다 더 우월하다는 겁니까?

 고추장을 싫어할 권리는 누구에게나 있는 거죠. 취향 존중 좀 합시다.

 저는 고추장을 싫어한다고 말한 적 없어요. 그냥 짜장 떡볶이가 더 맛있다고요.

 중국을 지지한다는 정치적 메시지를 짜장에 비유한 저의가 대체 뭡니까?

① 다양한 의견을 존중하기 위해 노력하고 있다.
② 특정 단어에 불필요한 의미를 부여하고 있다.
③ 언어의 미묘한 의미를 맥락에 어울리게 해석하고 있다.
④ 화자의 의도를 파악하기 위해 날카롭게 질문하고 있다.

5. 다음은 '노천 채굴' 논쟁에 대한 설명이다. 이를 읽고, 다음에 제시한 인터넷 검색 결과 중 노천 채굴을 옹호할 것으로 예상되는 링크를 모두 고르시오.

노천 채굴(surface mining)이란 초대형 굴삭기를 동원하여 산 정상과 주변을 돌아가며 석탄을 채굴하는 방식으로, 주로 미국의 애팔래치아산맥 지역에서 광범위하게 적용된다. 이 방법은 석탄 채굴의 효율성과 생산성을 높이고 광부들의 안전에 기여한다는 장점을 갖는다. 반면, 노천 채굴로 인해 광범위하게 숲의 파괴가 일어나고 주변 계곡과 마을이 화학 물질로 오염되는 심각한 부작용이 발생한다.

① 애팔래치아의 목소리 NGO(www.appalachiavoice.org)
② 전미광산개발협회(www.nationalcoalassociation.org)
③ 미국환경보호청 국가수질관리법(www.epa.gov/nationalwateract)
④ ㈜북아메리카탄광개발산업(www.nacole.com)
⑤ 산림보호네트워크 채널(www.youtube.com/watch/americantragedy)

6. 다음은 세계적 독서가 알베르토 망구엘의 『독서의 역사』에 대한 블로그 서평의 일부이다. 이 내용들은 사실인가 또는 의견인가? 각각의 내용을 사실 또는 의견으로 구별하시오.

다음의 내용은 사실인가 또는 의견인가?	사실	의견
저자는 이 책의 말미에서 인류사에 기록된 금지된 책 읽기에 관해 기술한다.		
이 책에 나오는 수많은 사례들(가령, 수많은 책을 태운 진시황이나 괴벨스 같은) 중에서 특히 미국의 앤터니 캄스톡의 예는 참으로 충격적이었다.		
저자에 따르면, 앤터니 캄스톡은 1872년 미국 역사상 최초로 '사회악 추방협회'라는 검열단체를 뉴욕에 설립했는데, 그는 본래 흑인 노예들에 대한 교육을 강화하라던 영국의 요구에 반대했던 식민주의자의 후손이었다.		
캄스톡은 죽기 2년 전 뉴욕에서 있었던 인터뷰에서 "이곳에서 지낸 41년 동안 내가 파괴한 외설 문학만도 160톤이나 되오."(410쪽)라고 밝혔다.		
"책을 불태우는 사람들은 역사를 지우고 과거를 파기할 수 있다는 환상을 품는다."라는 이 책의 핵심 명제는 인문학계에서 이천 회나 인용된 전무후무한 문장이다.		

7. 다음은 스포츠 브랜드 '리리드(ReRead)' 구매 사이트의 가입 약관이다. 이 약관에 대한 온라인 소비자의 합리적 이해로 적절한 것을 고르시오.

개인 정보 국외 이전 및 제3자 제공 동의			
국외 이전 및 제3자 제공되는 개인 정보	이름, 연락처 및 국가	이전 일시 및 이전 방법	사용 목적 및 보유 기간
• 이름/성별/생년월일 • 휴대전화 번호/이메일 주소 • 멤버 ID/회원 등급 • 로그인 ID/사용자 이름 • 주문 기록/평점 및 리뷰 내용 • 고객 서비스 문의 내역	• Reread, Inc. (privacy@reread.com) • 미국	• 서비스 사용 시마다 네트워크를 통해 전송	• 리리드닷컴, 리리드 멤버십 혜택의 운영 및 관리 • 멤버십 탈퇴 시까지

☐ [필수] 개인 정보 국외 이전 및 제3자 제공 동의

※ 리리드닷컴, 리리드 멤버십 혜택의 운영 및 관리를 위하여 고객님의 멤버 정보가 미국 Reread, Inc. 로 이전됩니다.

※ 회원정보 관리에서 개인 정보 국외 이전 및 제3자 제공 동의를 철회하실 수 있습니다. 단, 동의를 철회하실 경우, 리리드 글로벌 플랫폼으로 전환되는 시점에 고객님의 리리드 멤버 계정이 삭제됩니다.

※ 귀하는 이용약관 및 개인 정보 수집 및 이용에 대한 동의를 거부할 수 있습니다. 이 경우, 리리드 멤버십 가입 및 관련 서비스를 이용할 수 없습니다.

① 내 서비스 문의 내역이 본사로 넘어가지 않겠군.
② 내 개인 정보는 가입과 동시에 해외로 이전되겠군.
③ 지금 동의해도 나중에 철회하면 그간의 내 정보를 돌려받겠군.
④ 내 개인 정보를 해외에 이전하지 않으면 물건을 살 수 없겠군.

8. 다음은 같은 사건을 다룬 두 편의 온라인 기사의 일부이다. 이에 대한 독자의 반응으로 적절하지 <u>않은</u> 것을 고르시오.

●●●

〈가나다 신문〉

지하철 ○○호선 또 '짜증철'... 장애인 단체 시위로 출근길 지연운행

　지하철 ○○호선이 한동안 뜸했던 장애인 단체 시위로 1일 또 출근길 지연운행 사태를 빚었다. 장애인 단체는 이날 오전 7시 30분부터 지하철 ○○호선 □□역 등지에서 시위를 벌였다. 이 때문에 출근 시간대 열차들이 일부 역에서 4~5분씩 지연운행하면서 시민들이 큰 불편을 겪었다. 이날 □□역 등에는 시위 억제를 위해 경찰력이 대거 투입됐으나 열차 지연운행을 막지는 못했다. (하략)

●●●

〈마바사 신문〉

장애인단체 "또 불편을 드려 죄송합니다"... 그래도 국민 과반 장애인 지하철 시위 공감

　장애인단체가 1일 오전 서울 □□역 등지에서 '제34차 출근길 지하철 탑시다' 시위를 하고 있다. 해당 장애인 단체는 내년도 본예산에 장애인 권리 예산 반영, 장애인 권리 4대 법률 제개정, 서울시의 장애인 탈시설 지원 조례 재정 등을 요구하며 지난해 12월부터 출근길 지하철 선전전을 진행하고 있다. (중략) 최근 마바사 신문과 여론조사기관 아자차와 함께 실시한 시민 의견 조사에 의하면 응답자 중 58.3%가 "장애인 대중교통 이용은 당연하고, 출퇴근에 차질이 생겨도 괜찮다."고 답했다. (하략)

---

① 가나다 신문의 기사에 공권력 남용에 대한 우려가 보인다.
② 마바사 신문의 기사는 시위하는 사람들의 목적을 반영한다.
③ 가나다 신문의 기사에는 시위에 대한 부정적 인식이 깔려 있다.
④ 마바사 신문의 기사는 여론조사를 통해서 기사의 방향을 뒷받침한다.

• 정답 및 해설 모음

성인 문해력 테스트 (가)형 〈의미 추론〉

1. 정답 ②

의미상 주어가 분명하지 않은 복잡한 형식의 문장이 연결되어 있는 글을 읽을 때에는 중심 정보와 이를 뒷받침하는 세부 정보들 사이의 관계(세부 정보들이 결국 어떤 정보를 설명하고 있는지)를 분명하게 추론하는 것이 중요하다. 주어진 제시문에 포함된 모든 정보들은 중심어인 '관점 전환'을 정의 또는 설명하거나 그것의 특징 및 실천 방법들을 설명하는 보조 내용들이다. ②의 '태도 변화'는 관점 전환의 목적이고, ③의 '스트레스 관리'나 ④의 '리더십 향상'은 관점 전환의 효용이며, ⑤의 '상당한 동기'는 관점 전환을 위해 필요한 것이므로 모두 세부 내용들이다.

2. 정답 ① X, ② X, ③ O

일이나 사건의 개요나 과정을 설명하는 글을 읽을 때에는 사건의 주체, 목적, 대상, 과정, 결과 등에 대한 정보를 파악하고, 이들의 맥락적 관계를 분명하게 추론하는 것이 중요하다. 주어진 제시문에서 워런 버핏의 회사인 버크셔해서웨이의 투자 결정은 자산으로서의 '금 자체'가 아닌 금을 채굴하고 생산하는 '금광 회사의 주식'에 대한 것이다(따라서 ①은 알 수 없으며, ③은 적절한 추론이다.). 또한 버크셔해서웨이의 이러한 결정이 금 자체에 대한 투자에 회의적이었던 버핏의 의견에 반한 것(②)이라고 추론할 수 없다.

3. 정답 ④

둘 이상의 서로 다른 요인들 간의 관계가 설명되는 글에서는 무엇과 무엇이 어떤 관계(상관 관계, 인과 관계, 위계 관계 등)를 맺고 있는지에 대한 분명한 근거가 있는지 확인하고 맥락에 어울리게 추론하는 것이 중요하다. 특히, 기사성 광고와 같이 그럴듯하게 보이는 설명으로 독자(소비자)의 시선을 잡아끄는 글을 읽을 때, 성급하게 추측하여 설익은 결론을 내기리보다, 차근차근 글에 담긴 근거에 입각하여 정확하게 그 의미를 추론해야 한다. 주어진 제시문에서, 세계에서 고도(또는 해발고도)가 가장 높다는 정보는 스위스 생모리츠라는 도시가 아니라, 그 도시에 있는 피츠 코르바취라는 위스키 증류소와 연결된다(따라서 문장 1은 부정확한 추론이다). 또한 이 글의 제목("세계에서 가장 고도가 높은 위스키 증류소에서 마시는 술은 어떤 맛일까?")은 언뜻 보면 높은 곳에서 위스키를 만들기 때문에 위스키 풍미와 품질이 좋아질 것이라는 예측을 하게 하지만(문장 2), 이것은 독자의 직관적 인상에 의한 추측일 뿐 글 내용에 이러한 상관관계를 뒷받침해 주는 근거가 분명하게 제시되어 있지 않기에 정확한 추론이라고 보기 어렵다.

4. 정답   ① O, ② X, ③ X
논리적 관계를 설명하는 글을 읽을 때에는 글의 특정 메시지가 지시하는 참조 정보(무엇에 관한 것인지)를 정확하게 파악하여 그 의미를 추론할 필요가 있다. 주어진 제시문의 처음 두 문장을 통해서, 노동 임금의 크기가 국부의 크기가 아닌 국부의 지속적 성장세를 반영하는 것임을 알 수 있다. 따라서 일반적으로 한 나라의 노동 임금과 그 나라의 국부는 관계되어 있지만(①은 추론 가능), 조금 더 구체적으로 국부가 관련되는 양상은 그 크기가 아니라 성장세임을 확인할 수 있다. 이에 따르면, 북아메리카의 임금은 북아메리카의 부의 규모라는 점(③)은 적절한 추론이 아니며, 잉글랜드의 국부가 북아메리카의 모든 나라들에 비해서 크다고 해서 잉글랜드가 북아메리카 나라들에 비해 크게 번성(성장)하고 있다(②)고도 말할 수 없다.

5. 정답   ⓐ 긍정적 감정, ⓑ 부정적 감정
실험이나 통계 정보가 서술된 글을 읽을 때에는 각각의 글 정보가 지칭하는 수 정보가 무엇인지 분명히 확인하고, 이 수들 간의 관계를 실험 및 통계의 맥락에 맞게 추론해야 한다. 주어진 제시문의 경우, 실험 전과 후에 참여자들의 긍정적 감정이 증가하고 부정적 감정이 감소하였다고 하였으며, 더욱 중요하게는 이 실험으로 인해 긍·부정 감정의 "역전 현상"이 일어났다고 제시되어 있다. 따라서 이 글을 그래프로 나타낸다면, 대략 '실험 전'에는 긍정 감정이 부정 감정에 비해 낮지만(막대 ⓐ가 막대 ⓑ에 비해 짧음), '실험 후'에는 긍정 감정의 증가(ⓐ의 길이가 실험 전에 비해 길어짐)와 부정 감정의 감소(ⓑ의 길이가 실험 전에 비해 짧아짐)로 인해 두 감정 사이의 관계가 뒤바뀌게(실험 후 ⓐ가 ⓑ보다 길어야 함) 표현되어야 한다.

성인 문해력 검사 (나)형 〈생활문 이해 및 활용〉

1. 정답   ②
일상에서 흔히 접하는 식품 포장지에 있는 영양 정보를 읽고 정확히 이해할 수 있는지 묻는 문제이다. 영양 정보를 이해할 때에는 구체적 수치로 표현된 정보들의 의미뿐만 아니라 그렇게 표현한 기준이 무엇인지를 파악하며 읽어야 한다. (가)의 총 내용량은 100g이지만, (나)의 총 내용량은 200g이므로, (가)와 (나)를 비교할 때에는 주의를 기울여야 한다. 특히 ②와 같이 총 내용량당 영양소가 얼마나 들어 있는지를 비교할 때에는 비교 기준을 동일하게 설정해야 한다. 100g을 기준으로 비교해 보면, (나)의 탄수화물은 58g으로 (가)의 탄수화물 73g보다 적으므로, ②가 가장 적절하다. ① 100g을 기준으로 비교해 보면 (나)의 열량이 456.5kcal로,

(가)의 열량이 (나)보다 높다. ③ (가)의 지방 '28%'의 의미는 1일 영양성분 기준치(1일 지방 섭취 기준량)의 28%라는 뜻이지, 전체 영양성분 중의 28%를 뜻하는 것이 아니다. ④ (나)의 포화지방은 25g이고, 지방은 45g이므로, 지방이 포화지방보다 2배 정도 더 많다. ⑤ (가)의 나트륨 비율은 84%이고 (나)의 비율은 18%이므로, (가)와 (나)를 모두 먹으면 나트륨의 1일 영양성분 기준치보다 많은 102%를 섭취하게 된다.

2. 정답 ③

근로기준법 조항에 구체적 사례를 적용해 보고, 실제 임금을 계산해 보는 문제이다. 관련 문서에서 문제 상황의 이해에 도움이 되는 관련 조항들을 찾고, 각 조항에서 규정된 원칙을 파악하여 논리적으로 문제 상황에 적용해서 문제를 해결해야 한다. 이성실 씨는 오늘 18시부터 밤 12시(24시)까지 총 6시간의 연장 근로 및 야간 근로를 했다. 우선 '근로기준법 제56조 ① 항'에 따라 6시간의 연장근로 수당은 '연장 근로 시간 통상임금'인 (6(㉠)시간 × 1만 원)에 '연장 근로 시간 가산금'인 (6(㉠)시간 × 0.5만 원)으로 계산할 수 있다. 다음으로 야간 근로 수당 계산은 '근로기준법 제56조 ③항'에 따라 계산할 수 있는데, 오후 10시부터 야간 근로에 해당하므로, (2(㉡)시간 × 0.5(㉢) 만 원)으로 계산할 수 있다. 따라서 정답은 ③이 된다.

3. 정답 ④

시각적으로 왜곡된 그래프의 문제점이 무엇인지를 파악하는 문제이다. 직관적으로 그래프를 읽으면 정보의 왜곡을 파악할 수 없으므로, 그래프의 표현과 내용의 일관성을 비판적으로 분석해야 한다. 제시된 그래프의 찬성 비율이 82.9%로 대부분을 차지하지만, 그래프에서 그 면적을 절반도 채 되지 않게 표현하였다. 뿐만 아니라 반대는 12.6%에 불과하지만 이를 확대하여 표현하고 있다. 따라서 제시된 그래프는 ④와 같이 정보의 표현 양상이 왜곡되어 있다고 분석하는 것이 가장 합리적이다.

4. 정답 ⑤

특정한 의도를 가진 작성자가 왜곡한 미디어 자료의 문제점이 무엇인지를 파악하는 동시에, 허위 정보를 얼마나 정확하게 가려낼 수 있는지 묻는 문제이다. 특히, 그래프를 읽을 때에는 그래프 선의 시각적 형태나 특정한 문구에 현혹되지 않고 객관적인 태도로 구체적 수치의 관계를 파악하며 읽어야 한다. 또한, 각각의 정보들(시각, 문자, 수 정보) 간의 일관성이 성립하는지 분명하게 판단해야 한다. 제시된 그래프를 읽을 때에는 '대역전의 시작'이라는 문구나 지지율의 수치를 무시하고 마치 두 후보의 격차가 얼마 되지 않은 것처럼 왜곡하고 있음을 파악해야 한다. 또한 그래프에 표시된 지지율 수치들의 관계를 중심으로 그 의미를 제대로 읽어야 한다. 6월 19일에 지지 후보를 밝힌 사람들의 비율은 전체의 54.9(=39.7+15.2)%인 데 비해, 7월 7일에는 51.8(=32.4+19.4)%로 감소했으므로, ⑤가 그래프를 비교적 제대로 읽은 것이라고 판단할 수 있다. ①, ④ 두 후보의 지지율 격차는 6월 19일 24.5%p 차였다가, 7월 7일에는 13%p 차로 줄어들었다. 따라서 두 후보의 지지율 격차는 대략 2분의 1로 줄어들었다고 이해하는 것이 적절하다.

5. 정답 ⑤

인포그래픽 형태의 쓰레기 배출 안내문을 얼마나 정확하게 이해할 수 있는지 묻는 문제이다. 개별 쓰레기가 어떤 유형에 속하는지 자신의 배경지식과 글 내용을 통합하여 판단할 수 있어야 한다. 특히, 인포그래픽 형태의 안내문은 시선이 사진 및 그림 자료에 집중되어 중요한 안내 문구를 간과하기 쉬우므로, 이 점에 유의하며 읽어야 한다. 페인트통과 장판, 타일은 모두 집수리 시 배출되는 쓰레기로 건축 폐자재류에 속한다. 따라서 이 쓰레기들을 특수종량제봉투를 구입하여 배출한 ⑤가 적절하다. ① 홍합 껍데기는 조개류에 해당하므로, 특수종량제봉투에 배출해야 한다. ② 솜이불은 주민센터에 대형폐기물로 신고하여 배출해야 한다. ③ 망가진 플라스틱 장난감은 특수종량제봉투에 배출해야 한다. ④ 냉장고와 같은 대형 가전은 무상으로 배출할 수 있지만, 콜센터에 전화를 걸어 배출 예약 후 배출해야 한다.

6. 정답 ④

주식 투자 안내문에서 유의해서 보아야 할 항목인 수수료 및 세금 관련 내용을 읽고 실제 사례에 적용해 보는 문제이다. 주식 투자 안내문과 같이 실제 돈벌이와 관련된 글을 읽을 때에는 이익 편향적인 사고를 하기 쉬우므로, 냉정한 태도로 어떤 비용이나 세금이 발생하지 않는지, 발생한다면 얼마나 발생하는지 확인하며 읽어야 한다. 또한 이러한 주요 정보들이 명시된 어휘, 구절 등에 특히 유의해야 한다. 한방만 대리는 주가가 올라 10만 원의 수익이 발생했다. 그런데 한방만 대리가 주식을 매도할 때에는, 1번 항목에 따라 증권 회사에 '유관기관 수수료' 3만 원(=1000만 원 × 0.003(0.3%))을 내야 하고, 금융 당국에 '증권거래세'인 2만 3,000원(=1000만 원 × 0.0023(0.23%))을 내야 한다. 그런데 여기서 유의할 점은 1번 항목에서 제시하듯, 주식 거래 '매매 시' 즉, 주식을 '사고 팔 때 모두' 유관기관 수수료를 내야 한다는 점이다. 따라서 한방만 대리는 주식을 매수할 때에도 약 3만 원(990만 원 x 0.003)의 수수료를 냈다고 추론할 수 있다. 따라서 한방만 대리의 실제 수익은 10만 원에서 약 8만 3,000원을 뺀, 약 1만 7,000원이 되므로 선지 ④ 2만 원 이하 수익이 정답이 된다.

7. 정답 ④

두 가지 이상의 자료를 연결하여 통합적으로 의미를 이해하는 능력을 묻는 문제이다. 특히, 그래프 자료를 이해할 때에는 그래프의 변화 양상에만 주목하지 말고, 그 그래프가 보여주는 현실이 무엇인지, 그래프의 가로축과 세로축의 의미는 무엇인지 등 맥락과 기준점을 확인하면서 의미를 추론해야 한다. 〈그림 1〉을 통해 볼 때, 우리나라 국가부채 비율은 1998년 이후

2019년까지 일부 감소하기도 하였지만 대체로 증가하는 추세라고 판단할 수 있다. 〈그림 2〉를 통해 볼 때 우리나라의 일반정부 부채비율은 40%로, OECD 평균 비율인 109.2%보다 낮다는 것을 알 수 있다. 따라서 ④와 같이 판단할 수 있다. ① 두 자료를 통해서 GDP의 성장이나 감소를 확인할 수 없다. ② 〈그림 2〉는 2019년 OECD 국가들의 일반정부 부채비율을 보여줄 뿐, 비율의 상승 추세를 알 수는 없다. ③ 〈그림 1〉에서 '국가부채 비율'은 그림의 오른쪽 수직축의 숫자를 보고 이해해야 한다. 1998년의 국가부채 비율은 대략 10%에서 20% 사이인데 비해, 2020년의 국가부채 비율은 대략 40%가 조금 넘는다. 따라서 2020년 GDP 대비 국가부채 비율은 1998년보다 대략 9배가 아니라 3배가량 늘었다고 판단하는 것이 적절하다. ⑤ 〈그림 1〉을 통해 볼 때, 우리나라 국가부채 비율은 몇 차례 감소하기도 했지만, 국가부채의 총액은 감소하지 않고 지속적으로 증가하기만 했다.

8. 정답   ④

신문 기사를 무비판적으로 수용하지 않고 비판적으로 평가하면서 읽을 수 있는지를 묻는 문제이다. 신문 기사를 읽을 때에도 그 글의 뒤에 누가 있는지, 글의 내용은 그에게 어떤 이익/효용을 주는지, 누구에게 유리한 내용인지 등에 대해 질문을 던져 가며 비판적으로 읽어야 한다. 제시된 신문 기사는 '☆☆아파트' 단지 내 상가 주변에 공원이 있어 유동인구가 많다는 점을 내세워 공원 옆 상권의 매출이 높다는 것을 강조하고 있다. 그리하여 공원 인근 커피 전문점의 월 평균 매출액을 구체적 수치로 제시하고 있다. 그러나 기사에는 ☆☆아파트 상가의 시세 정보를 제시하고 있지 않고 있으며, ④와 같은 질문은 기사 내용에 공감하여 오히려 적극적으로 반응하는 것으로, 이 기사의 의도를 판단하기 위해 던질 수 있는 질문으로 적절하지 않다. ① 상가 분양 홍보성이 짙은 기사를 보고 해당 신문사가 기사를 통해 얻을 수 있는 이익을 생각해 보는 것은 적절하다. ② 해당 공원에 이용객들이 몰린다고 서술한 근본적인 이유는 해당 상가의 매출액이 높다는 것을 말하기 위한 것이다. ③ 이 글은 독자들이 ☆☆아파트 단지 내 상가 분양에 참여하기를 유도하고 있다. ⑤ 기사에서는 마치 ☆☆아파트 근처 커피 전문점의 월 매출액이 무척 큰 것처럼 강조하고 있지만, 실제 제시된 금액의 차이는 기사에서 강조하는 것만큼 크지 않을 수 있음을 염두에 두어야 한다.

9. 정답   ②

공공기관에서 시행하고 있는 제도를 설명한 공공 문서를 읽고, 그 제도를 얼마나 정확하게 이해할 수 있는지 묻는 문제이다. 이 글은 제도의 적용 대상 및 범위, 제도 이행 절차와 방법을 파악하는 데 초점을 두고 읽어야 한다. 제시된 글에서 '주택 임대차 계약 신고제'의 신고기한은 '계약체결일로부터 30일 이내'라고 안내하고 있으며, '계약서 작성 이전이라도 당사자 간 임대차 계약 합의 후 (가) 계약금이 입금되었다면, (가) 계약금 입금일을 기준으로 30일 이내'라고 안내하고 있다. 그런데 ②에서는 이를 잘못 이해하여 이사하는 날로부터 한 달 안에 신고하면 된다고 서술하고 있으므로 적절하지 않다. ⑤의 경우, 제시된 글에서 '신규, 갱신 계약 모두 신고하여야 하는데, 계약금액의 변동이 없는 갱신 계약은 신고 대상에서 제외하였다'고 설명했으므로, 적절하다.

10. 정답 ②

법률 용어의 정확한 의미는 알지 못하더라도, 법조문을 읽는 과정에서 그 의미를 문맥을 통해 추론할 수 있는지 묻는 문제이다. 문맥에 따라 단어(용어)의 의미를 추론할 때에는 각 법조문이 상정하고 있는 구체적인 문제 상황 및 제한점, 적용 대상, 행위 등을 고려해야 한다. ②의 '적시(摘示)'의 사전적 의미는 '지적하여 보임'인데, 문맥적으로는 '(말을 하거나 글을 써서) 지적하여 알림'이라고 이해할 수 있다. ① '공연(公然)히'의 사전적 의미는 '세상에서 다 알 만큼 뚜렷하고 떳떳하게'인데, 문맥적으로 볼 때에는 '불특정 또는 다수인이 인식할 수 있는 상태'로 이해할 수 있다. 그런데 이를 같은 표기의 다른 한자어인 '공연(空然)히'의 뜻인 '아무 까닭이나 실속 없이'로 이해하는 것은 적절하지 않다. ③ '조각(阻却)'의 사전적 의미는 '방해하거나 물리침'인데, 문맥상 '없어짐', '해당하지 않음', '성립하지 않음' 정도로 이해할 수 있다. 그러나 이를 '빵 한 조각'과 같이 '일부'의 의미로 보고 그 뜻을 추론하는 것은 적절하지 않다. ④ '고소(告訴)'는 '범죄의 피해자나 다른 고소권자가 범죄 사실을 수사 기관에 신고하여 그 수사와 범인의 기소를 요구하는 일'을 의미하는 법률 용어이다. 그런데 이를 '검사가 고발한 피해 사실'로 이해하는 것은 적절하지 않다. 또한 '고소(告訴)'는 '피해자나 고소권자가 아닌 제삼자가 수사 기관에 범죄 사실을 신고하여 수사 및 범인의 기소를 요구하는 일'을 뜻하는 '고발(告發)'과 그 의미가 다르다. ⑤ 공소(公訴)는 '검사가 법원에 특정 형사 사건의 재판을 청구함'을 의미하는 법률 용어로, 문맥적으로 '재판을 청구함' 정도로 이해할 수 있다. 그러나 이를 '기소 사실을 공개'하는 것으로 이해하는 것은 적절하지 않다.

11. 정답 ③

휴대전화 구입 및 이동통신사 가입 시 합리적인 소비를 하려면 어떤 정보들을 어떻게 해석해야 할지를 묻는 문제이다. 이러한 글을 읽을 때에는 단지 수 정보에만 집중하는 것을 넘어서서 그 수가 어떤 조건에서 어떤 의미를 갖는 것이며, 조건이 달라질 경우에 달라지는 의미도 무엇인지 정확하게 판단하며 읽어야 한다. 특히 휴대전화 요금 할인 비교표를 볼 때에는 가입 조건에 따른 할인 제도를 정확하게 이해하고 읽어야 한다. 특히 새 단말기를 구입하면서 통신회사에 가입을 할 때에는 '공시 지원금'과 '선택 약정 할인' 중 하나를 선택해서 지원 혜택을 받을 수 있다. 따라서 ③처럼 공시 지원금을 받으면서 동시에 매달 휴대전화 요금의 25%를 할인받을 수는 없다. 즉, 김한양 씨가 A 요금제를 선택한다면, 공시 지원금을 받아 단말기를 730,000원에 구입하고 매달 55,000원을 내거나, 선택 약정 할인을 받아 단말기를 1,000,000원에 구입하고 매달 41,250원을 내야 한다.

① 매달 내는 요금제 금액이 커질수록 공시 지원금이나 선택 약정 할인금 모두 커지므로, 통신사에서 지원해 주는 혜택이 커진다고 판단할 수 있다. ② 24개월을 기준으로 생각해 본다면, A, B, C 요금제 모두 공시 지원금을 받는 것보다 선택 약정 할인을 제공받을 때 더 많은 할인을 받을 수 있다. ④, ⑤ 아래 표 참고.

24개월을 기준으로 각 요금제의 사용 금액 및 할인된 금액을 계산하면 다음과 같다.

구분	A 요금제	B 요금제	C 요금제
총 사용 요금 (단말기 금액 포함)	1,320,000원 (2,320,000원)	2,400,000원 (3,400,000원)	3,120,000원 (4,120,000원)
공시 지원금 선택 시	1,320,000원 + 730,000원 = 2,050,000원	2,400,000원 + 550,000원 = 2,950,000원	3,120,000원 + 500,000원 = 3,620,000원
선택 약정 선택 시	990,000원 + 1,000,000원 = 1,990,000원	1,800,000원 + 1,000,000원 = 2,800,000원	2,340,000원 + 1,000,000원 = 3,340,000원

12. 정답 ③

매우 중요한 의사 결정 사안임에도 불구하고, 일상에서 별다른 고민 없이 체크하는 동의서를 정확하게 읽을 수 있는지 확인해 보는 문제이다. 동의서의 내용 이해와 더불어, 동의라는 행위를 통해서 만에 하나 발생할 수 있는 일들의 결과 등에 대해서도 상황적으로 예측하며 읽을 수 있어야 한다. 위임 및 동의서를 읽을 때에는 자신이 동의하는 각 항목이 무엇을 의미하는지 분명하게 이해하는 과정이 필요하다. 〈보기〉 글에서는 생명보험 표준약관 제4조의 의미가 보험사가 요구하는 '의료 자문 동의서'에 반드시 동의할 필요가 없다는 것임을 분명하게 밝히고 있다. 그리고 '의료 자문'에 관한 항목은 ㉠~㉤ 중에서 ㉢에 해당하므로, ③이 정답이다.

성인 문해력 테스트 (다)형 〈온라인 생존 문해력〉

1. 정답 ①, ③, ④

인터넷에서 흔히 보는 단편 정보들의 '근거와 출처'에 대한 독자의 주의와 민감성을 확인하기 위한 것으로, 이 문제를 풀기 위해서는 각각의 문장에 "내재"되거나 "함의"된 오류를 추론, 확인하는 능력이 필요하다. 각 문장에 진술된 정보 그 자체가 사실인지 아닌지를 판단하는 '팩트 체크'가 아니라는 점에 주의한다. 선지 ①에서, 소셜 미디어 사용자의 호응수가 성격 테스트의 타당성을 뒷받침하는 과학적 근거가 될 수 없기에 정보 신뢰성에 문제를 제기할 수 있다. 200만이라는 수가 함정이다. 선지 ③에서, AI 전문가라 하더라고 과학적 연구 또는 고증이 아닌 "여행" 중 "관찰"이 역사적 결론에 이르는 근거가 될 수 없음을 감지해야 한다. AI 전문가와 수학의 연결고리가 함정이다. 선지 ④번은, 자사 제품을 홍보하고 판매해야 하는 화장품 회사가 해당 제품에 대해 실시한 실험만으로는 그 제품의 효과성을 객관적으로 검증하기에 부족하다는 점에서 정보의 신뢰성에 문제를 제기할 수 있다. 반면, 선지 ②는 미국 FDA라는 공인된 기관에서 작성한 규정이 제공하는 정보라는 점에서 일단 받아들일 수 있다.

2. 정답　②, ③, ⑤

정보의 내용과 과장된 언어와의 합리적 관계를 판단할 수 있는 능력을 묻는 문제이다. 지상최대, 유일무이, 절대가치 등의 극단적 최상급 표현에 현혹되지 말아야 한다. 보기 ②에서 '멋짐'의 정도가 주관적, 다면적이고, '타의추종을 불허하는' 최상의 순위를 부여하기 어렵다는 점에서 진위 판단 여부가 어렵다. 보기 ③에서 남산타워가 유일무이한 건축물이지만 그 '가치'의 의미가 다양하고 또한 파악하기 어렵다는 점에서 진위 여부 판단이 어렵다. 보기 ⑤에서 특별한 조건과 근거가 부여되지 않은 상태에서 '최고의 예술적 경지'나 '가장 아름다움'이라는 표현 모두 진위 여부를 판단하기 어렵다. 반면, 보기 ①에서 '가장'이라는 최상급 표현이 있지만 건물의 높이는 측정 가능하다는 점에서 진위 여부 판단이 어렵지 않다. 마찬가지로, 보기 ④에서 에펠탑의 '절대적 가치'의 의미가 모호하지만, 가장 '오래된' 건축물인지는 판단할 수 있다는 점에서 진위 여부 판단이 어렵지 않다.

3. 정답　적절, 부적절, 부적절, 부적절, 적절

소셜 미디어 허위정보에 대한 온라인 독자의 행동 요령을 묻기 위한 것으로, 이 문제를 풀기 위해서는 특히 사회적 상호작용 플랫폼상에 자주 등장하는 허위 이미지에 대한 출처 확인, 진위 판단, 유용성 판단 능력이 필요하다. 보기 (1)은 정보게시자의 출처를 확인하고 신뢰성을 판단하기 위한 적절한 행동이다. 보기 (2)는 정보의 진위 여부를 확인하지 않은 채 성급하게 해당 게시물을 공유하는 부적절한 행동이다. 보기 (3)은 정보를 믿을 만한 것으로 착각하고 더 나아가 이를 무비판적으로 활용하는 부적절한 행동이다. 보기 (4)는 해쉬태크라는 소셜 미디어 공유 장치를 활용하여 허위 정보를 확대 재생산하는 매우 부적절한 행동이다. 보기 (5)는 해당 게시물의 진위 여부를 확인하기 위해, 주요 어휘를 선택, 생성하여 검색에 활용하는 적절한 행동이다.

4. 정답　②

소셜 미디어나 메신저 등에서 대화하고 상호작용할 때에 '맥락'과 '근거' 없이 '언어적 표현'의 단면에만 집착하여 선입견으로 임하는 부적절한 태도를 감지, 분석, 판단할 수 있는지 묻기 위한 것이다. 선지 ①은 오히려 발화자의 언어를 문제 삼아 의사 표현을 억압한다는 점에서 적절하지 않다. 선지 ③은 참여자가 특정 언어에 지나치게 감정적으로 대응하면서 맥락에 어울리지 않게 대화하고 있다는 점에서 적절하지 않다. 선지 ④는 최초 발화자의 의도를 자신의 선입견으로 왜곡 해석하여 취조하듯 질문한다는 점에서 적절하지 않다. 반면에, 선지 ②는 이 대화의 문제의 일차적 원인을 정확하게 분석했다는 점에서 적절하다. (짜장(춘장)을 중국으로, 고추장을 한국으로 확대 해석하는 오류)

5. 정답 ②, ④

익숙하지 않은 주제나 논쟁에 대해서 인터넷 자료를 검색하고 읽을 때에 '정보 출처'와 '정보 내용' 간에 상당한 상관관계가 있음을 이해하고 있는지 묻는 문항이다. 검색된 하이퍼링크를 클릭하기 전에 최소한의 가용한 정보를 활용하여 해당 링크에 연결된 정보가 어떤 내용과 관점, 메시지를 제공할지 예측하는 능력이 필요하다. 선지 ①에 링크된 출처는 '애팔래치아의 목소리'라는 비정부기구로서, 석탄의 노천 채굴 방식이 주로 미국의 애팔래치아산맥 지역에서 일어나고 그 부작용이 숲의 파괴라는 점에서 노천 채굴을 반대할 것으로 예상된다. 선지 ③에 링크된 출처는 미국 정부의 환경 부처 및 법으로 석탄 채굴이나 환경 보호에 관한 중립적 법률 정보를 제공할 것으로 예상된다. 선지 ⑤ 역시 석탄의 노천 채굴 방식이 주로 미국의 애팔래치아산맥 지역에서 일어나고 그 부작용이 숲의 파괴라는 점에서 노천 채굴을 반대할 것으로 예상된다. 반면에 선지 ②에 링크된 출처는 미국의 광산개발 업체들을 대변하는 협의체로서 광산개발산업의 부흥과 이득을 위해 노력할 것이라는 점으로 미루어 보아 생산성과 효율성이 높은 노천 채굴에 찬성할 것으로 예상된다. 또한 선지 ④는 석탄채굴회사의 링크로 당연히 기업 입장에서 경제적으로 효과적인 노천 채굴에 찬성할 것으로 예상된다.

6. 정답 사실, 의견, 사실, 사실, 의견

인터넷 블로그 등의 글 자료를 읽을 때 문헌이나 근거를 바탕으로 한 '사실'의 진술과 저자의 개인적 '의견'의 진술을 구별하는 문제이다. 진술 내용 자체에 대한 팩트체크가 아니라, 해당 진술이 근거를 가지고 있는 정보인지, 아니면 개인의 주관적 경험이나 판단에 의한 것인지를 분별할 수 있어야 한다. 첫째 항목은 저자와 저서에 근거한다는 점에서 사실의 진술이다. 반면, 둘째 항목은 책의 특정 내용을 참조하고 있으나 그 내용에 대한 저자의 주관적 판단("참으로 충격적")이 주요 메시지이기에 의견의 진술이다. 한편, 셋째 항목은 "저자에 따르면"이라고 분명히 근거를 들고 있으므로 사실의 진술이다. 또한, 넷째 항목도 직접인용 부호(" ")와 함께 해당 내용이 들어 있는 쪽수("410쪽")도 정확하게 밝히고 있다는 점에서 사실의 진술이다. 그러나 다섯 째 항목은 직접인용이 있으나 문장의 후반부에 "전무후무한 문장"이라는 개인적 평가가 주요 서술이기에 의견의 진술이다.

7. 정답 ④

온라인상에서 개인 정보 문제를 다루는 것으로, 특히 온라인 제품 구매 시에 요구하는 개인정보 활용 동의서에 주의를 기울일 수 있는지, 정보 동의에 따른 결과를 이해할 수 있는지 묻고 있다. 해당 동의서의 내용을 꼼꼼하게 읽고 상황적으로 이해할 수 있는 능력을 요구한다. 선지 ①은 위 약관의 "국외 이전 및 제3자에게 이전되는 개인 정보"란에 "고객 서비스 내역"이 포함되어 있으므로 부정확한 해석이다. 선지 ②는 위 약관의 "이전 일시 및 방법"란에 "서비스 사용 시(물건 검색 및 구매 시)"라는 문구가 있으므로 부정확한 해석이다. 선지 ③은 위 약관의 어디에도 지금까지의 개인 정보를 돌려받는다는 내용이 없으므로 부정확한 해석이다. 반면에 선지 ④는 위 약관에서 "개인 정보의 국외 이전" 동의 항목이 "필수"이므로, 이에 동의하지 않으면 사이트에 가입할 수 없게 되므로 당연히 물건도 구매할 수 없게 된다.

8. 정답   ①

정보의 표현과 메시지는 그 정보를 생산한 사람의 의도와 목적을 담고 있음을 이해하고 있는지 묻고 있다. 동일한 사건을 다룬 서로 다른 인터넷 뉴스 기사의 언어적 표현과 내용 근거 등을 분석하여, 각 기사의 작성자 및 매체의 논조와 의도를 파악하는 능력이 필요하다. 선지 ②는 마바사 신문 기사에 장애인단체 시위의 목적이 기술되어 있기에 기사 작성자가 이들의 입장을 반영하려 했다는 점에서 적절한 분석이다. 선지 ③은 가나다 신문 기사에 사용된 "짜증철", "사태", "큰 불편" 등의 언어 선택을 통해서 장애인단체 시위에 대한 기사 작성자의 부정적 시각이 드러난다는 점에서 적절한 해석이다. 선지 ④는 마바사 신문 기사가 단지 기사 작성자의 주관적 관찰과 판단이 아니라 장애인단체 지하철 시위에 대한 시민 여론 조사 결과를 포함시켰다는 점에서 기사 작성자의 균형 감각을 반영하기에 적절한 해석이다. 반면에 선지 ①은 가나다 신문 기사가 "시위 억제를 위해 경찰력이 대거 투입"된 상황을 전제하고 시위와 "열차 운행 지연을 막지" 못했음을 강조하는 것으로 보아, 기사 작성자가 해당 상황에서의 공권력 사용에 중립적 찬성 위치에 있다는 점에서 적절하지 못한 해석이다.

• 주석

Introduction · 읽지 못하는 어른들의 시대

1   헬렌 페터슨, 박다솜 옮김, 『요즘 애들: 최고 학력을 쌓고 가장 많이 일하지만 가장 적게 버는 세대』, 알에이치코리아, 2021.
2   문화체육관광부, 『2021년 국민 독서실태 조사』, 문화체육관광부, 2021.
3   10여 년 전 시행된 〈OECD 국제성인문해역량조사〉 또는 우리나라 국가문해교육센터(https://le.or.kr)에서 정기적으로 시행하는 〈성인문해능력조사〉 등을 참조할 수 있다.
4   다음의 연구를 참조할 수 있다: Guthrie, J., & Wigfield, A., "Relations of children's motivation for reading to the amount and breadth of their reading," *Journal of Educational Psychology*, 89(3), 1997, pp.420-432; Schaffner, E., Chiefele, U., & Ulferts, H., "Reading amount as a mediator of the effects of intrinsic and extrinsic reading motivation on reading comprehension," *Reading Research Quarterly*, 48(4), 2013, pp.369-385.
5   김성우·엄기호, 『유튜브는 책을 집어 삼킬 것인가: 삶을 위한 말귀, 문해력, 리터러시』, 따비, 2020.
6   통계청, 〈2021년 8월 경제활동 조사〉 참고(kostat.go.kr).
7   이형래, 「공무원의 직업 문식성 평가에 관한 연구」, 고려대학교 박사학위 논문, 2006.
8   Lane, M., & Conlon, G., "The impact of literacy, numeracy and computer skills on earning and employment outcomes," *OECD Education Working Papers*, No. 129. OECD, 2016.
9   Arendt, J. N., Rosholm, M., & Jensen, T. P., "The importance of literacy for employment and unemployment duration," *National Økonomisk tidsskrift*, 146(1), 2008,. pp.22-46.
10   Smith, M.C., Mikulecky, L., Kibby, M., Dreher, M. J., & Dole, J. A., "What will be the demands of literacy in the workplace in the next millennium?," *Reading Research Quarterly*, 35(3), 2000, pp.378-383.
11   Sokoloff, J., "Information literacy in the workplace: Employer expectations," *Journal of Business & Finance Librarianship*, 17, 2012, pp.1-17.
12   Ahmad, F., Widen, G., & Huvila, I., "The impact of workplace information literacy on organizational innovation: An empirical study," *International Journal of Information Management*, 51, 2020, pp.1-12.
13   Wen, Q., Gloor, P. A., Colladon, A. F., Tickoo, P., & Joshi, T., "Finding top performers through email patterns analysis," *Journal of Information Science*, 46(4), 2019, pp.508-527.
14   Schwab, K., *The fourth industrial revolution*, Penguin Random House, 2016.
15   Farrell, L., Newman, T., & Corbel, C., "Literacy and the workplace revolution: A social view of literate work practices in Industry 4.0," *Discourse: Studies in the Cultural Politics of Education*, 42(6), 2021, pp.898-912.

16 Farrell, L., "The 'new word order': Workplace education and the textual practice of economic globalization," *Pedagogy, Culture & Society*, 9(1), 2006, pp.57-75.

17 Street, B., *Literacy in theory and practice*, Cambridge University Press, 1984.

18 Kalantzis, M., & Cope, B., *Literacies*, Cambridge University Press, 2012.

19 Freire, P., & Macedo, D., *Literacy: Reading the Word and the World*. Bergin & Garvey, 1987.

20 Luke, A., "Documenting reproduction and inequality : Revisiting Jean Anyon's Social Class and School Knowledge", *Curriculum Inquiry*, 40(1), 2010, pp.167-182.

21 조병영, 『읽는 인간 리터러시를 경험하라』, 쌤앤파커스, 2021.

22 조병영, 같은 책.

23 Tierney, R. J., & Pearson, P. D., *A history of literacy education: Waves of research and practice*, Teachers College Press, 2022.

24 EBS 〈당신의 문해력: 어들도 몰라요〉의 일환으로 한양대학교 리터러시학습연구실에서 제작했다. 테스트 문항은 이 책의 부록에 실려 있다.

25 EBS 당신의 문해력 누리집(https://literacy.ebs.co.kr/yourliteracy/literacyPlusTest)을 통해 참여할 수 있다.

26 Kruger, J., & Dunning, D., "Unskilled and unaware of it: How difficulties in recognizing one's own incompetence lead to inflated self-assessment," *Psychology*, 1, 2009, pp.30-46.

27 Leu, D.J., Jr., Kinzer, C.K., Coiro, J., Cammack, D., "Toward a theory of new literacies emerging from the Internet and other information and communication technologies," In R.B. Ruddell & N. Unrau (Eds.), *Theoretical Models and Processes of Reading*(5th ed. pp.1568-1611), International Reading Association: Newark, DE, 2004.

28 Higdon, N., *The anatomy of fake news: A critical news literacy education*, University of California Press, 2020.

29 김강민, "'기사형' 광고 의심 사례 수천 건 … 연합뉴스 사태 이후에도 안 변해", 〈뉴스타파〉, 2022년 5월 3일. https://newstapa.org/article/l8YMa

30 김강민, 위의 기사.

31 Graesser, A. C., & Kreuz, R. J., "A theory of inference generation during text comprehension," *Discourse Processes*, 16, 1993, pp.145-160.

32 Zuboff, S., *The age of surveillance capitalism: The fight for a human future at the new frontier of power*, Public Affairs, 2020.

33 고등학교 교과서에 실린 러시아의 작가 솔제니친의 소설 『이반 데니소비치, 수용소의 하루』 중 일부이다. 정민 외, 『고등학교 고전』, 해냄에듀, 2014, 188쪽.

34 교육부, 국가평생교육진흥원, 〈성인 문해 능력 조사〉, 2021.

35 OECD, "What does low proficiency in literacy really mean?," *Adult Skills in Focus* #2, OECD, 2016.

36 Kuczera, M., Field, S., & Windisch, H. C., *Building skills for all: A review of England*, OECD, 2016.

37 국가법령정보센터 누리집 참조.

38 국가문해교육센터 누리집 참조.

39 성공적인 독자의 인쇄 글 읽기 전략에 관해서는 Pressley, M., & Afflerbach, P., *Verbal protocols of reading: The nature of constructively responsive reading*, Routledge, 1995를 참고할 수 있다. 디지털 환경에서의 성공적 읽기 전략에 관해서는, Cho, B-Y., & Afflerbach, P., "An evolving perspective of constructively responsive reading comprehension strategies in multilayered digital text environments," *Handbook of research on reading comprehension* (2nd ed.), Routledge, 2017를 참고할 수 있다.

40 구본권, "정보 홍수 아닌 정보 결핍이 문제되는 요즘 … 문해력 더 중요", 《한겨레신문》, 2022년 2월 23일자 기사(https://www.hani.co.kr/arti/economy/it/1031801.html); 김지원, "나와 생각 다른 불편한 텍스트 읽는 연습 필요…리터러시 연구자 조병영 교수 인터뷰", 《경향신문》, 2022년 6월 15일자 인스피아 뉴스레터(https://www.khan.co.kr/national/national-general/article/202206151043001) 기사 참조.

41 글 이해 과정에서 작용한 지식의 역할에 관해서는 다음의 고전적 연구들을 참조할 수 있다. Anderson, R. C., & Pearson, P. D., "A schema-theoretic view of basic processes in reading comprehension," In P. D. Pearson, R. Barr, M. L. Kamil, & P. Mosenthal (Eds), *Handbook of reading research*, New York: Longman, Inc, 1984, pp.255-291; Kintsch, W., "The role of knowledge in discourse comprehension: A construction-integration model," *Psychological Review*, 95(2), 1988, pp.163-182.

42 Nation, I. S. P., *The Canadian Modern Language Review*, 63, 2006, pp. 59-82.

43 Hu, M., & Nation. P., "Unknown vocabulary density and reading comprehension," *Reading in a Foreign Language*, 12, 2000, pp.403-430.

44 Carver, R. P., "Percentage of unknown vocabulary words in text as a function of the relative difficulty of the text: Implications for instruction," *Journal of Reading Behavior*, 26, 1994, pp.413-437.

45 Janssen, D., & Neutelings, R., *Reading and writing public documents*, John Benjamins Publishing Company, 2001.

46 Howe, J. E., & Wogalter, M. S., "The understandability of legal documents: Are they adequate?," *Proceedings of the Human Factors and Ergonomics Society 38th Annual Meeting*, 1994, pp.438-442.

47 Gee, J. P., *Social linguistics and literacies: Ideology in discourses*, Routledge, 2015.

48 Ecker, U. K. H. et al., "The psychological drivers of misinformation belief and its resistance to correction," *Nature Reviews Psychology*, 1, 2022, pp.13-29.

49 Cho, B-Y., Afflerbach, P., & Han, H., "Strategic processing in accessing, comprehending, and using multiple sources online," In J. Brasch, I. Bråten, & M. McCrudden (Eds.), *Handbook of Multiple Source Use*, Routledge, 2018, pp, 133-150.

50 Buckingham, D., "Defining digital literacy: What do young people need to know about digital media?," *Nordig Journal of Digital Literacy*, 1, 2006, pp.263-277.

51 Wineburg, S., Breakstone, J., McGrew, S., Smith, M. D., & Ortega, T., "Lateral reading on the open Internet: A district-wide field study in high school government classes," *Journal of Educational Psychology*, 114(5), 2022. pp.893-909.

52 Bohn, R. E., & Short, J., "How much information? 2009 report on american consumers," UC San Diego Global Information Industry Center. UC San Diego, 2009.

53 김형자, "매일 20조비트… 코로나19가 앞당긴 '정보 재앙' 큰 일", 《주간조선》, 2020년 8월 27일자 기사(http://weekly.chosun.com/news/articleView.html?idxno=16161).

54 2022년 8월 14일 11시 17분 https://www.worldometers.info/ 확인.

55 마이크로소프트 AI랩 기계독해 참조(https://www.microsoft.com/en-us/ai/ai-lab-machine-reading).

56 Liu., S., Zhang, X., Wang, H., & Zhang, W., "Neural machine reading comprehension: Methods and trends," *Applied Sciences*, 9(18), 2019, p.3698.

Chapter 02 · 생활 속 통계 읽기

1 OECD, "PISA 2018 Results (Volume I): What Students Know and Can Do", 2019; 샘 L. 새비지, 김규태 옮김, 『평균의 함정』, 경문사, 2014; Mullis, I. V. S., Martin, M. O., Foy, P., Kelly, D. L., & Fishbein, B., *TIMSS 2019 International Results in Mathematics and Science*, 2020.

2 일반 가구수에 대한 주택수의 백분율(주택수/일반 가구수).

3 통계청, 『2020 통계용어』, 2020.

4 Wong, D., *The Wall Street Journal Guide to Information Graphics*, W.W. Norton and Company, 2010.

5 〈KBS 뉴스〉 [이슈체크 K] "코로나19 '4차 유행'오나?.." 전문가 "유행 전조 있다"

6 데이비드 스피겔할터, 권혜승·김영훈 옮김, 『숫자에 약한 사람들을 위한 통계학 수업』, 웅진지식하우스, 2020.

7 1년간의 총 출생아수를 해당 연도의 총 인구로 나눈 수치를 1,000분율로 나타낸 것이다.

8 프로파일 데이터포털 〈인스파일러(insfiler.com)〉의 '국가별 인구수 대비 코로나19 확진자 비율'(2022년 3월 8일).

9 대니얼 카너먼, 이창신 옮김, 『생각에 관한 생각』, 김영사, 2018.

10 어떤 사건 A가 일어날 확률을 p라고 했을 때, 사건 A가 일어나지 않을 확률은 1-p이다.

11 대니얼 카너먼(2018), 앞의 책.

12 "국내 100명 중 1명 코로나19 감염", 《아시아경제》, 2021년 12월 10일자 기사.

13 https://www.newzealand.com

14 www.tradingview.com

15 www.tradingview.com

16 IPCC 기후변화 제6차 평가보고서.

17 Singer, S. F., *Unstoppable Global Warming: Every 1,500 Years*, Rowman & Littlefield, 2006.

18 샘 L. 새비지, 앞의 책.

19 〈SBS 뉴스〉, "'대댓글 추세'로 깜깜이 지지율 꿰뚫는다", 2022년 3월 7일자.

Chapter 03 · 온라인 읽기

1   Internet World Stats(https://www.internetworldstats.com/).

2   Nielsen Norman Group, "How people read online: The eyetracking evidence" (https://www.nngroup.com/reports/how-people-read-web-eyetracking-evidence/).

3   Guo, W., Cho, B-Y., & Wang, J., "StrategicReading: Understanding complex reading strategies via implicit behavior sensing," *ICMI 20: Proceedings of the 2020 International Conference on Multimodal Interaction*, pp. 491-500, 2020. https://dl.acm.org/doi/abs/10.1145/3382507.3418879.

4   문자메시지(SMS)와 피싱(Phishing)의 합성어로, 문자 메시지에 인터넷 주소를 포함하여 그 사이트에 접속했을 때 악성 코드가 스마트폰에 설치되어 피해자가 모르는 사이에 소액 결제 피해나 개인 정보 탈취가 이루어지는 것을 말한다. 무료 쿠폰을 제공한다고 현혹하거나 돌잔치 초대장, 결혼식 청첩장 등을 보낸 것처럼 꾸미는 경우가 많다.

5   본문 자료는 문화체육관광부의 공식 트위터 계정(https://twitter.com/mcstkorea)의 포스팅을 재구성한 것이다.

6   McGrew, S., Breakstone, J., Ortega, T., Smith, M., & Wineburg, S. "Can Students Evaluate Online Sources? Learning From Assessments of Civic Online Reasoning," *Theory & Research in Social Education*, 46(2), 2018, pp. 165-193 내의 자료를 재구성한 것이다.

7   Cherilyn Ireton & Julie Posetti., *Journalism, Fake news & Disinformation: Handbook for Journalism Education and Training*, UNESCO, 2018.

8   언론인권센터 토론회 자료집, "언론의 상업주의 이대로 좋은가?"(2022년 5월 3월).(기사원문: 김동호, "현대건설, 이달 구리시에 첫 '힐스테이트' 분양",《파이낸셜뉴스》, 2022년 2월 9일자). URL: https://n.news.naver.com/mnews/article/014/0004784945?sid=101)

9   이현선,「연령별 여성 소비자의 기사성 광고에 대한 인식 및 태도에 관한 연구: 피부과 병원의 기사성 광고를 중심으로」,『소비문화연구』16(4), 171-190쪽.

10 Grudgel, D. T., "No, blue light from your smartphone is not blinding you," *The American Academy of Ophthalmology*, 2018년 8월 15일. URL:https://www.aao.org/eye-health/news/smartphone-blue-light-is-not-blinding-you

11 이채윤,「인터넷 읽기에서의 인식론적 처리 과정 연구: 대학생 독자의 사고구술 분석을 중심으로」, 한양대학교 석사학위논문, 2022 참고.

12 Bråten, I., Strømsø, H. I. & Samuelstuen., "The relationship between Internet-specific epistemological beliefs and learning within internet technologies," *J. Educational Computing Research*, 33(2), 2005, pp.141-171 재구성.

13 Hofer, B., "Epistemological understanding as a metacognitive process: Thinking aloud during online searching," *Educational Psychologist*, 39(1), 2004, pp.43-55.

14 Cho, B.-Y., Woodward, L. & Li, D., "Epistemic processing when adolescents read online: A verbal protocol analysis of more and less successful online readers," *Reading Research Quarterly*, 53(2), 2017, pp.197-221.

15 김익현 옮김,『저널리즘, 가짜뉴스 & 허위정보: 저널리즘 교육과 훈련을 위한 핸드북』, 한국언론진흥재단, 2020. (원제: *Journalism, "fake new"& disinformation*)

16 2022년 만우절에도 '흔들바위가 추락했다'는 가짜 뉴스가 유포되고 있다는 기사가 포털 사이트에 여러 건 게재되었다. 만우절마다 등장하는 거짓 정보로 '만우절 고전'이라고 이야기될 정도다. "현예슬, "설악산 흔들바위 추락했다" 21년째 속고 또 속는 이유", 《중앙일보》, 2022년 4월 1일자. URL: https://www.joongang.co.kr/article/25060186 외 다수의 기사를 확인할 수 있다.

17 국내 언론 매체들은 대한민국에 혜성처럼 등장한 이 천재 소녀의 이력과 인터뷰 내용 등을 담은 기사를 게재한 이후, 모든 사실이 거짓으로 밝혀졌다는 기사를 다시 보도한 바 있다. 포털 사이트 검색을 통해 이성철, "'천재 소녀' 하버드·스탠포드 동시 합격은 거짓…두 대학 확인", 〈SBS 뉴스〉, 2015년 6월 10일. URL: https://news.sbs.co.kr/news/endPage.do?news_id=N1003018139&plink=ORI&cooper=NAVER&plink=COPYPASTE&cooper=SBSNEWSEND 외 다수의 기사를 찾아볼 수 있다.

18 ""건강한 남자들이 왜 먼저냐"…일각서 얀센 접종 '남녀차별' 불만", 《뉴시스》, 2021년 6월 1일자. URL:https://mobile.newsis.com/view.html?ar_id=NISX20210601_0001461145.

19 Higdon, N., *The Anatomy of Fake News*(1st ed.). University of California Press, 2020.

Chapter 04 · 논쟁 읽기

1 유상희, 「논증 교육에서 전제의 재개념화 및 백워드 설계 기반 '전제 탐구' 단원 개발」, 『작문연구』 제40집, 2019, 255-297쪽.

2 Lord, C. G., Ross, L., & Lepper, M. R., "Biased assimilation and attitude polarization: The effects of prior theories on subsequently considered evidence," *Journal of Personality and Social Psychology*, 37(11), 1979, p.2098.

3 Kim. J-Y., "Strategy and bias in comprehension of multiple texts: How do readers with topic beliefs use strategies when reading controversial documents?," Unpublished dissertation, University of Maryland, 2015.

4 Kaplan, J. T., Gimbel, S. I., & Harris, S., "Neural correlates of maintaining one's political beliefs in the face of counterevidence," *Scientific Reports*, 6(1), 2016, pp.1-11.

5 Gray, W., LaViolette., P., "Feelings code and organize thinking," *Brain/Mind Bulletin*, October 5, 1981.

6 Toulmin, S. E., *The uses of argument*(Updated ed.), New York: Cambridge University Press, 2003(Original work published 1958).

7 Warren, J., "Taming the warrant in Toulmin's model of argument," *The English Journal*, 6(6), 2010, pp.1-46.

8 Thurow, L. C., *The Zero-Sum Society: Distribution And The Possibilities For Change*, New York: Basic Books, 1980.

Chapter 05 · 계약서 읽기

1 부동산태인 칼럼니스트 법무법인 테미스 박승재 변호사 칼럼의 내용을 부분적으로 인용하여 다시 작성했다. https://cafe.daum.net/msn2005/lu9M/1574?q〉부동산 투자〉1574번 (2022.01.15. 검색)
2 KB경영연구소 2021 한국 반려동물보고서. https://www.kbfg.com/kbresearch/report/reportView.do?reportId=2000160
3 현암사 법전팀, 『법률용어사전』, 현암사, 2018.
4 '필요비'란 세입자가 집주인의 동의하에 집을 수리(보수)하는 데 든 비용이고, '유익비'란 집주인의 동의하에 집의 가치를 더 높이기 위해 집을 개조증축하거나 집에 새로운 시설을 설치했을 때 든 비용을 말한다. 두 비용 모두 사전에 집주인의 동의를 얻어야만 '청구권'이 발생한다.

Chapter 06 · 법 문서 읽기

1 본문에 인용한 법은 「도로교통법」의 일부이므로 '국가법령정보센터'에서 원문을 찾아보는 것이 좋다.
2 「도로교통법」 제27조(보행자의 보호) 1항은 2022년 1월 11일에 개정되었다. 개정 이전의 법 1항은 다음과 같다. 「도로교통법」 제27조(보행자의 보호) ① 모든 차 또는 노면전차의 운전자는 보행자(제13조의 2 제6항에 따라 자전거등에서 내려서 자전거등을 끌거나 들고 통행하는 자전거등의 운전자를 포함한다)가 횡단보도를 통행하고 있을 때에는 보행자의 횡단을 방해하거나 위험을 주지 아니하도록 그 횡단보도 앞(정지선이 설치되어 있는 곳에서는 그 정지선을 말한다)에서 일시정지하여야 한다.
3 Bransford,J.D.& Johnson, M.K., "Contextual Prerequisites for Understanding: Some Investigations of Comprehension and Recall," *Journal of Verbal Learning and Verbal Behavior*, 11(6), 1972, pp. 717-726.
4 Bartlett, F. C., *Remembering: A Study in Experimental and Social Psychology*, Cambridge University Press, 1977.
5 '녹색등화'는 「도로교통법」의 법률 용어이다. '등화'는 등에 켠 불을 나타내는 말이다. '등'은 불을 켜서 어두운 곳을 밝히거나 신호를 보내는 기구를 가리키는 말이다. '녹색등화'라는 용어보다는 '녹색등'이라는 용어가 이해하기 더 쉽다. 어린이들에게는 녹색불, 초록불이라고 가르친다. 국어사전에는 '청신호'를 녹색등화와 같은 말로 사용한다. '청신호'를 '파란불'이라고도 부르는데 '파란불'은 녹색과 다른 색이므로 신호등을 가리킬 때에는 사용하지 않는 것이 좋다.
6 월터 킨취, 김지홍·문선모 옮김, 『이해: 인지패러다임』, 나남, 2010.
7 형법 제360조(점유이탈물횡령) ①유실물, 표류물 또는 타인의 점유를 이탈한 재물을 횡령한 자는 1년 이하의 징역이나 300만원 이하의 벌금 또는 과료에 처한다.

대한민국 문해력 돌풍의 중심!

읽기와 쓰기부터 어휘력과 독서법까지
가장 실질적인 문해력 교육 솔루션!

기획 EBS 〈당신의 문해력〉 제작팀 | 글 김윤정 | 296쪽 | 17,000원

영유아기부터 초등 저학년까지
부모와 자녀가 함께하는 문해력 학습의 모든 것!

최나야(서울대학교 교수) 지음 | 428쪽 | 22,000원

읽었다는 **착각**

1판 1쇄 발행 2022년 11월 23일
1판 6쇄 발행 2024년 10월 30일

펴낸이 김유열 | **디지털학교교육본부장** 유규오 | **출판국장** 이상호
교재기획부장 박혜숙 | **교재기획부** 장효순
북매니저 이민애, 윤정아, 정지현

책임편집 정진라 | **디자인** 오하라 | **인쇄** 우진코니티

펴낸곳 한국교육방송공사(EBS)
출판신고 2001년 1월 8일 제2017-000193호
주소 경기도 고양시 일산동구 한류월드로 281
대표전화 1588-1580 | **이메일** ebsbooks@ebs.co.kr
홈페이지 www.ebs.co.kr

ISBN 978-89-547-7099-6 03300